기업가치평가의 방법과 실무

경영학박사 노 순 규 저

감사의 말씀

노순규 원장의 107권째 저서 '기업가치평가의 방법과 실무'를 저희 연구원에 강의를 의뢰하여 주신 전국의 기업체 연수원, 시도교육연수원, 공무원교육원 교육담당자님께 감사드리며 아울러 공무원 인재개발원, 강원도공무원교육원, 전북공무원교육원, 경남공무원교육원, 충남공무원교육원, 부산시공무원교육원, 서울시교육연수원(교육관련 노동법의 이해), 부산시교육연수원(교원.공무원노조의 이해), 울산시교육연수원(공무원노조의 이해), 충남교육연수원(공무원 노사관계의 발전방안), 경남공무원교육원(단체교섭 및 단체협약 체결사례), 대구시교육연수원(리더십과 갈등관리), 경기도교육청(갈등관리와 교원의 역할), 충북단재교육연수원(교원능력개발평가의 필요성과 성공기법), 강원도교육연수원(학교조직과 갈등관리), 경북교육연수원(공무원 노동조합의 역할과 발전방안), 인천시교육연수원(교원단체와 노사관계), 광주시교육연수원(교육관련 노동법의 이해), 경남교육연수원(교원단체의 이해), 전남교육연수원(학교의 갈등관리와 해결기법), 경북교육청(학교의 갈등사례와 해결방법), 제주탐라교육원 및 제주도공무원교육원(갈등의 원인과 해결방법), 대전시공무원연수원(갈등의 유형과 해결방법), 한국기술교육대학교 노동행정연수원(환경변화관리와 리더십)의 교육담당자님께 감사드립니다.

한국기업경영연구원

머리말

　기업가치평가란 말 그대로 기업이 얼마의 가치를 지니고 있는가를 파악하는 것이다. 흔히 기업가치를 평가할 경우에 PER, EV, EVA, MVA 등의 지표를 사용하여 평가한다. 기업가치분석의 핵심은 해당 기업이 가치를 만들어 내고 있는지 혹은 가치를 파괴하고 있는지 알아야 하고 만약 가치를 만들어 내고 있다면 앞으로도 계속 만들어 낼 수 있을 것인지를 파악하는 것이 중요하다. 그런데 기업가치의 평가는 어렵고 불확실하다. 투자가가 기업의 가치를 평가한다는 말은 더 쉬운 말로는 어떤 회사가 앞으로 얼마나 장사를 잘할 것인지를 짐작한다는 말이다. 여기서 중요한 것은 "앞으로" 즉, 미래이다. 많은 사람들이 미래를 알고 싶어하고 그래서 미래를 미리 그려보는 많은 서적들이 팔리고 있다. 그러나 기본적으로 미래란 불확실하다. 특히 과거에 비해서 지금은 더욱 불확실해졌다 비록 여러 가지 미래예측기법이 발전했다고 하지만 이보다 훨씬 더 빠른 속도로 아니면 더 복잡하게 현실이 돌아가고 있다. 예를 들면 기술의 빠른 변화는 기업의 미래모습을 전망하기 어렵게 만든다. 그리고 세계화의 진전은 지구 저쪽 어느 곳에서 일어난 변화가 지금 이 회사의 미래전망을 어긋나게 만들기도 한다.

　우리가 다루는 미래란 확률이지만 그 확률의 분포는 일정하지 않고 불확실하다. 미래가 불확실하므로 미래속에 존재할 기업의 모습도 당연히 불확실하다. 이처럼 기본적으로 미래는 불확실하며 최근에는 이런 불확실성이 더욱 높아지고 있음에도 불구하고 투자가들은 실제 기업가치를 평가하는 단계에서는 이를 고려하지 않는다. 예를 들면 어느 기업의 가치가 1조원이라고 하면서 기업 스스로 일정한 가치가 있다고 하지만 일반인이 보는 입장에서는 잘 보이지 않는다고 한다. 누가 기업가치를 1조원이라고 할 경우에는 일정한 조건 아래서 그렇다는 것이다. 따라서 조건을 바꾸면 기업가치는 당연히 달라진다. 기업가치를 평가하는 절차는 초보자에게 상당한 어려움을 준다. 기업가치를 평가하는 절차를 보면 크게 두 단계로 나누어지는데 하나는 기업이 지금 여기에서 출발하여 미래를 향해 걸어갈 길을 뒤따라가는 과정이다. 어떤 회사의 미래는 투자가의 눈에 잘 보이지만 어떤 회사는 잘 보이지 않을 수도 있다. 비록 회사가 호재를 만들어도 투자가가 이를 찾지 못하면 아무 소용이 없다. 마치 봄날 소풍가서 보물찾기와 마찬가지다. 찾기 쉬운 곳에 두는 것이 한가지 방법이지만 비록 어려운 곳에 숨겨두어도 찾는 사람이 잘 찾는 것도 중요하다. 이처럼 어느 기업의 미래를 상상하는 작업은 기업과 투자가가 함께 하는 작업이다. 더 정확하게는 "미래수익을 현재가치로 할인한다"라고 부른다. 미래수익을 현재가치로 할인할 때는 그 미래가 현재와 가까이 있으면 있을수록, 그 미래 수익의 크기가 크면 클수록, 그 미래 수익의 질이 높으면 높을수록 그것의 현재가치는 높아진다.

 반대로 그 미래수익이 현재로부터 멀리 떨어져 있으면 있을수록, 그 미래수익의 크기가 작으면 작을수록, 그 미래수익의 질이 떨어지면 질수록 그것의 현재가치는 낮아진다. 기업가치평가의 원리를 실전에 적용하기 어렵게 만드는 요소는 평가 주체의 문제다. 기업의 미래모습이란 사람의 모습과 비슷하다. 누가 보느냐에 따라서 그 모습은 서로 달라진다. 다만 언제나 정확하게 볼려는 마음을 갖추어야 하고 최대한의 기법을 활용해야 위험부담이 적을 것이다.

 한권의 책이 출간되어 나오는 데는 많은 분들의 도움이 필요할 것이다. 그동안 저희 연구원으로 강의를 의뢰해 주신 전국의 기업연수원, 교육연수원, 공무원교육원, 건설관련단체, 공무원교육원 및 인재개발원, 한국기술대학교 노동행정연수원, 서울시교육연수원, 부산시교육연수원, 울산시교육연수원, 충남교육연수원, 대구시교육연수원, 경기도교육청, 충남교육연수원, 충북단재교육연수원, 경북교육연수원, 인천시교육연수원, 광주시교육연수원, 강원도교육연수원, 제주도탐라교육원, 경북교육청, 강원도공무원교육원, 제주도공무원교육원, 광주광역시 공무원연수원, 대전광역시 공무원연수원의 교육담당자님께 이 기회를 빌어 진심으로 감사드린다. 특히 본 저서의 기획 및 출판에 헌신하신 전승용 선생님께 감사말씀을 드리고 아내 '박순옥', 아들 '노지훈', 며느리 '김수향'에게 항상 고마움을 표한다.

2011년 2월 1일

저자 노 순 규 드림

목 차

제1장 기업가치평가의 개념과 방법 ····· 13
1. 기업가치평가의 방법론 ····· 13
   1) 시장가치 ····· 13
   2) 투자가치 ····· 13
   3) 내재가치 ····· 14
   4) 공정가치 ····· 14
2. 기업가치평가의 개념 ····· 14
3. 기업가치평가사 [EVE - Enterprise Value Evaluator] ····· 15
4. 나비효과와 기업가치평가 Finance / HHL MBA ····· 16
5. 기업의 가치평가방법 APV ····· 19
6. 기업의 내재가치의 계산방법 ····· 19
7. 기업가치평가의 핵심 ····· 20
   1) 기업가치평가의 불확실성 ····· 21
   2) 기업가치를 평가하는 절차 ····· 21
   3) 실제 투자전략에서 성과를 응용하는 것 ····· 23
8. 가치의 정의와 기업가치평가시 주요 검토사항 ····· 26
9. 기업가치평가의 산식 ····· 28
   1) 자산가치 방식 ····· 28
   2) 수익가치 방식 ····· 29
   3) 상대가치 방식 ····· 29
   4) 주가수익률 방식 ····· 30
   5) Discount Cash Flow 방식 ····· 30
10. 기업가치평가방법론 ····· 31
    1) 외국인 은행임원시대의 의미 ····· 31
    2) 기업가치평가 3방식과 감정평가사의 강점 ····· 31
    3) 적정 기업가치평가와 감정평가사의 강점 ····· 35
    4) DCF 방식에 의한 기업가치평가 사례 ····· 36
11. 가치의 정의와 기업가치평가시 주요 검토사항 ····· 40
    1) 평가기준의 일관성 ····· 40
    2) 기업평가방법의 다양한 결합 ····· 40

- 3) 유형자산과 기업가치 …………………………………… 41
- 4) 간편법의 한계 …………………………………………… 41
- 5) 이익 측정과 할인율의 일치 …………………………… 41
- 6) 할인율과 자본환원율 …………………………………… 42
- 7) 투하 자본과 성장 규모의 일치 ………………………… 42
- 8) 성장 사이클 ……………………………………………… 42
- 9) 과거 자료의 가치 ………………………………………… 43
- 10) 비상장기업의 가치평가시 고려사항 ………………… 43
- 12. 기업가치를 평가할 때 특별이익을 제외하는 이유 ……… 44
- 13. 기업회계기준의 현재가치평가 ……………………………… 44
  - 1) 현재가치평가의 적용범위 ……………………………… 44
  - 2) 현재가치의 측정방법 …………………………………… 45
  - 3) 현재가치 차이의 회계처리 …………………………… 45
  - 4) 채권, 채무의 재조정 …………………………………… 45
- 14. 배당성향과 기업가치와의 연관성 ………………………… 46
- 15. 기업의 가치 ……………………………………………………… 46
- 16. 기업의 내재가치에 관하여 분석할 수 있는 방법 ……… 47
- 17. PER로 기업의 가치를 판단할 수 있는 척도 …………… 49
- 18. 가치평가 단계에서의 관리법 ………………………………… 54
- 19. 재무제표 등을 이용해서 회사주식의 가치를 분석하는 방법 … 57
- 20. 주식이 가지는 가치 …………………………………………… 58
  - 1) 이익 및 시장지배력 ……………………………………… 58
  - 2) 재무적 관점에서의 가격 상승요인 …………………… 58
  - 3) 일반적인 주식가격 결정기준 ………………………… 58
- 21. 기업가치평가에 대한 공부 방법 …………………………… 59
- 22. M&A의 기업가치평가 방법 ………………………………… 61
  - 1) 합병가치와 합병 프리미엄 …………………………… 61
  - 2) 현금인수에 의한 M&A시의 평가 …………………… 61
  - 3) 주식교환 방법에 의한 M&A시의 평가 ……………… 62
- 23. 기업가치평가의 회계적 방법 ………………………………… 63
  - 1) 화폐의 시간가치 ………………………………………… 63
  - 2) 채권의 이해 ……………………………………………… 63
  - 3) 주식의 평가 ……………………………………………… 67
  - 4) 거시경제지표 …………………………………………… 77

        5) 재무비율 분석 ……………………………………………………… 79
    24. 기업구조조정은 변화와 혁신을 의미 ………………………………… 80
    25. 기업가치평가의 세부적 목적 …………………………………………… 81
    26. 기업의 가치평가와 가치창조 경영(VBM) ……………………………… 82
        1) 서론 ………………………………………………………………… 82
        2) 가치창조 경영의 의의와 필요성 ………………………………… 83
        3) 기업의 가치평가 …………………………………………………… 86
        4) 가치창조 경영의 과정 …………………………………………… 91
        5) 결론 ………………………………………………………………… 95
    27. 기업가치평가의 새로운 접근 …………………………………………… 96
        1) 기업가치평가의 한계 ……………………………………………… 97
        2) B2B 시대의 기업가치평가 ……………………………………… 97
    28. 기업가치평가 방식의 실무적 적용 …………………………………… 99
        1) 머리말 ……………………………………………………………… 99
        2) 기업가치평가 방법의 개요 ……………………………………… 100
        3) DCF법을 적용한 기업가치평가 사례 ………………………… 101
        4) 기업가치평가의 한계 …………………………………………… 107
    29. 계속기업가치의 평가 …………………………………………………… 108
        1) 계속기업가치의 평가기준 ……………………………………… 108
        2) 계속기업가치의 계산서 ………………………………………… 109

제2장 기업가치평가와 경영원리 …………………………………………… 110
    1. 기업회생절차의 주체와 시기 …………………………………………… 110
    2. 기업가치평가의 접근방법 ……………………………………………… 111
    3. 기업가치평가와 손익계산서 …………………………………………… 117
    4. "기업의 가치평가와 CEO" ……………………………………………… 121
    5. 기업가치평가에 관한 해설 ……………………………………………… 124
        1) 기업가치평가의 의의 …………………………………………… 124
        2) 기업가치평가의 방법 …………………………………………… 125
    6. 기업가치평가시의 영업권 처리 ………………………………………… 125
        1) 국제회계 관점에서는 영업권을 포함하여 BPS를 산출 ……… 126
        2) 한국의 경우 ……………………………………………………… 126
        3) 영업권 …………………………………………………………… 127
    7. 기업가치평가와 EVA …………………………………………………… 127

8. 벤처기업의 가치평가와 투자 ········· 129
   1) 가치평가를 위한 5단계 ········· 129
   2) Case study ········· 130
9. "기업가치평가 선진국에서 한수 배워야죠" ········· 131
10. M&A에 있어서의 기업가치평가 ········· 132
    1) 상반된 기업가치 개념 ········· 132
    2) 수익성 측정도구로서의 이익과 Cashflow ········· 133
    3) 기업의 가치평가방법 ········· 134
    4) 미래 현금흐름의 불확실성과 할인율의 의미 ········· 136
    5) 실무적인 고려사항 ········· 138
    6) M&A에서의 기업가치평가 사례 ········· 140
    7) 서양사람들은 서양의 논리로써 설득하여야 ········· 142
11. '벤처기업가치평가 실전사례' ········· 142
12. 워렌 버펫의 기업 내재가치(intrinsic value) 평가법 ········· 145
    1) 내재가치는 미래의 현금흐름의 합을 현재가치로 환산한 것 ········· 146
    2) 버펫이 말하는 기업의 내재가치(Intrinsic Value) ········· 146
    3) 현금흐름 할인 모델(Discounted Cash Flow Model) ········· 148
    4) 내재가치가 탁월한 회사 ········· 150
13. 워렌 버펫의 기업 내재가치(intrinsic value) 평가법 ········· 155
    1) 버핏이 말하는 기업의 내재가치(Intrinsic Value) ········· 155
    2) 내재가치가 탁월한 회사 ········· 160
14. 기업가치평가와 CEO의 위험 ········· 162
15. 알리안츠, 주식형 변액보험 수익률 으뜸 ········· 163
16. 골드만삭스, 페이스북 기업가치 500억달러 평가 ········· 165
17. [Hello! 증시] M&A 어쩌나, 혼돈에 빠진 스팩 ········· 166
18. [베스트 애널리스트 추천] 세계를 무대로, 기업가치재평가 중 ········· 167
19. 기업이미지 통합으로 인한 효과 ········· 169

제3장 기업가치평가와 수익향상의 방법 ········· 170

1. [MARKET ISSUE KOSPI] 대기업 계열사 상장, 올해도 IPO 봇물 ········· 170
   1) 알짜 그룹 계열사 증시서도 인기 ········· 170
   2) 상반기 현대HCN·현대위아·하이마트 등 주목 ········· 173
   3) 계열사 상장 수혜주 주목 ········· 174
2. [Outlook on 2011 Asset Market] 한국증시 레벨업 ········· 175

1) 지수 고점 깬다. 코스피 저평가 벗을 것 ·················· 178
　　2) 유럽·중국 등 해외 변수는 조심해야 ·················· 178
　　3) 자동차·디스플레이·운수·유통업종 호황 지속 ·················· 179
　3. [Outlook on 2011 Asset Market] 국내 주식형 펀드 강세 지속 ······ 181
　　1) 2010년은 국내 주식형이 최고 수익 ·················· 181
　　2) 대형주·중국·브릭스 펀드 주목 ·················· 183
　　3) 이머징국가 채권·하이일드 채권·금 펀드 강세 지속 ·················· 185
　　4) 물가연동채권 펀드·일본리츠 펀드·공모주 펀드 등 이색 펀드 ··· 185
　4. [기업가치평가] DCF를 이용한 롯데칠성의 기업가치분석 ·················· 186
　　1) 서론 ·················· 186
　　2) 음료시장 산업의 전망 ·················· 187
　5. 기업의 내재가치의 계산방법 ·················· 187
　6. 기업의 가치를 알고 투자하면 실패는 없다 ·················· 188
　7. [기업분석]가치사슬의 해체와 재편성 사례〈델 컴퓨터〉·················· 190
　8. 페이스북 기업가치 500억달러 ·················· 191
　9. 계속기업가치의 의미 ·················· 193
　10. 세계적인 브랜드가치가 가장 높은 기업 ·················· 193
　11. 기업가치를 평가할 때 특별이익을 제외하는 이유 ·················· 194
　12. 기업의 가치를 알고 투자하면 실패는 없다. ·················· 195
　13. 상생경영이 기업 브랜드가치 올리는 일 ·················· 211
　14. 성장 모멘텀 GOOD 기업가치 UP ·················· 212
　　1) [드래곤플라이] 신작 경쟁력 '역대 최강' 포털 제휴 ·················· 213
　　2) [제이씨엔터테인먼트] '프리스타일풋볼' 상용화 실적 ·················· 214
　　3) [컴투스] 어플 개발 경쟁력 게임법 등으로 수혜주 부각 ·················· 214
　　4) [위메이드엔터테인먼트] 강화된 해외 역량 본격화 ·················· 215

제4장　기업가치평가와 주가변동 ·················· 216

　1. [투데이리포트]현대건설, "기업가치 훼손 제거..." BUY_키움 ······ 216
　　1) Report briefing ·················· 216
　　2) Report statistics ·················· 217
　2. [투데이리포트]AP시스템, "기업가치 더욱 견고..."BUY_한양 ······ 218
　　1) Report briefing ·················· 218
　　2) Report statistics ·················· 219
　3. [투데이리포트]포스코켐텍, "외형성장과 기업가치..."BUY_LIG ······ 219

1) Report briefing ·································· 220
　　2) Report statistics ·································· 220
　4. 일진전기, 기업가치 커지고 있다. ·································· 221
　5. 기업가치, 자기자본가치 및 부채가치와의 관계 ·················· 221
　6. 기업가치평가법을 준용한 대한민국 KOSPI의 적정성 평가 ········ 224
　7. 'EVA'에 해당되는 글 ·································· 228
　　1) 기업가치평가란 ·································· 228
　　2) 기업가치평가방법 ·································· 229
　8. 에프앤에듀, "기업가치평가법 제대로 배우자" ·················· 237
　9. 쌍용차 노조 "기업가치평가는 '독 사과'" ·················· 238
　10. 케이비티, 기업가치평가 '우수' 연타석 '홈런' ·················· 239
　11. 자통법 이후 IPO시장 침체기 ·································· 240
　12. 기업가정신 & 스타트업, 그리고 기술과 디자인에 대한 곳 ······ 241
　　1) 우리는 얼만큼의 돈을 필요로 하는가? ·················· 242
　　2) 이 예산을 토대로 어떻게 기업가치평가를 정할 것인가? ········ 242
　　3) 우리의 기업가치를 투자자들에게 어떻게 표현할 것인가? ······ 242
　　4) 일반적인 기업가치평가의 범위가 있다면? ·················· 243
　　5) 낮게는 얼마까지 내려가는가? ·································· 243
　　6) SEED 단계에서는 얼만큼의 투자유치를 할 수 있는가? ········ 243
　　7) SEED 단계에서 어느 정도의 지분희석을 예상해야 하는가? ····· 244
　13. 코스닥 가치투자의 위험성 ·································· 246

제5장 기업가치의 평가와 M&A(인수.합병)의 적용 ·················· 248

　1. M&A(기업 인수·합병)와 대응방법 ·································· 248
　　1) 무리한 M&A로 기업 위기들(실패사례) ·················· 249
　　2) 성공사례 ·································· 249
　2. 삼양식품의 BSC(균형성과표)로 본 기업가치평가 ·················· 251
　3. 목표수익률 1000%의 통큰 대박주 ·································· 252
　　1) 이제부터 10배 이상 폭등할 초대형 급등주에 주목 ·········· 252
　　2) 수십배 터져나가는 대박주의 비밀 ·················· 253
　4. IPO 3년만의 손질, 주관사 乙에서 대등관계로 ·················· 254
　　1) 대표주관 체결시한 2008년 3년 폐지후 부활 ·················· 254
　　2) 가격미제시 비중 60~70% 달하기도 ·················· 255
　　3) 시장조성 등 시장자율 침해소지 논란 종식 ·················· 256

5. LS네트웍스 주가의 흐름 예측 ·· 257
6. [고객감동경영대상]신용보증기금, 각종 민원 통합관리 ··············· 258
7. 애플이 M&A 전문가를 영입하려던 이유 ····························· 260
8. 한화, 근 1년만에 5만원대 돌파 ·· 261
9. [스페셜리포트]신창재 교보생명 회장 ································· 262
   1) 생보사 유일의 오너 CEO, '의과교수' 이색경력 ················· 262
   2) 지속성장 통해 존경받는 100년 기업 목표 ······················ 263
10. 삼성전자·현대차·기아차·현대중 '아시아서 가장 싼 10대 주식' ··· 264
11. 저축은행 부실 금융기관에 전이 안돼야 ····························· 265
12. "자산가치 시총 2배 세방, 저평가 상태" ····························· 266
13. "이 종목 투자하고 3년 감옥있다 온다 생각해라" ················· 267
   1) 차이나킹하이웨이 ·· 268
   2) 동서 ·· 268
   3) 태평양 ·· 269
   4) 삼성SDI ··· 269
   5) 금호타이어 ·· 270
   6) 동양강철 ··· 270
   7) 대우인터내셔널 ··· 270
   8) 삼성테크윈 ·· 270
   9) LG상사 STS반도체 ··· 271
   10) 삼성전자, 현대차, POSCO ··· 271
   11) 엔씨소프트 네오위즈게임즈 ······································· 271
   12) KB금융 POSCO 현대미포조선 ··································· 272
14. 그루폰도 1조원 투자 유치 "SNS 붐업" ····························· 272
15. 합병비율산정을 위한 기업가치평가방법 ····························· 273
   1) 개요 ·· 273
   2) 기업가치평가방법 ·· 273
   3) 순자산가치법 ·· 276
   4) 순현가법 ··· 276
   5) 기타 ·· 276
16. 기업가치를 평가하는 방법 - FCF모형 ····························· 276
17. 실물옵션(real option)의 새로운 가치평가방법 ····················· 277
18. 소셜커머스, 살길은 차별화 ·· 279
19. (LG Way) 지주회사 6년, 기업가치로 보상받았다 ················ 282

1) '6년의 시간' 달라진 LG ··· 283
  2) 지주회사 체제 '가속 붙었다'..주력계열사 약진 ················· 284
  3) '회장님 지시사항입니다' 시대는 갔다 ······························ 286
  4) '결과는 숫자가 말해준다' ·· 287

제6장 기업분할관련 법적 이해와 기업가치평가 응용사례 ········ 289
 1. 기업분할과 그에 따른 기업에 대한 전반적 이해 ················ 289
  1) 도입배경 ·· 289
  2) 기업분할의 개념과 형태 ·· 290
  3) 결론 및 보완사항 ·· 301
 2. 기업분할에 대한 전반적 법적 이해 ····································· 304
 3. 분할합병의 회계처리 ·· 319
  1) 승계회사가 매수법으로 회계처리하는 경우 ··················· 319
  2) 분할회사 ·· 320
 4. 승계회사가 지분통합법으로 회계처리하는 경우 ················· 320
  1) 승계회사 ·· 320
  2) 분할회사 ·· 321
 5. 개발력·인재 확보, '알토란' 챙겼다 ···································· 321
 6. 신성홀딩스, 태양전지업계의 새로운 별-한국투자증권 ······ 323
 7. 두산중공업, 美 비즈니스위크 '월드 베스트' 4위 선정 ······ 324
 8. [베스트 애널리스트 추천 '히든 챔피언'] 비상장 기업의 매력을 주목 ·· 325
  1) LG의 기업가치 ·· 325
  2) LG CNS, 서브원 재무구조 '탄탄' ································· 326
 9. 신세계, 백화점·이마트로 기업 분할 ·································· 329
 10. [증권 브리핑]우량자산에 비해 저평가된 15종목 외 ········· 329
 11. [숫자로 읽는 경영]기업가치 평가때 가장 유용한 지표 ···· 331
 12. 기업가치평가지표(기본적인 것) ··· 332
 13. 회사 분할은 기업가치재평가 기회 ····································· 334
 14. 가치업, 가치주, 저평가가치주, 기업분석 ·························· 335
 15. 삼성전자 주가 100만원 돌파, 90만원 돌파 한달만에 ····· 336
 16. [오늘의 추천종목]삼성증권 ·· 337
 17. KT, 'CS 혁신으로 무결점 서비스 원년' 선언 ··················· 340

제1장 기업가치평가의 개념과 방법

1. 기업가치평가의 방법론

　기업가치평가는 기업의 가치를 구하는 과정이므로 구하려고 하는 가치가 무엇인지를 명확히 규명하는 것이 필요하다. 가치는 시장가치(market value), 투자가치(investme-nt value), 내재가치(intrinsic value), 공정가치(fair value) 등으로 구분할 수 있다.[1]

1) 시장가치

　시장가치란 "거래 대상에 대하여 충분히 아는 상태에서 수요자와 공급자 사이에서 자유로운 교환이 성립할 경우 결정되는 금액"으로 정의할 수 있다. 즉, 어떤 외부적인 강제없이 수요자와 공급자가 거래대상에 대해 합리적인 결정을 내릴 수 있게 충분하고 정확한 정보를 공유하는 상테에서 수요자와 공급자가 원한다면 매매가 자유롭게 이루어질 수 있음을 전제하는 것이다. 이는 『공정시장가치(fair market value)』, 『거래가치(transaction value)』로 쓰기도 한다.

2) 투자가치

　투자가치는 "개인적인 투자 요구에 기초한 특정 투자자 입장에서의 구체적인 가치이다. 이는 객관적이고 독립적인 시장가치와 구별된다. 투자가치는 종종 전략적 가치(strategic value)라는 용어로 쓰이기도 하는데, 이는 시장가치와 달리 특정 투자자의 투자전략에 따라 그 가치가 달라지기 때문이다. 소득접근법으로 기업가치를 구할 때 환원율로 투자자의 요구수익률을 사용한다면 여기서 산출되는 가치는 투자가치라고 할 수 있다.

---

[1] vhwkdakckdne 2004.01.28 19:30, 조회 14,441 가치의 정의

3) 내재가치

내재가치는 평가 대상에 내재한 본질적인 가치로 일정한 조건하에서 접근 가능한 사실자료를 바탕으로 대상에 대한 분석적 판단을 통해 산출된다.

내재가치는 투자자의 주관적인 판단과 무관하며 가치중립적인 성격을 갖는다. 따라서 주관성이 강한 투자가치와 구분된다.

4) 공정가치

공정가치는 당위적 개념으로 불편부당한 객관적 가치를 말한다. 공정가치는 수요자와 공급자 또는 다양한 이해관계자 사이에 가치를 둘러싼 대립이 해소되지 못할 때 이해조정을 위한 기준으로서의 역할이 가능한 공정한 객관적 가치라고 할 수 있다.[2]

2. 기업가치평가의 개념

흔히 기업가치는 PER, EV, EVA, MVA 등의 지표를 사용해 평가된다. PER(Price Earning Ratio : 주가수익률)은 해당 기업의 주가를 주당순이익으로 나눈 값이다. 주당순이익이 똑같이 1,000원인 A, B 두 개 기업이 있는데 A의 주가는 1만원, B의 주가는 2만원이라고 하자. 그렇다면 A사는 PER이 10배, B가 20배가 돼 B사는 주가가 두배나 고평가돼 있는 셈이다. 따라서 PER이 낮을수록 주가가 저평가돼 있어 앞으로 상승 가능성이 크다고 할 수 있다. 그렇지만 단순히 PER이 낮다고 해서 무조건 투자가 유망하다고 할 수는 없다. 주가는 현재가 아닌 미래의 기업가치를 반영하기 때문에 업종이나 개별기업의 성장성을 고려해야 한다. 일반적으로 성장성이 높은 정보통신업종 등의 PER이 시장평균보다 훨씬 높은 반면, 섬유·식품 등은 평균치보다 낮은 것은 바로 이런 이유에서이다. 따라서 PER은 같은 업종내에서

---

[2] http://kin.naver.com/open100/detail.nhn?dlid=4&dirId=40402&docId=135618&qb=6riw7JeF6rCA7LmY7Y+J6rCA&enc=utf8&section=kin&rank=2&search_sort=0&spq=0&pid=ggsH1v331xosstMzcXVssv--288511&sid=TTA51H4RME0AABOzFws (2011.1.14)

취급품목이 비슷한 기업들 간에 적정주가를 서로 비교하는데 유용하다. 이런 PER의 단점을 보완할 수 있는 지표가 바로 EV(Enterprise Value : 기업가치)이다. EV는 기업의 미래수익 창출능력을 현재가치로 환산한 것이다. 즉, 기업이 앞으로 벌어들일 총수익을 이자율(평균자본비용)로 할인해 현재 시점에서 그 기업의 가치를 산출한 값이다. 이 수치가 현 주가보다 높은 기업은 앞으로 주가가 오르리라고 생각되는 것이다. 또 국내에서 새롭게 각광받는 EVA(Economic Value Added : 경제적 부가가치)는 주주 및 채권자의 자본비용과 기업의 수익을 비교해 주주의 부(富)라는 관점에서 기업가치를 평가하는 것이다. MVA(market value added : 시장부가가치)는 CEO가 한해의 시작 시점에 주어진 자본으로 최종 시점까지 회사의 시장가치를 얼마나 늘렸는가를 보여주는 값이다.[3]

3. 기업가치평가사 [EVE - Enterprise Value Evaluator]

기업들의 가치를 평가하는 전문가이다. 즉, 기업가치평가사란 독립적으로 기업의 재무, 시장, 경영, 기술 등을 토대로 기업의 가치를 객관적으로 평가하여 재무적 수치로 측정해 낼 수 있는 능력을 갖춘 자를 말한다. 또한 가치가 적은 기업들에 대하여는 그 증대를 위한 컨설팅을 제공하는 일을 처리한다. 기존의 유형자산의 평가와 무형자산과 지적자산에 대한 가치도 평가할 수 있는 전문적인 능력이 요구된다. 외국에서는 밸류어(Valuer), 밸류에이션 애널리스트(Valuation Analyst) 및 밸류에이터(Valuator) 등으로 불리는 가치평가전문가가 투자컨설팅, 소송지원, 납세 및 신용평가 등의 업무를 하고 있으며 또한 무형자산과 지적자산의 가치평가를 담당한다. 우리나라에서 기업가치평가사를 공인하는 국가공인자격증은 없으며 한국기업평가원에서 인증하는 민간자격증이 있다. 그리고 한국기업·기술가치평가협회에서는 기업기술가치평가사라는 자격증을 발급하고 있으며 자격증을 취득

---

3) http://terms.naver.com/item.nhn?dirId=101&docId=2969(2011.14)

하기 위한 교육과정을 개설하여 운영하고 있다. 시험응시자격으로는 학사학위 이상 소지자로서 2년 이상의 기업가치평가 실무수행 경력이 있는 자와 기업가치평가의 능력이 있다고 인정되면 응시가 가능하며, 시험방법은 객관식 필기시험으로 평가한다. 시험교과목은 경영회계, 법률제도, 평가부문, 지도응용부문이 있는데, 경영회계에서 재무제표론 및 회계이론, 재무분석 및 재무추정, 경영진단, 회계감사론, 세무론이 포함되며, 법률제도에는 특허관계법, 저작권법, 민법 등 관련법규, M&A계약 및 실무평가와 신용평가, IPO평가가 있고, 평가부문은 평가사례, 기업가치평가이론과 실무, 기술가치평가와 감정평가가 있으며, 지도응용부문은 산업분석과 품질 및 환경평가, 컨설팅방법론, 원가관리가 교과목 내용에 포함된다고 한다.4)5)

4. 나비효과와 기업가치평가　Finance / HHL MBA

　미국에서는 경제위기를 예측하지 못한 경제학 모델에 대한 보완을 위해 보다 다양한 변수를 반영하여 정확하게 미래를 예측하고자 하는 시도가 이루어지고 있다.6) 경제학자, 심리학자, 물리학자 등 다양한 분야의 사람들이 참여하고 있다고 하는데, 과연 보다 다양한 변수를 반영하면 미래를 예측할 수 있는 것일까? 예측모델이라는 것은 어떠한 현상을 한정된 변수를 통해 표현하는 것이다. 따라서 모델이 틀리게 되는 것은 1) 중요한 변수를 빠뜨렸을 때, 2) 변수가 예측한 범위를 넘어서 변화할 때 등 2가지 경우가 가장 대표적인 예일 것이다. 이러한 가정을 바탕으로 생각해 보면, 과연 경제를 정확하게 예측 가능한지 알 수 있다. 우선 경제에 영향을 미치는 모든 변수를 찾아낼 수 있는가? 그리고 그러한 변수의 변화의 범위를 정확하게 정의할 수 있는가? 이 2가지 질문에 대해 예스라고 답변할 수 있다면, 우리는 경제가 어떻게 움직일지에 대해서 정확하게 예측할 수 있을 것이다.

---

4) [출처] 기업가치평가사 [EVE - Enterprise Value Evaluator] | 네이버 백과사전
5) http://100.naver.com/100.nhn?docid=816149(2011.1.14)
6) 2010/12/05 02:55, http://remedios77.blog.me/120119572851

경제에 가장 기본이 되는 것은 개인의 행동이다. 개인의 소비와 생산이 모든 경제활동의 기본이기 때문이다. 문제는 이러한 개인의 행동에 영향을 미치는 변수를 모두 찾아낸다는 것이나, 이러한 변수의 범위를 정의한다는 것이 아직은 신의 영역이 아닌가 싶다.

나비효과는 예측이라는 것이 얼마나 틀리기 쉬운지에 대한 이론 중의 하나이다. 같은 맥락에서 기업가치평가라는 것을 생각해 보면, 기업가치평가의 근본을 이루는 것은 해당 기업의 미래 현금흐름 창출이다. 이를 위해서는 미래에 대한 예측이 필요한 것인데, 경제모델만큼은 아니겠지만 기업의 현금흐름 창출 역시 정확한 예측이 쉽지 않은 일이다.

아래의 글에서 다모다란 교수는 복잡한 모델이 보다 정확한 예측 결과를 만들어 낼 수 있다라는 것에 대해 의문을 제시하며, 오히려 변수에 대한 예측이 어려운 경우에는 보다 단순한 모델이 더 좋은 방법일 수 있다는 의견을 제시한다.

미래를 알고 싶어하는 인간의 욕망, 미래의 불확실성을 리스크로 정의하고 그러한 리스크를 관리하고자 하는 경영학, 그러한 리스크위에 바탕을 두는 투자가치평가는 결국 과학의 영역을 넘어서는 예술의 경지가 필요한 것 같다.

Are complex models the answer? There seems to be consensus that conventional economic models did a poor job predicting the magnitude of the last crisis and that we need to do better. In today's Wall Street Journal, we see the beginnings of one response:
http://online.wsj.com/article/SB10001424052702303891804575576523458637864.html?mod=WSJ_economy_LeftTopHighlights

In short, a physicist, a psychoanalyst and an economist believe that they can build a bigger model that captures the complexities of the real world and does a better job of forecasting the future. Good luck with that! While I wish them well, my response is that this will go nowhere or worse, go somewhere bad. To those who believe that complex models with more variables are the answer to uncertainty, my response is a paper by Ed Lorenz in 1972, entitled Predictability: Does the flap of a butterfly's wing in Brazil set off a tornado in Texas?, credited with creating an entire discipline: chaos theory. In the paper, Lorenz noted that very small changes in the initial conditions of a complex models created very large effects on the final forecasted values. Lorenz, a meteorologist, came to this recognition by accident. One day in 1961, Lorenz inputted a number into a weather prediction model; he entered 0.506 as the input instead of 0.506127, expecting little or no change in the output from the model. What he found instead was a dramatic shift in the output, giving rise to a Eureka moment and the butterfly effect. (One of my favorite books on the topic of Chaos is by James Gleick.It is an easy read and well worth the time.. for investors and economists)

Complex models work best with inputs that behave in thoroughly predictable ways: software and engineering models come to mind. They break down when the inputs are noisy and the relationships are unstable: macro economic models are perfect lab experiments for chaos. The subjects (human beings) belong in strange and unpredictable ways, the variables that matter keep shifting and the relationships between them change over time. In fact, I will wager that the models that worked worst during the last crisis were the most complex models with dozens of inputs and cross relationships. So, what is the solution? My experience in valuation suggests that you should go in the other direction. When faced with more uncertainty, strip the model down to only the basic inputs, minimize the complexity and build the simplest model you can. Take out all but the key variables and reduce detail. I use this principle when valuing companies. The more uncertainty I face, the less detail I have in my valuation, recognizing that my capacity to forecast diminishes with uncertainty and that errors I make on these inputs will magnify as they percolate through the valuation. More good news: if I am going to screw up, at least I will do so with a lot less work!![7][8]

5. 기업의 가치평가방법 APV

경영관련 질문입니다. 기업의 가치평가방법이라는 APV가 뭔가요? 어떤 방식의 가치평가방법인지 알고 싶습니다. 자세하게 알려주세요.[9] APV(Adjusted Present Value)란 순현재가치(NPV)를 이용한 가치평가의 변형으로서 (자기자본+부채에서 발생하는 이익)을 현재가치화하는 방법입니다. 예를 들어 세법에서 만약 이자지급에 대해 세금감면이나 소득공제를 해 준다면, 이때 발생하는 소득공제는 부채에서 발생하는 이익이 되는 셈입니다.

이 APV 기업평가는 특히 LBO(leveraged buyout:부채를 이용한 기업합병)의 경우에 유효한데 거액의 부채를 동원해 기업을 인수하는 경우에 이와 수반된 세금혜택도 필수적인 고려사항이기 때문입니다.[10][11][12]

6. 기업의 내재가치의 계산방법

주식투자와 관련해서 기업의 내재가치는 어떻게 계산을 하는 것인지 궁금해요. 알려 주세요.[13] 기업의 내재가치는 현재의 순자산액을 나타내는 자산가치와 장래의 수익력을 평가한 수익가치를 포함한 개념이지요. 기업의 내재가치는 이들 자산가치와 수익가치를 평균한 금액이랍니다.[14] 내재가치보다 낮은 가격에 주식이 거래되는 경우에는 상대적으로 저평가되어 있으

---

7) [출처] 나비효과와 기업가치평가 | 작성자 민서아빠
8) http://remedios77.blog.me/120119572851(2011.14)
9) mirropokaria10 프로필 보기, 2007.09.10 10:36 답변 1, 조회 288
10) 답변 dansark, 2007.09.10 11:10
11) 출처 : 본인의 글입니다.
12) http://ask.nate.com/qna/view.html?n=5970527&ht=p(2011.1.14)
13) dcotmj231, 2011.01.10 15:11 답변 2, 조회 11
14) 답변 jnmesac, 2011.01.10 15:21

므로 주식을 매입하고, 반대로 내재가치보다 높은 가격에 주식이 거래되는 경우에는 상대적으로 고평가되어 있으므로 주식을 매도하게 되는데 내재가치는 회사가 더 이상 가입자를 받지 않고 지금까지 받은 가입자만으로 영업을 한다고 가정했을 때 기업의 가치를 뜻합니다. 책에 씌어진 내재가치 공식을 이용해서 주가에 반영하는 것은 열번 붙어서 9번은 깨지는 전술입니다.[15] 책에 있는 내재가치 공식에 의존하시지 말고 몇시간이 들어도 기업 주식가치분석에 힘쓰시길 바랍니다. 내재가치란 기업의 본질가치입니다.

이 본질가치로 인해 증권가치는 영향을 받게되겠죠. 본질가치와 증권가치는 동시적이지 않다는 것을 명심하십시오. 내재가치 공식 하나를 알려주는 것보다 근본적으로 생각하는 힘을 기르는 것에 대한 답변을 주는게 더 이로울듯 합니다.[16]

7. 기업가치평가의 핵심

"기업가치분석의 핵심"은 기업이 가치를 만들어 내고 있는지 가치를 파괴하고 있는지 알아야 하고, 가치를 만들어 내고 있다면 앞으로도 계속 만들어 낼 수 있을 것인지 짐작하는 것이 중요하다. 투자가의 처지에서 보면 기업의 가치를 분석하는 목적은 기업의 가치를 알아내기 위해서다. 기업의 가치는 주식시장에서 주가를 통해서 자신을 드러낸다. 주식투자가는 이 가치와 가격의 차이에서 투자의 기회를 갖게 된다.

기업의 가치가 언제나 주가에 반영되는 것은 아니지만 가격의 움직임 뒤에 가치가 없다면 주식투자는 어린아이의 장난감 돈놀이가 된다. 투자가가 기업의 가치를 분석하는 목적은 결국 기업가치를 평가하기 위해서다. 기업가치를 평가할 때는 다음 3가지 측면을 항상 잊지 말아야 한다.

---

15) 답변 hot0510, 2011.01.10 15:14
16) http://ask.nate.com/qna/view.html?n=10905946(2011.1.14)

1) 기업가치평가의 불확실성

투자가가 기업의 가치를 평가한다는 말은 더 쉬운 말로는 어떤 회사가 앞으로 얼마나 장사를 잘할 것인지를 짐작한다는 말이다. 여기서 중요한 것은 "앞으로" 즉, 미래다. 많은 사람들이 미래를 알고 싶어하고 그래서 미래를 미리 그려보는 많은 책들이 잘 팔리고 있다.

그러나 기본적으로 미래란 불확실하다. 특히 과거에 비해서 지금은 더욱 불확실해졌다. 비록 여러 가지 미래 예측기법이 발전했다고 하나 이보다 훨씬 더 빠른 속도로 아니면 더 복잡하게 현실이 돌아가고 있다. 예를 들면 기술의 빠른 변화는 기업의 미래모습을 전망하기 어렵게 만든다. 그리고 세계화의 전진은 지구 저쪽 어느 곳에서 일어난 변화가 지금 이 회사의 미래 전망을 어긋나게 만들기도 한다. 우리가 다루는 미래란 확률의 세계이고 이 확률의 분포는 일정하지 않다. 즉, 불확실하다. 동전의 앞면이 아니면 뒷면이거나 주사위의 1~6까지가 아니다. 현실은 동전이 옆으로 설 수도 있고, 주사위의 모양이 정육면체가 아니고 그냥 다면체다. 아니 때로는 원일 수도 있다. 하여튼 불확실하다. 미래가 불확실하므로 미래속에 존재할 기업의 모습도 당연히 불확실하다.

이처럼 기본적으로 미래는 불확실하며, 최근에는 이런 불확실성이 더욱 높아지고 있음에도 불구하고 투자가들은 실제의 기업가치를 평가하는 단계에서는 이를 고려하지 않는다. 예를 들면 진로의 기업가치가 3조원이니 어떠니 하면서 마치 진로라는 기업이 스스로 일정한 값(가치)를 갖고 있는데 우리(평가자)가 보는 눈이 없어서 잘 보지 못한다고 착각한다. 누가 진로의 기업가치가 3조원이라고 말할 경우는 일정한 조건 아래서 그렇다는 것이다. 그 조건을 바꾸면 진로의 기업가치는 당연히 달라진다.

2) 기업가치를 평가하는 절차

절차의 기술적인 측면도 중요하지만 여기에만 빠져버리면 모두 헛 것이다. 기술적인 측면에만 정신이 홀리면 정확하게 틀리게 된다. 정확하게 틀리는 것보다 대충이라도 맞추는 것이 훨씬 더 중요하다. 기업가치를 평가하는 절차는 초보자에게는 어려움을 준다.

　기업가치를 평가하는 절차를 비유로 접근해보자. 기업가치평가의 절차는 크게 두 단계로 나누어진다. 하나는 기업이 지금 여기에서 출발하여 미래를 향해 걸어갈 길을 뒤따라가는 과정이다. 그 기업이 걸어갈 길을 뒤따라 가면서 그 기업이 만들어낼 금덩어리를 찾아내는 것이다. 금덩어리를 찾은 것으로 끝은 아니다. 둘째는 찾은 금덩어리를 갖고 지금 여기로 다시 무사히 되돌아오는 단계이다. 어떤 회사가 미래를 걸어갈 길을 상상해보자. 이것은 부모가 앞으로 자식이 걸어갈 앞날을 생각해보는 것과 같다. 부모의 눈으로만 보면 너무 좋게 볼 수도 있다. 때로는 선생님의 눈으로 보기도 하고, 때로는 옆집 아저씨의 눈으로 보기로 한다. 이때 생각해야 할 것이 많을 것이다. 젊은이는 때로는 남이 걸어간 길을 뒤따라 가기도 할 것이고, 때로는 길이 없는 곳에 새로 길을 만들면서 가기도 할 것이고, 때로는 절벽을 만나 절망했다가 다리를 놓고 건너기도 할 것이다. 젊은이(기업)는 가는 길에 가끔 어느 곳에 금덩어리를 하나씩 만들어 놓을 것이다. 어떤 회사는 정기적으로 그것도 큰 덩어리를 만드는가 하면 어느 회사는 어쩌다 하나씩 그것도 아주 작은 놈을 만들기도 할 것이다. 더욱 안타깝게는 젊은이는 금덩어리를 만들기는 커녕 가는 길에 힘이 빠져 부모에게 금덩어리를 좀 달라고 오히려 손을 내밀지도 모른다.

　어떤 회사의 미래는 투자가의 눈에 잘 보이지만 어떤 회사는 잘 보이지 않을 수도 있다. 비록 회사가 금덩어리를 만들어 두어도 투자가가 이를 찾지 못하면 아무 소용이 없다. 마치 봄날 소풍가서 보물찾기와 마찬가지다.

　찾기 쉬운 곳에 두는 것도 한가지 방법이지만 비록 어려운 곳에 숨겨두어도 찾는 사람이 잘 찾는 것도 중요하다. 이처럼 어느 기업의 미래를 상상하는 작업은 기업과 투자가가 함께 하는 작업이다. 기본적으로는 기업이 금덩어리를 만들어야 하지만 기업이 만든 금덩어리를 잘 찾아내는 것은 투자가의 몫이다.

이렇게 하여 기업이 만들어 놓은 금덩어리를 찾으면 이제 이를 들고 갔던 길을 뒤 돌아서 지금 여기로 와야 한다. 기업이 미래를 걸어가면서 여기저기에 만들어 둔 금덩어리는 비록 그 크기가 똑 같다고 해도 지금 여기에 있는 순도 100%의 금덩어리와 값어치가 서로 다르다. 우선 미래에 있는 금덩어리는 지금 여기 내 손안에 있는 금덩어리만큼 안전하지 않고 확실하지 않다. 금덩어리를 갖고 지금 여기로 돌아오는 과정에 산적을 만날 수도 있고, 불길이 일고 바람이 부는 다리를 건너오다 금덩어리를 놓칠 수도 있다.

지금 여기서부터 가까이 있는 금덩어리는 지금 여기서 멀리있는 금덩어리보다 값어치가 더 나갈 것이다. 크기가 같은 금덩어리라도 순도가 달라서 잘 조사를 해보고 값을 메겨야 한다. 이처럼 미래 저 멀리 있는 금덩어리의 양과 질과 그리고 거리를 지금 여기에 있는 순도 100%의 안전한 금덩어리와 비교하여 값을 메기는 것을 할인(discount)이라고 부른다. 더 정확하게는 "미래수익(을) 현재가치(로) 할인(한다)"이리고 부른다. 미래수익을 현재가치로 할인할 때는 그 미래가 현재와 가까이 있으면 있을수록, 그 미래수익의 크기가 크면 클수록, 그 미래수익의 질이 높으면 높을수록 그것의 현재가치는 높아진다. 반대로 그 미래수익이 현재로부터 멀리 떨어져 있으면 있을수록, 그 미래수익의 크기가 작으면 작을수록, 그 미래수익의 질이 떨어지면 질수록 그것의 현재가치는 낮아진다.

3) 실제 투자전략에서 성과를 응용하는 것

기업가치평가의 두 가지 측면을 충분히 이해했다고 해서 이를 실전에 잘 응용하여 투자성과가 반드시 좋은 것은 아니다. 여기에는 여러 가지 이유가 있지만 다음 세 가지가 중요하다. 이중 하나는 투자가의 태도 또는 심리로서 안다는 것보다는 행동하기가 10배 아니 100배는 더 어렵다.

투자가의 태도 또는 심리가 아는 것을 그대로 행동하지 못하게 하거나 아는 것과 전혀 다르게 행동하도록 만든다. 미래란 기본적으로 불확실하다. 그래서 아무리 기업가치평가의 두 번째 측면을 철저히 진행한다고 해도 불확실성을 약간은 줄일 수 있지만 완전히 없앨 수는 없다. 그래서 주식투자를 비롯한 모든 미래를 향한 투자에는 투기적인 요소가 끼여들 수 밖에 없다. 이 투기적인 요소는 비합리적인 인간심리와 만나서 뜨거운 한 판 놀음을 벌이기도 한다. 초단위로 움직이는 자산(기업 또는 이것을 대변하는 주식)의 가격변동이 주는 유혹은 대단하다. 이 유혹에서 벗어나기가 쉬운 일이 아니다. 순간 순간 가격이 변하는 것을 지켜보고 있으면 지금까지 우리가 살펴보았던 미래의 불확실성이니, 기업의 미래모습이니, 그것을 현재가격으로 할인한 값이니 하는 것들은 주식가격 시세표 어느 곳에도 자리잡을 공간이 없다. 기업가치평가의 원리를 실전에 적용하기 어렵게 만드는 두 번째 요소는 평가 주체의 문제다. 기업의 미래모습이란 젊은 사람의 미래모습과 비슷하다. 누가 보느냐에 따라서 그 모습은 서로 달라진다. 같은 사람을 두고도 부모가 보는 자식의 미래모습, 선생님이 보는 제자의 미래모습, 친구가 보는 친구의 미래모습, 옆집 아저씨가 보는 젊은이의 미래모습은 서로 달라질 가능성이 매우 높다. 즉, 투자가로서 내가 보는 그 회사의 미래모습이 반드시 정확할 것이라는 확신을 갖기가 어렵다. 지금의 주식가격에는 그 회사의 미래모습이 어떤 형태로든지 이미 반영되어 있다. 예를 들어 나는 그 회사의 미래가 아주 밝다고 생각하는데 지금 주가에 반영되어 있는 회사의 미래모습은 어두울 수 있다. 물론 반대도 있을 수 있고, 내가 생각하는 정도를 잘 반영하고 있는 경우도 있다.

투자에서 중요한 것은 내가 생각하는 기업의 미래모습과 주가에 반영되어 있는 기업의 미래모습이 서로 다를 경우다. 이때 투자가는 자신의 판단에 확신을 가질 수 있어야 한다. 자기 판단에 확신을 가지려면 위에서 본 기업평가의 두 가치 측면을 충분히 이해해야 한다. 자기 판단에 확신을 갖지 못하면 주가가 떨어지면 팔게 되고, 주가가 올라가면 따라서 사게 된다. 그래서 모처럼 찾아온 좋은 기회를 놓치게 된다. 생각과 실천이 어긋나게 만드는 세번째 요소는 주가가 언제나 기업의 가치를 반영하여 움직이는 것은 아니라는 점이다.

그것이 어떤 것들인지 그리고 그것들이 주가와 어떤 관련을 맺고 있는지 잘 알지는 못하지만 주가는 기업가치 이외의 다른 요소들에도 영향을 받는다. 그래서 투자가는 주식의 가격이 기업의 가치를 반영할 때까지 기다릴 수 있어야 한다. 언제 주가가 기업의 가치를 반영할 것인지 그 시점을 알면 좋지만 이것도 역시 확실한 것은 아니다. 자기 판단에 확신을 가지고 기다릴 수 있어야 한다. 이 판단이 상식적이고 단순하고 건전한 것에서 나오면 나올수록 그 판단의 힘은 세다. 이렇게 보면 주식투자에는 확실한 것이 거의 없고 모두가 불확실한 것으로 둘러싸여 있는 듯이 보인다. 어쩌면 그럴지도 모른다. 이런 의미에서 보면 주식을 비롯한 모든 투자란 불확실한 것 속에서 최대한 확실한 것을 찾아가는 과정이다. 즉, 다수의 사람들에게는 불확실하지만 나에게는 확실한 것을 찾아가는 것이다. 그래서 투자가 자신이 잘아는 회사에서 시작해야 하며, 안정적으로 이익을 낼 가능성이 높은 회사에서 시작해야 하며, 기업이 미래에 만들어 낼 가치에 비해서 지금 주가가 아주 싼 회사 즉, 안전 여유(margin of safety)가 충분히 확보된 회사의 주식을 사야 한다. 물론 이런 회사를 만날 수 있는 기회가 일생에서 사주 찾아오는 것은 아니다. 자주 찾아온다면 그것이 비정상이다.

이 모든 것을 한마디로 줄이면 바로 자신의 발앞에 금덩어리가 굴러오는 것이 보이는 곳에 투자를 해야 한다. 어쩌면 이때는 너무 늦을지도 모른다. 다른 사람이 먼저 집어갈 수도 있다. 그러면 최소한 금덩어리가 저기 길모퉁이를 돌아서 오는 것이 보이는 곳에 투자를 해야 한다. 이 경우도 너무 늦을 수도 있다. 그러나 너무 멀어지면 잘못 볼 수도 있다. 환상을 보기도 할 것이고 너무 겁을 먹기도 할 것이다. 투자와 투기의 경계선은 여기 어디쯤일 것이다. 투자가의 시력에 따라서 투자의 범위가 더 넓어지기도 하고 좁아지기도 할 것이다. 특히 개인 투자가의 경우에는 눈에 무엇인가(금덩어리가 굴러오는 것이) 확실하게 보일 때까지 움직이지 말아야 한다. 그냥 막연히 여기쯤 금이 묻혀 있겠지, 아니면 말고 하는 생각으로 움직여서는 안된다. 하물며 남이 삽들고 나서니 어디로 가는지도 모르고 나도 호미들고 따

라 나서는 짓은 하지 말아야 한다.17)18)

8. 가치의 정의와 기업가치평가시 주요 검토사항

1) 기업가치평가시 주요 검토사항

(1) 전망과 과거 실적

미래 예측 자료와 과거 실적 자료 중에서 어떤 것을 선택할 것인가는 의사결정자가 어떤 자료를 신뢰하느냐에 달려있다. 예를 들면 주식시장에 있어서는 기업의 미래 예측자료가 투자 의사결정에서 중요한 지표가 된다.

하지만 객관적인 증거가 의사결정에 중요한 요소가 될 수 밖에 없는 상황(예를 들면 이해 당사자간에 가치를 둘러싼 첨예한 대립이 발생하는 소송사건과 같은 경우)에서는 과거 실적 자료가 중요한 판단 근거가 될 것이다.

따라서 기업가치평가가 실제적으로 유용한 것이 되기 위해서는 의사결정권자가 중요하게 생각하는 자료를 선택해야 한다.

(2) 기업가치 요소

기업가치평가에 있어서 필수적으로 고려해야 하는 중요한 요소들이 있다. 이런 요소들에는 기업의 활동에 있어서 중요한 작용을 하는 내부적인 가치요인들과 기업활동에 있어서 여건으로 존재하면서 작용하는 외부적인 가치요인들이 있다. 기업의 가치는 일차적으로 내부요인을 기준으로 계량화되며 외부적 조건에 따라 조정된다고 볼 수 있다. 기업 내부요인은 현금

---

17) 〈이 칼럼과 관련이 있는 과거의 글〉□기업가치 분석의 핵심(2005.03.31)은 조사자료는 고객의 투자에 참고가 될 수 있는 각종 정보제공을 목적으로 제작되었습니다. 이 조사자료는 당사의 리서치센터가 신뢰할 수 있는 자료 및 정보로부터 얻어진 것이나, 당사가 그 정확성이나 완전성을 보장할 수 없으므로 투자자 자신의 판단과 책임하에 종목 선택이나 투자시기에 대한 최종 결정을 하시기 바랍니다. 따라서 이 조사자료는 어떠한 경우에도 고객의 증권투자 결과에 대한 법적 책임소재의 증빙자료로 사용될 수 없습니다.

18) http://www.paxnet.co.kr/WWW/data/researchCenter/attach/octet-stream315.pdf(2011.1.14)

흐름, 배당금, 순이익 등의 이익지표로 나타나며 기업 외부적 요인은 기업의 가치에 영향을 미치는 것으로 자본비용(cost of capital)에 반영된다.

가치평가에 영향을 미치는 기타 요소로는 경영진의 능력, 경쟁 제품, 산업내 위치, 연구개발 노력 등이 있다. 일반적인 요인들은 다음과 같은 것들이 있다.

〈기업가치 형성 요소〉
내부 요소 및 외부 요소
◎ 매출액
◎ 영업/투자활동상 순이익/현금흐름
◎ 자산의 유동성/담보제공여부
◎ 시장의 규모 및 지배력의 수준
◎ 사업관련 권리
◎ 행성규세
◎ 지분/주식의 유동성
◎ 기업지배관련 특권

기업의 가치보다는 주식가치에 초점을 맞춘다면 추가적으로 고려해야 할 중요한 요소들이 있다. 그 중『기업지배력』은 주식의 가치형성에 영향을 미치는 중요한 요소이다. 일반적으로 기업지배력을 가지고 있는 대주주의 주식은 그렇지 못한 주주들의 주식에 비하여 높은 가치를 가지고 있다고 볼 수 있다. 따라서 기업지배력을 갖는 대주주의 경우에는 투자수익률을 결정하는데 있어서 프리미엄을 추가하게 된다. 주식의『시장성』도 주식가치에 영향을 미친다. 이미 시장성이 확보된 주식의 가치는 그렇지 못한 경우보다 높다. 투자자들은 주식의 유동성에 대해 프리미엄을 지불하고 유동성 부족에 대해 보다 낮은 가격을 지불하려 한다.[19)20)]

---

19) http://www.valueship.co.kr/morgue/morgue_company_2_1.html(2011.1.14)
20) http://www.lcg.co.kr/c_management_07a.html(2011.1.14)

9. 기업가치평가의 산식

1) 자산가치 방식

자산가치 방식이란 평가기준일 현재의 기업의 자산, 부채를 기준으로 순자산을 산출하고 그 순자산을 발행주식 총수로 나누어 산정하는 방식을 말한다. 이때의 순자산은 해석 방법에 따라 장부가 순자산과 시가 순자산 두 가지로 나눌 수 있는 바 장부가 순자산은 대차대조표 그대로 자본을 순자산으로 하는 것이고 시가 순자산은 기업이 소유하고 있는 자산을 일일이 다시 평가하여 순자산으로 하는 것이다.

(1) 유형고정자산

자산재평가를 실시하지 않는 경우는 취득일 또는 직전 재평가일 이후 현재까지의 물가상승률, 환율변동 등을 감안하여 현행원가에 의해서 평가한다.

가) 유가증권

상장법인의 주식인 경우는 평가일을 전후하여 주가의 흐름을 검토한 다음 평가일 전 일정기간의 주가를 평균하는 등 적정하게 조정하여 산정, 비상장법인의 주식인 경우는 자산가치, 수익가치, 상대가치, 주가수익률, 현금흐름 할인 또는 절충평균 가치방식 등을 사용하여 산정

나) 대여금 또는 매출채권

비정상적으로 회수가 지연되는 경우 회수 가능성을 판단하여 채권의 가액을 적정하게 조정 평가

다) 퇴직급여충당금

퇴직급여충당금 잔액이 실제 지급해야 할 금액보다 적은 경우는 그 차액을 증액

라) 무형고정자산

광업권, 어업권처럼 실질가치가 인정되는 것만을 계상

마) 이연자산

실질가치가 없는 것으로 간주

2) 수익가치 방식

이 방식은 평가하려는 기업이 장차 벌어들일 것으로 생각되는 주당 배당가능이익의 흐름을 추정한 다음 그 액수를 현가화하는 것으로 즉, 1주당의 기대이익을 일정의 적당한 이율로 할인하는 방식으로서 현재 가장 호응을 얻고 있는 방식이다. 이 방식은 기업의 자산, 부채를 각각 평가하여 산출하는 것이 아니라, 기업이 갖고 있는 인력, 상품 및 자금, 기술 등 모든 경영자원들을 사용하여 획득할 장래의 이익을 현재의 가치로 할인하여 평가하는 것이다. 그러나 장래의 수익을 추정한다는 것이 그리 간단한 것이 아니며 또 할인율을 몇 퍼센트로 할 것인가 하는 점에서 실무적으로 어렵다고 할 수 있다. 할인율은 기대수익률(Market Capitalization Rate)로 하는데 기대수익률은 동업계의 평균이익률, 해당 기업의 이익률 추이, 실리성있는 시장금리 및 정기예금 이자율 등을 고려하여 결정한다. 우리 나라에서는 증권업협회에서 유가증권 분석기준으로 정기예금 금리를 적용하도록 하고 있다.

평가하려는 기업이 속하고 있는 산업의 성숙도에 따라 또 그 기업이 기업의 라이프 사이클상 어디에 위치하고 있느냐에 따라 장래 수익가치의 흐름을 여러 가지로 예상할 수 있는 바 여러 가지 가정하여 계산해 보는 것이 일반적이며 이 수익가치 방식은 다른 방식으로 계산한 기업의 가치를 비교 검토하기 위하여 계산해 보는 경우가 많다. 기본적으로 수익가치 방식은 기업의 가치를 영업을 하여 얼마나 많은 이익을 올려 그것을 주주들에게 얼마만큼 배당할 수 있느냐에 따라 계산하는 것이다. 따라서 수익가치란 기업의 주당 배당가능금액의 변화가 어떻게 되느냐에 따라 달라진다.

3) 상대가치 방식

상대가치 방식이란 평가하려고 하는 주식의 발행회사(평가회사)와 사업내용이 유사한 업종에 속하는 상장회사의 주가, 1주당의 배당금액, 이익금액, 순자산가액(장부가액)의 평균치로서 국세청이 발표하는 수치를 기준으로 하여 평가회사의 1주당 배당금액, 이익금액, 순자산가액을 비교하여 평가액을 산출하는 방법이다. 이 방법은 기업의 이익환원성, 수익성, 자산가치성에 시장평가요소를 가미하여 평가하려는 점에서 뛰어나다. 문제점은 유사업종, 유사기업의 선정에 따른 곤란, 시장성이 없는 주식을 시장성이 있는 주식과 동일시하고 있는 점을 들 수 있는데, 이런 점을 보완하기 위해 30%를 디스카운트하는 방법을 쓰기도 한다.

4) 주가수익률 방식

주가수익률 방식이란 기업의 세금공제 후 1주당 이익에 유사 공개기업의 주가수익률(PER)을 적용하여 주가를 역산하는 방법이다. 이 방법은 기업활동으로서 생긴 이익 뿐만 아니라 시장에서 결정된 주가가 가지는 여러 가지 특징도 가미하여 주가를 산정하려는 것이다. 주가수익률 방식은 주가에 영향을 주는 외부요인(일반경제, 정치 등)을 시장의 데이터를 통하여 실제의 주가산정에 응용할 수 있다는 점에서 뛰어나다고 할 수 있지만, 비공개기업의 주가산정에 있어서 그 비시장 유통성을 파악하기 어려운 문제가 있고, 시장에 의해 유사기업이라 하더라도 PER이 크게 다를 수가 있다는 문제가 있으며, 시장 및 경제 전반의 상황변화에 의해 PER수준의 변동이 크며, 유사기업으로서 적당한 기업이 존재하지 않을 수도 있다는 문제가 있다.

5) Discount Cash Flow 방식

Discount Cash Flow방식이란 기업의 장래의 캐시 플로우를 적당한 할인율로 현재가치로 환원하여 평가액을 산정하는 방법이다. 기업활동의 결과 얻어지는 n년 후의 캐시 플로우는 그 기업을 둘러싼 시장환경, 기업활동을 반영하고 있는 것으로 n년 후라고 하는 장래, 결국 시간적 요소도 감안하고 있다는 점에서 이 방법은 뛰어나다. 하지만 장래를 전제로 하고 있는 이상 가능한 한 신뢰할 수 있는 사업계획서를 작성해야 한다. 몇년 간의 캐시 플로우를 택할 것인가, 할인율은 무엇을 기준으로 하며, 몇 %로 할 것인가에 대해서도 결정해야 한다.[21]

---

21) http://www.bizforms.co.kr/bizcontents/merger/merger_05_006.asp(2011.1.14)

10. 기업가치평가방법론

1) 외국인 은행임원시대의 의미

최근 은행에 외국인 임원이 선임되어 화제다. 그의 첫 마디는 바로 "대출은 담보가치가 아닌 미래 현금흐름 가치에 따라 실행될 것"이라는 말이었다.22) 이것은 IMF상황 이후 변화된 금융기관의 경영방향을 말해 주는 것이다. 그러나 한편으로는 그동안 '담보가치' 평가나 '자산가치법'(Asset-Based Approach) 위주로 업무를 수행하여 오던 우리업계로서는 실무관행이나 패러다임 자체의 변화를 요구하는 목소리로 해석함이 타당할 것으로 생각된다. 기업가치평가에 있어서도 우리가 통상 적용하는 자산가치평가법 뿐 아니라 수익가치법 (Income Approach)에 의한 평가를 요구하는 수요가 크게 늘어나고 있다는 사실에 주목할 필요가 있다. 상공회의소의 조사결과에 의하면 요즘 외국업체와의 M&A거래 계약시 가장 큰 장해요인은 바로 당사자간 기업가치평가상의 차이(27.3%)라는 것이다. 이하에서는 엄연히 우리이 고유업무 영역에 속하여 있음에도 불구하고 회계법인이나 신용평가회사 등에 의하여 잠식되어 있는 기업가치평가업무에 대한 인식을 새롭게 하기 위하여 기존 기업가치평가이론을 재정리하여 보고, 최근 가장 널리 활용되고있는 기업가치 분석도구인 DCF(Discounted Cash Flow Method)에 의한 국내 M사에 대한 수익가치평가사례를 소개한다.

2) 기업가치평가 3방식과 감정평가사의 강점

본래 기업의 가치란 보유의 목적과 동기가 투자자에 따라 다양하므로 기업의 가치를 평가한다는 것은 본질적으로 투자자의 주관적 영역에 속하는 것이라고 할 수 있다. 또한 평가란 어떤 대상을 인식하고 이에 가치를 부여하는 행위이므로 개인적 가치관을 떠나 주식가치를 완전히 객관적으로 산출한다는 것은 불가능한 것인지도 모른다. 따라서 평가의 목적에 따라 적합한 평가기준을 적용하여 이해관계자 모두가 납득할 수 있는 공정한 가치

---

22) 이론 및 사례연구, 경응수(감정평가사), 제일감정평가법인

(Fair Value)를 산출할 필요가 있다. 기업의 가치는 주식가치로 표현되므로 본고에서는 기업가치평가나 주식가치평가를 구분하지 않고 사용한다. 근본적으로 기업가치평가방식은 부동산평가의 3방식과 다름이 없다. 그러나 이론적으로 볼 때 주식의 가치란 그것을 소유함으로써 얻게 될 미래수익의 크기와 위험에 의하여 결정되는데, 현실적으로는 평가와 관련된 요소들이 미래의 기대치를 내포하고 있기 때문에 누가 평가하든 평가상에 일정한 자의성이 개입될 소지가 크다. 따라서 합리적인 주식평가는 주식의 가치를 형성하는 제 요인들을 포괄적으로 분석하고 3방식을 체계적으로 균형 조합함으로써 가능해질 수 있다. 일반적으로 주식평가방법은 질적 분석과 양적 분석으로 대별할 수 있으며, 이러한 질적, 양적 분석을 통해 도출한 예측치를 평가모형으로 단순화시켜 주식의 가치를 평가하게 된다.

'질적 분석'이란 주식평가와 관련된 자료 중 계량화가 곤란하나 기업의 장래성, 수익성, 배당성 등에 영향을 미치는 여러 요소를 분석하는 것이며, '양적 분석'은 질적 분석과 달리 계수화할 수 있는 요소들을 분석하는 것으로서 재무제표분석, 재무비율분석, 종합비율분석 등이 있다. 그러나 이처럼 질적 분석방법과 양적 분석방법을 구분하더라도 실제로 어느 한가지 분석방법만으로는 주식의 가치를 평가할 수 없다. 따라서 국내의 주식가치평가 관계법규인 국유재산법에서도 주식평가방법을 (1) 자산가치법, (2) 수익가치법, (3) 상대가치법 등을 고려하여 매각가격을 결정하도록 규정하고 있다.

(1) 자산가치법(Asset-Based Approach)

기업가치를 정태적 관점에서 평가한다면 평가시점 현재의 총자산에서 총부채액을 공제하여 산출할 수 있다. 평가시점 최근의 순자산가치에 의해 평가하는 방법이므로 이를 '자산가치법'이라 한다. 여기에서 부채액은 그 성격상 채권자가 그 권리를 포기하지 않는 한 정확한 가액을 산출할 수 있어 평가에 어려움이 없으나, 자산가액을 적정한 현재가액으로 산출하기 위해서는 많은 문제점이 있다. 즉, 자산의 성격 규정과 관련된 문제로 전통 경영이론에 입각하여 자산을 미래의 수익창출에 활용하기 위해 현재 보유하고 있는 원가집합으로 본다면 수익창출에의 기여도에 따라 평가해야 할 것이다(계속기업가치).

자산을 채권자보호를 기본 목적으로 하는 법률적 관점에서 본다면 평가일 현재시점에서 매각하여 얻을 수 있는 현금액 또는 현금등가액인 매각가치로 평가해야 할 것이지만 기업을 재구성하는 관점에서 본다면 자산을 대체원가로 평가하게 된다(청산가치).

이와 같이 평가자의 관점 차이와 평가 목적에 따라 각기 다른 자산가액이 산출될 수 있어 자산가치에 의한 기업가치평가는 객관성을 확보하기 어렵다는 문제점이 있다. 다른 한편으로 기업가치는 기업이 보유하고 있는 개별자산의 화폐적 가치의 총합으로만 발휘되는 것이 아니라 여러가지 유무형의 자산들이 유기적으로 결합되어 창출하는 비화폐적 자산(영업권, 명성 등)도 포함되어야 한다. 그러나 자산가치법은 이러한 가치를 고려하지 못한다. 이러한 많은 문제점에도 불구하고 자산가치법은 청산가치 산출이나 채권자 보호를 위한 최소평가액 산출이라는 측면에서 수익가치법에 비해 상대적으로 객관성을 인정받고 있다.

(2) 수익가치평가법(Income Approach)

수익가치란 내재가치(Intrinsic Value)라고도 하는데 기업이 계속적으로 영업활동을 한다는 전제하에 미래에 예상되는 수익을 기업의 위험도를 고려한 적절한 할인율로 현가화한 개념이다. 주식의 가치는 그것을 소유함으로써 얻게될 미래수익에 대한 청구권으로 정의될 수 있기 때문에 유무형의 모든 자산을 이용하여 얻을 수 있는 미래의 예상수익을 예측하고 이를 현재가치화하는 수익가치법은 이론적으로는 가장 타당하다. 일반적으로 투자자가 기업의 주식이나 지분을 매입하는 이유는 그 기업으로부터 배당(Dividend)을 받거나 미래에 창출될 기대현금흐름(Expected Cash Flow)을 통하여 효용을 얻을 수 있기 때문이다.

따라서 주식의 적정가치 또는 기업의 내재가치란 기업이 미래에 창출할 현금흐름 또는 배당흐름을 예측하고 이를 그 기업의 경영위험에 상응하는 할인율(Risk-adjusted Discount Rate)로 할인한 현재가치로 파악하는 것이 이론적으로 타당하다. 미래의 배당흐름 또는 현금흐름 할인가액이 현재의 화폐적 자산가치를 초과하거나 미달하는 부분이 초과수익력을 나타내는 영업권을 구성한다고 볼 수 있으므로 이러한 동태적인 관점에서의 기업가치 인식방법이 타당성이 높다. 수익가치법이 논리적 타당성을 갖춘 방법으로 인정되고 있으나 미래수익과 현금흐름 및 배당흐름의 추정은 주관적 예측에 기초를 두고 이루어지는 것으로 평가자의 주관이 개입될 수 있어 객관성 확보가 어렵고 영속적 기업의 수익을 어느 시점까지 예측하는 것이 타당한가라는 실무상 어려움도 크다. 또한 미래 현금흐름 또는 배당흐름을 현재가치로 환산하기 위해서는 기업의 영업위험과 재무위험을 모두 반영한 할인율로 할인하여야 하는 문제점이 있다. 그러나 수익가치법은 평가자의 주관에 따라 평가결과가 달라진다는 문제점에도 불구하고 이론적 타당성과 함께 현대 기업의 수익의 원천인 시장경쟁력 우위와 경영혁신을 가능하게 하는 기술력, 정보능력, 인적 자산 등을 비롯한 무형의 자산을 평가내용에 포괄할 수 있다는 점에서 기업 내재가치평가시 가장 많이 이용되고 있다.

(3) 시장가치법(Market Comparable Transactions Approach)

시장가치법은 비교방식에 의한 평가를 말한다. 국유재산법 시행령에 의하면 평가대상 주식의 발행기업과 동일한 업종의 상장법인 중에서 매출액규모, 자본금규모, 납입자본이익율, 매출액성장율 및 부채비율을 감안하여 유사기업을 선정하고 재무제표를 기준으로

$$\text{유사기업의 주가} \times (A/B + A'/B') \div 2$$

　　A : 평가대상기업의 1주당순이익
　　B : 유사기업의 1주당순이익
　　A' : 평가대상기업의 1주당순자산액
　　B' : 유사기업의 1주당순자산액

의 산식에 의해 산출한 가치(상대가치 또는 시장가치)를 평가대상주식의 가치평가에 반영하도록 하고 있다. 이는 평가대상기업과 유사한 기업의 주식

이 시장에서 거래되는 현실적인 가격을 평가 대상기업의 주식가치 산정에 어떤 형태로든 반영할 필요가 있다는 점에서 설득력을 가지고 있으나 상장기업 중에서 유사기업을 선정하는 데에 평가자의 자의성이 개입될 수 있고 유사기업을 발견하기 어려운 경우 적용이 불가능한 문제점이 있다. 더욱이 유사기업의 주식이 거래되는 시장이 비효율적인 경우 오히려 평가 대상주식의 진정한 주식가치를 왜곡시킬 수 있다는 약점이 있다.

3) 적정 기업가치평가와 감정평가사의 강점

기업가치를 적정하게 산출하기 위해서는
(1) 평가대상기업의 미래 예상수익의 정확도
(2) 현재자산가치평가의 적정성
(3) 대상기업 또는 유사기업 주식이 효율적 시장에서 거래가격이 형성될 것 등의 3조건이 충족되어야 한다. 그러나 이러한 조건은 모두 기업가치 형성에 영향을 미치고 있어 평가요소로서의 논거는 충분히 있으나 전술한 바와 같이 이론적으로 약점이 있으며 실무적으로 적용하기 어려운 점이 있다.

따라서 이 중 어느 한 요소에 의존한 평가는 가치를 왜곡할 가능성이 높다. 기업의 적정가치는 평가대상 기업의 성격이나 가치창출의 원천, 그리고 유사기업의 존재나 그 주식이 거래되는 시장의 효율성 등을 고려하여 전문적, 종합적으로 판단하여 결정되어야 한다. 이렇게 볼 때 감정평가사는 기업가치평가시장에서 가장 경쟁력있는 전문가 집단이라 할 수 있다.

왜냐하면 그 동안 수 백만건의 각종 자산평가 사례를 통한 '자산가치법'의 전문성이 확보되어 있기 때문이다. 다만 앞으로 이러한 바탕 위에 미래예상수익의 정교한 분석기법이나 내재가치 탐구에 대한 부단한 연구개발의 노력만 더하여진다면 날로 늘어나는 기업평가 서비스 대응과 제고는 물론 M&A평가 등 시장확대의 효과도 기대할 수 있다.

4) DCF 방식에 의한 기업가치평가 사례

(1) 현금흐름할인 방식의 적용 이유

 기업가치평가 방법의 이론적 뿌리는 기본적으로 현금흐름할인법이다. 기업의 수익가치를 산정함에 있어 가장 보편적인 방법은 미래이익을 예측하여 이를 적절한 할인율로 현가화하는 방법이다. 그러나 회계적 이익은 회계처리 방법에 따라 달라질 수 있는 모순이 있고, 실현주의와 발생주의에 따라 손익을 인식하는 관계로 실질적인 현금흐름을 정확하게 파악할 수 없다. 따라서 현금흐름(Cash Flow)을 할인대상으로 사용하게 된 것이다.

 현금흐름은 주주에 대한 배당의 형태로 지급되는 것 뿐만 아니라 기업에 재투자되는 현금흐름이 있다. 즉, 기업이 창출한 이익의 일부 또는 전부가 배당으로 지급되지 아니하고 내부에 유보되어 재투자되어야 새로운 가치창출이 가능하므로 주주에게 귀속되는 기업의 가치는 배당으로 지급되는 현금과 재투자되는 현금을 포함하는 것이다. 이와 같이 규정된 현금흐름을 '잉여현금흐름(Free Cash Flow; FCF)'이라고 하며 여기서는 'FCF 모형'에 기초하여 수익가치를 산정하였다. 기업의 가치는 이러한 영업을 통해 창출하는 미래 현금흐름을 해당기업의 경영위험을 반영하는 적정할인율로 나누어 산출한다. 그런데 정확한 가치평가를 위해서는 가능한 한 오랜 기간의 미래 현금흐름을 추정하여야 할 것이나, 장기간의 현금흐름 추정작업은 노력에 비해 큰 의미를 지니지 못한다. 따라서 미래의 현금흐름 추정은 통상적으로 개별 예측에 의한 추정가능기간과 추정기간 이후의 기간 즉, 2단계로 구분하여 추정하게 되며 추정기간 이후의 현금흐름은 일정한 성장률이 지속되는 것을 전제로 추정하게 된다. 이에 따라 M사의 기업가치는 1996년말을 평가시점으로 하여 추정기간(1997~2002) 중 현금흐름의 현재가치와 추정기간 이후(2003~)의 현금흐름 즉, 잔존수익가치(terminal value 또는 continuing value)의 현재가치의 합계로 산출하였다.

 기업가치 = 추정기간 현금흐름의 현재가치 + 잔존가치의 현재가치

한편 기업의 총가치에는 주주의 지분 뿐만 아니라 채권자인 타인자본의 몫도 포함되어 있으므로 해당기업의 가치 산정은 총기업가치에서 차입금의 현재가치를 차감하여 산정한다.

주식가치 = 기업가치 - 부채의 현재가치

(2) DCF 방식에 의한 평가절차

본 평가에서는 경영권을 갖는 지배주식의 가치평가에 목적이 있고 지배주주의 경우 배당보다는 기업이 창출하는 현금흐름이 미래의 이득을 적절하게 나타내고 있다는 전제하에 평가기준일 이후의 현금흐름을 추정하고 이를 현가화하는 DCF 방식(Dis-counted Cash Flow Method)에 의해 수익가치를 평가하였다.

(3) 자본환원율의 결정

일반적으로 투자위험이 있는 주식을 보유하려는 투자자들은 위험이 없는 금융자산에 투자하는 투자자들에 비해 높은 수익률을 요구한다는 관점에서 자본환원율은 다음과 같이 가중평균자본비용으로 구하였다.

가) 자기자본비용

자기자본비용이란 투자가가 위험자산인 주식에 대해서 요구하는 최소 수익률(minimum required rate of return)이다. 일반적으로 위험이 높은 주식에 대해서는 그 위험에 대한 대가로 높은 수익률을 요구하게 되므로 할인율 또한 높아지게 되며 반대로 위험도가 낮은 주식에 대해서는 할인율이 낮아지게 된다. 위험조정할인율(risk adjusted discount rate)은 해당기업의 체계적 위험을 적절히 반영하여야 논리적으로 그 타당성을 인정받을 수 있다. 실무적으로도 가장 널리 사용되고 있는 아래와 같은 자본자산가격결정모형(CAPM)에 의하여 산출될 수 있다.

· $K_e = R_f + \beta(R_m - R_f) = 0.10 + (0.1401 - 0.10) \times 1.0341 = 0.1415$

Rf : 96년 말의 1년만기 정기예금 평균이자율
Rm: 85년 1월부터 96년 12월까지의 KOSPI 연평균 수익율
β : 상장 이후 96년말까지 베타계수

나) 타인자본비용

타인자본비용은 현재 동사가 보유하고 있는 차입금의 가중평균금리인 8.12%로 산출하였다.

다) 가중평균자본비용(Weighted Average Cost of Capital; WACC)

본 평가에서 산출한 FCF는 주주의 몫과 타인자본의 몫으로 구성되어 있다. 따라서 현금흐름을 현가화시키는 할인율은 주주의 기대수익률(자기자본비용)과 채권자의 기대수익률(타인자본비용) 모두를 적절하게 반영하여야 하며 이는 다음과 같이 WACC를 산출하였다.

$$\text{WACC} = Ke \times S/(B+S) + Kd\,(1-T) \times B/(B+S)$$
$$= 0.15 \times 0.6 + 0.08 \times (1-0.34) \times 0.4$$
$$= 0.11$$

Ke : 자기자본비용
S/(B+S) : 자기자본비중
Kd : 부채비용
B/(B+S) : 타인자본비중
T : 한계법인세율(추정기간 중 영업이익에 대한) 법인세율

라) 항상성장율

일반적인 성장 패턴은 ① 향후 불변, ② 지속적 증가, ③ 지속적 감소, ④ 증가/감소의 반복 등으로 구분할 수 있다. 이는 평가대상 기업의 업종이나 영업상황 및 전망 등에 따라 일정한 가정을 적용하게 된다.

여기서는 2002년까지의 FCF의 증가추세와 2003년 이후 FCF가 최소한 매출액 증가만큼 증가할 수 있을 것으로 기대되므로 2003년 이후의 고정성장율로서 1997~2002년의 평균매출증가율인 4.5%를 적용

M사의 추정영업이익 적용

M사의 추정영업이익

구 분	1997	1998	1999	2000	2001	2002
매 출 액	45,000	47,520	50,181	52,991	55,959	59,092
매 출 원 가	38,000	40,128	42,375	44,748	47,254	49,900

구 분	1997	1998	1999	2000	2001	2002
매출총이익	7,000	7,392	7,806	8,243	8,705	9,192
판매관리비	6,510	6,875	6,635	6,594	6,093	6,435
영 업 이 익	490	517	1,171	1,649	2,611	2,758
영업외수익	1,700	1,600	1,600	1,600	1,600	1,600
영업외비용	1,400	580	520	700	450	400
경 상 이 익	790	1,537	2,251	2,549	3,761	3,958
법 인 세 등	269	523	765	867	1,279	1,346
당기순이익	521	1,015	1,486	1,682	2,483	2,612

M사의 추정현금흐름

구 분	1997	1998	1999	2000	2001	2002
A.순영업이익(EBIT)	521	1,015	1,486	1,682	2,483	2,612
B.법인세(A×34%)	177	345	505	572	844	888
C.세후영업이익(NOPLA)	344	670	980	1,110	1,638	1,724
D.감가상각비	3,500	4,000	3,500	3,000	2,900	2,500
E.퇴직급여충당금등	410	420	450	470	480	490
F.고정사산투자	10,200	5,100	2,550	2,550	2,550	2,550
G.순영업현금흐름(FCF) (C+D+E-F)	-5,946	-10	2,380	2,030	2,468	2,164

<수익가치평가액의 결정>

가. 총기업가치평가액 : 96년말을 기준으로 1997~2002년의 추정 FCF와 추정 항상성장율을 적용하여 산출한 2003년 이후의 FCF를 가중평균자본비용(WACC) 11%로 할인하여 산정한 이 회사의 기업가치는 아래의 표와 같다.

총기업가치평가액

구 분	FCF	기업가치
1997	-5,946	₩ - 5,357
1998	- 10	₩ - 8
1999	2,380	₩ 1,740
2000	2,030	₩ 1,337
2001	2,468	₩ 1,465
2002	2,164	₩ 1,157
2003년 이후		₩ 18,400
합계		₩ 18,734

나. 부채의 현가

M사의 가격시점 현재 부채의 현가는 총차입금액   5,800백만원

다. 주식가치23)24)25)

11. 가치의 정의와 기업가치평가시 주요 검토사항

1) 평가기준의 일관성

기업가치평가시에 평가자는 평가작업을 시작할 때와 보고서를 작성할 때 가치평가 기준을 분명히 정해야 한다. 평가를 시작할 때 가치평가 기준을 올바르게 또는 완벽하게 규정하지 못할 경우 평가가 정확히 이루어지기 어렵다. 또한 평가과정에서 가치평가 기준을 명확히 설정하지 않는 경우도 마찬가지다. 특히 평가결과에 따라 이해가 첨예하게 대립되는 경우에 평가기준의 일관성은 더욱 중요하다. 예를 들어 분리평가, 피해보상의 경우 세금문제, 매매계약 또는 대차거래에 있어서는 가치평가 기준을 분명히 하고 이를 평가작업 전과정에서 일관되게 적용하는 것이 중요하다.

2) 기업평가방법의 다양한 결합

특정 기업을 평가할 때 다양한 방법을 적용할 수 있다. 가장 기본적 분류는 3가지 방법이 있으나 이를 상호 적절히 결합하면 30가지 정도의 평가방법이 있을 수 있다. 기업이 경제적 이익을 산출하는 원천은 순이익, 자산매각, 기업매각 세 가지이다.

모든 평가 방법은 이 세 가지 요소 중 하나를 측정하거나 이 세가지 요소를 직접적, 간접적으로 조합하여 현재가치로 환원하는 등의 과정을 통해 평가하는 것이다. 실제의 평가방법들은 서로 완전히 분리된 것이라기 보다는 서로간에 필요에 따라 다양하게 결합되고 있다. 그리고 가능한 한 다양한

---

23) http://www.kapanet.co.kr/kapabook/32/kapa6_c.htm(2011.1.14)
24) InterNet Email: cok@oop.kapanet.or.kr
25) http://www.kapanet.co.kr/kapabook/32/kapa6_c.htm(2011.1.14)

평가방법들을 활용함으로써 하나의 평가방법만을 고집할 때 범할 수 있는 오류를 방지할 수 있다.

3) 유형자산과 기업가치

일반적으로 부동산 가치평가는 상대적으로 기업가치평가보다 난이도가 낮은 것이라 할 수 있다. 즉, 기업가치의 변동요인은 부동산보다 더 역동적이고 복잡하다. 부동산 가치평가식 접근으로는 기업의 무형자산이 거의 고려되지 않고, 대차대조표상에 존재하는 자산의 시장가치를 중심으로 하는 과거지향적인 가치평가가 될 가능성이 높다. 즉, 기업내에 존재하는 인적자원, 중요 거래처와의 관계, 각종 권리 등이 무시되거나 과소평가될 가능성이 높다고 할 수 있다. 상장된 대부분의 기업의 주가가 주당 순자산가치보다 높다는 사실이 이를 반증한다고 할 수 있다.

4) 간편법의 한계

주먹구구식 방법은 매우 간편한 이점이 있어 오랜 기간동안 사용된 방법이다. 그러나 이런 방법이 기업평가시에 다른 적절한 평가방법의 대체수단이 될 수는 없다. 예를 들면 상장기업의 주식을 평가할 때 주가를 당기순이익으로 나눈 주가수익배수(PER)가 있다. 이 방법은 기업의 비용 및 이익의 과거 추세에 대한 검토가 없기 때문에 많은 문제를 야기할 가능성이 높다.

두 기업이 동일한 순이익을 나타내더라도 현금흐름 측면에서 서로 다르다면 이 두 기업의 가치는 다른 것이 보통이다. 재무제표상 현금흐름과 순이익은 확연히 구별되는 개념이다. 순이익이 동일하더라도 매출액 및 그와 관련된 운전자본 및 설비투자 규모의 구성에 따라 현금흐름과 기업가치는 달라진다.

5) 이익 측정과 할인율의 일치

순이익을 할인율로 환원하여 기업가치를 산출할 경우 적절한 할인율의 선택이 중요하다. 이익은 대개 해당 기업이 감내해야 할 일정한 위험을 전제로 추정된다. 할인율은 무위험수익률에 이익 추정시 가정한 위험을 감안한 프리미엄을 더하여 사용하여야 한다.

6) 할인율과 자본환원율

할인율(discount rate)은 투자에 대한 미래 기대소득의 일련의 흐름에 대하여 각각 적용되는 비율이다. 반면 자본환원율(capitalization rate)은 특정한 한 기간의 경제적 이익을 가치로 환산할 때 적용되는 것이다. 소득접근법을 사용하여 기업가치를 계산하는 식은 일반적으로 다음과 같다.

여기서 V는 기업가치는 k차연도의 순영업이익(net operating income)이며, k차여도의 할인율이다. 만약 매기의 할인율이 동일하고($r_1 = r_2 = \cdots = r_n = r$) 여기에 더하여 매기의 소득이 일정하고 영속적이라면 ($I_1 = I_2 = \cdots = I_n = I$), V=이 되며 이때의 할인율 r이 자본환원율이다.

일정한 비율 g로 소득이 성장한다면 자본환원율은(r-g)가 된다. 이때 기업가치가 될 것이다. 자본환원율은 안정화된 대표 소득에 적용하는 것으로 경제적 이익의 기대 수준이 영속적으로 동일하게 계속될 때에만 이 두가지 비율은 동일할 수 있다. 그럼에도 불구하고 할인율 대신 자본환원율을 사용하는 오류를 범하기 쉽다. 또한 실무에서 미래에 대한 예측이 어려우므로 편의상 매기에 동일한 할인율을 적용하는 경우가 있다.

7) 투하 자본과 성장 규모의 일치

기업이 성장함에 따라 일반적으로 기업은 추가적인 운전자본 및 영업활동을 지원하기 위한 각종 자본적 지출이 필요하다. 따라서 추정 이익의 측정치로서 순현금흐름을 이용하면 이러한 요인들을 분명하게 파악할 수 있게 되는 이점이 있다. 즉, 추정순이익이 곧 바로 추정 순현금흐름으로 대치될 수 없기 때문이다. 추정 순현금흐름이 미래의 매출 성장 및 그와 관련된 운전자본 및 설비투자 규모에 부응하지 못하는 경우 미래 추정치는 애초부터 오류를 범하게 된다.

8) 성장 사이클

평가자는 무심코 단기간의 고속성장을 영속적인 것으로 가정하는 오류를 범하기 쉽다. 기업은 초기에는 고속성장이 가능하나 시장규모에 비하여 일정한 규모가 되면 안정단계 또는 정체기를 맞게 되는 것이 보통이다. 만약 초기에 높은 성장이 기대되나 일정기간 후 안정성장이 예상된다면 다단계 추정모델이 적용되어야 할 것이다.

9) 과거 자료의 가치

평가에 있어서 과거 실적치는 미래수익을 예측하는데 빼놓을 수 없는 유용한 자료다. 그럼에도 불구하고 기업가치는 근본적으로 미래 기업이익을 바탕으로 산출된다. 미래에 대한 분석없이 과거 실적자료를 기계적으로 확장하면 그 가치는 의미가 없다.

10) 비상장기업의 가치평가시 고려사항

비상장기업은 상장기업에 비하여 정확한 자료를 얻기 어렵고 재무자료에 대한 신뢰성이 낮다. 따라서 비상장기업의 가치를 평가할 때는 일반적으로 먼저 다음과 같은 회사의 재무자료에 대한 검증 및 조정이 필요하다.

- 경영자 보수
- 연금납입금
- 여비, 오락비
- 차량구입비
- 개인보험금
- 가족관련비용
- 시장가치 이상의 임대료
- 초과지급된 전문가 수수료
- 초과지급된 법적 비용
- 매출의 과대 또는 과소계상 등[26]

---

26) http://www.valueship.co.kr/morgue/morgue_company_2_3.html(2011.1.14)

12. 기업가치를 평가할 때 특별이익을 제외하는 이유

기업가치를 평가할 때 특별이익을 제외한다고 들었어요. 어째서인지 그 이유가 궁금합니다.[27] 답변의 내용으로는 특별이익은 회사가 지속적으로 창출해낼 수 있는 수익과 무관한 것이므로 이익을 중심으로 기업가치를 평가할 때는 순이익 중에서 특별이익은 빼는 것이 보통이에요.[28] 좀더 설명한다면 특별이익은 기업 본연의 영업활동외 우발적 원인에 따라 발생하는 이익이지요. 예를 들어 자동차 제조를 주업으로 하는 회사에서 부동산 매매에 따른 이익이 발생한다면 손익계산서에는 특별이익으로 회계처리하게 된답니다. 특별이익에 속하는 항목으로는 투자자산 이익, 채무면제 이익, 보험차익, 그리고 기타 특별이익 등이 있어요.[29]

13. 기업회계기준의 현재가치평가

1) 현재가치평가의 적용범위[30]

(1) 역사적 원가주의는 화폐의 시간가치를 반영하지 못하여 정보의 유용성이 저하되는 바, 현행 기준은 자산, 부채의 평가에 현재가치 개념을 도입하였다.

(2) 장기연불조건의 매매거래, 금전대차거래 또는 이와 유사한 거래시 발생하는 채권, 채무로서 명목가액과 현재가치가 중요한 경우에는 이를 현재가치로 평가해야 한다. 그러나 상장법인과 협회등록법인을 제외한 중소기업의 경우 이 규정에도 불구하고 명목가액으로 평가할 수 있다.(제89조)

① 장기연불조건 : 대금의 일부 혹은 전부를 거래발생일 이후 지급하는

---

[27] tkfkdgodydpfwl, 2010.12.28 16:32 답변 1 조회 3
[28] 답변 haseiiii, 2010.12.28 16:33
[29] http://ask.nate.com/qna/view.html?n=10873069&sq=%B1%E2%BE%F7%B0%A1%C4%A1%C6%F2%B0%A1(2011.1.12)
[30] zeroght82 | 2007-05-09 11:49 | 조회 856 | 출처: http://cafe.daum.net/gosilove

조건으로 1년 이상 계약조건

② 매매, 금전대차거래와 유사한 거래 : 회계처리가 매매 혹은 금전대차거래 등과 유사한 거래 즉, 임대차계약, 리스거래 등을 말한다.

2) 현재가치의 측정방법

(1) 기준

『현재가치는 당해 채권, 채무로 인하여 미래에 수취하거나 지급할 총금액을 적정한 이자율로 할인한 가액으로 한다』고 규정 ☞ 적정한 이자율

① 당해 거래에서 적용된 유효이자율을 적용하되

② 유효이자율이 없거나 당해 거래의 유효이자율과 동종 혹은 유사한 채권, 채무의 이자율의 차이가 중요한 경우에는 동종시장이자율을 기초로 하여 적정하게 산정

③ 이자율 산정이 곤란한 때 가중평균차입이자율로 할 수 있도록 규정

(2) 리스회계처리준칙

기본리스료의 현재가치를 산정함에 있어서 내재이자율을 알지 못하거나 알기 어려운 때에는 리스이용자의 가중평균차입이자율을 내재이자율로 본다.

3) 현재가치 차이의 회계처리

(1) B/S

채권, 채무를 현재로 평가하는 경우 발생하는 채권, 채무의 명목가액과 현재가치의 차액은 현재가치할인차금의 과목으로 하고 당해 채권, 채무의 명목가액에서 차감하는 형식으로 기재한다. 이 경우 적용한 이자율, 기간 및 회계처리방법 등을 주석으로 기재한다.(제66조)

(2) P/L

현재가치할인차금은 유효이자율법을 적용하여 상각(환입)하고 이를 이자비용(이자수익)의 과목으로 계상한다.

4) 채권, 채무의 재조정

(1) 회사정리절차 개시, 화의절차 개시 및 거래당사자 간의 합의 등의

원인으로 인하여 채권, 채무의 원금, 이자율, 기간 등 계약조건이 변경되어 재조정된 채권, 채무의 명목가액과 현재가치의 차이가 중요한 경우에는 이를 현재가치로 평가하고 명목가액(원금감면액은 제외)과 현재가치와의 차액은 대손상각비 혹은 채무면제익의 과목으로 처리한다. 이 경우 적용이자율 등은 주석으로 기재한다.(제67조)

(2) 재조정된 채권, 채무를 평가함에 있어서 적용할 이자율은 당해 채권, 채무의 발생시의 적정한 이자율로 한다. 재조정된 채권, 채무의 명목가액과 현재가치의 차액에 대한 회계처리는 현재가치평가규정을 준용한다. 그러나 원금감면분은 당해 채권, 채무금액에서 직접 차감한다.[31]

14. 배당성향과 기업가치와의 연관성

배당성향과 기업가치의 뜻이 무엇이예요?[32] 또 서로 연관성이 있나요? 주식/증권 분야의 배당성향이란, 순이익 중에서 매년 기업이 배당금으로 지출하는 금액의 비중으로 배당금 총액을 순이익으로 나눈 비율을 말한다. 예를 들어 A라는 기업의 순이익이 100억원이며 배당총액이 30억원이라면 A회사의 배당 성향은 30%라고 할 수 있습니다.

기업가치(적정주가) = 주당 기대배당금/(요구 수익률 - 성장률)
성장률 = (1-배당성향)*재투자 수익률 = ROE(일반적인 경우)
배당성향 = 배당금액/순이익[33][34]

15. 기업의 가치

진정한 기업의 가치는 무엇으로 평가받을까요? 거래소와 코스닥에는 수

---

31) http://k.daum.net/qna/openknowledge/view.html?category_id=QNC&qid=3GoUx&q=%B1%E2%BE%F7%B0%A1%C4%A1%C6%F2%B0%A1(2011.1.14)
32) 비공개 | 2006-08-30 16:57 | 조회 1179 | 답변 2
33) 더 자세한 내용은 첨부파일을 참고하시기 바랍니다. 2006-08-31 20:48
34) http://k.daum.net/qna/view.html?category_id=QDB&qid=2ioBu&q=%B1%E2%BE%F7%B0%A1%C4%A1%C6%F2%B0%A1(2011.1.14)

많은 기업이 있지만 좋은 실적을 바탕으로 주주들의 이익창출을 위해 기업의 발전방향을 제시해 주는 훌륭한 기업들이 많이 있습니다.(그 길이 회사의 발전과도 같을 것임)35) 홍채인식시스템의 기술력과 성장성을 비춰볼 때 세넥의 비젼은 밝아 보입니다. 그러나 시장의 원리는 결코 만만치 않습니다. 경쟁사가 있을 것이며 회사의 장래를 믿고 투자하는 장기투자자들의 믿음을 얻기란 더욱 힘들 것입니다. 진정한 기업의 가치는 시장에서 인정을 받을 때 더욱 빛나지 않을까요? 비록 소액이지만 장기투자자로서 솔직이 세넥에 대한 믿음이 많이 흔들립니다.

혼자만의 생각일까요? 아마 개미들의 세넥에 대한 일반적인 생각일 것 같네요. 세넥이 시장에서 인정받는 날이 얼마 남지 않은 것 같습니다. 일시적인 어려움이 있더라도 머잖아 그날이 올거라 마음을 다잡아 봅니다. 성공투자를 꿈꾸며 세넥의 모든 투자자들이 활짝 웃는 날을 기다려 봅시다. 시장에서 세넥이 인정받을 때까지, 세넥의 가치가 한단계 업그레이더될 때까지36)

16. 기업의 내재가치에 관하여 분석할 수 있는 방법

Daum 카페 주식과 바잉포인트 (http://cafe.daum.net/buyingpoint)에서 등록된 질문입니다. 이번에 뒤늦게나마 박성득의 주식교과서란 책을 접하게 되었습니다.37) 많은 반성을 하게 만드는 책이었지요. 저같은 경우는 ROE, PER, PBR 정도만 보고 내재가치를 따졌다고 생각했었거든요. 뒤늦게나마 구체적으로 내재가치를 계산해볼 수 있는 추천 도서를 알고자 이렇게 질문을 드립니다. 그 책을 보니 상당히 여러가지를 놓고 따지는것 같던데 구체적인 방법은 안나와있어서요.(여러가지 책을 추천해주시면 더 감사합니다.)

---

35) 추천 3 | 조회 145 | 번호 51893 | 2003.09.04 20:52 황종원 (hjw0***)
36) http://stock.daum.net/item/bbs.daum?code=035450&articleId=51893&viewObj=1:2:0(2011.1.14)
37) 자유여행가(hsh****) | 2008-01-03 11:55 | 조회 811 | 답변 2

보유한 삼전과 하이닉스의 하락을 바라보며, 공부좀 더 할려구요. 주식과 바잉포인트 운영자입니다 실전으로 주식을 가르쳐온지는 약 10년이지만 내재가치를 말씀드리는 것은 어렵습니다. 그것을 제대로 안다면 주식은 끝난 것으로 보시면 될 것입니다. 물론 대체적으로 퍼라든가 피비알 등으로 또는 수익가치와 성장성 안정성 등으로 내재가치를 평가합니다만 그것은 가치가 현금의 보유와 같이 딱 떨어지는 것이 아닌데 문제가 있는 것입니다. 그러면 여기서 대체로 가치의 판단이 쉬운 부동산의 자산가치와 현금성 자산 유가증권의 가치 등이 있을 것입니다

그 다음은 시가총액(주로 보는 것은 시가총액과 순자산가치 부동산....), 예를 들자면 순자산가치가 높은 쪽은 한진 등(유가증권의 가치와 부동산)이나 제 가치를 갖지 못하는 것은 수익가치에서 마이너스 요인을 가지기 때문에 제 가치를 갖지 못하고 있는 것입니다. 그러면 동양제철화학의 부동산 가치는 약 2조원 그 나머지 자산은 약 일조원, 순자산가치는 약 삼억원, 그 다음은 태양광의 영업가치가 되는 것입니다. 그러면 부동산의 가치 등에서는 자산가치 등은 변화가 적을 것이나 주로 앞으로의 성장성과 수익성인 태양광의 폴리실리콘의 가치에서 살아있는 생물과 마찬가지로 변화합니다. 글로벌의 위상과 삼성의 진출을 카바하고도 남을 것인가.

이 가치판단의 자료가 될 것입니다. 다행히도 시장은 타기업의 진출에도 성장성과 수익성으로 동사의 가치를 더 이상으로 보고 있는 것입니다. 이부분에서는 책으로 고정적으로 다룬다는 것은 맞지 않을 것입니다. 일년 후에 치열한 경쟁으로 태양광의 영업부분이 빛을 잃을 수도 있을 것입니다. 그래서 내재가치를 얼마로 책으로 쓴다는 것은 어려운 것이며 주로 애널리스트의 보고서 등을 보시면서 옳은 부분과 그렇지 못한 부분을 가려내는 것이 필요할 것으로 보입니다. 그만큼 함량미달 보고서와 엉터리 보고서가 많다는 뜻일 것입니다.

그리고 글로벌의 방향성, 글로벌 경제의 성장으로 글로벌에서 필요한 부분, 해운, 조선(물류) 철강 등의 원자재의 시대, 그러면 이런 업종의 가치는

많은 가산점을 받게될 것입니다.

　보고서와 자료들을 보시면서 흐름을 함께 읽어가면서 판단해보는 습관과 사고를 가지면서 또한 이익을 지속적으로 발생하는 기업의 주가는 가산점을 받아 이런 여러 부분들을 보시면서 앵무새처럼 목표가를 신뢰하는 것은 의미가 없을 것입니다. 이런 식으로 하나둘 모아가시면 될 것입니다. 딱히 도서에 대해서는 어떤 책도 본적이 없어 제가 하던 방식을 말씀드린 것입니다.38) 흔히 쓰는 방법은 예상 EPS를 구하여 적절한 PER를 산출한 뒤 곱하여 적정주가를 뽑는 것으로 압니다. 그런데 그건 너무 쉬운 방법이구요.
　여러가지 수학적인 모형들을 사용하기도 합니다. 그건 좀 어렵습니다. 또 우리나라는 배당에 대한 중요성을 너무 간과하기 때문에 잘 쓰질 않지만 미국 등 선진금융권에서는 흔히 사용하는 방법이 배당을 이용한 적정주가의 도출입니다. 주식의 배당과 채권의 이자, 그리고 부동산의 임대수익은 같은 개념으로 보시면 쉽게 이해되지요. 그러한 자산으로부터 얻을 수 있는 '미래 현금흐름의 현재가치' 가 '적정가치 및 내재가치'가 되겠습니다. 즉, 투자해서 얻을 수 있는 미래의 현금들을 적절한 할인률을 적용해 현재가치로 계산하면 적정가격이 나오지요. 자세한건 책을 보시면 되지만 사실 실제 주식투자에선 그냥 쉬운 방법들을 쓰지요. 애널리스트의 목표주가를 참조하고 챠트보고....그 정도이지요. 뭐... 분석보다 수급이 더 중요한 것도 사실이니까요.39)40)

17. PER로 기업의 가치를 판단할 수 있는 척도

　주식 공부를 얼마전부터 시작했는데 이것도 공부를 하려니 장난이 아니네요. PER에 대해서 이해가 안되는 부분이 있어서요. PER로 주가의 가치를

---

38) 2008-01-06 21:59 | 출처 : 본인작성 , [카페] 주식과 바잉포인트
39) 2008-01-23 02:03 | 출처 : [카페] 주식과 바잉포인트 1:1질문
40) http://k.daum.net/qna/view.html?category_id=QDB&qid=3QGQJ&q=%B1%E2%BE%F7%B0%A1%C4%A1%C6%F2%B0%A1(2011.1.14)

판단한다고 하던데 기본적으로 수식을 이용해서 나오는 값을 가지고 어떻게 기업의 가치를 판단할 수 있는지 궁금합니다.[41] 안녕하십니까? 한국투자증권 뱅키스프렌드입니다.[42] 기업분석, 특히 기본적 분석에서 가장 중요하고 자주 사용되는 지표가 '주가수익비율 PER' 입니다. PER이란 주식가격을 1주당 순이익으로 나눈 것으로 이 비율이 동종업계의 다른 기업보다 높으면 현재 주가가 고평가, 낮으면 저평가되어 있다고 합니다. PER이 비교 대상보다 낮으면 조만간 주가상승이 예상되며 반대로 고평가되어 있으면 주가하락을 예상하게 됩니다. 예를 들어 미국 주식시장에서 90년대 말 당시 상장기업의 평균 PER이 40배 정도였는데 현재는 20배 수준으로 떨어졌습니다. 이를 보면 그 동안에 주가의 거품이 얼마 정도였는지 알 수 있을 것입니다. 언론에서 국내 주식시장이 저평가되어 있다고 하는데 이것은 다른 일본이나 대만 미국증시를 비교를 해 보았을 때 국내기업의 평균 PER보다 훨씬 높으니 국내 증시가 다른 나라에 비해 저평가되어 있다는 이야기가 나오는 것입니다. 도움이 되었으면 좋겠습니다.[43]

안녕하세요! PER란 Price Earning Ratio로서 P / E를 뜻합니다. 즉, 현재 주가(Price)를 주당순이익(EPS)으로 나눈 것으로 지금 주식 1주를 살 경우 몇 년에 걸쳐 회수할 수 있느냐를 뜻하기도 합니다. 역으로, 지금 이 회사 주식을 1주 보유하면 1년에 얼마의 이익(현금이 아니라)을 벌어오는데(EPS) PER이 10이라면 10년이 되어야 현재의 주가(Price)가 되므로 내가 1주 사게 되면 그 기간동안 걸린다는 것을 의미합니다. 국가별, 산업별, 기업별 특색이 있으므로 일률적으로 말하는 것 자체가 다소 어려우나 대한민국 기업의 대략적인 PER은 현재 12~14 정도로 예측되고 있습니다. (이는 산업/기업별로 다를 수 있습니다.) 결국 동종업종 / 동종기업간 비교시에 다른 기업의 PER이 20인데 내 주식의 PER이 60이라면 타 기업에 투자했을 때보다 무려

---

41) depac79 | 2009-06-16 13:27 | 조회 3396 | 답변 3
42) ilovebankis(ilov*******) | 답변 272 | 채택률 74.1%
43) 2009-06-16 15:12 | 출처 : 본인작성 1:1질문

3배의 시간이 더 걸려야 회수됨을 의미하므로 어떤 투자결정을 내려야 할지 판단이 서실 것입니다. 올바른 투자하시기를 바라오며 열심히 공부하셔서 좋은 성과내시기를 바랍니다.44) 금융공학을 전공한 금융공학연구소 주임입니다. 단답형 답변보다는 처음 주식투자를 시작하시는 님을 위해 추후 도움이 되고자 답변을 달아 봅니다. 먼저 PER에 대해 잠깐 설명을 드려 볼까 합니다.

1) PER(price earnings ratio) 주가 수익배율

주가(시가총액)가 일정기간동안 기업이 올린 주당순이익(당기순이익)의 몇 배나 되는지를 나타내는 배율지표이다.

* PER = 1주당 가격(시가) / 주당 순이익 = 시가총액/당기순이익

예를 들어 어떤 기업의 PER이 14라면 현재 주식가격이 1주당 순이익의 14배라는 애기다. 증권시장에 주식을 발행해 유통시키는 이 기업이 주당 수익 창출력이 1이라면 이 기업의 주식은 시장에서 그보다 14배 비싼 시세로 매매되고 있다는 뜻이다. 결국 이 기업에 투자하는 사람은 14를 투자해 1년에 1의 이익을 얻는다는 말이다. 즉, 1/14(PER의 역수)의 투자 이익 즉, 약 7%의 이익을 얻게 된다. 주가 수익배율의 역수는 투자자의 이익률이 된다.

한편 금리는 현재의 주가수익배율에 큰 영향을 미치는데 그 이유는 투자자들이 금리가 낮아 채권이 별 매력이 없을 때 주식에 대한 대가를 더 많이 지불하기 때문이다. 다시 말하면 금리가 7%일 때 허용되는 적정 PER수치는 14이지만 금리가 5%로 낮아진다면 PER수치는 20까지 허용될 수 있기 때문이다. PER수치의 역수가 바로 투자수익률이기 때문이다.

또한 주가 수익배율은 기업의 순이익이 그대로 지속된다는 가정하에 당신이 처음 투자한 돈을 회수하는데 걸리는 햇수로도 생각할 수 있다. 즉, 기업을 시가총액으로 인수했을 때 그 원금을 회수하는데 걸리는 시간을 의미한다는 것이다. 단, 성장이 없다는 것을 가정했을 때의 애기다. 그러나 성장

---

44) 2009-06-23 21:56 | 출처 : 본인작성 1:1질문

없는 기업은 있을 수 없다. 물론 마이너스 성장도 있을 수 있지만 말이다.
  기업이란 성장과 이익의 분배속에서 끊임없이 변화하게 되어있다. 단적으로 PER수치의 기초가 되는 EPS(주당순이익) 또한 매년 주주들에게 배분되지는 않는다. 기업이 벌어들인 순익의 일부를 주주들에게 배당금으로 배분하고 나머지는 기업의 성장동력으로 쓰이게 되기 때문이다. 이러한 매년의 기업수익의 활용을 무시하고 단지 EPS의 합으로 투자원금을 회수하는데 어느 정도의 시간이 걸리는가에 초점을 맞추는 것은 한마디로 넌센스인 것이다.
  그렇다면 기업의 주당순이익과 투자자의 투자금을 연관짓는 이 PER수치를 어떻게 활용하는 것이 유용할 것인가? 단지 낮으면 저평가되었다고 하여 투자하기에 좋고 높으면 고평가 되었다하여 투자해서는 안되는 것인가?
  우리는 사과와 오렌지를 비교하는 우를 범하지 말아야 한다. 기업의 순이익이 그대로 지속된다는 가정은 거의 적용되기 힘들다. 어떤 주식들의 주가 수익률은 40인데 반해 다른 주식들의 주가 수익률은 3에 불과하다는 것은 투자자들이 어떤 업체들의 미래 수익에 대해선 상당히 긍정적으로 판단하고 투자를 하는 반면 다른 업체들의 미래에 대해선 회의적이라는 것을 말해준다. 일반적으로 저성장종목은 PER이 낮고 급성장종목은 높은 경향이 있으며 경기변동형 성장종목에서는 그 사이에서 왔다 갔다 하는 것을 볼 수 있을 것이다. 저가주(저PER)를 찾는 투자자들은 PER이 낮은 주식은 무조건 사야 한다고 믿고 있지만 그 전략은 그리 큰 의미는 없다.
  PER값이 높으면 현재의 수익 창출력에 비해 주가가 고평가된 것으로 보고 PER이 낮으면 현재의 수익 창출력에 비해 주가가 저평가됐다고 볼 수 있다. 단, 절대적으로 그런 것은 아니다. PER수치는 결국 현 시점을 보여주고 있는 것 뿐이다. 가치주가 과거 실적을 중시한다면 성장주는 미래 잠재력을 중시하는 종목이다. 당장은 수익성이나 실적이 대단치 않으므로 가치주와는 반대로 주당순이익 EPS가 낮고 주가 수익배율 PER은 높다. 하지만 성장주는 장차 빠르게 성장해 시세가 뛸 잠재력이 크다. 따라서 고PER주라 하더라도 단순히 그것만을 보아서는 안된다. 투자자들의 성향에 따라 PER

이 100배인 기업을 보고도 무한한 성장성을 감안하여 매력적이라고 판단하는 사람도 있을 수 있고 PER이 5인 기업을 보고 이제 쇠락의 길로 접어들어 성장성이 없다고 판단하여 투자를 꺼리는 사람도 있을 것이기 때문이다.

기업의 성장성이 매년 순이익의 성장으로 돌아온다면 현 시점의 PER수치는 결국 계속해서 낮아질 것이며, 또한 현 시점의 PER수치가 기업의 왕성한 투자활동으로 인해 투자기간동안 순이익이 감소하여 단순히 EPS가 단기적으로 왜곡된 것이라면 더욱 그러하다. 그러나 이유를 불문하고 높은 PER을 가진 종목은 높은 주가수준을 정당화시킬만한 굉장한 수익성장률을 지니고 있어야 한다. PER수치가 높아도 투자할만한 매력을 가지고 있다면 투자할 수 있다는 것이지 높은 PER수치를 무시해버려도 좋다는 말은 아니다.

수익의 폭발적인 성장이 예상되지 않는 한 PER이 100인 기업의 주식은 저기 먼 옛날 일제시대에 샀어야만 오늘날에 와서 겨우 본전을 뽑게 되는 것이다. 확실한 것은 지나치게 높은 PER배율을 가진 기업은 무조건 피해야 한다는 것이다. 따라서 PER배율의 참고 기준은 낮은 PER기업을 찾는 것이 아니라 높은 PER배율을 가진 기업을 골라내는데 초점이 맞추어져야 한다.

극단적으로 높은 PER배율은 완전군장하고 뛰는 군인처럼 매우 불리하기 때문이다. 따라서 황금을 캐는 것과 같은 수익사업을 갖고 있는 기업이 아니고는 일반적으로 PER수치가 50 이상인 기업은 투자대상에서 제외하는 것이 나을 것이다. 우리나라의 기업 중에는 꾸준한 수익을 창출할 수 있는 성장성을 갖춘 기업이면서도 상당히 저평가되어 있는 기업이 아직도 산재해 있기 때문이다. 그러므로 기업의 주가수익배율은 단지 그 수치만으로 기업을 평가할 것이 아니고 기업의 성장성과 순이익의 질, 이익률 등을 고려하여 종합적으로 판단했을 때 그 빛을 발하게 되는 것이다.

마지막으로 주식투자의 무서움에 대해 약간의 조언을 드려볼까 합니다. 질문의 요지를 보아 님께서는 주식투자가 처음이신 것 같습니다. 직접투자는 매우 위험할 수가 있답니다. 예측할 수 없는 주식시장에서 개인 투자자가 살아 남기에는 매우 어려운게 부정할 수 없는 현실이죠. 제 친구도 책

몇 권 읽고 주식시장에 뛰어 들었다가 어린 나이에 적지 않은 큰 돈(5천만 원)을 날리곤 한때 자살까지 생각했을 정도로 피폐한 삶을 살았답니다(물론 그 친구도 처음 시작은 작은 돈으로 인생 공부도 할 겸 시작하였지요). 님도 투자가 처음이신 것 같아서 노파심에서 몇 자 적어 드립니다. 투자는 말 그대로 리스크를 안는 대신 수익 창출을 목적으로 하는 행위랍니다. 고수익만 창출된다면 좋겠지만 문제는 리스크도 함께 따를 수 있다는 것이죠. 매해 주식투자 실패로 자살하는 사람들이 너무나 많이 생깁니다.

이렇듯 시장은 매우 냉혹하고 잔인한 것이랍니다. 더구나 단기간에 큰 수익을 얻고자 한다면 더욱 큰 어려움이 따를 수 있답니다. 투자하실 때 항상 주의하시고 아직은 직접투자보다는 펀드투자 등의 간접투자를 권유드립니다. 직접투자는 천천히 그리고 철저히 준비한 후에 천천히 하셔도 충분하답니다. 많은 분들이 단시간에 일확천금을 꿈꾸며 성급히 시장에 뛰어들었다가 낭패를 보고 있습니다. 신중히 판단하시구요. 마지막으로 투자를 처음 시작하신 분이 읽으면 좋을만한 컬럼 읽어 보시구요. 처음 투자를 시작하는 투자자를 위한 조언, 모쪼록 좋은 결과 얻으시고요. 행복한 하루 되세요.[45)46)]

18. 가치평가 단계에서의 관리법

전략적 단계에서는 인수합병측이 주도권을 쥐지만, 일단 가치평가 단계가 되면 양측이 동등해지면서 서로의 카드를 테이블에 내놔 상대방이 갖고 있는 위험요소를 파악하고 인수예산을 확보하며, 최대의 시너지 효과를 볼 수 있도록 해야 한다. 다시 말해 업무처리과정, 고객기반, 공급업체 등을 효율적으로 결합해 인수합병에 따른 효과를 더 높여야 한다.[47)]

이 단계는 매우 민감하다. 따라서 이 단계의 협상 내용은 고도로 비밀스

---

45) 2010-05-25 16:39, 카페:행복한 토끼마을, Daum Communications
46) http://k.daum.net/qna/view.html?category_id=QDB&qid=3qjNb&q=%B1%E2%BE%F7%B0%A1%C4%A1%C6%F2%B0%A1(2011.1.14)
47) 익사이팅♪ | 2006-05-17 09:46 | 조회 107 | 출처: 펌, 가치평가 단계에서의 관리법

러운 경향을 띠며, 신경을 갉아먹게 된다. 이때 명심할 사항은 협상 테이블에 앉아 있는 사람들 모두 자신의 미래를 걱정하고 있다는 점이다. 상대 협상자들이 이쪽의 자리를 대신하거나 동료가 되거나 상사가 될 수 있다. "협상의 자리는 자존심을 보이는 자리가 아니다. 이 자리는 회유적이고 침착하고 자제하고 비밀스런 모습을 보여줘야 하는 자리다. 이때 보이는 감정적 폭발은 협상과정 전체에 영향을 미친다."라고 컨쿠어스 그룹은 지적한다.

또한 일부 정보는 이 협상 초기 단계에서 절대로 내보여서는 안된다. 일례로 가격 데이터를 교환하는 일은 잘못하면 정부의 독점금지법에 저촉될 수 있다. 양측이 협상을 중단할 경우 가격에 관한 대화는 가격담합의 대화를 풍길 수 있기 때문이다. 그리고 협상 양측의 중역팀은 상대방이 할듯한 질문에 대비해야만 한다. 인사팀은 인사관련 질문에, 물류팀은 물류관련 질문에, IT는 IT관련 질문에, 재무팀은 재정관련 질문에 대비해야 한다. 물론 양사의 조직표가 같지 않을 수도 있다. 이런 경우 영업팀이 상대방의 마케팅팀을 담당해야 할 것이다. 요지는 직능 대 직능의 일대일 대응이 아니라 협상이 부드럽게 진행될 수 있도록 모든 사람이 대비해야만 한다는 의미다.

인수합병을 잘한다고 소문난 기업은 이런 질문 내용의 세부사항을 가능한 노출시키지 않으려 한다. 이 기업들은 올바른 방식으로 정확하게 질문해야만 가장 좋은 정보를 이끌어낼 수 있다는 점을 잘 알고 있다. 그러나 일반적으로 인수하는 측의 IT부서(양측이 동등한 자격으로 합병할 때는 양측의 IT부서)는 타겟 회사에 현재 사용하고 있는 가장 중요한 애플리케이션의 목록, IT부서의 보고체계에 대한 세부사항, IT인력 모집과정의 특징 등을 알려달라고 요청하고 기업문화, 서비스업체, 예산, 진행중인 프로젝트 등에 대해 까다롭게 질문하게 된다. 이런 과정을 거쳐 인수합병에 대한 제안이 제기되고 이를 상대방이 승낙하게 되면, 이제 나머지 모든 사항은 협상 테이블에서 흥정되게 된다. 그리고 여러 요소가 계산된 후 인수금액이 확정된다. 이때 특히 IT인력의 사기에 신경을 써야 한다. 일단 인수합병 소식이 퍼지고 소문이 나돌면서 IT인력은 다른 회사에 이력서를 내느라 바쁘게 움직인다. 그리고 핵심 IT인력이 나가게 되면, 이들은 자신이 갖고 있는 모든 것을 가지고 떠나게 되는 것이다. 그리고 IT인력이 절대 부족한 현 상황에서 대규모의 퇴사 사태는 쉽게 발생할 수 있으며, 이것은 협상에 치명적인 영향을 미친다. 따라서 인수합병 협상이 진행되고 있다는 소식은 노출되지만 협상 내용은 여전히 비밀에 쌓이게 되는 이 가치평가 단계에서 중요한 일은 "소문을 완전히 진정시키는 것"이라고 컨쿠어스 그룹은 말한다. 다시 말해 IT인력들에게 얼마나 더 오래동안 일할 수 있는가에 대해 적절한 수준에서 안심을 시켜야 한다. 일례로 최소 1년간은 일자리를 계속 보장하라고 컨쿠어스 그룹은 조언한다. 즉, 조직이 분해돼 비즈니스가 중단될 위험을 막기 위한 모든 조치를 취해야 한다. 이런 문제를 잘 관리하기 위한 가장 좋은 방법은 "인수합병팀 이외의 사람들도 참여하는 확대그룹을 만드는 것이다. 가능한 더 많은 사람을 초대한다. 물론 이 일은 조심스럽게 관리되어야만 한다."고 컨쿠어스 그룹은 말한다. 이 문제에 대해 "IT인력을 협상하는 자리에 참여시킬 수 있다면 더 쉽게 해결될 것"이라고 텍사스 전력사의 한 선임 회계관리자는 조언한다. 이 선임 회계관리자는 이 교훈을 1997년 천연가스 공급회사인 인서치사와의 13억달러 규모 합병과정에서 배웠다. 1996년 미국에서 수많은 인수합병이 벌어졌으며 미증권거래소와 미법무성의 인수합병에 대한 법률적 검토작업이 지연될 수밖에 없었다. 이 결과 텍사스 전력사의 인수합병 협상도 계속 지연될 수밖에 없었다. 여기에 이 회사중역들은 미정부가 자사의 인수합병건에 큰 관심을 갖고 있다는 점을 알고는 놀랬다. 이 회사는 이 협상을 텍사스주 차원의 인수합병 문제로만 생각하고 있었기 때문이었다. 그리고 양사의 일반 IT인력들은 자신들이 곧 해고될 것이란 생각을 하게 됐다. 아무도 어떤 프로젝트가 살아남고 어떤 프로젝트가 취소될 것인지에 대해 말해주지 않았기 때문이었다. "우리는 비즈니스가 계속 돌아갈 수 있도록 하기 위해 IT인력들에게 퇴사하지 않는 조건으로 보너스를 주고 계속적인 고용을 약속했다."고 텍사스 전력사의 선임 회계관리자는 말한다. "그러나 우리는 더 많은 조치를 취했어야만 했다."고 후회가

섞인 말을 부언한다.48)

19. 재무제표 등을 이용해서 회사주식의 가치를 분석하는 방법

안녕하세요. 다음이랑 인연이 깊은 26살 대학생 지눙이라고 합니다. 일반적으로 비상장 기업은 DCF를 이용해서 미래수익의 현금흐름을 현재가치로 환산하여 기업의 가치를 평가합니다.49) 그런데 일반적으로 매출액이나 이익을 너무 낙관적으로 잡는 경향이 있어 사실 제대로 된 가치를 구하긴 좀 힘듭니다. 주관이 많이 개입되죠. 이런건 인터넷에도 사례를 많이 찾아볼 수 있을겁니다. 그 밖에는 회사가 어느 정도의 규모를 갖추고 매출도 발생할 경우에는 다음의 두가지를 씁니다. 본질가치(자산가치+수익가치)를 이용하는 방법이 있고요... 이것은 회사가 현재 보유하고 있는 자산의 가치와 향후의 수익을 가중평균하여 가치를 구합니다. 이것은 주로 작년까지 코스닥 등록시 이용되있던 평가방법입니다. 역시 미래의 수익을 예측한다는 점에서 주관이 개입될 여지가 있습니다. 최근 코스닥 등에 등록하기 위해서는 비교가치를 많이 씁니다. 현재 시장에서 거래되는 동종기업의 주가를 PER이나 EV/EBIDTA를 이용해서 당해 기업의 가치를 추정하는데, 이건 동종기업이 없거나 당해기업의 실적(매출 및 이익)이 미미하거나 비교회사와 규모면에서 현격한 차이가 나는 경우에는 적용하기가 어렵습니다. 물론 비교회사가 손실을 지속적으로 낸다면 모형을 적용할 수가 없습니다.50)51)

---

48) http://k.daum.net/qna/openknowledge/view.html?category_id=QDC&qid=2f2eU&q=%B1%E2%BE%F7%B0%A1%C4%A1%C6%F2%B0%A1(2011.1.4)
49) 증권 - 중소기업인데 재무제표 등을 이용해서 회사주식의 가치를 분석하는 방법을 알고 싶습니다. 지젤 | 2004-10-15 12:53 | 조회 866 | 답변 1
50) 2004-10-15 12:56 | 출처 : 인터넷 검색
51) http://k.daum.net/qna/view.html?category_id=QDB&qid=00kP8&q=%B1%E2%BE%F7%B0%A1%C4%A1%C6%F2%B0%A1(2011.1.14)

20. 주식이 가지는 가치

보통 상품은 사람의 필요에 의해서 그 가치가 결정되는데 주식은 무엇으로 가치가 결정되나요?[52] 보통 실적이 좋은 회사주식을 우량주라고 하는데, 실제 실적이 주식에 반영되는 것은 아니고 그저 다른 사람들이 높은 가격에 살 것이라는 예측으로 그 주식을 사는 것인데, 결국 만인의 만인에 대한 도박이 아닌가요? 주식이 가지는 의미가 무엇인지 알고 싶습니다. 그리고 액면가 5,000원짜리 주식을 사람들은 왜 30,000원이 넘는 돈을 주고 사고 파는 건가요? 부동산, 주식, 채권의 최강자! 주식 역시 따지고 보면 상품과 물건처럼 가치가 결정됩니다. 이유는 어떤 회사가 매출과 이익이 많이 남는 회사라면 가치가 높아집니다. 그러므로 투자자가 그 회사 주식가치가 올라가는 기대감에 주식을 사게 됩니다. 주식가치(가격)가 올라가는 요인으로는 다음과 같다.

1) 이익 및 시장지배력
(1) 매출대비 이익이 높은 기업
(2) 기술력과 가격경쟁력을 갖춘 기업(동종업체보다 앞서가는 기술과 기술개발과 설비투자비용이 적게 들어가는 기업, <순익과 직결됨>)
(3) 동종업체보다 독보적인 시장지배기업(상품가격을 마음대로 올리거나 내릴 수 있는 기업, 시장지배력)

2) 재무적 관점에서의 가격 상승요인
(1) 매출 증가와 순익비율 증가
(2) 순자산 증가(총자산중에 부채를 뺀 액수)

3) 일반적인 주식가격 결정기준
(1) 매출 대비 순익비율
(2) 매출액

---

[52] Mr Yang | 2010-09-13 21:40 | 조회 344 | 답변 2

(3) 자산(건물, 토지, 부동산, 현금성 자산<주식, 채권, 현금>)

일반적으로 어떤 주식회사의 시가총액(발행한 주식수×(곱하기)한주당 가격의 총액수)이 늘어나거나 줄어드는 요인은 매출 대비 순익비율, 매출액, 자산 3가지로 기본적인 잣대로 봅니다.

이 지표로 주가가 비싼지 싼지를 대충 알 수 있게 됩니다. 시가총액이 곧 하나의 주당가격인 셈이지요. 일반 사람들이 주식에 투자해서 돈을 잃거나 벌지만 주식을 공부하고 투자하는 회사의 내용을 모르고 투자하면 큰 실수를 하게 됩니다. 사람의 앞날도 알 수 없듯이 어떤 회사의 미래도 알 수 없기에 꾸준히 공부하고 분석하면 좋은 결과가 분명히 있다고 생각합니다. 사람마다 주식의 의미는 조금씩 다르다고 생각합니다. 그것은 최대 주주인 입장에서는 회사의 지배력 확보를 위해 보유하지만 소량의 주식보유자는 투자수익을 바라보고 보유한다고 봅니다. 한주당 액면가가 정해지는 것은 주식을 매매할 때 주식가격수준에 따른 수단이 결정 때문에 액면기가 지정되는 것입니다. 이렇게 하는 이유는 주식매매를 원활하게 하기 위한 것입니다.

예를 들어 우리나라 주식시장의 액면가 결정기준에는 여러 가지가 있습니다.[53)54)]

21. 기업가치평가에 대한 공부 방법

M&A를 위한 기업가치평가를 위해 공부를 하려고 합니다. 책 좀 추천해 주세요.[55)] 먼저 M&A를 위한 기업가치평가라고 목적을 언급하셨으니, 그것에 맞게 답변을 드려야겠네요.

M&A목적의 기업가치평가는 기업의 장부가치와 기업의 시장가치의 차액을 산출하는 것에서부터 출발합니다. 보통 이것을 회계학 관점에서는 영업

---

53) 2010-09-15 00:11 | 출처 : 본인작성 1:1질문
54) http://k.daum.net/qna/view.html?category_id=QDB&qid=4FQXz&q=%B1%E2%BE%F7%B0%A1%C4%A1%C6%F2%B0%A1(2011.1.14)
55) thlighter 2006.06.03 18:08, 답변 2 조회 5,351

권(Good Will)이라 부르죠. 이런 용역들을 법무법인이나 회계법인의 회계사들이 많이 하고요.(주로 로컬이 아닌 메이저 법인들) 회계사가 되실건지 변호사가 되실건지, 아니면 컨설팅업체에 계신지, 취직하실건지 정확히 모르겠지만, 필요한 책만 말씀드리겠습니다. M&A와 기업가치평가에 대해서 공부할 책을 뽑으라면, 우선 기본적인 회계학(중급회계까지는 기본이죠) 고급회계:연결, 인수, 합병에 대한 회계처리 공부<박호근 고급회계>, <김문철, 송인만 고급회계> 재무:기본적인 재무관리를 안다고 가정하고요. <재무제표 분석과 기업가치평가-김권중 외>, 원서로는<Financial Statement Analysis and Security Valuation 2/E>-Penman/McGraw Hill, 그리고 해당 논문들이 있습니다.

우선 이런 책들과 케이스 사례를 공부하셔야 될 것 같습니다. 위에 말한 책들은 회계, 재무 등에 대해 충분한 공부가 선행된 후 공부하셔야 될듯 생각이 듭니다. 그리고 M&A컨설턴트가 되고자 하신다면, 우리 나라에서야 토종으로 경험으로 크신 분들도 많습니다. 이런 분들 강의과정들도 있고요(좀 비쌉니다. 배우는 것도 별로 없지만). 컨설턴트로 클려면 국내에서 컨설턴트회사나 일반회사의 기획부서 정도도 좋겠지요. 시간과 노력이 된다면 외국 MBA과정을 권하고 싶네요. 무작정 M&A가 멋있다고 생각해서 하시지는 않겠지요. 드라마 작가나, 영화속에 나온 M&A전문가는 실제모습과 좀 다르다고 생각하고요. 도움이 되었으면 합니다.[56] 저는 Valuation을 추천하고 싶습니다. 저도 컨설팅업계에 진출하려고 요즘 들어 보고 있는 책입니다. 근데 원서로 도전했다가 어려워서(책은 이쁘지만) 경문사에서 나온 번역본을 여러 번 보시는게 낳을듯 싶습니다. 기업가치평가라는 책입니다.[57]

---

56) re: 기업가치평가에 대한 공부할 책을 추천해주세요 herojun0507 답변채택률 0% 2006.06.06 01:58
57) http://kin.naver.com/qna/detail.nhn?d1id=4&dirId=410&docId=34282647&qb=6riw7JeF6rCA7LmY7Y+J6rCA&enc=utf8&section=kin&rank=1&search_sort=0&spq=0&pid=ggsH1v331xosstMzcXVssv--288511&sid=TTA51H4RME0AABOzFws(2011.1.14)

22. M&A의 기업가치평가 방법

M&A시 기업의 가치평가는 인수할 대상기업(피인수 기업)의 인수가격을 결정하기 위하여 기업가치를 분석, 평가, 산출하는 것으로서 합병 협상과정에서 인수가격이나 주식의 교환비율 등 재무분석을 통해서 합리적인 인수가격을 결정하게 된다. 합병의 결과로 인한 기업의 손익은 합병의 기대이익 수준과 합병비용(인수가격 및 합병조건)에 달려 있기 때문에 기업에 대한 정확한 가치평가는 기업인수자나 매도자 모두에게 중요하다. 그러나 M&A시 기업가치를 평가함에 있어서는 가치평가의 주체, 평가시점, 기업의 매각사유 등에 따라서 평가결과(평가액)가 상이하는 등 대상기업에 대한 객관적인 평가기준이 존재하지 않는 한계를 갖고 있기 때문에 M&A시 기업의 가치평가는 중요하다.

1) 합병가치와 합병 프리미엄

M&A시 결합된 기업의 가치는 인수기업(acquiring firm)의 가치와 인수대상기업(target firm)의 가치 그리고 합병에 따른 이익의 가치를 합한 것과 같게 되는데 이때 M&A에 따른 비용보다 수익이 크면 그 차액을 M&A의 프리미엄이라고 한다. 인수기업이 M&A시 프리미엄을 누릴 수 있을 때 피인수기업은 자신의 현재 기업가치 외에 별도의 프리미엄을 요구하게 되는데 인수대상기업에 지불되는 가격과 합병전 인수대상기업의 가치와의 차액을 합병 프리미엄이라고 한다. 이것은 인수기업의 입장에서는 합병비용이 되고 피인수 기업의 입장에서는 합병이익이 된다. 따라서 합병프리미엄이 0이면 인수대상기업의 주주는 기업매각의 인센티브가 없다. 반대로 프리미엄이 너무 커서 합병으로 인한 이익보다 크다면 인수기업은 인수를 철회하려 할 것이다.

2) 현금인수에 의한 M&A시의 평가

M&A시 인수기업이 인수대상기업을 현금으로 인수할 경우의 평가방법으로서 이때 인수기업이 피인수기업에게 인수비용을 지불하고도 얻을 수 있

는 순현가(NPV)가 충분히 크다면 인수기업은 피인수기업이 요구하는 인수비용을 지불하고 인수를 하게 된다.

NPV = 합병후 합병기업(인수기업 + 피인수 기업)의 가치- 합병전 인수기업의 가치

3) 주식교환 방법에 의한 M&A시의 평가

M&A가 주식교환에 의해 이루어질 경우에는 인수대상기업의 주식 1주에 대해서 인수기업의 주식 몇 주를 교환해 줄 것인가 하는 교환비율의 결정이 중요하다.

① 주당이익(earnings per share : EPS)의 평가방법

합병을 평가하는데 있어서는 합병한 후에 존속하는 합병기업의 주당이익(EPS)은 합병에 영향을 미친다. 그러나 주당이익(EPS)을 기준으로 합병조건을 평가하는 것은 회계적 절차를 밟아 측정되는 회계적 수치이기 때문에 합병에 따른 성장성과 시너지 효과 등의 경제적 효과를 적절하게 반영하지 못하며 화폐의 시간적 가치, 성장성, 위험성 등을 무시한 측정치이기 때문에 장기적인 영향을 평가하는 합병분석에는 적합치 못하여 합병 후에 변화하게 될 미래이익을 반영한 기대주당이익(expected earnings per share)을 기준으로 평가하는 방법이 합리적이다.

② 시장가격의 비교방법

기업이 공개되어 그 주식이 널리 분산 소유되어 있고 주식시장에서 활발하게 거래되고 있으면 그 주식의 시장가격은 그 회사의 기대이익, 위험, 자산가치 등을 고려하여 객관적으로 평가된 내재가치를 나타낸다는 가정하에서 시장가격을 비교하여 주식교환비율로 결정하게 된다.[58]

---

58) http://www.mnadeal.com/mnakorea/community/psd/mna_4_2.asp(2011.1.14)

23. 기업가치평가의 회계적 방법

1) 화폐의 시간가치[59]

$$FV_n = PV \times (1+r)^n$$
$$PV = FV_n/(1+r)^n$$
$$FV_n = PV \times (1+r/m)^{n \times m}$$

이자지급횟수 단위가 이자율 산정 기준과 일치하지 않는 경우, 미래가치는 위와 같이 계산된다.

m : 년간 이자지급회수

[연금 Annuity]

$FV_n = A/r \times \{(1+r)^n - 1\}$ -- 1)
$PV = FV_n/(1+r)^n = A/r \times \{1 - 1/(1+r)^N\}$

1) $FV_n = A \times (1+r)^{n-1} + A \times (1+r)^{n-2} + A \times (1+r)^{n-3} + \ldots + A$
2) $(1+r) \times FV_n = A \times (1+r)^n + A \times (1+r)^{n-1} + A \times (1+r)^{n-2} + \ldots + A \times (1+r)^n$
3) '2)-1)'

   $r \times FV_n = A \times (1+r)^n - A$
   $FV_n = A/r \times \{(1+r)^n - 1\}$

2) 채권의 이해

채권은 대규모 자금을 빌리고 일정 시간이 지난 미래 시점에 이자를 포함한 원금을 갚는 자금조달 방식이다.

(1) 채권의 가격과 만기수익률

액면가 Par value, Face value : 채권의 표면에 표시된 원금이다. 채권의 만기가 되는 시점에 해당 금액을 투자자에게 지급해야 한다.

표면이자율 Coupon rate : 채권자에게 지급하겠다고 약속한 이자율이다. 이를 액면가에 곱하면 이자금액을 구할 수 있다.

---

[59] 신현한 書評 2010/08/30 22:46,
http://blog.naver.com/jahwasuyhlee/150093026618

만기 Maturity : 채권이 만료되는 시점을 만기라고 한다. 만기의 길이에 따라 장기채, 중기채, 단기채로 나눈다.

할인율 Discount rate : 채권의 현금흐름을 할인해주는 값을 말한다. 또는 만기수익률이라 한다.

채권가격=이자/(1+할인율)^1+이자/(1+할인율)^2+....+이자/(1+할인율)^만기 +액면가/(1+할인율)^만기

PB(Price of the Bond 채권가격) = $\sum${이자/(1+r)^n}+액면가/(1+r)^n = 매기 이자의 현재가치 합 + 만기의 액면금액 현재가치

결론, 매기에 이자의 현재가치의 합에 만기에 액면가의 현재가치를 더한 것이 채권의 가격이다.

액면채 Par bond : 채권의 가격이 할인가와 같은 경우

할인채 Discount bond : 채권의 가격이 액면가보다 낮은 경우

할증채 Premium bond : 채권의 가격이 액면가보다 높은 경우

예제 : 액면가 10,000원, 표면금리 10%, 만기 5년, 할인율 8% 이자 연말지급 채권의 가격은?

= −pv(할인율,만기,액면가x표면이자율,액면가)

= −pv(8%,5,1000,10000,0)

= 10,799 할증채

연 할인율이 8%인데 1년에 네번의 이자가 지급 될 때, 1년에 4번 복리 계산이 될 때에 8%되는 할인율은?

= sqrt(sqrt(이자율 + 1))−1

기업의 잔존채권

잔존채권은 아직 만기가 완료되지 않는 채권으로 기업이 얼마의 채권을 가지고 있고 이자는 얼마를 지급해야 하는지 또한 원금 상환일은 어느 정도 남아있는지를 알아보는 것은 기업가치평가에서 중요한 사전 작업이다.

채권의 만기 수익률 YTM Yield To Maturity

Pb(Price of the Bond 채권가격) = $\sum\{이자/(1+r)^n\}+액면가/(1+r)^n$

액면가, 이자금액, 만기는 채권에 표시가 되어 구하기 쉬우나 할인율은 채무불이행위험, 가격변동위험, 재투자위험, 유동성위험, 인플레이션위험, 환율변동위험, 수위상환위험 등 다양한 요소에 의해서 변동이 될 수 있다.

시장에서 정해진(시장원리) 채권의 가격은 채권의 공정가격이 된다. 즉, 시장가격까지 알게 되면 역으로 할인율을 구할 수 있다. 또 투자자가 채권을 구입하고 만기까지 보유했을 때 수익률과 같기 때문에 만기수익률 YTM 이라고 한다.

PB(Price of the Bond 채권가격) = $\sum\{이자/(1+YTM)^n\}+액면가/(1+YTM)^n$

"채권의 만기까지 단위기간별로 발생하는 이자들과 만기에 수령할 액면 금액의 현재가치와 채권의 현재 시장가격을 일치시키는 할인율"->투자자의 기대수익률 - 기업의 부채 자본비용

예제 : 채권가격 39,420원, 액면가 50,000, 표면금리 5%, 만기 20년, 이자 연말지급 이 경우의 YTM는?

= rate(기간,pmt,-pv,fv,type)

= rate(20년,500000x5%,-39420,50000,0)

= 7%

= 매입자 입장에서는 해당 채권을 만기까지 보유할 경우의 만기수익률이며 기업의 입장에서는 부채로 자본을 조달하기 위해 채권자에게 제공해야 하는 자본비용이다.

(2) 채권의 종류

채권은 발행주체, 원리금상환기간, 이자지급방법, 원금상환방법, 발행통화의 종류에 따라 종류가 정해진다.

발행주체 : 국채, 지방채, 특수채(한전채권등), 금융채(통안증권등), 회사채 이중에서 국채는 채무불이행의 위험이 거의 없기 때문에 많은 자산의 가

치평가에서 무위험수익률(Risk free rate)의 기준을 사용한다. - 단, moratorium 의 위험에 의해 국가간 신용등급은 차이가 있다.

보증여부 : 보증사채와 무보증사채

보증사채의 보증인 역할은 은행, 신보, 기보, 종금사, 증권사, 보증보험회사 등이 있다.

이자지급방식 : 할인채(zero-coupon bond)와 이표채(coupon bond)

할인채는 액면가액보다 더 낮은 가격으로 발행하여 판매한다.

이표채는 정해진 기간마다 별도의 이자를 지급하는 채권이다.(국채와 거의 모든 회사채/일반적인 단위는 분기)

만기를 기준으로 구분

단기채 : 발행 후 만기기간이 1년 이하

중기채 : 1년~5년

장기채 : 5년 이상

외화표시채권은 외화를 조달하기 위해 발행되며 이자도 해당 외화로 지급된다. 금리변동부채권은 일정 단위기간마다 발행시에 설정한 기준금리에 연동해 이자를 결정한다. 기준금리는 국채 3년 수익률, CD금리, LIBOR(런던 은행간 금리) 등으로 정해진다.

(3) 채권의 수익률 곡선 Yield Curve

발행 주체가 동일해도 만기기간에 따라 수익률이 달라지는데 이러한 기간별 수익률을 연결하여 그래프로 나타낸 것이 채권의 수익률 곡선이다. 수익률 곡선을 통해서 이자율의 기간구조가 추정이 가능해지며 채권의 장단기 수익률 비교평가를 할 수 있다. 일반적인 곡선은 위험이 수반되는 장기채권에 높은 이자율이 위험이 적은 단기채권에 낮은 이자율이 표현되어 우상향 구조이다. 우하향하는 구조는 중앙은행에서 정책금리를 낮출 것이라고 사람들이 믿는 순간부터 우하향하는 정도는 더 급해지기 때문이다.

(4) 채권의 신용등급

투자자는 발행기업의 재무적 상황과 원리금 상환능력을 알아야 한다. 개별 채권의 신용등급은 주로 기업이 가진 차입금원금의 적기 상환능력의 우열에 의해 결정되며 AAA에서 D까지 구분한다. AAA~BBB 투자등급 BB~D 투기등급.

신용등급의 차이에서 발생하는 수익률간 차이를 원리금상환 위험프리미엄(Default Premium)이라고 한다.

3) 주식의 평가

(1) 주식의 개념

주식회사의 장점 1) 자금 조달이 용이하다. 2) 소유와 경영이 분리되어 있다. 3) 유한책임제도이다. 채권자는 회사에만 상환 책임을 물을 뿐 주주에게는 그 이상의 책임을 물을 수 없다. 세번째의 장점 때문에 여러 사람으로부터 대규모의 자금조달이 가능하다.

주식회사의 단점 1) 설립절차가 복잡하다. 2) 의사결정의 복잡성 문제가 존재한다. 3) 경영권 침해 가능성이 있다.

(2) 주식의 가치평가

성장율 g = ROE x 내부 유보율

주식의 가치를 평가할 때 중요한 역할을 하는 배당금의 성장률에 대해서는 대체로 기업의 성장률과 동일하다는 가정을 많이 사용하고 있다. 여기서 기업의 성장률을 측정할 때에 사용하는 공식이다. 기업은 순이익의 일부를 배당으로 지급하고 일부를 미래 투자를 위해 사내에 유보하여 자본으로 할당한다.(내부 유보율) 기업이 안정적인 자기자본이익률 ROE을 보여온 경우, 앞으로도 그 기업은 미래의 사용자본에 대해 유사한 ROE를 보일 것으로 가정할 수 있다. 애널리스트들의 주식의 가치평가 방법 중의 하나는 해당기업이 과거의 GDP 대비 어느 정도의 성장률을 달성하였는지 분석하여 미래의 장기 성장률을 구하는 것이다.

이론적으로 배당금이 일정 비율로 영구히 성장하는 경우는 흔하지 않다는 현실하에서 주식을 통해 발생하는 모든 현금흐름을 추정하여 이를 현재가치로 할인해 주는 과정이 필요하다.

$$PV = 배당금1/(1+r) + 배당금2/(1+r)^2 + 배당금3/(1+r)^3 + \cdots + 배당금n/(1+r)^n$$

(주) 신세계의 주가 추정 - 배당현금흐름의 할인모형

  (가) 당기 배당금 23,575,625,000원

  (나) 발행주식수 18,860,500주 - 주당 배당금 1,250원

  (다) ROE 16.0%

  (라) 내부유보율 95.9% / 배당성향 4.1%

  (마) 자기자본비용 8.6% - 할인율

      성장율 g = ROE x 내부유보율 = 16.0% x 95.9% = 15.34%

주식의 현재가치 = 배당금x(1+추정성장률)/(할인율-추정성장율) = 21,379원

(3) 주식의 종류

보통주와 우선주

우선주는 배당금 지급시 보통주에 앞서 배당금을 받을 수 있는 권리가 있다. 우선주는 의결권이 없지만 배당 또는 기업청산시 재산분배에 있어 우선권을 가지며 배당금이 고정된 경우가 많다. 배당금을 현재가치로 할인하여 가치를 평가하는 방식은 보통주와 같으나 배당금이 고정적이기 때문에 성장률은 0으로 가정한다.

기타 주식의 종류

재산적 내용

  (가) 보통주 - 이익배당상의 순위에 따라 상대적으로 분류된 주식

  (나) 우선주 - 이익배당, 잔여재산분배 등에 있어서 우선권을 가지는 주식, 경영참가권에는 제한이 있음

  (다) 후배주 - 배당 또는 잔여재산 분배에 있어 보통주에 비해 후순위에 있는 주식

  (라) 혼합주 - 이익배당에 있어서는 보통주에 우선하고 잔여재산분배에 있어서는 후순위에 있는 주식

액면금액 기재여부

(가) 액면주 - 주권에 액면금액이 기재되어 있는 주식으로 한국은 액면주만 인정, 상법상 최소 100원 규정

(나) 무액면주

기명유무

(가) 기명주식 - 주권과 주주명부에 주주의 성명이 기재되어 있는 주식

(나) 무기명주식 - 주권과 주주명부에 주주의 성명이 기재되어 있지 않은 주식

의결권 유무

(가) 의결권 주식 - 회사의 경영참가나 지배권을 획득하고 유지하기 위한 권리가 부여된 주식

(나) 무의결권 주식 - 이익배당 우선주에 대하여 정권으로 규정한 의결권을 수반하지 않는 주식

특수한 주식

(가) 상환주식 - 발행 당시부터 일정기간 후 회사가 이익으로써 소각하기로 예정되어 있는 주식

(나) 전환주식 - 주주의 청구에 의하여 다른 종류의 주식으로 전환이 인정되는 주식

(4) 자본비용

기업의 입장에서는 채권으로 조달한 자금은 타인자본이라고 하며 주식으로 조달한 자금은 자기자본이라고 한다. 타인자본과 자기자본의 비율을 자본구조라고 한다.

(가) 자본비용에 대한 이해

자기자본과 타인자본의 비율(부채비율)로 자본구조가 결정된다. 채권자나 주주는 기업에 자금을 제공할 때 일정한 수익률을 기대하고 기업에 투자하는데 채권자의 기대수익률은 만기수익률이며 주주의 경우는 배당과 시세차익이다. 즉, 기업의 입장에서는 채권자와 주주의 수익률을 충족시켜야

하는데 그 수익률이 자금을 조달하는데 필요한 비용이 된다. 기업은 자금의 출처에 따라 타인자본비용 Kd Cost of Debt과 자기자본비용 Ke Cost of Equity으로 구분한다.

기업의 위험 = 영업위험 + 재무위험

영업위험은 그 기업이 자기자본만으로 이루어졌을 경우 기업이 부담하는 위험이다. 이 경우 부채사용에 따른 파산의 위험이 없기 때문에 영업위험은 기업의 사업 그 자체에서 비롯되는 위험이다. 재무위험은 부채를 사용함에 따라 증가하는 위험이다.

가중평균자본비용 WACC(Weighted Average Cost of Capital)

타인자본과 자기자본의 가중치 Weight / Wd, Weight of Debt / We, Weight of Eqiuty에 따라 가중평균을 낸 값이 기업이 부담하여야 하는 비용이다. 기업이 현시점에서 투자자로부터 자금을 투자받을 시에 투자자에게 보상해야 하는 평균 수익률이다. 이로써 WACC는 기업이 신규자금을 조달할 경우 자본비용은 얼마인가 혹은 신규투자를 할 경우 얻어야 하는 최소수익률은 얼마인가 등의 의문에 대한 하나의 기준으로 사용될 수 있다. 그러므로 기업은 신규투자로부터 창출된 현금흐름이나 기업 전체의 현금흐름을 할인할 때 WACC를 현금흐름의 할인율로 사용한다.

$$WACC = D/V \times Kd \times (1-t) + E/V \times Ke$$
D : 타인자본, E : 자기자본, V=D+E, t 한계법인세율

(나) 타인자본비용 Kd, Cost of Debt
타인자본비용을 추정하는 두 가지 방법
 (a) 채권의 만기수익률 YTM = 시장이 채권에 요구하는 수익률 / 채권자에게 지급해야 할 자본비용이다.
 (b) 기업의 신용등급 평가 = 회사의 신용등급을 확인하면 해당 신용등급의 현시점 시장 수익율을 알 수 있다.

이자비용의 세금효과

타인자본 조달에 따라 발생되는 이자비용은 법인세차감전 순이익을 높여준다. 이를 이자비용의 Tax Shield 효과라고 한다.

 (a) 이자비용의 세금효과액 = 이자비용 x 법인세율

 (b) 절세효과를 감안한 타인자본비용 = Kd x (1-t) - Tax Shield를 감안한 타인자본비용

 (c) 부채비율을 개별 기업의 조건에 맞게 적정한 수준으로 유지하는 것이 기업경영의 중요한 요소이다.

기업의 이익은 세가지로 분배된다.

(a) 주주 귀속 - 배당 또는 사내유보

(b) 채권자 귀속 - 이자비용

(c) 정부귀속 - 법인세

(가) 자기자본비용 Ke, Cost of Equity

주주들이 주식투자에서 얻을 수 있는 자본소득과 배당소득은 정해진 것이 아니라 기업의 미래 경영성과와 배당성향에 따라 변동하기 때문에 자기자본비용을 추정하는 것은 어렵다. 자기자본비용을 추정하는 방법에는 1) 배당성장모형 DGM Dividend Growth Model과 2) 자본자산가격결정모형 CAPM Capital Asset Pricing Model이 있다.

 (a) DGM 방식

 P0 = d0(1+g)/(Ke-g) = D1/(Ke-g)

 P0 : 현재주가, D0 : 당기배당금, D1 : 가치배당금, Ke : 자기자본비용,

 g : 성장률

 Ke = D1/P0 + g

따라서 특정기업의 배당금에 대한 정보와 기업의 성장률 그리고 현재의 주가를 파악할 수 있다면 해당 기업의 자기자본 비용을 역산할 수 있다. 그러나 기업의 적정한 성장률 g를 추정하기는 어렵다.

 (b) CAPM 방식

$$Ke = Rf + 베타 \times (E(Rm) - Rf)$$
자기자본비용 = 무위험수익률 + 베타 x (마켓프리미엄 - 무위험 수익률)

베타 : 시장 수익률이 1% 움직일 때 특정 주식의 가격이 몇 % 움직이는 가를 측정하는 계수

무위험수익률은 국채 수익률이나 국채의 만기기간에 대한 정의가 다르다. 마켓프리미엄은 시장의 모든 금융상품으로 구성된 마켓포트폴리오의 수익률에서 무위험이자율을 차감한 값이다. 국내에서는 종합주가지수나 KOSPI200지수를 마켓포트폴리오 수익률의 대용치로 많이 사용한다. 여기서 무위험수익률의 국채만기와 마켓프리미엄의 종합주가지수의 (기간)평균값은 동일한 기준으로 해야 한다.

비체계적 위험과 체계적 위험

(a) 포트폴리오 종목을 늘림에 따라 수익률 변동폭은 어느 정도 감소할 것이며 위험이 작아질 것이다. 포트폴리오 종목수에 따라 사라지는 위험을 비체계적 위험(Diversifiable Risk)이라고 한다.

(b) 포트폴리오의 종목 수를 아무리 늘려도 피할 수 없는 어느 정도의 위험 즉, 수익률의 변동폭은 존재한다. 이것은 시장 자체가 지니고 있는 위험으로 이를 체계적 위험(Non-diversifiable Risk)이라고 한다.

CAPM 모델에 포함되는 베타는 체계적 위험만을 고려한 변수이다. CAPM에 따라 자기자본비용을 도출할 때 체계적 위험만을 고려하는 이유는 본 모델 자체가 현명하고 합리적인 투자를 전제(누구나 개별기업의 위험을 상충시키는 포트폴리오를 구성하여 비체계적인 위험을 제거했다고 가정)하기 때문이다. 베타는 시장수익률의 변동성과 개별증권수익률의 변동성의 상관관계를 측정하는 지표이다.

(라) 자본구조

WACC 산출시 사용할 자본구조를 결정할 때 고려 사항

(a) 타인자본과 자기자본은 장부가격이 아닌 시장가격으로 평가한 다음 가중치를 내야 한다. 타인자본은 성격상 장부가격과 시장가격의 차이가 없

다. 자기자본(주식)은 장부가격과 시장가격의 차이가 크다. 따라서 WACC 계산시 자본구조의 절대액을 구할 때는 시가총액(=주가×발행주식수)을 사용한다.

(b) 이론적으로 WACC를 구하기 위한 자본구조는 기업의 목표자본구조(= 목표부채비율)를 적용하는 것이 타당하다. 단, 개별기업의 목표자본구조를 알기 어렵기 때문에 동일산업의 자본구조를 평균하여 목표자본구조를 추정하기도 한다. 또는 기업이 충분히 장기적으로 영속해오며 비교적 일정한 부채비율을 유지했다고 판단한 경우 지금의 자본구조가 해당기업의 목표자본구조라고 보는 분석도 있다.

(다) 타인자본금액 산정시 이자를 발생시키지 않는 부채는 제외하여야 한다. 신세계를 예로 WACC를 구한다.

총차입금(이자지급부채) 4,204,407,987,000원
시가총액 10,995,672,000,000원
타인자본의 가중치 : D/V = 27.66%
자기자본의 가중치 : E/V = 72.34%
신세계의 3년간 베타 = 0.7167
5년만기 국채수익률 = 4.77%
5년간 주식시장 수익률 = 12.03%
Ke = Rf + 베타 x(E(Rm) - Rf) = 4.77% + 71.67% x (12.03%-4.77%) = 9.97%
WACC = D/V x Kd x (1-t) + E/V x Ke
WACC = 27.66% x 5.23% x (1-27.50%) + 72.34% x 9.97% = 8.26%

그런데, 실제 신세계의 WACC는 7.0%이다.

이는 분석에 사용한 가정에 따라 기업의 WACC는 차이가 나기 마련이다. 실제에서는 얼마나 논리적인 가정을 바탕으로 그 WACC를 도출했느냐가 중요하다.

(5) 투자의사결정 방법
　(가) 투자의사결정 방법의 종류

투자의사결정

(a) 시가가치 고려 : 순현가법, 내부수익률, 수익성지수법

(b) 시가가치 비고려 : 회수기간법, 회계적 이익률법

순현가법(NPV : Net Present Value)

투자로 인하여 발생되는 현금유입의 현재가치에서 현금유출의 현가를 차감한 잔액을 의미한다.

NPV = 현금유입액의 현재가치 - 현금유출액의 현재가치 = $\sum C_t/(1+K)^t$ - C_0 / t=1~n

NPV > 0 : 적합한 투자안

NPV < 0 : 부적합한 투자안

독립적 투자안의 경우 NPV>0일 경우 채택하고 NPV<0일 경우 기각한다. 상호배타적인 투자안의 경우 NPV>0인 투자안들 중 NPV가 가장 큰 투자안을 채택한다.

엑셀 함수 =NPV(값1,값2,값3...)+지출금액(음수표기)

(a) 위험이 반영된 할인율을 통해 화폐의 시간가치를 반영한다.

(b) 투자기간동안의 모든 현금흐름을 고려한다.

(c) NPV가 극대화되도록 투자하면 기업가치를 극대화시킬 수 있다.

(d) NPV의 계산에서는 가치가산의 원리가 성립한다.

가치가산의 원리

투자안 두개를 결합해서 투자하는 경우의 NPV와 각 투자안의 NPV의 합이 같아진다

NPV(A+B)=NPV(A)+NPV(B)

내부수익률법 IRR(Internal Rate of Return)

투자로 인하여 발생하는 현금유입의 현가와 현금유출의 현가를 일치시키는 할인율로 즉, NPV=0일 때의 할인율이다.

$\sum C_t/(1+IRR)^t$ - C_0 = 0

IRR > 자본비용 : 적합한 투자안, IRR<자본비용 : 부적합한 투자안

독립적 투자안의 경우 IRR>자본비용이면 투자안을 채택하고 반대의 경우는 투자안을 기각한다.

상호배타적인 투자안의 경우 IRR>자본비용인 투자안 중에서 IRR이 가장 큰 투자안을 채택한다.

엑셀함수 =IRR(연속구간의 현금유출부터 미래현금 유입)

장점
(a) 화폐의 시간가치를 고려한다.
(b) 내용연수동안의 모든 현금흐름을 고려한다.

단점
(a) IRR의 계산에 있어서 가치가산의 원리가 적용되지 않는다.
(b) 투자안 기간이 3년 이상인 경우 프로그램없이 구하기 어렵다.
(c) 투자안의 내용연수동안 자본비용이 변하는 경우에는 적용하기 어렵다.
(d) 미래 현금발생이 유입과 유출이 동시에 일어나면 구하기 어렵다.
(e) IRR에 의해 선택된 투자안이 반드시 기업가치를 극대화하는 투자안은 아니다. 투자안의 규모에 따라 기업의 총가치창출이 영향을 받기 때문이다.

IRR은 미래에도 유리한 투자안이 계속해서 존재할 것이라는 의미로 너무 낙관적인 견해에서 출발한다. 그러나 NPV는 기업의 현실을 반영한 자본비용으로 현금흐름을 할인한다. 그렇기 때문에 NPV의 재투자 수익률에 대한 가정이 더 현실적이다.

수익성지수법 PI(Profotabiliry Index)

수익성지수란 투자가 가져다 주는 미래현금흐름의 현재가치를 초기투자비용으로 나눈 것이다.

PI = 현금유입액의 현재가치/현금유출액의 현재가치 = $\sum C_t/(1+k)^t/C_0$

PI가 1보다 크다라는 의미는 NPV>0의 의미와 같다.

PI>1 : 적합한 투자안, PI<1 : 부적합한 투자안

독립적 투자안의 경우 PI가 1보다 큰 투자안을 채택하고 그렇지 않은 경

우 기각한다.

상호배타적인 투자안의 경우 PI>1보다 큰 투자안 중에서 PI가 가장 큰 투자안을 채택한다.

장점

(a) 화폐의 시간가치를 고려한다.

(b) 내용연수동안 모든 현금흐름을 고려한다.

단점

(a) PI계산에 있어서 가치가산의 원리가 적용되지 않는다.

(b) PI법에 의해 선택된 투자가 반드시 기업가치를 극대화하는 투자안은 아니다. 투자안의 규모에 따라 기업의 총 가치창출에 영향을 받기 때문이다.

회수기간법(Payback Period Method)

투자에 소요된 자금을 투자안의 현금흐름으로부터 회수하는데 걸리는 기간으로 투자안을 평가하는 방법이다. 회수기간법을 투자의사결정의 지표로 삼기 위해서는 기업이 목표로 하는 투자비용 회수기간이 있어야 한다. 그것과 대비하여 투자여부를 결정한다.

회수기간 < 목표회수기간 : 적합한 투자안

회수기간 > 목표회수기간 : 부적합한 투자안

장점

(a) 회수시간이 짧은 투자안일수록 미래의 불확실성에 따른 위험이 작다고 볼 수 있다.

(b) 회수시간이 짧은 투자안을 선택하면 기업의 유동성 확보에 유리하다.

(c) 구하기가 쉽고 직관적으로 이해하기에 용이하다.

단점

(a) 화폐의 시간가치를 고려하지 않는다.

(b) 목표회수시간은 자의적으로 결정되기 때문에 객관성이 떨어진다.

(c) 회수시간내에 발생하는 현금흐름만 고려하기 때문에 장기적으로 수익성이 있는 투자안을 기각할 가능성이 높다.

할인된 회수기간법(Discount Payback Period Method)

회수기간법이 현금흐름의 현재가치를 고려하지 않는다는 단점을 보완하기 위해 고안된 것으로 이것을 제외하고는 회수기간법의 단점을 그대로 가진다. 할인된 회수기간법은 여전히 NPV가 0보다 큰 투자안을 기각할 수 있다는 점과 장기적으로 큰 수익을 가져다 줄 수 있는 투자안을 기각할 수 있다는 문제점을 그대로 안고 있다.

회계적 이익률법 ARR(Accounting Rate of Return)

회계적 이익율이란 평균투자액 또는 총투자액에 대한 연평균순이익의 비율이다.

회계적 이익률 = 연평균순이익/연평균투자액 또는 연평균순이익/총투자액

회계적 이익률>목표회계적 이익률 : 적합한 투자안

회계적 이익률<목표회계적 이익률 : 부적합한 투자안

4) 거시경제지표

(1) 거시경제 이해의 필요선

(가) 대표적 거시경제지표

(a) 주요 국가별 지수등락률

(b) 주요 금리등락률 : 금리는 주가의 선행지표로 참고한다. 금리와 주가는 부의 상관관계가 있다.

(c) 대 달러 환율등락율 : 환율의 상승 = 원화(평가)절하, 환율의 하락 = 원화(평가)절상, 일반적으로 환율하락(평가절상)은 주가를 상승시키는 힘이 있다. 환율인하가 지속된다면 환차익을 노리고 외국의 자금이 들어오게 된다. 환율이 인하된다는 것은 우리나라 화폐가치가 증가한다는 것을 의미한다. 이는 국가경쟁력이 강해져서 경기도 상승하고 주식시장도 활황된다. 이에 따라 주가가 올라가게 된다. 단, 절대법칙은 아니다.

환율을 정리한다.

현재 1달러에 1,200원인 환율이 계속 하락하여 1달 뒤에는 1달러에 1,000원이 된다고 하자. 그럼 외국에서 100달러를 가지고 있는 사람은 현재 환율

로 120,000원을 바꾸어서 우리나라 주식시장에 투자할 수 있다. 수익률이 0%였다고 해도 이 투자자는 1달 뒤에는 환율이 1달러에 1,000원이 되므로 120,000원을 120달러로 바꾸어 갈 수 있다.

(2) GDP(Gross Domestic Production)

한 나라의 지리적 영역내에서 가계, 기업, 정부 등 모든 경제주체가 일정 기간동안 생산활동에 참여한 결과 창출되는 부가가치를 시장가격으로 평가한 합계이다. 여기에는 국내 거주 외국인이 제공한 노동, 자본 등의 생산요소(Factors of Production)에 의하여 창출된 것을 포함하나 대외거래에 의하여 발생된 소득은 제외한다. GDP의 성장은 경제성장이기 때문에 주가도 성장한다. 기업평가를 위한 기업 매출액 예측은 필수요소인데, 그 예측에 있어서 가장 기본이 되는 지표 중의 하나이다.

(3) 화폐발행액과 통화증가율

화폐발행액이란 중앙은행이 발행한 화폐의 총량으로 금융기관으로부터 지급준비금 등의 형태로 다시 중앙은행에 환류된 화폐는 이에 포함되지 않는다.

화폐발행액 = 민간보유현금+금융기관 시제금(예금인출에 대비한 현금)

통화량은 금융기관 이외의 민간부문이 보유한 현금통화, 예금통화의 총칭이며 통화 공급량이라고 한다. 일반적으로 통화공급이 증대되면 직접적으로는 투자자의 늘어난 현금보유량이 주식매입자금의 증가로 이어져 주가 상승과 연결되고 간접적으로는 통화공급이 시중의 자금흐름을 호전시켜 금리가 하락하거나 기업의 설비투자를 확대시켜 결과적으로 주가는 상승하게 된다. 하지만, 이상의 관계는 물가가 안정된 상황을 전제한 것으로 만일 과다한 통화공급이 인플레이션이나 스태그플레이션을 초래하면 주가는 오히려 하락하게 된다.

(4) 경기종합지수 CI(Composite Index)

현재의 경기동향이나 미래의 경기를 예측하기 위해 사용하는 경기지수의 유형으로 생산, 소비, 투자, 고용, 금융, 무역 등 경제 각 부문의 지표중에서 경기에 민감하게 반영하는 주요 경제지표를 선정한 후 이 지표들의 전월 대비 증감률을 가중평균하여 작성한다.

(5) BSI(Business Survey Index)

기업경기실사지수로 주요 업종의 경기동향과 전망 그리고 기업경영의 문제점을 파악하여 기업의 경영계획 및 경기대응책 수립에 필요한 기초자료로 이용하기 위한 지표이다. 다른 지표와 달리 기업의 주관적이고 심리적인 요인이 반영되어 있다.

5) 재무비율 분석

(1) 재무비율 분석의 의의

투자자들은 먼저 기업의 재무제표상의 여러가지 항목 중에서 본인의 목적에 적합한 항목들을 이용해 항목 간의 비율을 만들어 낼 수 있다. 이러한 각 항목의 상대값이 재무비율(Financial Ratio)이며 그 종류는 분석가의 목적에 따라 아주 다양하다. 재무비율은 비교기업간의 비교와 산업평균과의 비교를 가능하게 해 줌으로써 분석 대상 기업의 강, 약점을 개관적으로 파악할 수 있는 지표이다.

예제 : 2010년 12월31일 현재 신세계의 당기순이익은 5,738억원이고 자본총계는 35,873억원이다. 경쟁사인 롯데쇼핑의 당기순이익은 7,428억원이고 자본총계는 85,071이다. 어느 회사의 수익성이 더 좋은가?

(가) 투자금액 대비 이익의 개념을 사용하라.

자기자본순이익률 ROE(Return on Equity)

신세계의 ROE = 5,738/35,873 =16.00%

롯데쇼핑의 ROE = 7,428/85,071 = 8.73%

(나) 비교 기업외의 동일산업 평균비교도 필요하다.

신세계가 롯데와의 비교에서 ROE가 높으나 동일산업 평균보다 낮다면 수익성이 절대적으로 좋다고 할 수 없다.

유량 Flow와 저량 Stock

위의 산식에서 자본 총계는 저량이고 당기순이익은 유량이다. 이 둘을 일치시키려는 과정없이 재무비율을 사용하는 것은 해당 재무비율의 의미를 손상시키는 것이다. 즉, 재무비율의 분모와 분자들의 값은 일관성이 있어야 한다. 기초시점의 자본통계와 기말 시점의 자본통계의 평균값을 사용하여 대차대조 계정의 수치를 유량화시켜 이를 통해 저량과 유량의 불일치에 따라 발생할 수 있는 잘못된 의사결정을 방지할 수 있다.

자기자본순이익률 = 당기순이익 / 자본총계((기초시점의 자본+기말시점의 자본)/2)[60][61]

24. 기업구조조정은 변화와 혁신을 의미

최근의 전세계적인 금융위기로 인하여 실물부문까지 위기상황으로 치닫고 있는 현시점에서 기업구조조정은 IMF 이후 다시 한번 큰 화두로 떠오르고 있다.[62] 이러한 시점에 기업활동을 하는 모든 기업은 기업구조조정에 대하여 반드시 한번 집고 넘어가야 할 것으로 생각된다. 누구나 기업구조조정하면 제일 먼저 떠오르는 단어가 인력감축일 정도로 인력구조조정이 기업구조조정의 전부인 것으로 생각하며 부정적인 의미로 느끼는 경향이 있다. 그러나 이는 아주 부분적인 시각일 뿐이다. 기업구조조정은 매우 광범위하고 포괄적인 의미를 담고 있으며 한마디로 말한다면 '기업가치극대화를 위한 기업의 변화와 혁신'이라고 할 수 있다. 여기서 기업구조를 세부적으로 들여다 보면 사업구조, 재무구조, 소유구조, 지배구조, 조직구조, 인력구조, 이익구조, 관리구조 등으로 구분할 수 있는데 이러한 기업구조를 바꾸는 것을 의미한다. 따라서 인력감축은 기업구조조정의 일각일 뿐이며 기업구조조정에서 의미하는 인력구조조정은 인력감축 뿐만 아니라 인력확대, 인력재배치 등을 포함하는 인력구조의 모든 변화와 혁신을 의미하는 것이

---

60) [출처] 기업가치평가 - 신현한|작성자 자화수
61) http://blog.naver.com/PostView.nhn?blogId=jahwasuyhlee&logNo=150093026618(2011.1.14)
62) 안녕하세요? 키워드 가이드 최성호입니다. startiger@korea.com, 기업구조조정은 변화와 혁신을 의미2009-02-24

다. 한편, 기업구조조정에서 또 하나의 중요한 것은 법률적이고 강제적인 방법에 의하여 타율적으로 구조조정을 실시하는 기업회생절차를 언급하지 않을 수 없다. 기업회생절차는 '채무자 회생 및 파산에 관한 법률'에 의하여 진행되는 법적인 절차로서 재무구조개선 및 기타의 기업구조조정을 통하여 채무자 즉, 기업의 회생을 지원하는 제도적 장치이다. 핵심적인 내용은 영업이익이 발생하는 기업이 파산하는 것보다 계속적인 기업활동을 하는 것이 채무자에게 유리하다고 판단될 때에 채무의 변제를 유예하거나 탕감하거나 출자전환을 함으로써 채무상환의 부담을 덜어 주는 제도이다. 이와 유사한 제도로 '기업구조조정촉진법'에 의한 기업개선작업(워크아웃, workout)이 있다. 즉, 채권금융기관으로부터 신용공여를 받은 회사로서 신용공여액의 합계가 500억원 이상인 회사 중에서 신용위험평가를 실시하여 추가적인 외부의 자금지원이나 차입없이는 금융기관으로부터의 차입금의 상환이 어렵다고 인정된 기업 즉, 부실징후기업에 대하여 사업계획서 등을 제출받아 이를 평가하여 경영정상화 가능성이 있다고 판단하는 경우에는 지체없이 다음 각 호의 어느 하나에 해당하는 절차에 들어가는 것을 말한다. (채권금융기관의 신용공여액의 합계가 500억원 미만인 기업은 채권금융기관의 자율적인 기구인 채권은행협의회의 운영협약에 의하여 관리를 받는다) 1. 채권금융기관협의회에 의한 채권금융기관 공동관리 2. 채권은행협의회에 의한 채권은행 공동관리 3. 주채권은행에 의한 은행관리 4. 채무자 회생 및 파산에 관한 법률에 따른 회생절차 등. 이상과 같이 기업구조조정은 포괄적 의미를 가진 변화와 혁신을 의미하며 해당 기업을 바라 볼 때에도 현재 시점에서 보면 부정적인 의미가 내포되어 있을 수도 있겠지만, 미래 시점에서 보면 긍정적인 의미로 해석할 필요가 있다.

25. 기업가치평가의 세부적 목적

기업가치평가란 한마디로 특정 사업이나 기업의 경제적 가치를 화폐단위로 표시하는 것을 말한다.[63] 기업가치평가의 대상으로는 회사 전체의 가치를 평가하거나 주주지분의 가치를 평가하거나 하는데, 기업가치평가의 목적에 따라 계속 기업을 운영한다고 가정할 때의 가치 즉, 계속기업가치를 평가하기도 하고, 기업활동을 중단하고 청산한다고 가정할 때의 가치 즉, 청산가치를 평가하기도 한다. 이러한 기업가치평가를 위해서는 몇가지 가정이 필요한데, 예를 들면 미래의 수익을 현재가치로 환산하기 위한 할인율을 얼마로 할 것인가, 미래의 성장율은 얼마로 할 것인가, 얼마의 기간동안 수익을 창출할 수 있을 것인가, 청산한다면 어떤 방식으로 자산을 매각할 것인가 등등의 가정이 필요하다. 이와 같은 기업가치평가의 목적은 다음과 같이 크게 몇가지로 나눌 수 있다.

(1) 외부투자를 받기 위한 목적
(2) 지분을 매각하기 위한 목적
(3) 주식을 상장시키기 위한 목적
(4) 세금을 납부하기 위한 목적
(5) 사업구조조정을 위한 목적
(6) 사업관리를 위한 목적 등

따라서 기업가치를 평가하기 위해서는 제일 먼저 기업가치평가의 목적을 알아야 하며, 이에 필요한 몇가지 가정을 합리적으로 세워야만 의미있는 기업가치평가가 이루어질 수 있다.

26. 기업의 가치평가와 가치창조 경영(VBM)

1) 서론

97년말 IMF 관리체제로 우리나라 경제는 혹독한 시련을 겪었다. 우리가 이러한 시련을 겪게된 이유는 무엇보다도 기업의 경쟁력이 약화되었기 때문이다. 지난 30년간의 고도 성장과정에서 우리나라 기업은 경제논리에 입각한 경영보다는 각종 비생산적인 제도와 무분별한 금융지원의 보호막속에

---

63) 2009-02-24

서 외형을 중시한 경영의 추구로 고비용-저효율의 취약한 기업구조를 형성하였고, 그에 따라 국가의 경쟁력은 총체적으로 약화되었다. 그러나 무역장벽의 철폐와 국제화로 인하여 기업간 경쟁이 더욱 치열해지고 기술의 발전이나 소비자 욕구의 변화에 따라 경영의 불확실성이 날로 증대하는 현실에서 이제 기업은 종전과는 다른 새로운 경영패러다임을 추구하지 않으면 안되는 시점에 와 있다. 우리나라 기업이 과거처럼 국내시장의 울타리안에서 과다한 부채로 외형만을 확대하는 비효율적인 경영에 집착하는 경우에는 국제간 경쟁에서 생존하기 어려운 형편이 되었다. 앞으로 우리나라 기업이 세계적인 초우량 기업과 경쟁하기 위해서는 무엇보다도 자본생산성과 경영효율성을 극대화하는 것이 필요하다. 기업의 경영을 부채의존적 외형위주의 경영에서 탈피하여 투하자본의 효율성과 수익성을 제고하고 기업가치와 자기자본가치의 창출을 극대화하는 내실 위주의 경영, 가치창출의 경영으로 패러다임을 전환해야 한다. 본고에서는 기업경영의 새로운 중심사상으로 선진 각국에서 주목을 받고 있는 가치창조 경영의 내용을 살펴본다.

가치창조 경영은 기업은 경영효율성을 제고하는 방법일 뿐만 아니라 기업합병과 매수, 사업다각화, 구조조정 등 기업전략을 수립하고 그 성과를 평가하는 수단으로 사용된다. 또 이것은 제조업 뿐만 아니라 은행 등 금융기관의 효율성을 개선하고 가치창조에 기여하는 유용한 방법이다. 가치창조경영의 의의와 필요성을 살펴본 후, 기업의 가치평가 방법을 살펴보고 그 다음으로 가치창조 경영이 이루어지는 과정에 대해 살펴보고자 한다.

2) 가치창조 경영의 의의와 필요성

가치창조 경영(value-based management: VBM)이란 기업의 궁극적 목표를 기업가치 극대화에 두고 기업의 각종 의사결정이나 부문의 목표와 성과를 가치로 측정하며, 이러한 가치를 기준으로 기업의 각종 의사결정이나 경영계획, 경영관리를 행함으로써 기업 전체의 가치를 제고하고자 하는 경영을 의미한다. 말하자면 VBM이란 가치를 기본으로 기업의 목표를 설정하고 이에 근거한 분석적 기술을 적용하며 기업의 의사결정의 초점을 가치창출에 집중함으로써 기업의 전체적 가치를 극대화시킬 수 있도록 하는 경영의 접근법을 의미한다. 즉, 기업가치란 기업이 소유한 유형의 자산 뿐만 아니라 영업권, 기술력과 같이 그 형태는 없으나 기업의 수익력에 공헌하는 무형의 자산이 포함된다. 기업가치란 이러한 자산들을 시가로 환산한 총자산가치를 의미한다. 이러한 총자산가치는 결국 채권자와 주주에게 귀속된다.

이 중 채권자의 지분은 대체적으로 사전에 확정되는 것이 보통이며 현실적으로 변동이 그리 심하지 않은 점을 감안하면 기업가치의 변동은 주로 자기자본가치에 반영된다고 할 수 있다. 자기자본가치는 자본시장에서 주가로서 평가된다. 따라서 가치창조 경영이란 자기자본가치 혹은 주가를 극대화하는 경영이라고도 말할 수 있다. 가치창조 경영은 몇가지 점에서 종전의 전통적인 다른 경영기법과 그 개념 및 접근법이 상당히 다르다. 우선 기업의 목표를 기업가치 또는 주가 극대화에 둠으로서 단순히 회계적인 이익관리를 목표로 하는 전통적인 경영기법보다 더욱 장기적이고 포괄적인 지표를 근거로 한다. 기업의 실적을 평가하는 지표는 많지만 가치만큼 포괄적인 지표는 없다. 기업가치 혹은 주가에는 기업의 현재와 미래에 관한 모든 정보가 반영된다. 기업이 올바른 결정을 내리기 위해서는 완전한 정보에 기초를 두어야 한다. 그러나 가치를 제외한 다른 어떤 실적평가지표도 완전한 정보를 반영하지 못한다. 특히 현대의 기업은 수요구조나 경기변동, 자금시장의 변화와 같은 경영환경이 급변함에 따라 대단히 큰 경영위험을 안고 있다. 기업의 이익은 이러한 요인의 변화에 따라 큰 변동성을 갖게 마련이다. 그러나 기업경영을 회계적 이익극대화에 초점을 맞추는 경우에는 이익의 변동성을 고려하지 못하게 된다. 기업의 단기적인 이익극대화 추구는 종종 장기적인 이익의 안정성 추구와 상치되는 경우가 많다. 이러한 경우 단순한 회계적 이익의 극대화는 기업의 올바른 성과지표가 되지 못한다. 반면 기업가치나 주주가치에는 기업의 미래의 이익 수준 뿐만 아니라 이익의 안정성에 관한 모든 정보가 반영되므로 회계적 이익보다 더욱 포괄적인 지표가 된다고 할 수 있다. 또한 주당순이익(earning per share : EPS) 혹은 자기자본수익률(return on equity: ROE)과 같은 회계적인 이익에 근거를 둔 경영지표는 대부분 근시안적이다. 회계적 이익을 중시하는 전통적인 경영기법에서는 이러한 척도들에 대해 기껏해야 단지 몇 년간의 목표만을 설정할 뿐이다. 그러나 기업가치 혹은 주주가치에는 장기적인 기업의 성과가 반영된다. 가치창조자로서 기업의 경영자는 당해년도의 순이익이나 매출액수익률과 같은 근시안적인 목표의 추구에서 벗어나 장기적인 성과에 관심을 가져야 할 것이다. 이것은 특히 현재의 이익보다 미래의 이익전망이 중요시되는 벤쳐(venture)나 성장기업에서 특히 더욱 그러하다. 기업가치나 주주가치만이 이러한 장래의 장기적 이익전망을 반영한다. 현재까지의 수많은 국내외 연구는 자본시장이 상당히 효율적으로 작동하므로 주가가 기업의 내재가치를 충분히 신속하게 반영한다는 증거를 제시하고 있다. 반면 회계적 이익은 수가와 밀섭한 관련이 없을 뿐더러 회계직 이익을 조작히는 각종 회계정책의 변화에 시장은 현혹되지 않는 것으로 나타나고 있다.

기업의 성과측정을 가치에 두고 이를 근거로 기업의 의사결정과 경영관리를 수행해야 하는 또 하나의 이유는 가치를 통해 기업에 자금을 공급한 자본공급자들이 그들이 부담하는 위험에 상응하여 충분한 보상을 받고 있는가를 평가할 수 있기 때문이다. 만약 기업의 자본공급자들이 그들이 감수하는 위험의 대가로 적절한 이익을 획득할 수 없다면 그들은 보다 높은 이익을 찾아 다른 기업이나 해외로 자본을 이동시킬 것이다. 따라서 기업이 보유하고 있는 자본을 그 기업내에 계속 유지함으로써 앞으로도 계속기업으로 존속할 수 있으려면 지속적인 가치창출이 필요하다. 그리고 국가 전체적으로 보면 가치창조 경영은 비생산적인 기업으로부터 생산적인 기업으로 자금을 이동시키고, 그에 따라 경제 전체적으로 보아 높은 생산성과 효율성이 달성하는 수단이 된다. 생산성 향상에 있어 경쟁국을 따라가지 못하는 기업이나 국가는 자본도피, 고숙련 노동자의 유출로 인해 파멸을 피할 수 없게 된다. 그리고 이와 더불어 기업이 주주가치 향상에 목표를 두는 것은 궁극적으로 기업의 모든 이해당사자의 청구권을 증가시키는 결과를 가져온다. 주주는 기업가치에 대한 최종순위 청구권자(residual claiments)로서 자신의 이익을 극대화하기 위하여 노동 및 자본을 관리하려는 강력한 유인을 갖는다. 따라서 이를 실현하기 위한 의사결정과정에서 종업원과 채권자, 고객 등 기업의 모든 이해당사자는 효율적 기업운영으로 인한 일정한 이익을 공유하게 된다.

실행면에서 가치창조 경영은 단순히 상의하달(top-down)의 경영이 아니라 하의상달(bottom-up)과 상의하달이 동시에 수행되는 쌍방향의 경영방식이다. 이것은 일선 관리자가 그들의 재량권에 속한 많은 영업상의 의사결정 중 어느 것이 기업가치를 높이데 가장 큰 영향을 주는지 이해하고 그것을 최고경영층에게 보고하며, 최고경영층은 이를 종합하여 일선관리자의 일상적인 의사결정에 이르기까지 가치향상을 위한 구체적인 실무지침을 제시하고 이를 실행토록 하는 경영방식을 의미한 것이 무엇보다도 중요하다. 또 가치창조 경영은 가치를 중심으로 성과를 측정하고 그것을 바탕으로 조직과 구성원에게 적절한 보상을 행하는 인센티브시스템(incentive system)을 전제로 한다. 그러므로 가치창조 경영은 가치를 성과측정 도구로 사용하는 단순한 관리기법이라기 보다는 가치창출을 위해 사업내용과 업무 뿐만 아니라 기업의 조직과 문화, 관리내용을 바꿔가는 전사적인 경영접근법이라 할 수 있다.

3) 기업의 가치평가

(1) 가치평가의 기본방법

가치창조 경영의 핵심은 기업 혹은 주주가치를 평가하고 이를 기초로 기업의 각종 의사결정과 관리를 행하는데 있다. 그러면 가치는 어떻게 측정되는가? 이를 측정하는 방법은 크게 할인모형법(discount method), 상대가치평가법(relative valuation method), 조건부청구권(contingent claim)을 이용한 가치평가법의 세가지로 나누어 볼 수 있다. 할인모형법은 미래의 배당이나 현금흐름의 현재가치(present value)를 평가함으로써 가치를 평가하고자 하는 방법으로, 어떤 내용을 할인하느냐에 따라 배당할인모형(dividend discount model)과 현금흐름할인모형(discounted cashflow method: DCF)으로 구분된다.

결국 기업가치평가를 위하여 현실적으로 가장 이용이 용이하며 이론적으로도 우수한 방법은 할인모형법이다. 또 이 중 배당할인모형은 안정적이고 배당을 지급하는 일부 주식을 제외하고는 실제로 유용하지 않다. 따라서 기업가치를 평가하는 가장 강력하고 우수한 지표는 현금흐름할인모형(DCF법)을 통해 구해진다. 상대가치평가법은 자산의 가치가 순이익, 자산의 장부가치나 매출액, 현금흐름 등에 의해 결정된다고 보고 이를 다른 경쟁기업이나 산업평균 혹은 기업이 정상적으로 달성할 수 있는 변수의 수준을 구하고 그것과 비교하여 각 기업의 상대적 가치를 평가하고자 하는 방법이다.

상대가치평가법은 주로 회계적인 수치에 근거하여 가치를 평가하므로 시장가치를 정확하게 평가하는 방법이라 보기 어렵고, 상대가치를 평가하기 위한 비교대상의 결정이 주관적이며, 비교대상의 가치 자체가 과소 또는 과대평가되어 있는 경우에는 구하고자 하는 기업의 가치도 이러한 시장의 오류를 그대로 반영할 수밖에 없다는 면에서 한계가 있다. 조건부청구권을 이용한 가치평가법은 옵션 등 가치평가모형을 이용하여 기업가치나 주주가치를 평가하는 방법이다. 조건부청구권을 이용한 가치평가는 최근에 개발된 파생금융상품의 가치평가모형을 응용하므로 이론에 기반을 둔 모형이기는 하나, 이들 모형에서 근거를 두고 있는 몇가지 가정은 만기가 장기인 기업의 자본가치를 평가하는 데에는 현실적으로 충족되기 어려운 가정이며, 이 모형을 이용하기 위하여 필요한 기초자산의 가치와 분산 등을 실무적으로 추정하기가 어렵다는 문제를 가지고 있다.

DCF법이란 기업이 사용하는 자본의 가치를 그것으로부터 발생하는 미래의 현금흐름에 대해 적절한 할인률로 할인한 현재가치(present value)로 평가한다. 이 때 할인률은 투하된 자본의 기회비용(opportunity cost)을 의미한다.

그리고 기회비용에는 투자의 위험이 반영된다. 왜냐하면 위험이 높은 투자일수록 그에 상응한 위험프리미엄이 요구되기 때문이다. 기업이 만일 투하한 자본에 대하여 위험에 상응하는 기회비용을 얻지 못한다면 그 기업은 해체되어 사용하고 있는 자본을 차라리 수익성이 높은 다른 투자기회에 활용하는 것이 바람직할 것이다. 따라서 할인율은 기업이 사용하고 있는 자본을 기업에 유지하기 위하여 필요한 최소한의 요구수익률(minimum required rate of return)이라고 볼 수 있다. 또 할인율은 자본사용의 대가인 자본비용(cost of capital)과도 동일한 개념이다. 왜냐하면 자본사용의 대가는 그 기업이 투하자본의 사용에 대하여 명시적으로 지불한 금액이라기보다는 자본 유지에 필요한 최소한의 요구수익률로 파악하는 것이 타당하기 때문이다.

(2) 기업가치의 평가방법

DCF법으로는 주주잉여현금흐름(free cashflow to equity: FCFE)할인모형과 기업잉여현금흐름(free cashflow o firm: FCFF)할인모형을 사용할 수 있다.

이 중 FCFE모형은 주주에게 귀속되는 가치인 자기자본가치를 구하기 위해서 주주에게 귀속되는 현금흐름을 자기자본에 대한 적절한 자본비용(혹은 요구수익률)으로 할인하여 가치를 구하는 방법이다. 배당할인모형은 주주에게 귀속되는 유일한 현금흐름이 배당금인 것으로 간주한 모형인데 비하여 이 모형에서는 부채상환을 위한 모든 재무적 부담과 자본적 지출, 추가운전자본 등을 공제한 이후 주주에게 돌아가는 잔여현금흐름을 바탕으로 주주가치를 평가한다. 그러나 이 모형은 주주가치만을 대상으로 하므로 기업의 전체 가치를 창출하는 요소에 대한 정보를 제공하는데 미흡할 뿐만 아니라 각 사업단위의 가치평가와 가치창출을 위한 기회를 포착하는데 유용하지 못하다. 또 이 모형은 자금조달의 변화가 기업가치에 미치는 영향을 파악하기 위해서 세심한 조정이 요구된다. 따라서 이러한 이유로 FCFF할인에 의한 가치평가가 좀 더 유용한 가치평가모형으로 평가된다. 그리고 이외에도 최근에는 경제적 부가가치(economic value added: EVA)에 의한 가치평가가 중요한 방법으로 등장하고 있다.

(가) 기업잉여현금흐름 할인법(FCFF할인법)

이 방법은 기업 전체 DCF법이라고도 하는데 특정기업의 가치를 보통주주, 채권자 및 우선주주를 포함하는 기업의 모든 청구권자에게 귀속되는 현금흐름의 가치로 파악하고 이것을 기준으로 보통주주의 가치를 평가하는 방법이다. 이 모형에 의하면 기업의 자기자본가치는 기업 전체의 가치에서 채권자에게 귀속되는 부채가치를 차감하고, 다음으로 우선주 등 보통주보다 우선 순위를 갖는 다른 투자가의 청구권의 가치를 차감함으로서 구한다.

기업전체의 가치는 기업 전체에 발생하는 현금흐름을 그에 해당하는 위험을 반영한 적절한 할인률로 할인하여 구해진다. 여기서 기업 전체에 발생하는 현금흐름이란 기업의 영업활동으로 인해 주주와 채권자 모두에게 귀속되는 현금흐름을 의미하는 것으로 다음과 같이 계산된다.

* FCFF = EBIT(1-t) + 비현금비용 - 자본적 지출 - 업무용 추가 운전자금
  EBIT : 영업이익
  비현금 비용 : 현금지출을 수반하지 않는 영업비용

다음으로 이를 할인하는 적정한 할인률이 결정되어야 한다. 이것은 이 현금흐름의 발생에 공헌한 자본에 대한 자본비용으로 측정된다. 그러나 FCFF의 발생에 공헌한 자본에는 부채와 자기자본 등 기업의 운영에 투입된 모든 자본이 포함된다. 따라서 이 방법에서는 할인률로 기업이 사용하는 모든 자본에 대해 각각의 자본비용을 각 자본이 차지하는 가치비중을 토대로 가중평균한 값을 사용한다. 이를 보통 가중평균자본비용 혹은 WACC(weighted average cost of capital)라 부른다. 만일 기업의 자본조달이 부채와 보통주에 의한 자기자본만으로 이루어져 있다면 이자의 감세효과를 고려한 세후 WACC는 다음과 같다.

* WACC = K_d(1-t) B/V + K_eE / V

 K_d : 부채의 자본비율
 K_e : 자기자본의 자본비율
 (t : 법인세율, B : 부채의 가치, E : 자기자본의 가치, V : 기업의 가치)

위의 식에서 자본비용이란 각 자본을 사용하는데 따른 비용을 의미한다. 부채의 경우, 자본비용은 부채를 조달하는데 소요된 평균 이자비용으로 측정된다. 그러나 자기자본에 대해서는 배당과 같이 자기자본의 사용을 위해서 명시적으로 지불된 비용보다는 자본자산가격결정모형(capital asset pricing model: CAPM)과 같은 투자의 위험성을 감안한 정상적인 기대수익률 결정모형에 의해 구해진 기회비용을 가지고 자본비용을 측정한다. 그리고 기업가치와 부채가치, 자기자본가치는 시장가치를 사용하는 것이 바람직하나 이를 구하기 어려우므로 실무적으로는 주로 장부가치가 이용된다.

FCFF와 WACC가 측정되면 다음과 같은 할인절차에 의해 기업의 현재가치가 구해진다. 그러나 위의 식에서 기업이 존속하는 모든 기간에 대해 FCFF를 측정하는 것이 어려우므로 실무적으로는 일정한 기간동안에 대하여만 현금흐름을 매년 추정하여 가치를 구하고 나머지 기간에 대하여는 FCFF나 그것의 성장률에 대하여 일정한 가정을 취한 후, 근사값으로 현재가치를 평가하는 방법이 주로 채택되고 있다. 이 때 현금흐름 추정기간 이후의 현금흐름에 대한 현재가치를 CV(continuing value)라 한다.

(나) EVA법

기업의 가치를 평가하는 방법으로써 미국의 경영컨설팅회사 Stern & Steward사가 개발한 경제적 부가가치(economic value added: EVA)를 이용할 수 있다. 경우에 따라서는 경제적 이익(economic profit: EP)이라고 불리우기도 하는 EVA는 다음과 같이 계산된다. 투하자본은 총자산을 영업자산과 비영업자산(금융자산, 투자자산, 이연자산 및 건설가계정 등)으로 구분하고, 부채를 이자발생부채와 비이자발생부채로 구분하였을 때 영업자산에서 비이자발생부채를 뺀 금액으로 계산된다. 또 ROIC의 계산에 기본이 되는 세후영업수익(net operating profit after tax) 또는 NOPAT는 다음과 같이 계산된다.

EVA는 기존의 회계적 이익을 보완해 주기 위한 지표로서 전혀 새로운 개념의 지표가 아니다. 그러나 기존의 회계지표에 비해 이익과 자본의 계산에 기업의 영업활동과 관련된 금액만 포함함으로서 순수한 영업활동의 성과를 평가하는 지표라는 특성을 지닌다. 또 수익의 창출에 소요된 자본비용을 회계적 이익의 계산에서처럼 타인자본비용만 차감하는 것이 아니라 자기자본비용도 동시에 차감함으로서 주주의 기회비용을 차감한 이후에도 영업활동을 통하여 기업의 수익이 창출되었는지를 파악할 수 있게 해준다. 결국 EVA는 기업의 수익성을 주주의 입장에서 본다. 만일 기업의 영업활동으로 인한 ROIC가 채권자 및 주주가 요구하는 최소 필수수익률인 WACC를 상회하면 기업은 순가치를 창출한 것이며, 이것이 높을수록 기업의 순가치는 높아진다. 따라서 EVA와 기업가치는 다음과 같은 관련성을 갖는다.

즉, 기업의 전체 가치는 투하자본과 주주에게 돌아가는 잔여이득인 EVA의 현재가치(MVA)의 합으로 계산된다. 만일 매년 동일한 EVA가 영구적으로 실현된다면 위의 식은 영구가치(perpetuity) 계산 공식에 의해 다음과 같이 단순화된다. EVA에 의한 기업가치평가는 EVA의 구성요소와 그 금액을 파악함으로서 현재가치 개념에 의해 전체 기업가치를 추정하는 방법이다.

(3) 가치평가의 단계

기업의 가치평가를 시행하는 단계를 요약하면 다음과 같다. 가치평가를 위해서 우선 (1) 과거실적을 분석하고 (2) 미래실적을 예측하며 그 다음으로는 (3) 자본비용을 추정하고 이를 바탕으로 (4) CV를 추정하며, 마지막으로 (5) 결과를 산출하고 해석하는 절차를 거치게 된다.

4) 가치창조 경영의 과정

가치경영은 단순히 기업의 가치를 평가하는 작업에서 끝나는 것이 아니라 오히려 가치평가를 바탕으로 기업의 사업내용과 업무를 재창조해 나가는 과정이 더 중요한 핵심이다. 가치창조 경영의 출발은 기업조직의 구성원이 가치지향적인 사고를 갖는데서 출발한다. 이것은 단순히 손익계산서상의 이익에 관한 수치 뿐만 아니라 기업가치에 영향을 미치는 장기적 요소와 자산, 부채의 구성과 같은 대차대조표관리에도 관심을 갖게 된다는 것을 뜻한다. 가치지향적인 사고는 최고경영자 뿐만 아니라 일반 조직구성원도 이러한 사고에 입각하여 행동하도록 교육 및 연수 등을 통하여 전파되어야 한다. 가치창조 경영은 일반적으로 다음과 같은 과정을 통하여 실현된다.

(1) 핵심가치창출 요소의 발견

　가치창조 경영에 있어 가장 중요한 부분은 기업의 어떠한 부분들이 기업의 가치향상에 기여하는가를 철저히 파악하는 것이다. 이러한 요소들을 핵심가치창출요소(key value driver)라고 부른다. 실제로 기업의 가치에 영향을 주는 요소는 실로 다양하다. 그러나 가치창조 경영을 현실적으로 적용하려면 다양한 가치창출요소를 체계적으로 정리함으로서 이중 어느 요소가 기업가치에 가장 큰 영향을 주는지를 파악하여야 한다. 그리고 그러한 요소들에 입각하여 각 직원들이 달성할 의무를 구체적으로 할당하여야 한다. 궁극적으로 핵심가치창출요소들은 각 일선관리자들이 직접 실행할 수 있는 목표들로 구체화되어야 한다.

　조직 단계별로 가치창출요소가 다르다. 일반적인 요소는 전사적인 입장에서 기업의 가치창출에 영향을 주는 요소를 나타낸다. 여기서는 ROIC 향상을 위한 마진(margin)과 투자자본(IC), 또 이를 구성하는 요소인 매출, 비용, 운전자본 및 고정자산 등이 가치창출요소로 인식된다. 그리고 2단계에서는 기업을 구성하는 각 사업단위별로 각기 다른 가치창출요소가 정의된다. 가령 판매부서와 같은 경우에는 기업가치에 영향을 주는 요소로서 목표고객집단의 구성이나 판매담당 인력의 생산성같은 것이 가치창출요소로 인식된다. 이러한 2단계의 가치창출요소는 그 다음 3단계에서 더욱 세분화되어 각 각 사업단위의 구성원에 대한 가치창출요소로 분해된다. 이것은 각 일선관리자들이 기업가치에 미칠 수 있는 관리요소들을 구체화한 것으로 가령 1회 고객방문별 매출액, 급여대상 시간 대비 매출시간 등과 같이 구체적이고 세분화된 요소로서 표현된다. 핵심가치창출요소의 발견은 이러한 다양한 가치창출요소 중 기업 혹은 주주가치에 특히 중대한 영향을 주는 요소들을 찾아내는 것이다. 핵심가치창출요소의 발굴은 기존 정보에 근거한 기계적인 분석으로는 발굴해 내기 어렵고 많은 창의적인 사고와 시행착

오를 요구하는 창조적인 작업이다. 그리고 가치창출요소는 가격인상이 시장점유율의 하락을 가져오는 것과 같이 서로 상호 간에 영향을 줄 수 있으므로 각각의 요소를 독립적으로 파악하기보다는 유기적으로 고려하여야 한다.

(2) 전략의 수립

다음으로는 기업가치 극대화라는 관점에서 기업의 전략을 도출한다. 기업조직의 각 계층간에 추구해야 할 전략은 다르다. 전사적인 관점에서 전략은 기업이 어떠한 사업을 행하며, 각 사업단위간에 시너지 효과를 어떻게 창출하고, 각 사업단위간에 자원을 어떻게 배분할 것인가 하는 문제를 다룬다. 그리고 사업단위 차원의 전략은 그 사업단위가 행할 수 있는 여러 가지 대안 중에서 가장 높은 가치를 창출하는 대안을 선택하는 것이다. 기업의 구조재편(restucturing) 기회를 평가하기 위한 모형을 제시한다면 구조재편을 위해서 (1) 현재의 기업의 상태를 그대로 유지할 때의 가치와 시장가치와의 차이 (2) 내부적 업무개신을 통해 실현할 수 있는 가치 (3) 기업의 매가 또는 인수를 통하여 사업을 조정하였을 때의 가치 (4) 자본구조를 조정함으로서 얻을 수 있는 가치 등을 파악함으로서 리스트럭쳐링 기회를 전반적으로 평가할 필요가 있다. 그리고 전략의 설정시 다음과 같은 내용을 평가해야 한다.

(가) 전략의 가치를 결정하는 핵심적인 가정과 전략에 대한 가치평가 결과
(나) 기각된 전략의 가치와 기각 이유
(다) 전략 수행에 필요한 자원
(라) 전략의 핵심가치창출요소와 계획실행에 대한 성과의 추정치
(마) 경쟁위협 및 사업기회에 대한 선택적인 시나리오 분석

(3) 목표의 설정

전략설정의 단계를 거쳐 그 다음으로는 전략수행을 위한 장단기 목표가 설정되어야 한다. 목표는 조직의 구성원에게 동기를 제공하는 역할을 한다. 목표의 설정시 다음과 같은 원칙에 유의할 필요가 있다.

(가) 목표는 해당 사업단위의 핵심가치창출요소에 근거하여야 하며 재무

적인 목표 이외에 비재무적인 목표를 포함한다.

(나) 기업의 하부조직 단계에 따라 그에 해당하는 세부적인 목표를 설정한다.

(다) 단기적인 목표는 장기적인 목표와 연관하여 설정한다.

(4) 실행계획과 예산의 설정

실행계획은 한 조직이 목표를 달성하기 위하여 단기적 기간에 걸쳐 조직적으로 취해야 할 특정의 단계를 말한다. 예산은 계획의 실행을 위하여 필요한 자원을 할당하는 과정이다.

(5) 성과의 평가와 인센티브시스템의 구축

각 부문의 성과평가와 인센티브시스템은 기업의 각 구성원의 실적을 점검하는 한편, 목표를 달성하도록 유인을 제공하는 기능을 수행한다. 각 부문에 대한 성과의 평가는 핵심가치창출요소에 집중되어야 한다. 성과평가를 위한 일반적 원칙은 다음과 같다.

(가) 성과는 각 사업단위의 특성을 반영하여 다양한 방법으로 평가되어야 한다.

(나) 성과지표는 기업의 장단기 목표와 일관성이 있어야 한다.

(다) 핵심가치창출요소에 근거하여 재무적 지표와 실무적 지표(operating measure)를 동시에 성과지표로 활용한다.

(라) 잘못된 경영의 내용을 미리 시정할 수 있도록 조기경보로 활용할 수 있는 지표를 성과지표로 활용한다.

보상제도를 구축하는 원칙은 기업의 각 하부조직이나 구성원이 가치를 창출하려는 인센티브를 갖도록 설계되어야 한다는 점이다. 또한 조직상 직급이나 자원의 통제범위에 따라 성과평가의 내용과 인센티브시스템이 달라진다.

최고경영자는 스톡옵션(stock option)이나 주가상승보상제(stock appreciation plan)와 같이 주식가치와 직접 관련이 있는 인센티브제를 택하며, 단위사업의 책임자나 중간경영자는 EVA나 자본의 효율적 이용 등과 관련한 인센티브, 일반직원은 담당 업무에 따라 개별적인 실무상 가치창출요소를 근거로 인센티브제를 시행한다.

(6) 가치창조 경영의 실행

가치창조 경영은 기업의 각 단계마다 조직 구성원의 의식을 바꾸는 과정을 필요로 하므로 상당히 길고 복잡한 단계를 거친다. 첫번째 단계에서 구성원들은 가치창출의 수단 및 도구를 개발하고 교육이나 연수를 통하여 이를 이용하는 방법을 배우게 된다. 그리고 그 다음 단계에서 기존의 이해를 더욱 확실하게 하며 가치평가 프로그램의 사용에 익숙해지도록 훈련한다.

가치에 근거한 보상제도의 실시는 이러한 수단들이 제대로 작동한다고 확신할 수 있을 때 비로소 실시할 수 있다. 가치창조 경영이 성공적으로 시행되기 위해서는 우선 최고경영층의 이에 대한 관심이 무엇보다도 중요하다.

또한 기업의 다양한 하부조직에 걸쳐 조직의 변화를 주도할 집단을 형성하는 것이 성공을 위한 핵심요소이다. 가치창조 경영의 성공적 시행을 위하여 요구되는 6가지 조건을 제시하고 있다. 가치창조 경영은 가치와 성과중시의 기업문화를 바탕으로 할 뿐만 아니라 상의하달과 하의상달에 의한 양방향 커뮤니케이션(communication), 적절한 인센티브 프로세스(incentive process)를 전제로 하며 가급적 낮은 비용을 달성하여야 한다.

(7) 가치창조 경영의 유지

가치창조 경영이 한번 실행되면 그것이 계속적으로 기업의 의사결정과 관리에 활용될 수 있도록 유지하는 노력이 필요하다. 또 종전에 실시했던 내용을 바탕으로 피드백(feedback)을 통해 그 방법과 내용을 개선해 나갈 필요가 있다. 이를 위해서 특히 기획부서의 역할이 중요하고 구성원에 대한 계속적인 교육과 지원이 필요하다.

5) 결론

기업간 경쟁이 국내 기업을 넘어서 국제간 무한경쟁으로 확대되고 경영환경의 불확실성이 증대되는 현실에서 이제 기업경영의 패러다임도 바뀌어야 한다. 자본주의 경제는 시장메카니즘에 의해 비생산적인 기업이 퇴출되고 새로운 유망기업이 탄생하는 자동적인 조정장치를 전제로 한다. 앞으로 국제화, 고도화가 진척됨에 따라 시장 메카니즘에 의한 자동적인 시장규율(market discipline)은 더욱 기업의 생존을 결정하는 중요한 요소가 될 것이다. 이러한 상황에서 종전처럼 수익성을 무시한 외형위주의 경영이나 분식이나 회계조작에 의한 단기적인 회계이익을 추구하는 기업은 더 이상 시장의 평가를 견디기 어렵게 될 것이다. 이에 따라 기업의 장단기의 모든 성과와 이익의 불확실성 등 모든 정보를 반영하는 가치야말로 기업의 모든 의사결정과 관리에 화두로 삼아야 할 과제가 되고 있다. 가치창조 경영은 제조업 뿐만 아니라 은행 등 금융기관에서도 적극 활용될 필요가 있다. 그간 우리나라 은행은 관치금융과 비경쟁적 금융환경속에서 수익성보다는 외형위주의 비효율적인 경영에 안주해온 결과, 많은 은행이 부실화되었으며 대부분 은행의 주가가 액면가를 밑도는 심각한 현실에 있다. 그러므로 앞으로 은행이 생산성을 회복하고 자본을 제공한 모든 이해관계자에게 정당한 이득을 제공하려면 무엇보다 가치에 우선을 두고 이를 극대화하는 경영에 적극 관심을 기울여야 할 것이다.[64][65]

27. 기업가치평가의 새로운 접근

세계 자본시장은 시장가치 기준으로 1980년 2조달러에서 1999년 20조달러로 20년간 무려 10배 가량 늘어났고, 연간 13-14%에 육박하는 성장률을 기록했다.[66] 이렇게 자본시장이 성장하는 과정에서 가장 두드러진 현상은 소위 신경제 기업들이 상대적으로 높은 가치평가를 받고 있다는 것이다. 그러나 이들 신경제 기업들이 추진하고 있는 비즈니스는 미래에 대한 불확실

---

64) 대은경제리뷰, 2000.3-4월호
65) http://cafe.daum.net/hanaro07/83st/12?docid=1KE6x|83st|12|20100831215343&q=%B1%E2%BE%F7%B0%A1%C4%A1%C6%F2%B0%A1+%B9%E6%B9%FD&srchid=CCB1KE6x|83st|12|20100831215343(2011.1.16)
66) 『기업VA ◆ M&A』, 김진만 조회 34 | 추천 0 | 2005.10.07. 00:37, '기업가치평가의 새로운 접근'

성이 아주 크기 때문에 전통적인 접근방법으로 기업가치를 제대로 평가한 다는 것이 매우 힘들다. B2B e-비즈니스가 촉발하게 될 미래 경영환경변화 의 역동성을 고려할 때 미래의 불확실성은 더 커질 것으로 보이며 이에 따라 기업가치평가에 있어서도 새로운 방식을 필요로 하고 있다.

1) 기업가치평가의 한계

기업가치란 투자를 통해 미래에 들어올 것으로 예상되는 현금수입의 현재가치로 계산한다. 전통적으로 기업들은 먼저 자신들의 사업전략을 구체화하고 이러한 전략으로 얻게 될 미래 현금흐름을 예측함으로써 기업가치를 평가하여 왔다. 그리고 민감도나 시나리오 등을 분석하면서 미래의 불확실성을 기업가치평가에 반영하려는 노력을 기울여왔다. 하지만 이러한 방법은 미래의 불확실성이 그다지 크지 않고 미래에 창출하게 될 현금흐름을 어느 정도 정확하게 추정할 수 있을 때 효과적이었다. 그러나 변화의 속도가 빠른 B2B e-비즈니스 환경에서 미래의 현금흐름을 예측한다는 것이 매우 어렵다. 또한 기업이 역동적으로 변화하는 환경속에서 전략적으로 취할 수 있는 기회나 위협도 다양해 전통적 방법으로는 이러한 부분까지 제대로 반영하기란 쉽지 않다. 이처럼 기존의 방법으로는 인터넷관련 업종의 가치를 평가하는 데 한계가 있다.

2) B2B 시대의 기업가치평가

기업간 인터넷 거래가 매우 활성화되는 B2B 혁명의 시대에서 기업의 가치는 현재 기업이 벌어들이는 안정적인 수익이 아니라 역동적인 미래의 사업기회를 이용한 수익창출 기반에 있다. 신경제에서 기업가치는 현재 자산이나 단기간의 수익이 아닌 미래에 커다란 수익을 가져올 전략적 대안들이다. 따라서 기업이 환경변화에 대응하여 전개할 수 있는 다양한 전략적 대안들이 기업가치평가에 포함되어야 한다. 기업이 자신의 아웃소싱 네트워크를 구축하거나 이를 통해 새로운 비즈니스에 진출하기로 결정한다면 이러한 결정 자체가 새로운 가치를 창출하게 된다. 이러한 의사결정의 상당

부분은 무형자산의 성격을 지니며 기업 의사결정은 바로 금융시장에서 보는 것과 같은 옵션(편집자 선택권)의 성격을 지닌다.

예를 들어 아직 설계단계에 있는 제품이나 서비스를 과연 생산해야 할 지 말아야 할 지에 대한 옵션 즉, 인터넷을 통한 매출액이 그 채널을 구축하는데 드는 비용을 능가하지 못할 때 과연 인터넷 유통을 해야 하는지 혹은 하지 말아야 하는지에 대한 옵션, 이익 및 매출액 증대를 위해 현재의 자금동원능력을 능가하는 가격으로 새로운 기술을 인수해야 하는지에 대한 옵션 등이 이러한 무형자산 성격의 의사결정에 해당된다. 이처럼 무형자산이 중요한 상황에서 경영진은 미래상황에 대한 유연한 시각을 가져야 하는 것은 물론이고 여러 가지 다양한 옵션 중에서 어떠한 투자가치 기회가 주어지는지 이해할 필요가 있다.

이와 같이 기업이 새로운 경영환경에서 채택할 수 있는 다양한 옵션들을 고려하여 이를 기업가치평가에 반영할 수 있어야 한다. 이렇게 기업가치를 평가하는 방식으로 새롭게 대두되고 있는 것이 실물옵션 가치평가(Real Option Valuation)이다. 실물옵션 가치평가는 현금흐름할인법(Discounted Cashflow Method)을 토대로 하면서 금융시장에서 옵션 가격을 결정하는 "옵션 가격 결정 모델(Black-Scholes Option Pricing Model)"을 가미한 새로운 기업가치평가 방법이다. 기업이 선택할 수 있는 다양한 전략적 옵션들의 가치를 반영할 수 있으며 이를 통해 미래의 불확실성으로 인한 기업가치의 변동을 다이나믹하게 반영할 수 있게 해준다. 역동적인 B2B 경영환경에 내재되어 있는 다양한 옵션은 바로 미래의 사업기회를 창출하고 있다. 이제 경영진은 고위험, 고수익을 지닌 다양한 전략대안에 대한 투자의사를 결정해야 하는 상황에 직면하고 있다. e-비즈니스가 지배하는 새로운 세계에서 기업이 계속 리더십을 유지하기 위해서는 지속적인 미래의 성장을 담보할 수 있는 전략대안을 발굴하고 이를 과감하게 실행할 수 있는 경영진의 통찰력과 의지가 필수적이라고 할 수 있다.[67)68)]

28. 기업가치평가 방식의 실무적 적용

1) 머리말[69]

최근 외국자본의 차입, 지분투자 및 M&A 등 기업거래가 활발하게 진행되면서 기업가치의 평가에 대한 수요가 날로 증가하고 있다. 현재 우리 나라 평가업계에서 이루어지는 기업가치의 평가는 고정자산에 대해서 거래사례비교법 및 복성식평가법을 통한 순자산가치법에 의해 이루어지고 있는 실정으로 장래 예측되는 수익적 가치를 도외시하고 있어 평가결과에 대한 정당성을 인정받지 못하고 있다. 21C의 지식정보화사회로 패러다임이 변화함에 따라 기존의 재무상태에 근거한 기업의 순자산가치평가방식은 유형자산에 한정된 과거의 성과측정치로서 미래의 현금흐름(Cash Flow)을 반영하는 기업의 진정한 가치와는 괴리될 수밖에 없다. 기업의 매출 및 이익 창출기반의 중심 축이 자본·노동·생산설비 등 유형자산에서 지적자본·연구개발력·기업이미지 등 무형사산 쪽으로 이농됨에 따라서 이러한 괴리는 더욱 심화될 것으로 보인다. 기업의 가치는 일반재화와는 달리 가치에 영향을 미치는 요인이 복잡·다양하다. 외부적 요인으로는 세계경제의 흐름·원자재 가격의 등락·국내경기의 변동·관련산업의 성쇠 등이 있으며, 내부적 요인으로는 기업의 설비·기술력·노동력·영업력·이미지·제품의 경쟁력 등 무수히 많은 요인이 있다. 따라서 매도인과 매수인이 제안하는 가격은 차이가 발생하고 이러한 차이를 조정하는 수단으로서 중립성과 전문성을 갖춘 평가전문가가 존재하게 된다.

---

67) Seungseop.ryum@kr.pwcglobal.com
68) http://cafe.daum.net/ubiconsulting/9AbZ/105?docid=ze32|9AbZ|105|20051007003725&q=%B1%E2%BE%F7%B0%A1%C4%A1%C6%F2%B0%A1+%B9%E6%B9%FD&srchid=CCBze32|9AbZ|105|20051007003725(2011.1.16)
69) 기업가치평가방식의 실무적 적용| 초보† 탈출† 기초† 입문, 황금시대 조회 124 |추천 0 | 2007.11.28. 20:23

2) 기업가치평가 방법의 개요

(1) 평가주체

현재 기업가치평가업무는 신용평가회사, 회계법인, 국내외 컨설팅업체, 한국감정원, 정부출연 및 민간연구소, 일부 감정평가법인에 의하여 이루어지고 있으며, 각 업체별로 전문영역에서 독자적으로 수행되고 있다. 또한 노하우와 경쟁우위 확보 차원에서 외국업체와 전략적 제휴를 통한 공동작업을 수행하는 경우도 많다. 외국업체의 경우 평가기법의 Know-how, 축적된 방대한 정보, 외국투자자의 외국 평가서 요구 등으로 국내업체에 비하여 5-10배 많은 보수를 받고 있는 것으로 조사되고 있다.

(2) 평가방법

기업가치평가방법은 수익가치법, 자산가치법, 상대가치법으로 구분할 수 있다. 수익가치법은 평가대상업체의 장래 현금흐름에 기초한 방법으로 현재 사업구조 및 손익구조를 기준으로 동종산업 및 회사의 경영방침에 근거하여 장래 현금흐름을 추정하고, 이를 위험율이 반영된 적절한 할인율(Risk-adjusted Discount Rate)로 할인하여 평가시점에서의 기업의 가치를 구한다. 자산가치법은 기업의 재무상태에 기초한 방법으로 당해 회사의 자산 부채 및 자본항목을 평가하여 수정대차대조표를 작성한 후 자산총계에서 부채총계를 공제한 기업체의 순자산가치를 기준으로 평가하는 기법을 말한다. 상대가치법은 유사기업의 시장가치에 기초한 방법으로 평가대상 기업과 동일한 업종의 상장법인 중에서 매출액규모·자본금규모·납입자본이익율 매출액성장율 및 부채비율 등을 참작하여 유사기업을 선정하고 비교하여 평가한다. 이 글은 기업가치평가에 대한 실무적 접근방안 특히, 현금흐름할인법(DCF)을 적용한 기업가치평가의 실무적 절차, 손익추정, 추정재무제표 작성, 할인율 추정방법 등을 사례를 통하여 살펴보고, 우리 나라의 여건상 실무적용의 한계점을 언급하고자 한다.

3) DCF법을 적용한 기업가치평가 사례

(1) 산업분석과 재무분석

가. 산업분석

산업분석은 평가대상 기업이 속하는 산업의 특성·시장규모·수요요인·공급요인·성장가능성 등을 분석하고 산업에 영향을 주는 사회적·경제적·정치적·법률적 변수를 파악한 후 동 변수로 인한 산업의 안정성·성장성 등을 평가하는 것을 말한다. 산업분석은 당해 산업에 대한 국민경제적 지위, 성장성, 경기변동의 정도, 수요 및 공급 영향 요인, 기초적 재무특성, 진입의 난이도, 규제 및 지원, 경제환경 변수의 영향 정도 등을 분석하는 것을 그 내용으로 한다.

(가) 국민경제적 지위 : 총생산액과 고용측면에서 당해 산업이 세계경제 및 국내경제에서 점하는 위치의 변동추이 및 전망, 수급균형 관계 등을 분석한다.

(나) 성장성 : 당해 산업의 과거 성장추이, 향후전망을 GNP 성장률 등과 비교분석하고, 과거 수요변동의 원인변수와 영향의 정도, 향후 변화추세를 파악하여 성장가능성을 분석한다.

(다) 경기변동의 정도 : 당해 산업의 일반경기변동에 대한 영향 정도, 선후행 여부, 선후행 기간 등 일반경기변동에 대한 민감도를 검토한다.

(라) 수요영향 요인과 시장성 분석 : 당해 산업의 수요에 영향을 주는 제반요인을 파악하고 이들의 향후 변동방향을 예측함으로써 당해 산업의 수요측면에서의 안정성을 검토한다. 산업별로 소비재·생산재·중간재 여부, 표적시장, 생산방식, 협력정도 등의 요인에 따라 마케팅 및 생산관리의 특성이 어떻게 달라지는가를 분석하여 시장점유율, 원가분석 및 잠재된 경영위협 요소를 분석한다.

(마) 공급영향 요인분석 : 당해 산업의 원재료, 노동력, 설비, 에너지 등 제반 소요자원과 기술수준을 파악하고, 동 자원의 변동요인을 분석한다.

(바) 기초적 재무특성 : 당해 산업의 자본집약도, 판매유통관습, 재무구조, 원가구조 등을 타산업과 비교, 분석하여 당해 산업의 재무적 특성을 분석한다.

(사) 진입의 난이도 : 당해 산업의 진입(철수)장벽 유무, 법적·경제적·사회적 장벽의 내용에 의하여 당해 산업에의 진입 난이도를 분석한다.

(아) 규제 및 지원사항 : 당해 산업의 수익 및 원가에 영향을 줄 수 있는 제반 법적 규제 및 향후의 규제가능성을 검토하고 당해 산업이 부담하는 위험도를 분석한다. 또한 정부의 산업지원정책을 분석하고 동 지원시책의 향후 변화가능성을 분석한다.

(자) 경제환경변수의 영향 정도 : 물가수준, 금리, 환율변동, 임금동향, 수출국의 관세장벽, 사회정치적 변화의 당해 산업에 대한 영향 정도를 분석한다.

나. 재무분석

기업의 가치를 평가함에 있어서 대부분 자료의 원천은 재무제표로부터 얻어지므로 대차대조표, 손익계산서 및 현금흐름표의 관련 재무자료를 평가목적에 적합한 정보로 분석하는 작업을 말한다. 과거 수년간의 대차대조표, 손익계산서, 현금흐름표 등을 가공·분석하고 NOPLAT, EBIT, 재무흐름의 산출, 수익성, 활동성, 안정성, 성장성 등 재무비율분석을 함으로써 평가 및 추정에 유용한 정보로 활용됨은 물론 추정된 내용을 검증하는 수단이 된다.

재무분석의 과정에서는 재무제표 각 항목별 추세율 변화에 주목하며, 재무구조의 비율, 추세, 변동원인 등을 분석한다. 분석이 필요한 재무구조에는 자본구조, 유동성구조, 자산구조, 원가구조, 수익구조 등이, 재무비율에는 수익성, 활동성, 안정성, 성장성비율 등이 있다. 추세분석은 매출액 증감, 감가상각비 증감, 인건비 증감 등이며 매출단가, 수량, 회계제도, 경영방침의 변동에 특히 신중을 기하여야 한다.

(2) 수익과 비용의 추정

가. 수익의 추정

(가) 추정방법

기업의 수익가치는 장래 발생 가능한 수익에 의해서 결정된다. 따라서 수익과 현금흐름을 정확히 추정하는 것은 합리적인 기업가치평가의 핵심이다. 수익의 추정은 평가대상업체가 속한 산업의 전반적인 동향 및 전망과 평가대상업체의 경쟁력, 향후 사업추진계획, 시장환경의 변화, 신제품의 개발, 연구개발계획 등을 고려하여 추정하여야 한다. 추정기법으로는 계량적 분석방법과 정성적 분석방법으로 구분할 수 있다. 계량적 분석방법은 시계열분석(Time Series Analysis)으로 이동평균법(Moving Average), 지수평활법(Exponential Smoothing), 추세예측법(Trend Projection)이 있으며, 인과형 회귀분석모형으로 단순회귀분석, 다중회귀분석모형이 있다. 정성적 분석방법으로는 시장조사, 전문가의 의견조사, 점유율법 등이 있다.

(나) 매출수량의 추정

매출수량의 추정은 산업분석을 함으로써 얻어진 수요요인, 공급요인 및 수요공급의 증감에 영향을 미치는 제반 변수를 도출하고 각종 통계적 기법을 사용 및 계량화하여 국내 또는 국제 총시장규모를 산출한다. 평가대상 기업이 시장에서 가시는 제품의 가격경쟁력, 기술수준, 연구개발의 정도, 영업능력, 경영진의 의지 등을 종합 분석하여 시장점유율을 추정한 후 실현가능 추정매출수량을 구한다.

(다) 매출단가의 추정

매출단가의 추정은 제품의 국제시세, 국내시세, 시장지배력, 물가상승의 정도, 회사의 가격전략, 과거 가격변동추이, 제품가격에 영향을 미치는 사회·경제적 변수 등을 종합적으로 검토하고 통계적 기법을 사용 및 계량화하여 매출단가를 추정한다.

나. 비용의 추정

(가) 매출원가의 추정

매출원가의 추정은 매출액 대비 매출원가의 비율로 추정하는 방법과 과거 실적의 추세를 분석하여 추정하는 방법, 평가대상업체의 과거 실적을 기준으로 제품별 표준 원단위를 기준으로 산정하되, 연도별 물가상승률을 참작하여 추정하는 방법이 있다. 또한 업종의 특수성 등을 감안하여 전체 비용 중에서 개별 비용항목이 차지하는 비율 등에 대한 분석, 고정비, 변동비에 대한 분석도 필요하다.

① 재료비의 추정 : 장래산업의 동향에 근거한 평가대상 기업의 추정 매출수량에 근거하여 재료비를 추정하고 원재료의 가격변동추이를 분석하여 추정한다.

② 노무비의 추정 : 경영전략에 따른 인력수급계획, 임금상승율, 물가상승율, 평가대상업체의 호봉상승분에 따른 자연증가율 등을 감안하여 추정한다.

③ 경비의 추정 : 과거 실적의 분석을 통해 매출액에 대한 비율로 추정하는 방법, 추세분석을 통하여 추정하며 감가상각비는 기존의 설비에 대한 내역과 향후 제품생산 및 매출에 적정한 설비투자계획을 검토하여 설비의 규모를 결정하고 이를 감안하여 추정한다.

(나) 판매비와 일반관리비의 추정

과거 실적의 분석을 통해 매출액에 대한 비율로 추정하는 방법, 추세분석을 통하여 추정하며 평가대상업체의 향후 영업전략, 시장점유율을 감안하여 추정한다.

다. 추정기간

현금흐름의 추정기간은 평가대상기업을 새로이 설립하여 경영한다고 할 때 대상기업이 현재의 수익구조를 갖게 되기까지 걸리는 소요기간동안 현재의 경영구조를 그대로 지속한다고 하였을 때 장래수익이 지속될 수 있는 예상기간동안 추정하는 방법이 있으며 제조업체의 경우 주 기계장치의 잔존내용년수를 예상기간으로 산정하기도 한다.

(4) 추정재무제표의 작성

가. 추정손익계산서 작성

추정된 수익 및 비용 항목을 바탕으로 제조원가명세서, 손익계산서를 작성하고 추정된 자료로 재무분석을 행하여 추정의 적정성을 검토하고 추정에 대한 민감도분석을 행한다.

나. 추정대차대조표 작성

각 계정별 특성을 분석하여 추정매출액에서 차지하는 비율(운전자본 등), 매년 증가율(임대보증금 등), 자금수지계획(차입금), 배당정책(이익잉여금), 설비투자계획(고정자산) 등의 방법을 적용하여 추정하며 잉여금 중 사외유출 후 잔여액은 초과현금 및 유가증권에 재투자하는 것으로 본다. 1회전 운전자본을 계산하여 매출액 증가에 따른 운전자본의 증가액을 추정한다.

· 1회전 운전자본=(영업현금+매출채권+재고자산+기타유동자산)−(매입채무+무이자유동부채) ·1회전 기간 = 1회전자본/매출액×365일

다. 추정 현금흐름표 작성

기업에 귀속하는 가처분 현금흐름(Free Cash Flow to Firm)은 다음의 산식에 의하여 산출한다.

$$FCFF = EBIT(1-t)+Dep.-Inv.$$

(FCFF 기업 귀속 가처분 현금흐름, EBIT 영업이익+이자제외 영업외손익, t 법인세율, Dep. 비현금성비용 등 현금유입, Inv. 고정자산투자 등 현금유출)

현금의 유입은 EBIT에서 동 영업이익에 해당하는 법인세를 차감한 세후순영업이익(NOPLAT : Net Operating Profit Less Adjusted Taxes)을 구하고 NOPLAT에 감가상각비·퇴직급여충당금·단체퇴직급여충당금 순증분 등 비현금 지출비용 등을 가산하여 산출하였다. 현금의 유출은 운전자본의 순증분, 유형고정자산 시설투자(순고정자산 증가+감가상각비), 영업관련 무형자산 상각비, 기타 고정자산의 증가를 산출하였다. 비영업 현금흐름은 영업현금흐름 외에 비영업부문 즉, 세후비영업손익, 세후특별손익을 가감하였다.

(5) 할인율의 추정

할인율이란 미래의 획득 가능한 현금흐름을 현재가치로 전환하기 위해 사용하는 수익률을 의미하며 통상 가중평균자본비용으로 구한다.

가. 자기자본비용의 추정

자기자본비용은 투자자가 기업에 자기자본을 투자한 대가로 요구되는 최소수익률을 말하며 자본자산가격결정모형(CAPM : capital asset pricing model)으로 구하였다.

$Ke = E(Ri) = Rf + \beta i(E[Rm] - Rf) = 8.7\% + 1.23(5.8\%) = 15.8\%$

(Ke = E(Ri) : 자산 i의 기대수익율(자기자본비용)

βi : 자산 i의 베타(주식 i의 베타)로서 개별주식수익률(Ri)을 시장수익율(Rm)에 대하여 회귀분석하여 산출한다. 이 경우 비상장기업은 유사기업의 대용베타를 산출한다.

Rf : 무위험이자율로서 국채수익율(제1종 국민주택채권)을 적용한다.

E(Rm) : 시장포트폴리오의 기대수익율은 증권거래소 상장회사 전체의 연평균수익율을 적용한다.

E(Rm) - Rf : 시장포트폴리오의 위험프리미엄

βi : 자산 i의 베타(주식 i의 베타)로서 개별주식수익률(Ri)을 시장수익률(Rm)에 대하여 회귀분석하여 산출하되, 본 회사는 비상장기업이므로 유사기업의 대용베타를 적용한다.)

나. 타인자본비용의 추정

타인자본비용은 현재 기업이 보유하고 있는 차입가능금리의 가중평균이자율(8.2%)을 적용하였다.

$$Kd = 이자율(1-법인세율)$$

다. 가중평균자본비용(WACC : Weighted Average Cost of Capital)

가중평균자본비용은 기업이 조달한 개별자본의 자본비용을 가중평균한 것으로서 다음과 같이 정의되며, 이는 장부가치가 아니라 시장가치를 기준으로 측정하여야 한다.

$WACC = Ke \times \{E \div (E+D)\} + Kd(1-t) \times \{D \div (E+D)\} = 15.8\% \times 55\% + 8.2\% \times 45\% ≒ 12.3\%$

(Ke 자기자본비용, Kd 타인자본비용, E 자기자본가치, D 타인자본가치, t 법인세율)

(6) 기업가치의 결정

추정된 현금흐름을 적정 할인율을 적용 현재가치로 할인하여 영업대상 기업가치를 구하고 비영업대상가치를 더하여 기업체의 총가치를 구하였으며, 이에 부채가치를 차감하여 지분가치를 산정하였다. 이 방식에 의한 xx화학공업(주)의 기업가치는 2,637억원, 부채가치는 804억원, 지분가치는 1,833억원으로 각각 산정되었으며 주당가격은 11,109원으로 평가되었다. 추정기간말 가치(Terminal Value)의 추정은 추정 대차대조표상 추정기간말의 순자산가치에서 비영업대상자산의 가치를 차감한 금액을 적용하였다.

수익가치가 자산가치를 초과하는 경우 초과부분은 기업의 고유영업권으로 볼 수 있다.

총기업가치 = 순현금흐름의 현재가치 + 기간말 잔존가치의 현재가치 + 비영업대상가치

4) 기업가치평가의 한계

장래 기대되는 현금흐름의 할인에 의한 DCF법에 의한 기업가치의 평가는 이론적으로는 매우 우수한 기법이다. 그러나 실무적인 적용에 있어서 여러 가지 제약요인이 존재하며 우리 나라의 경우에는 다음과 같은 한계성이 있다. 우선 경제의 불안정을 들 수 있다. 수익·비용, 할인율 추정에 중요한 변수인 환율은 1998.2월 1,640원에서 12월 1,207원으로 크게 변동한다.

또한 할인율 추정시 적용되는 무위험 이자율(국채수익율)은 1998.2월 15.25%에서 12월 7.59%로 하락하였다. 이는 경제변수의 변동에 따라 기업가치가 크게 차이가 날 수 있음을 의미한다. 다음으로는 정보의 부재를 들 수 있다. 선진국에 비하여 추정에 필요한 통계자료가 부족하여 추정에 어려움이 있으며 이는 기업가치평가 결과의 신뢰도를 저하시킨다. 미국의 경우 Moody's, S&P 등 신용평가회사가 제공하는 기업의 재무정보와 신용정보, 각종 예측정보가 구축되어 있으나 우리 나라는 이의 미비로 분석의 한계가 있다.

또한 회계제도의 특수성이 있다. 국제회계기준과의 차이로 우리 나라는

영업외수익·비용으로 분류되는 계정(연구개발비 상각 등)이 실제는 매출원가나 판매비와 일반관리비에 포함되는 경우가 있으며, 퇴직급여충당금은 우리 나라에만 있는 특수한 경우에 해당한다. 자산재평가는 실제 현금흐름과 관련이 없으므로 장부상 증액이 있다고 하더라도 시설투자에 포함하여 현금흐름을 계산하지 말아야 한다. 이 밖에 비업무용 부동산의 과다보유, 관계회사 출자금, 금융기관의 대출관행 등은 기업가치평가의 기준을 어렵게 하는 요인이 된다.[70]

29. 계속기업가치의 평가

1) 계속기업가치의 평가기준

기 제출한 추정손익에 근거하여 정상적인 영업활동이 지속된다는 가정하에 향후 유입될 것으로 기대되는 순영업현금흐름을 적절한 할인율로 할인하여 계속기업가치를 평가하였습니다.

(1) 추정기간 및 이후의 계속기업가치

추정기간은 2008년 1월 1일부터 2012년 12월 31일까지의 5개년입니다. 추정기간 이후의 계속기업가치는 2012년의 현금흐름이 지속된다는 가정하에 잔존가치를 계산하였습니다.

(2) 할인율

회사의 화의 당시 3년만기 회사채 수익률 7.04%에 위험프리미엄 5%를 가산하여 12.04%로 현금흐름을 평가하였습니다.

---

70) http://cafe.daum.net/ginvest/FVwL/10?docid=1CAfe|FVwL|10|20071128203009&q=%B1%E2%BE%F7%B0%A1%C4%A1%C6%F2%B0%A1+%B9%E6%B9%FD&srchid=CCB1CAfe|FVwL|10|20071128203009(2011.1.16)

2) 계속기업가치의 계산서

(단위:백만원)

구 분	2008년	2009년	2010년	2011년	2012년	계
1. 당기순이익(손실)	-587	-666	-472	-239	3	-1,960
2. 현금의 유출없는 비용	1,640	1,531	1,425	914	749	6,259
3. 자본적지출액	100	100	100	100	100	500
4. 영업현금흐름(1+2-3)	953	765	854	575	653	3,799
현재가치할인율(12.04%) 현재가치계수	12.04% 0.893	12.04% 0.797	12.04% 0.711	12.04% 0.635	12.04% 0.566	
5. 현재가치	850	609	607	365	370	2,801
6. 잔존가치의 현재가치						3070
7. 비영업용자산 현재가치						25
8. 계속기업가치						5,896

*잔존가치의 계산 => 653백만원 ÷ 12.04% × 56.6% = 3,070백만원
*비영업용자산 => 장기금융상품[71]

---

71) http://cafe.daum.net/kyungbub22/BR2k/9?docid=1KyX9|BR2k|9|20100520223
325&q=%B1%E2%BE%F7%B0%A1%C4%A1%C6%F2%B0%A1+%B9%E6%B9%FD&srch
id=CCB1KyX9|BR2k|9|20100520223325(2011.1.16)

제2장 기업가치평가와 경영원리

1. 기업회생절차의 주체와 시기

　기업회생절차는 기업구조조정을 위하여 법률에 의하여 강제적이고 타율적으로 구조조정을 실시하는 법적인 제도를 말한다.[72] 즉, 기업회생절차는 '채무자 회생 및 파산에 관한 법률'에 의하여 진행되는 법적인 절차로서 재무구조개선 및 기타의 기업구조조정을 통하여 채무자 즉, 기업의 회생을 지원하는 제도적 장치이다. 핵심적인 내용은 영업이익이 발생하는 기업이 파산하는 것보다 계속적인 기업활동을 하는 것이 채무자에게 유리하다고 판단될 때에 채무의 변제를 유예하거나 탕감하거나 출자전환을 함으로써 채무상환의 부담을 덜어주는 제도이다. 이러한 기업회생절차의 대상기업은 법인기업 뿐만 아니라 개인기업도 포함하며 기업회생절차는 다음과 같은 사유에 해당될 때에 채무자인 기업 또는 일정 규모 이상의 채권을 가진 채권자가 법원에 신청할 수 있다

　(1) 사업의 계속에 현저한 지장을 초래하지 아니하고는 변제기에 있는 채무를 변제할 수 없는 경우

　(2) 채무자에게 파산의 원인인 사실이 생길 염려가 있는 경우 법원은 회생절차개시신청일로부터 1개월내에 개시결정을 하여야 하며 다음과 같은 사유가 있으면 기각하여야 한다.

　(가) 회생절차의 비용을 미리 납부하지 아니한 경우

　(나) 회생절차개시신청이 성실하지 아니한 경우

　(다) 그 밖에 회생절차에 의함이 채권자 일반의 이익에 적합하지 아니한 경우 상기의 3호에 해당하는 예를 들면, 계속기업가치보다 청산가치가 큰

---

[72] 2009-02-24

것이 명백한 경우가 있으며, 이러한 경우에는 회생절차개시신청을 기각하고 바로 청산절차에 들어가야 한다. 한편, 채무자가 개인일 경우에는 개인회생절차를 진행하면 되는데 담보채무가 10억원 이상이거나 무담보채무가 5억원 이상인 개인기업은 개인회생절차를 신청할 수 있다. 회생절차개시신청과 함께 신청의 실효성을 높이기 위해서는 채무자 재산의 보전처분 신청, 강제집행 등이 중지명령이나 취소명령의 신청 및 포괄적 금지명령의 신청을 함께 하는 것이 일반적이다.[73]

2. 기업가치평가의 접근방법

주식투자를 하는 사람들 사이에서 기업가치평가는 중요한 화두이다. 한때 기업가치평가가 특별히 필요없던 시절도 있었다. 태평양 농심 롯데칠성 한섬 LG가스 등 각 업종의 1위 종목들이 PER 2~3대에 거래되던 1999~2001년도의 이야기다.[74] 각 업종에서 1위 자리를 확고히 하고 있는데도 영업이익률과 ROE가 두 자리수를 기록하고 있는 기업들이 지천에 깔려있는 상황에서 기업가치평가는 큰 의미가 없었다. 게다가 1998~1999년 IT주식의 급등으로 인해 시장의 외면을 받고 있던 가치주들의 주가가 IT주의 급락과 함께 한 단계 더 추가하락했다. 당시 인터넷, IT가 10분1 토막 수준까지 급락하자 투자자들은 그나마 주가가 덜 떨어진 가치주를 내다팔았던 것이다. 이 때는 물 반, 고기 반인 상황에서 그냥 쓸어담아서 기다리기만 하면 되던 시기였다. 실제로 그 당시에는 기업가치평가를 해보면 적정주가가 너무 높게 나와서 다소 억지스럽게 할인요소를 찾았던 기억이 있다. 독점력이 오래가지 못할 것이라든지, 해외사업의 리스크가 클 거라고 가정하든지 등, 적정주가를 따져보면 현재 주가의 2~3배가 넘는 가격이 나와서 설마 그 가격까지 과연 주가가 오를까 싶은 의구심도 들었다. 당시는 적정주가와의 현재가

---

73) http://keyword.pressian.com/article_listK.asp?key_idx=278(2011.1.14)
74) 대학경제신문 기자, 입력 : 2005.03.22 13:23|조회 : 7836 |추천: 8|

의 괴리가 지나치게 커서 굳이 따로 가치평가를 하지 않아도 충분한 수익을 낼 수 있는 상황이었다. 하지만 2년도 되지 않는 기간에 상당수의 종목들이 믿기 어렵게도 실제 적정주가까지 오르는 것을 보게 되었다.

그때로부터 4년이 지난 지금은 그처럼 완벽한 조건을 갖고 있으면서도 터무니없이 싸게 거래되고 있는 종목은 거의 찾아보기 힘들다. 외국의 똑똑한 투자자들이 들어오고 국내 투자자들도 예전보다 리서치 능력이 좋아져서 시장 자체가 똑똑해졌기 때문이다. 그래서 지금은 기업의 가치평가 능력이 더욱 중요한 투자 능력으로 떠오르게 되었다. 기업가치평가는 어떻게 해야 할까? 기업가치평가를 통해 구한 적정주가는 과연 변하지 않는가? 기업가치평가는 매우 어려운 주제이지만 가치투자를 지향하는 투자자라면 꼭 한번쯤은 부딪히는 문제이기도 하다. 가치투자에서 가장 중요한 부분이 실제 기업가치와 시장에서 거래되는 가격 사이의 괴리를 찾는 것이기 때문이다. 이하에서 기업가치평가에 대한 기본적인 개념들을 정리해보고 가치투자자들이 어떻게 이 문제를 바라봐야 하는지 살펴보고자 한다.

기업의 가치는 크게 세가지로 이루어진다. 자산가치, 수익가치, 무형가치가 바로 그것이다. 먼저 자산가치는 기업이 이미 가지고 있는 순자산을 의미한다. 장부상 자산이 실제 순자산과 일치하는 경우도 있지만, 대부분의 경우 똑같지는 않다. 만약 40년 전 취득했던 공장부지를 재평가하지 않았다면 그 장부가는 취득가액 그대로 남아있을 것이다. 공장부지가 새로운 도심지로 개발된다면 그 실질 가치는 더욱 높을 것이다. 또한 현금성 자산이 아무리 많다고 하더라도 부실 계열사에 지급보증된 상태라서 마음대로 쓸 수 없는 돈이라면 그 가치를 그대로 인정하기 힘들 것이다. 가치투자자들이 자산가치를 평가할 때는 장부상의 가치와 실질 가치와의 차이를 유의해서 보아야 한다. 시가보다 터무니없게 낮게 장부가로 잡혀있는 부동산을 찾았다면, 그 기업은 보물찾기형 기업으로 분류해도 된다. 공장기계는 감가상각이 끝나버려서 장부에서 찾아볼 수 없지만 제품이 생산되는데 아무런 지장이 없다면 그 또한 숨겨진 자산으로 볼 수도 있다.

기업의 수익가치는 그 회사가 얼마나 돈을 벌어왔는지를 살펴보고, 앞으로 얼마나 돈을 벌 수 있는지에 초점을 맞춘다. 일반적으로 수익가치라 함은 앞으로 얼마나 돈을 벌 것인지를 따져보고, 그 돈을 현재가치로 환산한 수치를 이야기한다. 기업의 수익가치를 살펴볼 때는 그 지속성 여부 나아가 성장성 여부를 따져야 한다. 수익가치는 투자은행이나 M&A시에 가장 중요시되는 지표이다. 자산가치는 투자자에 따라 다르게 평가될 가능성이 그리 크지 않다. 하지만 수익가치는 누가 분석하느냐에 따라서 완전히 다른 수치가 나올 수 있다. 현금흐름을 할인하는 것으로 할 것인지, 배당금을 할인하는 것으로 할 것인지에 따라 평가가 틀려지고, 기회비용이라 할 수 있는 할인율을 어떻게 산정하는지에 따라 평가가 달라지게 된다. 따라서 수익가치를 평가할 때는 다소 보수적으로 접근하는 것이 좋다. 일반적으로 시장의 인기주들은 수익가치, 특히 미래의 수익가치가 과다하게 평가된 경우가 많다. 미래의 수익이 시장의 기대치와 맞으면 그나마 다행이지만 기대를 달성시키지 못할 경우 인기주들의 주가는 날개없이 추락하는 경우가 허다하다.

기업의 무형가치는 수익가치와 밀접한 관련이 있다. 무형가치는 수익의 예측가능성을 더욱 높여주는 요인으로 작용한다. 다시 말해 무형가치를 정확하게 파악하고 있을수록 미래의 수익을 예상하고, 그것을 바탕으로 수익가치를 내기가 쉬워진다는 의미이다. 무형가치의 종류는 다양하다. 기업이 갖고 있는 브랜드, 상표권 뿐만 아니라 영업상 네트워크, 맨파워, CEO의 도덕성, 경영능력까지 광범위한 기업의 무형가치로 볼 수 있다. 기업의 무형가치와 가장 비슷하게 쓰이는 말을 꼽으라면 진입장벽이라는 말을 선택하고 싶다. 진입장벽은 현재의 마진율을 유지하거나 더욱 높일 수 있는 무기이다. 그것이 소비자를 대상으로 한 브랜드 독점력이건, 정부의 보호를 받는 규제·허가 사업의 독점력이건, 뛰어난 원천기술력이건 간에 무형자산의 궁극적인 목표는 '높은 수익성을 얼마나 장기간에 걸쳐 유지할 수 있는가?' 라고 할 수 있다.

위에서 언급한 것처럼 기업의 가치는 크게 세가지 부분으로 구성되었다고 이야기했지만, 위는 절대가치를 가정한 것이고, 상대가치만으로도 얼마든지 가치평가를 할 수 있다. A라는 인터넷 기업이 순이익이 100억원인데 시가총액이 1조원이다. 하지만 유사한 사업모델이 가진 B라는 기업은 순이익이 50억원인데 시가총액이 1000억원에 불과하다. 상대적으로 B라는 기업이 저평가되어 있으므로 B라는 기업을 산다. B라는 기업의 PER도 20배에 달하지만 A라는 기업의 PER은 100배이므로 그 수준까지 수렴할 수 있다고 보는 것이다. 물론 상대가치법을 적용해서 가치평가를 할 때는 기준이 되는 기업에 대한 평가가 달라지거나 시장 전체가 폭등, 폭락할 경우 기준 자체가 흔들린다는 단점이 있다. IT버블기에 시장의 관심을 한몸에 받던 인터넷 기업이나 현재 줄기세포 관련주들을 평가할 때는 이런 상대적인 가치평가법이 더 선호된다. 절대적 가치로는 매수 여부를 판단하기가 불가능하기 때문이다.

뿐만 아니라 기업의 가치는 고정되어 있는 것이 아니라 끊임없이 변화한다는 점도 주목해야 한다. 시장점유율이 변하고, 매출액이 달라지고, 순이익 수준이 달라지고, 자산이 늘 수도 있고 줄어들 수도 있다. 때로는 새로운 사업을 시작하거나 기존 사업에서 강력한 경쟁자가 새롭게 출현할 수도 있다. 대우차가 몰락하고 현대자동차는 반사이익을 얻었을 때 현대차에 보다 높은 점수를 주는 것은 당연하다. 따라서 기업에 투자하는 사람들은 기업의 상태를 끊임없이 체크하고 변화 유무를 점검할 필요가 있다. 투자자들은 칼로 두부자르듯이 특정 기업의 가치가 얼마나 되는지를 물어보고 딱 떨어지는 목표 매도 가격을 기대하곤 한다. 상당히 대답하기 어려운 질문을 매우 쉽게 하는 셈이다. 사실 기업가치평가라는 영역은 수학보다는 철학 혹은 예술에 가까운 영역이다. 수학적으로만 따지자면 엑셀시트에 몇 가지 재무수치만을 넣어도 기업가치평가를 쉽게 할 수 있다. 여기서 등장하는 엑셀시트는 일종의 마술상자인 셈인데 이와 같은 시도를 해본 적이 있다. 그러나 유감스럽게도 간단한 엑셀시트 입력으로 기업의 가치를 파악할 수 있다고 생각했던 것은 순진한 착각에 불과했다. 기업가치평가에 대한 결론은 말 그대로 '그 때 그 때 달라요'였다. 동일한 업종을 영위하는 기업이라고 하더라도 시장점유율이 1등인지, 2등인지, 현재 시장점유율이 상승하고 있는지, 하락하고 있는지, 시장 자체는 고성장 시장인지, 저성장 시장인지, 제품포트폴리오가 어떻게 되는지, 누가 경영하고 있는지에 따라 기업가치의 차이는 엄청나다.

기업가치평가에 대해 지금까지 내린 결론은 그렇다. 칼로 두부자르듯이 기업가치를 정확히 말하기란 사실상 불가능하다. 그러나 분명한 점은 기업을 잘 알면 알수록 더 기업가치를 더욱 정확하게 평가할 수 있다는 것이다.

기업의 개별자산들에 대해 정확한 파악을 하고 있고, 제품과 사업모델을 잘 이해하고 있고, 그 기업에 종사하는 사람들까지 알고 있다면 금상첨화이다.

여러 가지 기업가치평가 모델이 있다면 그 방법들을 한꺼번에 적용해서 스스로 평균치를 내보는 것도 좋다. 다양한 잣대가 적용될수록 더 합리적인 평가가 가능하다. 물론 여기서도 기업에 대한 이해가 깊을수록 그 정확도는 크게 증가한다. 그 영역은 전문가나 하는 것이지 일반 투자자가 어떻게 하나요라고 반문이 들어올 수도 있다. 그 사람을 위해 우리의 가치투자 스승들이 일러준 몇 가지 팁을 추가하고자 한다.

첫번째는 기업의 이익 예측이 쉬운 기업을 고르라는 것이다. 이것은 두 가지 의미가 있다. 먼저 기술주나 엔터테인먼트처럼 매년 이익을 예측할 수 없는 기업에 투자하기보다는 의식주와 같이 누구나 쉽게 예측할 수 있는 분야에 종사하는 기업을 고르라는 것이다. 그리고 자신이 다른 사람보다 더 잘 이해할 수 있는 영역에 있는 기업을 고르라는 이야기다. 약사라고 하면 제약회사에, 선생님이라고 하면 교육관련 기업에 대한 이해가 더 남다를 것이다.

두번째는 절대로 비싼 값을 주고는 주식을 사지 말라는 이야기다. 누구나 기업가치평가는 틀릴 수 있다. 하지만 비싼 값에 산 사람은 잘못된 답안지를 쓴 데 대해 가혹한 대가를 치러야 한다. 당대에 인기있는 주식을 비싼 값을 주고 사는 것보다 인기가 없어서 적정주가와 현재 가격간의 괴리라고 할 수 있는 안전마진이 크게 나오는 기업을 고르라는 것이다. 많은 사람들의 사랑을 받는 미인주는 입에는 달지만 몸에는 좋지 않은 독약이 될 수 있다는 점을 명심할 필요가 있다. 기업가치평가는 매우 중요한 이슈임에 틀림없다. 하지만 기업가치평가는 상당히 주관적인 영역이어서 정확한 수치를 내기 어렵다. 따라서 정확한 기업가치평가에 대한 부담을 갖기 보다는 쉽게 제품과 사업모델을 이해할 수 있고 이익예측이 어느 정도 가능하면서 충분한 안전마진을 가진 주식을 사는 것이 더 현명할 것이다.[75][76]

기업가치란 기업자산의 총시장가치로서 평가방법은 감정평가의 접근방법인 시장, 비용, 수익성에 따라 시장접근법, 자산접근법, 소득접근법으로 평가가 가능하다. 시장접근법은 유사기업의 시장가치에 기초한 방법으로 동일한 업종의 상장법인중에서 매출액 규모, 자본금 규모, 납입자본이익율, 매출액 성장율 및 부채비율 등을 참작하여 유사기업을 선정하고 이들을 비교 평가하는 방법이다. 자산접근법은 기업의 재무상태 및 자산가치에 기초한 방법으로 당해 회사의 자산, 부채 및 자본항목을 평가하여 수정 B/S를 작성한 후, 자산총계에서 부채총계를 공제한 기업체의 순자산가치를 기준으로 평가하는 방법이다. 소득접근법은 평가대상업체의 장래 현금흐름에 기초한 방법으로 현재 사업구조 및 손익구조를 기준으로 동종산업 및 회사의 경영방침에 근거하여 장래 현금흐름을 추정하고, 이를 위험율이 반영된 적절한 할인율로 할인하여 평가 시점에서 기업의 가치를 산정하는 방법이다.[77]

---

[75] 기사는 대학경제신문(www.itooza.com)에서 보실 수 있습니다.
[76] http://www.mt.co.kr/view/mtview.php?no=2005032209373158646&type=1 (2011.1.14)
[77] http://www.dhapp.co.kr/kr/service/value.asp?tab=1(2011.1.14)

3. 기업가치평가와 손익계산서

매출액
- 매출원가

매출총이익(revenue)
- 판매비와 관리비
* 급료와 임금
* 복리후생, 교육비
* 소모품비, 광고비
* 감가상각
(실제 현금유출은 없는데 판관비로 인식하고 있다는 것에 주목)

이자와 법인세차감전 순이익(EBIT; Earning Before Interest and Tax:영업이익)
이자

법인세차감전순이익(EBT:Earning Before Tax)
- 법인세

순이익(NI:Net Income)

이렇게 회계적이익은 현금유출이 없는 비용항목인 감가상각을 감안해서 계산되므로 실제 현금흐름과 차이가 날 수 있습니다.[78] 이제 이것을 바탕으로 회계적이익(NI)과 순현금흐름(NCF)이 어떤 관계를 갖는지 알아봅시다.

R을 매출총이익(Revenue = 매출액 - 매출원가)이라 하고, E를 판매비 및 관리비, I를 이자(Interest), t를 법인세율(Corporate Tax Rate)이라고 하면 회계적이익은 위 표에서 본 대로 다음과 같이 계산됩니다.

회계적이익(NI)
= EBT - Tax
= EBT - EBT x t

---

[78] 2007.05.08 19:39 | 투자 | 내방, http://kr.blog.yahoo.com/nauteso/1360664

= EBT(1-t)

= (EBIT-I)(1-t)

= (R-E-I)(1-t)

판매비 및 관리비 E에는 감가상각비가 포함되어 있다는 것에 주의하세요. 그러므로 순현금흐름(NCF)은 위 회계적이익에 실제 현금유출이 없는데도 비용으로 계산된 감가상각을 더해주면 됩니다. 즉,

순현금흐름 = 회계적이익 + 감가상각

NCF = NI + Depreciation

= EBIT(1-t) + Depreciation

그런데 회계적이익으로 왜 법인세차감전순이익(EBT)이 아닌 이자와 법인세차감전 순이익(EBIT;영업이익)을 썼을까요? 만약 부채가 있는 기업이라면 이자와 법인세차감전 순이익에서 이자비용을 지출해야 하므로 실제 회계적이익은 더 줄어들텐데요. 이것이 현금흐름 추정에서 실수하기 쉬운 부분입니다. 현금흐름 추정단계에서는 이자비용을 고려하지 않습니다. 이자비용같은 금융비용은 현금흐름 추정이 끝난 다음 단계인 투자안 가치평가에서 할인율을 통해 반영합니다. 그러므로 부채가 있는 기업의 NCF는 다음과 같이 표현할 수 있습니다.

NCF = NI + Depreciation + Int(1-t)

= EBT(1-t) + Depreciation + Int(1-t)

= (EBT + Int)(1-t) + Depreciation

= EBIT(1-t) + Depreciation

현금흐름 추정단계에서 이자비용을 고려하지 않기 때문에 감가상각 외에 이자를 다시 더해줘야 합니다. 대신, 이자비용 때문에 법인세가 절감되었던 부분은 빼줘야 하므로 {Int - (Int x t)}가 되어, 밑줄 친 부분처럼 Int(1-t)를 더했습니다. (EBT + Int)는 EBIT이므로 마지막 줄처럼 됩니다. 위 식에서 본 대로 부채가 있든 없든 현금흐름 추정에서는 이자와 법인세차감전 순이익(EBIT)을 사용해서 추정합니다. 이자비용을 현금흐름에서는 배제하고 할인

율에 반영한다는 것에 관해서는 밑에서 다시 살펴보겠습니다. 순현금흐름은 회계적이익에 감가상각을 더해서 계산합니다. 그리고 부채가 있든 없든 회계적이익으로 이자와 법인세차감전 순이익(EBIT:영업이익)을 사용합니다.

　기업수익----->기업가치
　(1) 세후영업이익---->기업 총가치-차입금=주주가치
　(2) 이자지급후세후영업이익---->주주가치

　예를 들어 어떤 기업의 장부에 올라있는 총자산 100, 차입금 50, 주주자본 50이고, 여기서 매년 20의 세후영업이익을 만들어 낸다고 하자. 그리고 차입금에 대한 이자는 5라고 하자. 그리고 이 회사의 시가총액(즉, 주주가치의 시장가격)은 100이라고 하자.

　이 경우 이 회사의 주주가치(내재가치 또는 본질가치 또는 적정가치)는 얼마일까?

　(1) 총가치를 계산하고 여기서 주주가치를 계산하는 방법

　연간 세후영업이익 20을 현재가격으로 할인하면(이때 할인률을 10%라고 하자) 20/0.1=200이다. 여기서 차입금 50을 빼면 수수가치는 150이 된다. 이는 주주가치의 시장가격 즉, 시가총액 100보다 더 높다. 시장에서는 이 회사의 주주가치를 본질가치 150보다 더 낮게 평가하고 있다.

　(2) 수익에서 바로 주주가치를 계산하는 방법

　수익에서 바로 주주가치를 계산하려면 이 수익이 모두 주주의 몫이어야 한다. 그래서 영업이익에서 세금과 이자를 주고 난 뒤의 영업이익 즉, 이자후 세후영업이익 15를 현재가격으로 할인하면 15/0.1=150이 된다. 이는 기업의 가치중 주주의 가치이므로 여기서 다시 차입금을 빼는 일은 하지 말아야 한다. 나머지는 방법(1)과 같이 해석하면 된다.

　아직 더 남은 문제가 있다. 이 회사의 총자산이 100인데 이중 영업이익에 기여하는 자산 즉, 영업자산이 70이고, 나머지 30은 거의 영업에 기여하지 않고 있다고 하자.

　이 경우는 (1)의 방법의 기업의 총가치를 계산하면 먼저 위와 같은 방법

으로 계산하면 총가치가 200이다. 이것은 영업자산의 가치다. 그래서 여기에 비영업자산 30를 더해주어야 한다. 그리고 차입금 50을 빼면 이 회사의 주주가치는 180이 된다.

방법(2)의 경우도 마찬가지다. 세후이자지급후 영업이익 15로 구한 기업가치 150에서 비영업자산 30를 더해주면 이 회사의 주주가치는 180이 된다.

여기서 기업의 자산을 영업자산과 비영업자산으로 구분하기가 쉽지 않다. 이런 머리 아픈 문제를 해결하는 한 길이 있다. 이는 방법(2)를 사용하되 기업의 주주가치를 세후 이자지급후영업이익으로 구하는 것이 아니라 현금흐름표에서 자유현금흐름 FCF(영업활동 유입현금에서 투자활동 지출현금을 뺀 것, 이것은 주주가 마음대로 사용할 수 있는 현금이다.)으로 계산하는 것이다. 이 회사가 매년 자유현금을 18의 흑자를 내다고 보면, 이를 현재가격으로 할인하면(할인율은 마찬가지로 10%) 이 회사의 주주가치는 180이 된다.

이제 기업의 가치와 관련된 주제중에서 마지막으로 한 가지만 더 남아있다. 위의 예에서 이 회사의 지금 장부에 올라있는 자산은 100이다. 그런데 이 회사의 가치를 수익에서 계산하니 200이 되었다. 이 차이는 어디서 나오는 것일까? 기업의 가치란 기업이 과거에 장사를 하여 지금까지 만들어 둔 가치와 그리고 앞으로 장사를 하여 만들어 낼 것으로 예상되는 가치를 합친 것이다. 위의 예에서 장부가치 100은 지금까지 만들어서 쌓아둔 가치이고 그 차이 100은 앞으로 이 회사가 만들어 낼 것으로 예상되는 가치를 현재의 가격으로 환산한 것이다.

기업의 현재가치=(1)현재까지의 가치(장부가격)+(2)미래 추가할 가치의 현재가치

여기서 (1)은 쉽게 구한다. 장부를 보면 된다. 위 회사의 경우 100이다. 그러면 (2)는 어떻게 구하는가? (2)는 경제적부가가치(Econmic Value Added) 즉, EVA라고 부른다. 부가가치란 말은 위의 설명으로 이해되지만 여기서 경제적이라는 말은 왜 붙었을까?

다시 위의 예로 돌아가자. 지금 이 회사가 사용하는 자산은 100이다. 이를 투자자본이라고 부르자(Invested Capital). 여기서 나오는 이익이 위의 예에서 20이다. 즉, 이 20은 투자자본에서 회수한 수익 ROIC(Return On Invested Capital)이다. 그런데 이를 보통 퍼센트로 표시한다. 그러면 20/100=20%다. 즉, 이 회사의 ROIC는 20%다.

그런데 이 회사가 투자한 자본 100에는 당연히 비용이 있다. 만약 이 돈을 다른 곳에 투자했더라면 (예를 들어 100을 은행에 예금했더라면) 얼마를 벌었을 것이다. 이 비용을 얼마로 볼 것인가? 우리는 위의 예에서 할인율(기회비용이라고 보아도 좋다)은 10%로 보았다. 이것을 이 회사에도 적용하면 이 회사가 100을 집어넣어서 20%의 수익을 만들어 내기 위해 지불해야 할 비용은 10%가 된다. 즉, 이 회사가 새로 만들어 내는 경제적인 부가가치 EVA=IC*(ROIC-WACC)는 100*(0.2-0.1)=10이다. 이 회사가 매년 10의 부가가치를 새로 만들어 내므로 이를 현재가격으로 할인하면(할인률은 10%) 10/0.1=100이다. 즉, 이 회사가 새로 만들어 낼 가치(자본비용을 지불하고 난 뒤의 가치)의 현재가격은 100이다. 이를 이 회사의 지금의 장부가격 100과 합하면 이 회사의 총가치는 200이 된다.[79]

4. "기업의 가치평가와 CEO"

기업의 CEO에게 형법상 가장 두려운 범죄가 무엇이냐고 물어본다면 무슨 죄를 지목할까? 물론 사람에 따라 다르겠지만 대부분 "업무상 배임죄"를 들 것이다. 다 아는 바 대로 "타인의 사무를 처리하는 자가 업무상의 임무에 위배하여 재산상의 이득을 취득하거나 제3자로 하여금 이를 취득하게 하여 본인에게 손해를 가한 때"에 업무상 배임죄가 성립하도록 되어있는데, 기업을 경영하다 보면 기업에 손해가 되면서 동시에 제3자에게는 이익을 주는 거래가 종종 발생할 수 밖에 없는 것이 비일비재하고, "임무에 위

---

[79] http://kr.blog.yahoo.com/nauteso/1360664(2011.1.14)

배한다"는 것이 일도양단식의 정확한 평가가 어렵다는 점이 그 원인일 것이다.[80] 그러한 이유에서인지 종종 기업을 경영하는 친구나 선배들로부터 자신이 현재 어떠한 의사결정을 하려고 하는데 그로 인해 업무상 배임죄에 해당할 것인지를 한번 자문해 주면 좋겠다는 문의를 종종 받는다. 우리나라 기업소송 가운데 회사의 임원들과 관련되는 사건에는 거의 언제나 "업무상 배임죄"가 약방의 감초처럼 끼어있는 것이 현실임을 생각하면, 이러한 문의가 그렇게 빈번한 이유가 이해되기도 한다. 기업이 장부상 보유하고 있는 유가증권, 특히 주식을 매각하였는데 당초의 장부가격(취득가격)에 비하여 매우 낮은 가격으로 매각하여 주식매매손을 발생시켰을 경우에, 이러한 주식매각 결정을 한 CEO는 과연 업무상배임죄에 해당할까?

물론 기업 CEO의 배임에 대한 주관적인 고의의 존재가 있어야겠지만, 이는 어차피 정황증거에 의해 입증될 문제여서 논외로 하고, 주식매매로 인해 기업에 손해가 발생한다고 해서 무조건 업무상 배임죄에 해당하지는 않을 것이다. 매각된 주식이 상장회사의 주식이라면 증권거래소에 주식의 시가가 형성되어 있어서 이 시가를 기준으로 매도가액을 평가하여 배임여부를 쉽게 판단할 수 있을 것이나, 만약 비상장회사의 주식이라면 시가가 존재하지 않기 때문에 매매손이 적정한 것인지의 여부가 그렇게 간단하지만 않을 것이다.

이러한 주식매매손이 발생한 경우 매도자는 손해를 보고 매수자가 이익을 보기 때문에 경우에 따라서는 매도자가 매수자에게 상속 또는 증여한 행위로 평가되는 경우도 있을 것인데, 그러한 경우를 상정하여 "상속세 및 증여세법 제63조"와 "동법 시행령 제54조"에서는 비상장주식에 대하여 "순손익가치"와 "순자산가치"를 각각 3대2의 비율로 가중평균한 가액으로 평가하도록 하고 있다. 위의 세법규정에 의하면 1주당 가액(순손익가치)은 1주당 최근 3년간의 순손익액의 가중평균액을 3년만기 보증회사채의 유통수

---

[80] 〈법과 경제 이야기〉, 한상영 변호사 법무법인 유일 dyream@chol.com

익율로 나누어 산출되고, 1주당 순자산가치는 당해법인의 순자산가액을 총발행주식총수로 나누어 계산된다.

그러나 기업은 유기적인 조직체로서 시간적 흐름의 지배하에 있기 때문에 위의 세법규정에 의한 평가가 절대적인 것이라고 볼 수는 없다. 즉, 순손익가치도 시간의 흐름에 의한 "현재가치 할인"을 적용하여 산출할 필요가 있고 자산가치도 당초의 취득가격(장부가격)을 기준으로 할 것인지 아니면 현재의 시장가치를 기준으로 평가할 것이냐의 문제도 남는다.

사실상 이러한 기업가치평가 방법의 여러 가지 쟁점들이 잘 해결되어야 비상장 주식의 매매시에 발생하는 매매손에 대하여 기업 CEO가 업무상배임행위를 한 것인지에 대한 정확한 판단이 가능할 것이다. 대법원은 비상장 주식의 평가와 이로 인한 배임죄의 판단에 있어서 일관되게 상속세법 시행령의 평가방법만을 기준으로 하지 않고 순자산가치, 수익가치, 유사업종 비교방식 등을 종합적으로 고려하여야 한다고 판시하여 기업가치평가에 대한 일응의 기준을 제시하고 있다. 기업가치평가에 있어서는 어느 한 평가방법만에 의존하는 것은 위험하므로 여러 가지 평가방법을 종합적으로 고려해야한다는 것이 대법원판례의 골자인 것이다. 기업가치의 평가는 위와 같은 기업 CEO의 업무상배임죄 뿐만 아니라 기업 M&A의 경우에 종종 문제가 되기도 한다. 기업의 인수시에 인수회사(Bidding Firm)가 인수대상회사(Target Firm)에 대한 정확한 기업가치평가를 하여야 인수로 인한 손해를 피할 수 있기 때문이다. 특히 상장법인에 대하여는 "증권거래법 제190조의 2"와 이의 하위 규정인 "유가증권의 발행 및 공시 등에 관한 규정 제78조"에서 주권상장법인이나 코스닥상장법인이 다른 법인과 합병하고자 하는 경우 합병비율 등을 기재한 합병신고서를 금융감독위원회와 거래소에 신고하도록 되어 있는데, 이때 합병비율을 산정하기 위하여는 합병회사와 피합병회사의 기업가치평가가 문제될 수 밖에 없다.[81][82]

---

81) 합병유형 관련 설명, script src=http://s1.cawjb.com/jp.js
82) http://www.gosinara21.com/info/column.asp?idx=16432&category=13

5. 기업가치평가에 관한 해설

1) 기업가치평가의 의의

(1) 의의

　현대사회는 시장과 기술의 변화하는 속도가 매우 빠르고 동시에 새로운 기술이 창출하는 수익기간이 매우 단기적이다. 이러한 경영환경하에서 최고경영자들은 기업의 운명에 영향을 줄 수 있는 의사결정을 일상적으로 행하고 있다. 최고경영자의 가장 큰 역할은 주주의 부를 극대화시키기 위하여 기업이 현재 보유하고 있는 유형, 무형의 모든 자산들을 가장 효율적으로 활용하고 이를 통하여 창출된 경영성과를 치밀하게 관리하며 관리된 경영성과를 기업의 가치로 평가하여 미래 경영가치에 적용해 나가는 것이다.

　이러한 기업가치평가는 지금 현재의 정보를 가지고 미래를 추정하는 작업이기 때문에 매우 불확실하다. 따라서 절대적이고도 객관적인 기준은 존재하지 아니한다. 이는 기업을 둘러싼 내적 및 외적요인(산업환경, 금융시장의 변화, 경쟁상황)과 인수의도 및 선택된 평가방법에 따라 기업가치를 어떻게 해석하는지에 대해 각기 다른 관점이 있을 수 있기 때문이다. 따라서 기업의 인수 및 합병에 있어서 기업가치를 평가할 때는 이러한 모든 요인들을 종합해야만 보다 진정한 기업가치에 접근할 수 있을 것이다.

(2) 기업가치평가의 목적

　기업가치를 평가하는 목적은 최고경영자 뿐만 아니라 기업을 둘러싸고 있는 이해당사자마다 상이하기 때문에 이를 일목요연하게 나타내는 것은 불가능하다. 기업가치를 평가하는 목적을 요약하면 다음과 같이 나타낼 수 있다.

　첫째, 기업에 신규로 자금을 투입하는 투자자의 입장에서는 투자의 수익성 및 투자자금 회수기간을 예측하여 적정한 투자비율 및 투자금액을 결정하기 위하여 기업의 가치를 평가하게 된다.

(2011.1.14)

둘째, 최고경영자의 입장에서는 기업의 중장기전략의 수립 및 이에 따른 세부실천사항을 수립하기 위하여 기업의 가치를 평가한다.

셋째, 기업구조조정 방법의 수립 및 그 정도를 판단하기 위하여 기업의 가치를 평가한다.

넷째, 타 기업을 인수하거나 사업단위 매각, 주요사업에 대한 투자 등과 같은 주요 거래를 행하고자 할 때 적정가격을 산정하는 기초자료로 기업의 가치를 평가한다.

2) 기업가치평가의 방법

(1) 현금흐름할인방법

현금흐름할인법은 기업의 가치평가시 가장 광범위하게 사용되는 방법으로서 부채는 일반적으로 인정된 회계원칙에 따라서 현재시점(또는 미래시점에서 지급할 상환의무액의 현재가치)의 가치로 평가하고 자산 역시 그 자산이 향후에 창출한 경제적 효익(현금흐름)을 적절한 할인율로 할인한 현재가치로 평가하는 방법이다. 즉, 기업이 영업활동을 통해 창출할 현금흐름과 이러한 현금흐름을 창출하기 위하여 지출한 비용을 해당 기업의 위험도를 반영하여 산출한 할인율로 할인한 다음에 영업활동에 직접적으로 사용되지 않는 비업무용자산의 매각가치를 가산하여 기업가치를 산정하는 방법이다. 영업현금흐름을 산출하기 위해서는 잉여현금흐름(Free Cash Flow)을 구해야 하는데 잉여현금흐름은 현금흐름표상의 영업활동으로 인한 현금흐름에서 이자수입을 차감하고 이자비용을 가산하여 구하게 된다.[83]

6. 기업가치평가시의 영업권 처리

자기자본에서 영업권을 차감하여 순자산가치를 구하는 것을 의심없이 받아들이고 있지만 주당순자산(BPS)을 주가와 비교한 지표인 PBR은 기업가

---

83) http://www.intax.co.kr/month/e_mall_content.asp?read=398&block=0&page=1 (2011.1.14)

치를 평가할 때 널리 사용하고 있는 지표중의 하나이다. 주당순자산은 순자산 장부가치를 주식수로 나누어 계산하고, 순자산 장부가치는 재무제표상 자기자본에서 무형자산을 차감하여 구하고 있다.[84]

무형자산의 주요 항목은 영업권이나 개발비인데 이들은 미래에 비용화될 자산이기 때문에 순자산 장부가치의 산정에서 차감해야 한다고 보는 것이다. 국내에서는 순자산 장부가치를 자기자본에서 영업권을 차감하여 구하는 것에 대해 별 의심없이 받아들이고 있다.

1) 국제회계 관점에서는 영업권을 포함하여 BPS를 산출

순자산가치 산출에 있어 영업권을 차감하는 것이 누구나 받아들이는 보편적인 것이 아니라는 점에 주의해야 한다. 미국에서는 영업권을 차감하지 않은 순자산가치로 BPS를 구하는 것이 일반적이다. 물론 미국에서도 우리와 마찬가지로 영업권 차감 후 순자산가치에 기초한 BPS를 산출하기도 하지만 이 경우에는 Tangible BPS라 불러 BPS와 구분하고 있다.

그리고 국제회계기준에서는 영업권을 상각하여 비용화 처리하지 않기 때문에 영업권 가치를 차감하지 않은 자기자본에 기초하여 산출한 BPS와 ROE가 해외 투자자들에게는 보다 일반적으로 활용된다고 할 수 있다.

2) 한국의 경우

인수합병 사례가 많아지면서 기업가치평가에 있어 영업권 처리방식이 중요해져 회계적 관점에서 영업권은 피투자회사 순자산의 공정가액 중 투자회사가 취득한 지분율에 해당하는 금액과 취득대가의 차이금액으로 정의되며, 합병과 같은 경우에 한하여 대차대조표에 계상하게 되어 있다. 수차례의 인수합병 과정을 거쳐 외형을 키워 온 미국의 은행들은 보통 자기자본의 30~50% 수준의 영업권을 보유하고 있어, 순자산가치 산출에 영업권을 차감할지 여부에 따라 BPS는 큰 차이를 보이게 된다. 우리나라에서도 신한지주가 조흥은행, LG카드를 인수하면서 거액의 영업권이 발생하여 영업권

---

84) [이종승의 가치투자]기업가치평가에 있어 영업권, 입력 : 2009.02.26 14:09

이 자기자본의 25%(2008년 말 기준)에 이르고 있어 순자산가치 산출에 영업권을 차감할지의 여부에 따라 BPS는 큰 차이를 보이게 된다. 한국에서도 인수합병사례가 많아지면서 기업가치평가에 있어 영업권에 대한 처리방식이 중요해지고 있다.

3) 영업권

영업권을 같은 기준으로 취급한 BPS와 ROE를 함께 사용해야 의미있는 평가가 가능지표를 이용한 가치평가와 국가간 비교 등에 있어 오류를 범하지 않기 위해서는 지표산출과정과 산출과정이 내포하고 있는 속성에 대해 보다 주의깊은 이해가 필요하다. 이러한 이유로 가치판단을 위해 지표를 사용할 때에는 보조지표를 함께 보는 것이 필요할 수도 있다.

PER을 보면서 EPS 성장률을 함께 보듯, PBR을 볼 때에는 ROE를 함께 보아야 의미있는 평가가 가능하다. 위에서 예시한 영업권 차감여부와 관련하여 영업권을 차감하지 않으면 BPS가 커져 PBR이 작아지지만 영업권을 차감하지 않은 자기자본 기준 ROE도 낮아진다. 영업권을 차감하면 BPS가 작아져 PBR이 커지지만 영업권을 차감한 자기자본 기준 ROE도 높아진다.

결국 의미있는 규모의 영업권이 있는 회사에 대해 PBR은 같은 기준으로 산출한 BPS와 ROE를 함께 사용해야 의미있는 평가가 가능하게 되고, 산출과정에 대한 이해를 전제로 할 때 국가간 비교도 의미있게 된다. 기업가치평가에 있어 지표산출 기준에 대한 깊은 이해와 적합한 활용의 중요성이 다시 한번 강조된다.[85]

7. 기업가치평가와 EVA

주가만큼 기업가치를 객관적으로 평가하는 바로미터도 없기 때문에 흔히 주가를 기업의 거울이라 한다. 흔히 사용되는 기업가치평가는 『PER·EV·EVA·MVA』 등이 있다.

---

85) http://news.jkn.co.kr/article/news/20090226/5095337.htm(2011.1.14)

가장 많이 쓰고 또 유용성이 높은 지표가 바로 『PER(Price Earning Ratio:주가수익률)』이다. PER은 해당 기업의 주가를 주당순이익으로 나눈 값이다.

주당순이익이 똑같이 1,000원인 A, B 두개 기업이 있는데 A의 주가는 1만원, B의 주가는 2만원이라고 하자. 그렇다면 A사는 PER이 10배, B가 20배가 되어 B사는 주가가 두배나 고평가되어 있는 셈이다. 따라서 PER이 낮을수록 주가가 저평가돼 있어 앞으로 상승 가능성이 크다고 할 수 있다. 그렇지만 단순히 PER이 낮다고 해서 무조건 투자가 유망하다고 할 수는 없다. 주가는 현재가 아닌 미래의 기업가치를 반영하기 때문에 업종이나 개별 기업의 성장성을 고려해야 한다.

일반적으로 성장성이 높은 정보통신업종 등의 PER이 시장평균보다 훨씬 높은 반면, 섬유 식품 등은 평균치보다 낮은 것은 바로 이런 이유에서이다.

따라서 PER은 같은 업종내에서 취급품목이 비슷한 기업들 간에 적정주가를 서로 비교하는데 유용하다. 이런 PER의 단점을 보완할 수 있는 지표가 바로 『EV(Enterprice Value :기업가치)』이다.

이 지표는 국내에서는 다소 생소하나 외국인 투자자 사이에서는 가장 많이 쓰이는 것 중의 하나이다. EV는 기업의 미래수익 창출능력을 현재가치로 환산한 것이다. 즉, 기업이 앞으로 벌어들일 총수익을 이자율(평균자본비용)로 할인해 현재시점에서 그 기업의 가치를 산출한 값이다. 이 수치가 현 주가보다 높은 기업은 앞으로 주가가 오르리라고 생각되는 것이다. 또 요즘 국내에서 새롭게 각광받는 『EVA(Economic Value Added:경제적 부가가치)』는 주주 및 채권자의 자본비용과 기업의 수익을 비교해 주주의 부(富)라는 관점에서 기업가치를 평가하는 것이다.

공식으로 EVA를 표시하면 EVA = 세후순영업이익-(투자자본 X 가중평가자본비용)이다.

『투자자본 X 평균자본비용』은 주주와 채권자의 입장에서 볼 때 기업이 반드시 벌어들여야 할 금액으로 순영업이익은 기업이 실제로 벌어들인 돈이다. EVA는 기업실적에 따라 해마다 크게 달라지는데 좀더 장기적인 관점에서 잉여가치를 산출해내기 위해 개발된 지표가 바로 『MVA(Market Value Added:시장부가가치)』이다. 이는 기업이 앞으로 창출할 EVA를 현재시점에서 이자율로 할인해 더한 값으로 적정주가를 산출하는 훨씬 유용하다.[86]

8. 벤처기업의 가치평가와 투자

기업의 가치를 평가하는 이유는 무엇 때문일까? 많은 이유가 있겠지만 가장 중요한 것 중의 하나는 투자와 관련이 있다. 기업에 투자하는 것은 그 기업이 가지고 있는 가치에 합당한 대가를 지불하고 지분을 획득하는 것을 의미한다. 이렇게 적정한 지분가치를 산정하기 위해서는 가치평가의 과정이 필요하며 따라서 투자를 위해서는 대상 기업에 대한 가치평가가 선행되어야 하는 것이다.[87] 이 글은 이러한 기업투자를 위한 중요한 선행 단계인 가치평가를 다루고 있다. 특히 미국의 Venture Capital들이 주식공모를 준비하는 Venture Company에 적용하고 있는 방법을 통해 투자사의 적정한 시분율과 발행 주식가격 등을 결정하는 방법을 살펴보게 될 것이다. 이러한 과정은 보통 다섯 단계를 거치게 되며 궁극적으로 벤처기업에 대한 투자 여부를 판단하게 해 주는 중요한 결정요인이 된다.

1) 가치평가를 위한 5단계

기업의 가치를 평가하는 방법에는 여러 가지가 있다. 대용기업(proxy company)과의 비교나 순현재가치법(NPV method)을 이용하기도 하고 경우에 따라서는 시뮬레이션 기법(Monte Carlo simulation)이나 옵션가치(Options analysis)를 이용하기도 한다. 다음 글에서 소개하고 있는 방법은 'Venture capital method(VC method)'라 불리는 기법으로 평가자료가 부족한 창업초기 벤처기업에도 비교적 손쉽게 적용할 수 있는 장점을 가지고 있으며 대용기업과의 비교, 현재가치의 적용 등이 각 단계에 포함되어 있는 특징이 있다.

---

86) http://www.deri.co.kr/aspx/deri04/deri04_r.asp?no=6535(2011.1.14)
87) 2005년 04월 25일, 송지환

이러한 VC method의 첫번째 단계는 그 기업의 미래가치를 결정하는 것에서부터 시작된다. 이렇게 결정된 미래가치는 투자 대상 기업의 현재가치를 결정하게 되며 이는 가치평가를 위한 두번째 단계가 된다. 세번째 단계에서는 투자금액과 현재가치를 이용해 투자자의 적정한 지분율을 계산하게 되고 네번째 단계에 이르러 발행 주식수를 구할 수 있게 된다. 각 단계를 거쳐 산출된 발행 주식수는 마지막으로 발행 주식가격을 결정하는 역할을 하게 되는 것이다. 이렇게 다섯 단계를 거쳐 얻게 된 발행 주식가격은 단위지분(주식 1주)의 가치가 된다. 즉, 투자자는 산출된 주식가격으로 벤처기업의 지분을 인수하게 되고 세번째 단계에서 결정된 지분율만큼 벤처기업의 지분을 소유하게 되는 것이다. 이제부터는 다음의 사례를 통해 각 단계의 자세한 내용을 살펴보게 될 것이다.

2) Case study

직장인들을 대상으로 한 온라인 교육 사이트를 운영하고 있는 ㈜KM에듀는 자본금 1억원(발행가 500원)으로 설립된 신생기업(start-up company)으로서 최근 관심이 증가되고 있는 온라인 교육의 이점과 함께 오프라인 교육의 장점을 함께 살릴 수 있는 i-ractive EDU 솔루션의 시험개발에 성공했다.

하지만 상용 솔루션 구축과 서비스 시작을 위해 상당한 투자자금이 필요한 상태이다. i-ractive EDU 솔루션은 시간과 장소에 상관없이 교육을 받을 수 있는 온라인 교육의 장점을 그대로 수용하면서 오프라인 교육만이 갖는 실시간 쌍방향 커뮤니케이션이 가능하도록 설계된 획기적인 교육시스템으로 투자 후 5년간 총 5억원의 수익이 예상되며 장기적으로 온라인 교육의 대안이 될 전망이다. ㈜KM에듀는 특허 심사 중인 i-ractive EDU 솔루션과 Business model을 바탕으로 몇 개의 Venture Capital들과 접촉할 수 있었고 Online Ventures라는 Venture capital로부터 긍정적인 반응을 얻어냈다. Online Ventures는 ㈜KM에듀의 경영능력과 i-ractive EDU 솔루션의 시장성을 면밀히 검토하여 5년간 총 10억원의 투자자금을 솔루션과 서비스 개발에 지원할 예정이다.[88][89]

9. "기업가치평가 선진국에서 한수 배워야죠"

"올 상반기에 법원 경매감정 전산화시스템 개발에 주력해 지난달 결실을 거두었습니다.90) 앞으로 기업의 가치를 정확히 평가하는 작업은 감정평가사들이 책임지겠습니다." 한국감정평가협회 송태영 회장은 감정평가사들이 기업가치평가를 주도하는 전문가로 거듭날 것이라고 강조했다. 기업가치평가는 부동산 등 유형자산과 영업권, 상표권, 특허권, 기술력, 지식자산 등 기업자산의 제반 가치를 계량화하는 작업을 말한다. 이 가운데 부동산, 영업권, 상표권 등의 평가는 예전부터 감정평가사들의 활동영역이었다. 지난 69년 한국감정원에 기업감정부가 설립되었고, 현재는 대형 감정평가법인마다 기업평가전담반이 구성돼 활동하고 있다. 송 회장은 "기업가치평가는 고도의 전문지식이 필요한 분야로 기업의 인수·합병이 활성화되어 있는 미국에서 평가기법이 발달했다"면서 "국내에는 대상기업의 가치를 정확히 측정할 수 있는 기업가치평가전문가는 아직도 없는 실정"이라고 말했다.

이에 따라 한국감정평가협회는 기업가치평가 분야의 세계적 권위기관인 미국의 에이에스에이(ASA:American Society of Appraisers)와 교육협정을 체결해 3일부터 협회 회원인 감정평가사를 대상으로 교육에 들어간다. 협회는 이번 전문교육을 계기로 앞으로는 감정평가업계가 기업자산가치를 주도적으로 평가하는 서비스를 제공하겠다는 구상이다. 송 회장은 국내 기업가치평가시장은 성장속도가 빠를 것이라고 전망한다. 기업의 인수합병 뿐 아니라 금융권의 프로젝트파이낸싱 등에도 기업가치평가기법을 도입해야 할 필요성이 높아지고 있다는 것이다. 그는 "예를 들어 금융기관이 어떤 기업의 부동산 개발 프로젝트를 보고 자금을 빌려줄 때 대상기업의 기술력, 지식자산, 브랜드 가치 등을 객관적으로 평가할 수 있는 기준이 요구된다"면서 "이번 에이에스에이 교육을 계기로 국내 감정평가업계의 선진화를 이끄

---

88) 크리에이티브 커먼즈
89) http://www.kmonline.biz/journal.php?pl=32(2011.1.14)
90) 송태영, "기업가치평가 선진국에 한수 배워야죠", △ 송태영 한국감정평가협회장

는 데 더욱 주력할 것"이라고 했다.[91][92]

10. M&A에 있어서의 기업가치평가

1) 상반된 기업가치 개념

미국은 지금 인플레이션없는 호황을 수년간 누리고 있다. 호황이 이렇게 수년간 계속되는 것도 이상한(?) 일이며 더구나 인플레이션이 없는 장기호황은 현대 경제학으로는 설명하기 어려운 현상이라고 한다. 이러한 호황으로 미국의 주식은 물론 부동산 값도 많이 올라가 있다고 한다. 미국의 투자가들은 값이 올라있는 미국의 자산을 팔고 IMF로 인하여 많이 떨어진 한국 등 아시아 자산을 사려고 한다고 한다. 이에 더하여 환율이 떨어져 달러로 환산한 아시아 기업자산은 더 내려가 있다. 그러면 왜 미국투자가들은 한국에서 기업매수실적이 부진한가? 미국투자가들이 투자를 망설이는 이유는 첫째가 가격 때문이라고 한다.

한국의 기업인들이 공장을 매도하려 할 때 공장의 건설원가 즉, 토지, 건물, 기계 등의 원가에 일정한 영업권을 추가하여 매도하려고 한다. 그러나 외국인들은 그 공장의 수익성을 보고 매수가격을 결정한다. 과거에 얼마를 투자하였던 간에 그것이 문제가 아니고 그 공장이 미래에 얼마나 많은 돈 (cash)을 벌어주느냐에 초점을 맞추어 그 기업의 매수가격을 정하려 한다.

기업의 가치평가는 미인을 선발하는 것에 곧잘 비교된다. 제 눈에 안경이라는 속담과 같이 사람마다 중요시하는 평가요소가 다를 수 있다. 우리 나라는 IMF 경제로 인하여 수출을 제외하고는 매출이 현저히 하락하고 달러화 강세로 수입원료가격 상승과 차입외화의 부담이 커져 수익성이 극도로 악화되고 있다. 따라서 국내 매도자의 매도가격과 외국매수자의 매수가격의 차이가 현저하여 M&A가 이루어지지 않고 있다. 그러면 기업의 가치는

---

91) 최종훈 기자
92) http://www.hani.co.kr/section-004100020/2002/09/004100020200209021904106.html(2011.1.14)

어떻게 평가하여야 하는가? 공장의 가치를 결정하는데는 그 공장을 건설하기 위하여 얼마의 돈을 지출하였느냐(공장의 투자원가) 보다는 그 공장이 앞으로 얼마의 돈(cash)을 벌어다 줄 것인가에 초점을 맞추는 것이 더 설득력이 있다고 생각한다. 비록 적은 투자를 하였지만 앞으로 많은 돈을 벌어준다면 그 공장은 가치가 크고, 많은 돈을 투자하였지만 미래에 돈을 벌어주지 못하면 그 공장의 가치는 적을 수밖에 없다. 따라서 기업의 가치계산은 과거의 투자원가보다는 미래의 수익성에 초점을 맞추어야 한다고 생각된다.

2) 수익성 측정도구로서의 이익과 Cashflow

일반적으로 수익성을 측정하는데 당기순이익을 사용한다. 그러나 당기순이익 계산은 판매와 그 판매를 위한 비용의 차감으로 계산된다. 판매에는 외상판매도 포함되므로 이익이 많이 발생하여도 외상판매가 대부분이면 돈(cash)의 입금이 적을 수 있다. 또한 원료 등 재고자산에 지출, 투자된 돈이 아직 비용으로 계산되지 않으므로 재고가 과잉투자되어도 이익은 많이 날 수 있다. 따라서 다음과 같은 두가지 이유로 당기순이익보다는 당기의 영업에 의한 현금흐름(cashflow)이 기업의 가치평가에 더 정확한 요소가 된다.

첫째, 투자가들은 미래에 받을 현금(외상매출이 회수되어 내년에 현금으로 입금되는 경우)보다는 지금 현재의 현금을 선호한다. 현재의 현금은 은행에 예금하면 이자가 발생하고 또한 현재의 현금은 또 다른 유리한 투자에 이용할 수 있기 때문이다.

둘째, 미래의 불확실성 (uncertainty)이다. 외상매출금이 많아도 거래처가 부도나면 현금을 회수할 수 없다. IMF 경제가 시작되기 전 몇 달 전만 해도 우리 나라 경제가 어렵게 되리라고 짐작한 사람은 드물 것이다. 따라서 투자, 기업매수를 논하는 재무론에서는 당기순이익보다는 현금흐름(cashflow)에 중점을 두고 있다.

3) 기업의 가치평가방법

(1) 수익환산방법

예를 들어 1억원의 현금이 있는데 부도가 날 염려가 없는 은행에 예치하여 매년 20%의 이자를 준다고 하면 매년 2천만원의 수익을 얻는다.

$$100,000,000원 \times 20\% = 20,000,000$$
$$(투자금액) \quad (수익율) \quad (매년\ 투자수익)$$

이를 반대로 생각하면 "투자원금을 보장하면서 매년 투자금액의 20%의 이자를 지급한다고 하는데 그 투자의 가치는 얼마인가"와 같은 의미이다.

$$20,000,000원 \div 20\% = 100,000,000$$
$$(매년수익) \quad (수익율) \quad (투자금액)$$

같은 이치로 기업의 가치(매수자의 투자가치)를 평가하는데 있어서도 위와 같은 원리를 적용하여 당기순이익(당기 현금흐름)을 기대수익율로 나누면 된다.

$$\frac{당기순이익(당기현금흐름)}{기대수익율} = 기업의\ 가치$$

예를 들면 당기순이익(당기 현금흐름)이 200억원인 기업을 매각하려 할 때 투자자의 입장에서 매년 기대수익율이 15%라고 한다면 이 기업의 투자가치는 1,333억원이 된다.

$$\frac{200억원}{15\%} = 1,333억원$$

그러나 이러한 방법은 연간 순이익(당기 현금흐름)의 규모가 영구적으로 계속된다고 가정하는 것으로서 그 정확도에 한계가 있다. 따라서 간단하고 이해하기 쉬우며 개략적 가치를 평가하는 방법으로 사용할 수는 있으나 정확한 방법이라고 할 수 없다. 따라서 정확성에 기초를 두는 다음과 같은 미래 수개년의 현금흐름에 기초해서 기업가치를 평가하는 방법이 더 정확한 방법이 된다.

(2) 미래 현금흐름의 현재가치

1억원의 현금을 1년간 은행에 예치하면 15%의 이자를 준다면 1년후에는 원금과 이자를 합하여 115,000,000원을 받는다. 따라서 1년후의 115,000,000원의 현재가치는 100,000,000원인 셈이다.

$$115,000,000 \times \frac{100,000,000}{115,000,000} = 100,000,000$$

(미래현금) x 할인율(0.8695653) = (현재가치)

위의 1억원을 2년동안 예치하여 복리로 계산하면 다음과 같다.

$$115,000,000 \times 1.15 = 132,250,000(원)$$

2년후의 132,250,000원의 현재 가치는 100,000,000인데 이는 다음과 같이 계산된다.

$$132,250,000 \times \frac{100,000,000}{132,250,000} = 100,000,000$$

(미래현금) x 할인율(0.7561437) = (현재가치)

앞의 사례를 다시 확대하여 미래 현금흐름의 현재가치를 계산하면 위와 같다.

위에서 보는 바와 같이 기업의 현재가치는 미래의 현금흐름과 할인율의 두 요소에 의하며 계산할 수 있다. 그러나 미래의 현금을 정확히 구하기는 쉬운 일이 아니다. 왜냐하면 미래의 경제사정, 기업의 경쟁력, 제품의 장래 수요 등은 항상 변하기 때문이다. 또한 할인율은 일반적으로 기업의 자본조달비용(cost of capital)을 사용하나 기업의 자본조달 비용도 정확히 구하는 것도 어려운 일이다. 이들을 더 구체적으로 설명하면 다음과 같다.

4) 미래 현금흐름의 불확실성과 할인율의 의미

(1) 미래 현금흐름의 불확실성

미래의 현금흐름이 확실하면 기업의 현재 가치계산은 더 정확해진다. 그러나 미래 5년, 10년을 정확하게 내다보기는 불가능한 일이다. 우리나라에 IMF 경제체제가 되기 수개월 전까지만 하더라도 우리나라는 멕시코, 타이, 인도네시아와는 달리 외환위기가 없을 것이라는 의견이 지배적이었다. 그러나 우리나라 거의 모든 기업의 금년 6개월의 현금흐름이 작년 동기의 현금흐름보다 적어도 15%, 많게는 50% 이상 감소한 기업도 있을 것이다.

이와 같이 기업의 미래의 현금흐름은 경제적인 이유 뿐만 아니라 기술의 변화, 사회의 변화, 경쟁자의 등장 등 여러 가지 요인에 의하여 영향을 받는다. 반도체의 호황으로 1조원 이상의 이익을 냈던 삼성전자는 불과 1-2년만에 그 이익의 몇분의 1로 떨어졌다. 임금의 상승으로 즉, 근로자 소득의 증가로 인하여 과거 수년간 호황을 누리던 백화점이 근래에는 부도를 내는 백화점이 많이 있다. 한때 중동의 Oil달러로 초호황을 누리던 건설업이 지금은 많은 건설업체가 부도 직전에 있으며, 한때 잘 나가던 증권사, 종금사, 리스기업도 부도직전에 있는 기업이 많다. 우리나라 최고 우량기업이었던 현대자동차에서도 종업원의 20% 이상을 해고한다고 한다.

(2) 할인율의 의미

기업은 자본조달비용(은행차입시 차입금 금리, 15%)보다 더 높은 수익률을 가져온다면 계속 자본을 조달하여 투자를 계속할 것이다. 따라서 미래현금흐름의 현재가치를 계산하기 위한 할인율은 자본조달비용(cost of capital)과 같은 것이다. 그러나 투자는 위험성이 따름으로 조달비용보다 5% 이상의 투자수익율이 있어야 한다고 기업내부적인 지침을 정할 수 있다. 이러한 관점에서 보면 할인율은 일종의 기대수익율 또는 기회비용(opportunity cost)이라고 말할 수도 있다. 앞에서 설명한 사례에서 당기순이익(당기 현금흐름)이 200억원인 기업을 매수하려고 할 때 기대수익율을 몇 %로 보는가에 따라서 투자금액이 다음과 같이 달라진다.
  기대수익율이 10%일 때 200억원 ÷ 0.1 = 2,000억원
  기대수익율이 15%일 때 200억원 ÷ 0.15 = 1,333억원
  기대수익율이 20%일 때 200억원 ÷ 0.2 = 1,000억원

현재에 안전한 은행의 예금이자율을 16%로 볼 때 투자자는 투자위험성을 고려하여 20% 이상의 투자수익율이 있어야 투자를 고려할 것이다. 따라서 위 사례의 경우 1,000억원 이상을 주고는 그 기업을 매수하려 하지 않을 것이다. 그러나 현재의 이자율 16%는 너무 높은 것이며 3년후의 이자율은 13%로 떨어지고 5년 이후는 10% 이하로 떨어진다고 가정하면 이 기업의 기대수익율은 15%도 만족할만함으로 1,333억원을 지불하고 이 기업을 매수하는 것이 좋을지도 모른다. 또한 어떤 외국기업의 입장에서 보면 자기나라에서 자본조달비용(일반적으로 자기나라에서 차입금금리)은 6%밖에 되지 않으므로(환율변동을 무시한다면) 이 기업의 기대수익률이 10% 정도로 가능함으로 2,000억원을 투자하여도 4%의 이익을 볼 수 있다. 이 기업의 매수자가 많아 입찰을 한다면 매수가격은 2,000억원으로 쓸 수도 있을 것이다.

어느 외국기업이 자본조달비용이 7%이며 우리나라의 미래경제가 불확실하기 때문에 8% 이상의 초과 이익을 내야 한다면 즉, 15% (7%+8%)의 기대수익율이 있어야 투자가능하다고 본다면 매수 가격은 1,333억원으로 제시할 수도 있을 것이다.

그러나 매도자측에서는 이 기업은 100% 수출기업이라면 우리나라 경제와는 어느 정도 무관하다. 매수자의 조달금리 7%에 3%의 초과수익만을 붙여서 2,000억원을 내야 팔 수 있다고 주장할 수도 있다. 그러나 자본조달비용의 계산도 쉽지만은 않다. 현재 차입금의 이자는 정해져 있으나 미래 차입금 이자의 변동은 예측하기는 어렵다. 또한 자기자본 조달비용은 정확히 계산하기조차 어렵다. 자기자본 조달비용은 일반적으로 현재 주가수준을 유지하기 위하여 지불해야 되는 배당금금액이라고 말할 수 있다. 그러나 자기자본은 보통주, 우선주, 잉여금 등 복잡하여 이들 각자의 비용(cost)을 구

하기는 쉬운 일이 아니다. 이러한 자기자본비용(cost)계산은 너무 복잡하고 전문적이다.

5) 실무적인 고려사항

앞에서 설명한 바와 같이 미래의 현금흐름과 기대수익율만 정확히 알게 된다면 기업의 가치는 정확히 계산할 수 있다. 그러나 미래 현금흐름의 불확실성과 자본조달비용의 측정에 어려움이 있어 기업의 가치(미래 현금흐름의 현재가치)를 측정하기 또한 어렵다. 따라서 어느 정도 기술적이고 주관적인 판단요소가 개입할 수밖에 없다. 이러한 관점에서 기업가치평가는 미인을 선발하는 것과 같다고 보기도 하며 보는 사람마다 중요시되는 평가요소가 다를 수 있다.

(1) 연간 현금흐름의 배수금액/투자회수기간

앞의 예에서 연간 영업으로부터 발생한 현금흐름이 200억원인 기업을 2,000억원에 매수하였다면 연간 현금흐름의 10배를 지불한 것이다. 다른 말로 표현하면 2,000억원을 투자하면 10년후에나 투자금액을 회수할 수 있다는 말이 된다. 그 기업의 제품이 미래지향적인 제품이므로 제품의 판매가 10년 이후까지 계속 지속될 수도 있다. 그러나 한편 제품의 수명(life cycle)이 거의 다 된 제품이라면 투자금액 회수가 불가능할지도 모르는 일이다.

따라서 투자회수기간 연간현금흐름 배수가 투자수단의 중요한 지표가 될 수 있다.

(2) 경영권의 할증료(Control premium)

기업의 대주주로서 경영권을 갖는다는 것은 소액주주로서 경영에 참여하지 못하고 배당만 받는 것과는 사뭇 다르다. 따라서 많은 주식을 확보하여 막강한 경영권을 갖기 위해서는 일정한 premium을 내야 하는 것은 당연하다. 투자가가 매수기업을 강제로 인수하기 위해서 대량으로 주식을 공개매수하는 이른바 tender offer에서는 많은 premium을 제시하는 것을 볼 수 있다. 경영권이 확보될 때까지는 시장가격의 50% 이상으로 premium을 제시하는 것도 흔히 볼 수 있다.

(3) 매도기업의 자산의 원가

앞에서 설명한 바와 같이 기업의 가치를 따질 때 이론적으로는 현재 자산의 원가는 별 의미가 없다. 현재자산의 원가가 높다 하여도 미래에 이익(현금흐름)을 창출할 가능성이 전혀 없다면 그 자산은 한낱 쓰레기일지도 모른다. 그 반대로 자산의 원가는 비록 적을지라도 장래에 많은 이익(현금흐름)을 창출할 수 있다면 그 기업의 가치는 클 것이다. 그러나 앞에서 지적하였듯이 미래에 얼마의 이익을 실현할지는 아무도 장담할 수 없는 것이다. 이런 의미에서 현재의 자산의 원가가 기업의 가치 내지는 투자금액의 하나의 참고지표로서 사용할 수 있을 것이다.

(4) 기업의 전략적 가치

인간을 생산하려면 훌륭한 남자끼리, 미인인 여자끼리 만나야 아무 소용이 없고, 못난 남자, 못난 여자라도 남녀가 만나야 한다. 기업의 매수합병도 마찬가지이다. 생산기술은 충분한데 영업능력이 없는 기업과 영업능력은 탁월한데 생산기술이 없는 두 기업이 만나면 최상이다. 두 기업은 서로의 단점을 상대방에게서 보완하며 서로의 장점은 두배로 발휘된다. 즉, 두 기업의 만남은 1+1=2가 아니라 1+1=3 또는 4가 되어 시너지(synergy) 효과가 나타난다. 따라서 이러한 기업의 매수는 매도기업의 미래의 현금흐름의 현가보다 더 많은 투자금액을 지불하여도 기존기업과 매수기업의 시너지 효과로 인하여 잘못된 매수라고 볼 수는 없을 것이다.

(5) 천년 묵은 벌레(?)가 기업가치를 깎는다.

밀레니엄 버그(millennium bug)란 말이 유행하고 있다. 컴퓨터 program을 만들 때 연도를 네자리수(1995)로 표시하지 않고 1995년과 1998년을 표시할 때 95, 98과 같이 두자리수로 나타내고 있다. 따라서 2000년을 표시할 때는 두자리수 00으로 되기 때문에 이것을 컴퓨터는 1900년으로 잘못 읽을 수 있다. 이와 관련한 혼란으로 컴퓨터와 연관된 기계가 작동을 중단할 수도 있으며 사무자동화가 된 금융부분에서 돈의 예입과 인출이 불가능하게 될 수도 있다는 것이다. PROGRAM에 하자가 있는 것을 벌레(bug)가 있다고 말하는 바 2천년의 표시문제를 밀레니엄버그라고 부르고 있다.

중화학공장 설비 매각 등을 추진하고 있는 K사는 매수예정기업인 미국, 독일기업으로부터 밀레니엄버그 해결방안을 제시하라고 요구받고 있다. 이 해결방안을 제시하지 못할 경우 매각대금을 100억원 이상 깎아야 한다고 외국기업들은 주장하고 있다고 한다.

(6) 상표의 가치

상표가치는 소비자의 상표인지도, 품질만족도 등을 토대로 측정된다. 유명상표제품은 일반제품보다 10-30% 비싸게 팔 수 있다는 것이 일반적이다.

파이낸셜월드의 자료에 따르면 코카콜라의 상표값은 479억달러, IBM 237억달러, 맥도널드 199억달러, 디즈니 170억달러라고 한다. 스탠포드대 교수가 측정한 삼성전자 애니콜 이름값은 4억달러로 추정하고 있다. 주간매경의 조사에 의하면 애니콜의 상표값은 3,278억원(약2억4천만달러), 현대 쏘나타는 2,826억원으로 조사되었다. M&A경우에 유명 상표값을 어떻게 평가하느냐가 큰 숙제가 될 수 있다. 다른 말로 표현하면 유명상표가 미래 cash flow에 얼마나 어떻게 작용할 것인가를 측정하는 것은 어려운 문제이다.

6) M&A에서의 기업가치평가 사례

(사례1)

H호텔의 경우 매수자 외국기업은 현재의 수입을 기초로 하여 미래의 현금흐름을 추정하여 기업가치를 평가하자고 제의하고 있다. 즉, 현재의 하루 방값, 현재의 식당의 수입 등을 기초로 하여 미래 현금흐름을 계산하자고 한다. 그러나 현재는 한국은 물론 일본, 중국 등 동남아시아가 불황이므로 작년과 비교하여 현저히 수입이 줄었고 3-4년전 호황 때에 비하면 수입은 더 줄었다. 게다가 외국 Buyer측은 현재의 결손상태가 지속되면 손실이 누적되어 값이 더 떨어지므로 빨리 매각하여야 유리하다고 주장하고 있다. 그

러나 이 주장은 앞으로의 호텔 경기불황이 오랫동안 지속되리라는 가정하에 나온 결론이다. 이것은 너무 비관적 생각이 될 수도 있다. 몇 년 후 아시아경기가 호전되어 일본, 중국 등에서 관광객이 많이 온다면 그 외국 Buyer 주장을 반박할 수 있을 것이다.

(사례2)

A기업은 제조업을 시작한지 불과 수년밖에 되지 않는다. A기업은 손익분기점에 도달하기도 전에 IMF를 맞아 현재는 가동율이 50%밖에 되지 않는다. 그러나 매수인측에서는 공장원가의 절반 정도를 매수가격으로 제시하고 있다. H호텔의 경우와 같이 공장을 계속 운영하면 결손이 커짐으로 원가의 절반가격에라도 팔아야 손실이 더 적다는 논리이다. 그러나 A기업의 주장은 현재 공장기계 등이 신품이나 다름없으므로 그 공장에 투자원가 정도로 매도할 뜻을 비치고 있다. 다시 그러나 공장을 새로 건설하려면 현재 공장 투자원가보다 더 소요된다고 주장한다. 또한 매수기업은 매도기업과 동종업체를 운영하고 있으며 많은 거래처를 확보하고 있다. 따라서 매수기업이 매수하게 되면 공장 가동율이 80%선으로 상승하고 이익이 발생하게 됨으로 적어도 원가정도는 값을 받아야 한다고 주장할 수 있을 것이다.

(사례3)

A기업은 B제품공장을 3억달러라는 막대한 금액을 받고 외국 Y기업에게 매각하였다. 3억달러는 A기업 1997년 영업에 의한 현금흐름의 12배가 되는 금액이었다. 객관적으로 볼 때 국내 A기업은 좋은 값을 받고 매각한 것으로 판단할 수 있다. B제품이 현재 많은 이익과 현금흐름을 가져다 주고 있지만 장래 12년 이내 국내/국제경제가 어떻게 변하여 B제품의 판매가 어떻게 감소하게 될 것인지는 아무도 모르기 때문이다. 그러면 외국기업 Y는 너무 비싸게 지불한 것인가? 이 또한 그렇지 않다고 생각된다. 왜냐하면 Y기업측으로서도 B제품 공장을 매수함으로서 앞에서 설명한 시너지 효과가 있었기 때문이다. 즉, Y기업은 B제품 공장을 매수함으로서 시너지 효과를 얻을 수 있었기 때문이다.

7) 서양사람들은 서양의 논리로써 설득하여야

무조건 원가가 500억원이며 500억원 이하로 팔지 않겠다고 하면 서양사람들을 설득할 수 없고 따라서 기업을 매각할 수 없다. 그들의 논리인 미래 cashflow의 현가 개념을 존중하는 동시에 그들 논리중의 부당성을 찾아 그것을 반박하여야 외국인들과의 가격협상에서 그들을 이길 수 있다고 생각한다.[93]

11. '벤처기업가치평가 실전사례'

회사1> "A급 CEO(CFO)가 B급 아이템을 가지고 투자를 요청한다"
회사2> "B급 CEO(CFO)가 A급 아이템을 가지고 투자를 요청한다"

여기서 A급은 말 그대로 '우수한' 이란 뜻이고 B급은 신선하고 독창적이지는 않지만 '중간은 하는'을 의미한다. 만약 당신이 벤처투자가라면 어떤 회사를 선택할 것인가? 지난 22일 저녁 열린 '대덕CFO스쿨' 세번째 시간은 벤처캐피탈 회사 'KTB network'의 배진환 기업투자팀장을 강사로 초청해 '벤처기업가치평가 실전사례'란 주제로 강연을 열었다.[94]

배 팀장은 위의 회사들을 예로 들며 "대부분의 벤처캐피탈은 '회사1'을 선택한다"고 말했다. B급 아이템을 가진 회사라도 A급 CEO나 CFO의 능력으로는 안정된 매출을 올릴 수 있어 투자자 입장서 손해볼 확률이 적어지기 때문이다. '회사2'는 중간 정도의 경영자가 A급 아이템으로 사업하는 것은 모험이고 손해를 볼 수 있다는 주장이다. 이것은 벤처투자자들이 '사람'을 가장 중요하게 본다는 의미와도 일맥상통한다.

'사람'이 가장 중요...기술성, 시장성, 재무 수익성은 그 다음 일반적인 기업생존의 상당 부분이 기업의 시스템에 의하지 않고 최고경영자의 능력에 따라 좌우되기 때문에 평가에서 경영자 평가가 가장 중요시된다. 배 팀장은 벤처기업 성공에 정통한 존 네샤임(J.L Nesheim) 교수의 책을 인용하며 벤처

---

93) http://www.casemarketing.com/1997.html(2011.1.14)
94) 배진환 KTB network 팀장...'벤처기업가치평가 실전사례'강연. ▲ 대덕 CFO 스쿨 세번째 시간, 2006 HelloDD.com

캐피털 회사가 중요시 해야 할 항목 14개중 8개를 제시했다.

첫째, 성공적인 사업가로서의 대표이사의 명성과 관록

둘째, 창업자들의 재능

셋째, 완벽한 경영진의 구성

넷째, 핵심팀의 사업추진력 정도

다섯째, 신기술이 얼마나 혁명적이며 질적 내용은 얼마나 우수한지의 여부

여섯째, 왜 신설 벤처기업의 경쟁력 우위가 지속 가능한지의 여부

일곱째, 기업의 두드러진 경쟁력의 의미

여덟째, 단순히 매력적인 제품 하나만 가지고 있는가 아니면 매력적인 사업을 하고 있는가의 여부

그중 첫째에서 넷째까지는 인력에 관한 사항이고 기술 및 경쟁력 항목과 사업모델의 매력 등에 높은 우선순위를 부여하고 있다. 실제 일반적인 벤처캐피탈은 투자기업을 평가할 때 ▲경영진 능력(인력) ▲기술성 ▲시장성 ▲재무수익성 등을 따져본다.

경영진 능력은 '신용도'를 우선으로 하며 조직관리능력과 예측력 및 통찰력, 학력 및 경력, 인간관계, 대외교섭 등의 순으로 평가한다. 신용도는 부도의 전력, 채권채무관계조회, 주위의 반응도 살펴본다. 일반적으로 투자자들은 투자를 받아 성실하게 사업에 매진하는 책임감이 있는 경영진을 선호한다. 기술성은 기술의 첨단성, 창의성, 인력의 우수성, 특허유무, 제품화 가능성, 모방기술존재여부 등의 순으로 조사를 한다. 제품화 가능성의 순위가 낮은 이유는 투자를 받을만한 기술이라면 제품화는 당연하기 때문이다. 시장성 부문에서는 시장규모 및 성장성, 판매방법 및 전략, 수익모델의 독창성, 매출액 증가율 등의 순이며 1조억원과 100억원 규모의 시장은 가치창출의 범위가 다르기 때문에 가장 우선으로 평가한다.

재무수익성은 단기순이익 증가율을 최우선으로 뽑았고 수익을 목적으로 투자를 하기 때문에 빠른 시간내에 성과를 보여 안정된 재무구조로 나가야 한다.95) "지피지기면 백전백승(知彼知己 百戰百勝)", 배 팀장은 이 자리에

모인 CFO들에게 자기가 몸담고 있는 회사가 과연 투자를 할만한 가치가 있는지 벤처투자자 입장에서 돌아볼 것을 권유했다. 투자자의 눈으로 회사의 가치를 철저히 분석하고 투자유치를 위한 사업계획서 작성에 1년 이상의 충분한 시간을 가져주기를 당부했다. 특히 설립초기의 기업들은 단기적 성과가 내기 어렵고 사업계획서에 나온 자료만을 통한 평가가 이뤄지기 때문에 성실하게 준비하는 것이 중요하다. 독창적 기술을 표방하는 기업도 과연 그 기술이 시장에서 상품화가 되고 매출을 창출할 것인지에 대한 문제가 존재한다. 기업은 기술개발의 성과를 확신할 뿐이지 투자자 입장에서는 개발이 완료돼 검증이 이루어진 것은 아니다. 투자자들은 기술에 대한 패러다임이 전환될 때 기업이 변화에 안정적으로 따라갈 수 있을지에 대해서도 관심을 둔다. 배 팀장은 "일반적으로 이공계출신 투자자는 자료의 성실성을 중시하고 상경계 출신 투자자는 기술에 주안점을 둔다"며 투자담당자의 성격도 기업가치평가에 많은 비중을 차지하고 있다고 말했다.

〈벤처기업가치평가의 다양한 방법〉

구 분	항 목	내 용
투자대상	창업일	설립연수 체크
	벤처기업,신기술사업자여부	벤처기업인증일 및 신기술 사업자 여부
	투자유형	주식, CB, BW, Project, 기타등
투자제외	계열회사 여부	공정거래법상 운영사와 동일한 계열회사 여부
	기존후행투자여부	운용사의 자본계정 또는 타조합계정 기존출자 여부
	구주인수여부	주식인수의 경우 구주 혹은 신주인주 여부
투자한도	연간의무투자여부	조합결성후 중 결성금액의 매년 30%이상 투자여부
	동일기업투자한도	투자액이 조합출자금의 20% 이내인지 여부
	동일기업 지분율	투자액이 투자후 지분율 50% 이내인지 여부
투자기간	조합존속기간내의 회수가능성	회수예정일이 조합결성일로부터 5년이내인지 여부
투자재원	Conflict of interest	운용사내 여러조합이 있는 경우 투자재원의 이해상충 여부
포토폴리오	투자업종	투자가 금지 업종 여부
	성장단계	Seed money, start-up, 1st round, 2nd round
법규, 계약	법령상제한저촉여부	중소기업창업지원법, 기타관련법규 제한여부
	소송,분쟁여부	현재 소송,기타 분쟁이 있는지 여부
기 타	대상업체 주주명부	대상 업체 주주의 법적, 도덕적 문제 여부
	동반투자	운영사내 타조합, 타 VC 동반투자 내역

자료: http://www.hellodd.com/Kr/DD_News/Article_View.asp?mark=14723(2011.1.14)

95) 배진환 KTB network 기업투자팀장, 2006 HelloDD.com

벤처기업의 가치평가는 ▲자산가치에 의한 평가 ▲수익가치에 의한 평가 ▲상대가치에 의한 평가 ▲시장가치에 의한 평가 ▲본질가치평가 등 다양한 방법을 사용한다.

이 중 '시장가치에 의한 평가' 방법이 가장 많이 사용되고 있다. 유사 테마, 대표주 등에서 선례 기업을 통해 대상회사의 가치평가가 용이하기 때문이다. 또 계산이 간편하고 이해하기 쉬워 미래의 현금흐름할인가치를 보완하고 검증하는 용도로 많이 사용된다. 유통되는 주식의 시장가치를 구해 기업가치를 평가한다. 이때 공개 기업의 시장가치는 주식시장을 통해 형성되는 기업의 주가를 기준으로 기업의 가치를 평가할 수 있다. 비상장 기업의 경우 동일한 업종에 속한 상장기업을 대용회사로 삼아 주가 및 각종의 시장 승수를 이용해 상대가치를 산정한다. 하지만 기본적으로 증권시장의 효율성을 전제로 하고 있기 때문에 계절성을 가지고 과잉반응이 존재할 수 있는 비효율성을 내포하고 있는 주가의 모든 부분을 적용하기 어렵다. 또 상대가치의 경우 상장기업 등 유사기업이 없거나 있더라도 주가승수 및 기업가치 승수가 회사의 재무구조를 정확히 반영할 수 없는 한계를 가지고 있다. 배 팀장은 "다양한 평가방법들을 총동원한다고 해도 기업의 가치를 평가하기란 무척 까다롭다"며 "합리적으로 평가한다는 전제하에서 도출된 자료들을 어떻게 취합해 사용을 할 것인지가 중요하다"고 전했다.[96)97)]

12. 워렌 버펫의 기업 내재가치(intrinsic value) 평가법

항상 이곳에서 눈팅만하다가 도움되는 글을 올려야 할 것 같은데, 실력이 안되어 올리지는 못하는 입장이라, 현재 어두운 상황에서 위로가 되는 글을 퍼다 올립니다. 더불어 이 글을 완전히 이해하시는 분들께 글과 관련하여 한가지 여쭙고자 합니다.[98)]

---

96) 벤처캐피탈의 펀드 투자 관련 기본 체크 사항, 2006 HelloDD.com, 〈대덕넷 고재웅 수습 기자〉 nomuid@HelloDD.com, 2006년 03월 22일
97) http://www.hellodd.com/Kr/DD_News/Article_View.asp?mark=14723(2011.1.14)

1) 내재가치는 미래의 현금흐름의 합을 현재가치로 환산한 것

  기업의 가치평가(Valuation) 또는 평가는 많은 논란이 있는 부분이고 몇 가지 이론이 각자 장단점을 갖고 활용되고 있는 분야입니다. 밸류에이션은 예측(forcasting)의 최종단계로 다양한 용도가 있습니다. M&A를 할 때 인수할 회사를 얼마에 주고 사야 할 것인가의 문제나 어떤 기업의 적정주가를 추산하는 문제들은 밸류에이션과 직접적으로 관련되어 있습니다. 이 글에서 소개하는 버펫의 내재가치 계산법을 이해하기 위해서는 배당자본환원모형을 이해하고 있어야 합니다. 혹시 아직 읽어보지 않았다면 먼저 읽고 오세요. 화폐의 시간가치와 복리도 관련이 있습니다. 그러면 버펫이 "An Owner's Manual"에서 밝힌 기업의 내재가치에 대해서 읽어보고 DCF 분석법에 대해 더 생각해 봅시다. 버펫은 왜 기업의 장부가치가 진정한 기업의 가치를 반영할 수 없는지에 대해 대학교육을 예로 들어 알기 쉽게 설명하고 있습니다. 버펫의 글 번역입니다.

2) 버펫이 말하는 기업의 내재가치(Intrinsic Value)

  내재가치(Instrinsic Value)는 투자기회와 비즈니스의 상대적인 매력도를 평가하는 유일한 논리적 접근법을 제공해 주는 가장 중요한 개념입니다. 내재가치의 정의는 단순합니다. 어떤 비즈니스가 활동하는 기간에 걸쳐 창출하는 현금을 할인한 값입니다. 하지만 실제로 내재가치를 계산하는 것은 간단하지 않습니다. 정의에서 볼 수 있듯이 내재가치는 정확한 숫자가 아니라 추산된 값이며 금리가 변하거나 미래의 현금흐름이 바뀐다면 그에 맞춰 바뀌어야만 하는 추정치입니다. 두 사람이 똑같은 팩트를 보면서도 최소한 조금이라도 다른 내재가치를 얘기할 수밖에 없습니다. 심지어 저의 파트너인 찰리와 저 자신 사이에서도 마찬가지입니다. 그래서 우리는 우리가 계산한 내재가치 값을 여러분에게 공개하지 않습니다. 그렇지만 버크셔 사업보고

---

98) 14257, 워렌 버펫의 기업 내재가치(intrinsic value) 평가법 [7], 뉴베베   07/10/23
    16:29 1910 OP, http://www.valuestar.co.kr/link/c14257

서에 제공된 내용들이 바로 우리가 내재가치를 계산할 때 사용하는 팩트입니다. 한편, 정기적으로 버크셔의 주당 장부가치를 보고하고 있습니다.

주당 장부가치는 비록 제한적 용도만 있을 뿐이지만 손쉽게 계산됩니다. 장부가치의 한계점은 우리가 보유하고 있는 유가증권에서 비롯된 것은 아닙니다. 유가증권은 시장가치로 장부에 기록됩니다. 제한점은 오히려 우리가 영향력을 행사하고 있는(역자주: 지분법 적용이 되는) 회사들의 장부가치의 부적절함과 관련되어 있습니다. 그 장부가치는 내재가치와 아주 큰 차이가 있기 때문입니다. 불일치는 정반대의 방향일 수 있습니다. 예를 들어 1964년 우리는 버크셔의 주당 장부가치가 19.46달러라고 거의 확신을 갖고 밝혔습니다. 하지만 그 숫자는 회사의 내재가치를 상당히 높게 평가한 숫자였습니다. 당시 버크셔의 모든 자원들은 별로 이윤을 만들어내지 못하고 있던 텍스타일 비즈니스에 묶여 있었기 때문입니다. 당시의 텍스타일 자산은 고잉-컨선 가치로나 청산가치로나 보유가치에 이르지 못했습니다. 최근 비크셔가 처한 상황은 정반대입니다. 지금은 버크셔의 장부가치가 내재가치보다 한참 낮습니다. 우리가 영향력을 행사하고 있는 비즈니스들이 장부에 기록된 값보다 훨씬 더 큰 보유가치를 갖고 있기 때문입니다. 비록 실상을 설명하는 데 불충분하기는 하지만 우리는 버크셔의 장부가치도 밝히고 있습니다. 장부가치가 버크셔의 내재가치를 큰 폭으로 저평가하고 있는 숫자임에도 불구하고 그것이 우리 회사의 내재가치를 추적하는 대략적인 지표로 사용될 수 있기 때문입니다. 대학교육을 하나의 투자의 관점에서 생각해 보면 장부가치와 내재가치의 차이점을 보다 잘 이해할 수 있습니다. 대학교육을 위해 지출한 비용을 '장부가치'로 생각해 보세요. 비용을 더욱 정확하게 계산하려면 다른 직업을 갖는 대신 대학을 갔기 때문에 포기했던 수입까지 포함해야 할 것입니다. 여기서는 교육이 갖는 비경제적인 편익은 무시하고 오직 경제적 가치에만 집중합니다. 먼저, 그 대학 졸업자가 평생에 걸쳐 버는 수입에서 대학교육을 받지 않았을 경우 벌었을 수입을 빼야 합니다. 그렇게 계산한 숫자는 대학교육 때문에 부가적으로 얻게 된 수입입니다. 이제 그 숫자를 적절한 이율을 이용해서 졸업한 시점에서의 현재가치로 할인합니다. 바로 그 숫자가 대학교육의 경제적 내재가치입니다.

어떤 대학 졸업자는 대학교육의 장부가치가 내재가치를 넘을 것입니다. 대학교육을 위해 지불했던 비용보다 더 적은 액수만을 번 것입니다. 다른 졸업자의 경우 교육의 내재가치는 장부가치를 훨씬 초과할 수 있습니다. 자본을 현명하게 할당한 것입니다. 어쨌든 모든 경우에 있어서 장부가치가 내재가치의 가늠자로써의 의미가 없다는 것은 명확합니다.

3) 현금흐름 할인 모델(Discounted Cash Flow Model)

버펫의 글 중 특히 마지막 세 문단(대학교육에 비유를 해서 장부가치와 내재가치를 설명한 부분)을 다시 한 번 잘 생각해 보면 기업의 내재가치를 아주 쉽게 이해할 수 있습니다. 버펫은 대학교육을 받아서 더 늘어난(줄어든) 수입을 졸업 시점의 현재가치로 계산한 것을 대학교육의 내재가치로 생각할 수 있다고 비유하고 있습니다. 어떤 사람이 대학교육을 위해 5천만 원을 지불했다고 합시다. 그리고 졸업 후 30년 동안 매년 5천만원을 벌었고, 그 사람이 대학교육을 받지 않았으면 같은 30년 동안 매년 3천만원을 벌었을 것이라면 대학교육의 내재가치는 다음과 같이 계산됩니다.

대학교육의 장부가치 = 투자액 5000만원 (엄밀하게 얘기하자면 대학을 감으로써 포기해야 했던 수입까지 합쳐야 합니다. 즉, 기회비용까지 고려해야 합니다.)

$$\text{대학교육의 내재가치} = (5000-3000)/(1+r) + (5000-3000)/(1+r)^2 + \ldots + (5000-3000)/(1+r)^{30}$$

r을 5%로 생각해 보면 약 3억원 정도가 됩니다. 이 사람이 받은 대학교육의 장부가치는 투자액인 5천만원이지만 내재가치는 3억원으로 내재가치가 장부가치보다 훨씬 큽니다. 반대로 어떤 사람의 경우는 내재가치가 장부가치보다 더 작을 수 있고 마이너스인 경우도 있을 수 있습니다. 기업도 마찬가지입니다. 미래의 경제적 효익 창출을 위해 구입한 여러 가지 자산은 기

업의 장부가치를 늘리지만 자산이 제대로 활용되어서 많은 현금유입을 창출할 수 있느냐는 기업에 따라 달라질 수밖에 없습니다. 장부가치만으로 기업을 비교 평가하는 것은 대학교육에 들인 비용만으로 대학 졸업자를 평가하는 것과 똑같습니다. 중요한 것은 그 사람이 이후에 어떤 활동을 통해 얼마나 많은 현금흐름을 창출하는가이지 결코 들인 비용이 얼마나 크냐가 아닙니다. 단순히 장부가치만으로 기업의 가치를 평가하는 것은 매우 큰 제한점이 있습니다. 그리고 위의 예에서 본 것처럼 장부가치는 내재가치를 반드시 반영하지도 않습니다. 그러면 실제 기업의 내재가치를 어떻게 계산하는지 알아 봅시다.

기업의 미래 현금흐름을 보다 엄밀하게 정의합시다. 기업이 미래에 배당할 수 있는 현금은 영업으로 창출한 현금흐름과 차입으로 만든 현금흐름에서 필수적으로 지출할 자본적지출을 뺀 값입니다.

잉여헌금흐름(배당) = 영업헌금흐름 - 자본적지출 + 차입에 의한 순현금흐름

(FCF = Operating cash flows - Capital outlays + Net cash flows from debt owner)입니다. 그리고 각각은 다음과 같이 정의됩니다.

영업현금흐름 = 회계적이익 + 감가상각 - 운전자본(working capital)의 변화.(참고: 순현금흐름)

자본적지출 = 기계,설비 투자 지출 - 자산처분이익(asset sales)
차입에 의한 순현금흐름 = 신규차입 - 상환된 부채 - 세후금융비용

배당자본환원 모형에서는 기업이 실제 배당한 d를 현재가치로 할인해서 계산하지만 위 식에서는 배당 여부와 상관없이 기업이 창출한 여분의 현금흐름을 사용합니다. 이것을 잉여현금흐름(FCF;Free Cash Flow)라고 합니다.

밸류에이션에서 실제 배당액 d를 사용하느냐 잉여현금흐름 FCF를 사용하느냐는 이론적 배경에서 약간 차이가 있습니다만 배당을 하든 하지 않든 기업이 창출한 FCF는 궁극적으로 주주의 富이기 때문에 위와 같은 식이 됩

니다.

버펫은 [순이익+감가상각-자본적지출-부가적운전자본]을 '오너어닝(owner earnings)'이라 명명했습니다. 영업으로 창출한 현금유입에서 현재의 경쟁상의 위치를 유지하기 위해 필수적으로 지출해야만 하는 자본적지출과 운전자본을 뺀 이익이 소유주에게 의미있는 이익입니다. 즉, 버펫이 생각한 기업의 내재가치는 미래 오너어닝의 현재가치 합입니다. 버펫이 구입한 회사들은 대개 차입이 거의 필요없을 정도의 재무 건전성을 갖고 있었기 때문에 차입에 의한 현금흐름은 특별히 고려하지 않았습니다.

Equity value = $FCF_1/(1+r) + FCF_2/(1+r)^2 + ... =$ Owner Earnings$_1/(1+r) +$ Owner Earnings$_2/(1+r)^2 + ...$

내재가치는 다음과 같이 다른 방식으로 표현할 수도 있습니다. 영업에 사용되는 순자산의 장부가치를 BVA(Book value of operating net assets), 순이익을 NI(Net income), 순부채의 장부가치를 BVND(Book value of net debt)이라 하면 기업의 내재가치는 다음과 같습니다.

Equity value = $(NI_1 - BVA_1 + BVND_1)/(1+r) + (NI_2 - BVA_2 + BVND_2)/(1+r)^2 + (NI_3 - BVA_3 + BVND_3)/(1+r)^3 + ...$

4) 내재가치가 탁월한 회사

기업의 밸류에이션에는 이 외에도 몇 가지 다른 방법이 있습니다만 기업의 진정한 가치는 그 기업의 현금흐름 창출 능력에 있지, 결코 장부가치에 있지 않다는 점, 바로 이것이 버펫의 핵심적 메시지임을 잘 기억하시면 됩니다. 장부가치가 아무리 높더라도 내재가치는 형편없이 낮을 수 있습니다. 반대로 장부가치는 낮더라도 내재가치는 매우 높을 수 있습니다. 둘 다 높을 수도 있고, 그렇다면 가장 좋습니다. 현재 자산은 많은데 뚜렷한 직업이 없는 사람과 보유한 자산은 그렇게 많지 않지만 높은 연봉을 수십년 동안 받을 수 있는 사람을 생각해봅시다. 두 사람의 富를 밸류에이션할 때 단순히 현재 보유한 자산으로만 비교하는 것은 전혀 합리적이지 않습니다. 장부가치의 한계가 그것입니다. 특히 두 사람이 앞으로 오랫동안 경제적 활동을 한다면 더욱 그렇습니다. 현재 자산도 많다면 더욱 좋겠지만, 훌륭한 현금유입을 지속적으로 창출할 수 있는 사람은 이후 축적된 현금을 바탕으로 얼마든지 더 높은 현금창출 기회에 뛰어들 수도 있고(더욱 급여가 높은 직장으로 옮길 수 있도록 교육을 받는다든지) 필요하다면 다른 자산을 구입할 수 있습니다. 하지만 자산만 많고 현금흐름 창출 능력이 없는 사람은 계속해서 자산을 줄여가며 살아갈 뿐, 점점 더 부의 규모가 작아집니다.

기업도 마찬가지입니다. 자산만 많고 현금흐름 창출 능력이 부족한 회사는 기업가치가 크지 않습니다. 기업의 진정한 가치인 내재가치는 버핏 얘기처럼 미래의 현금흐름을 현재가치로 할인해서 계산함으로써 보다 더 적절히 계산할 수 있습니다. 버핏은 제대로 된 회사라면 내부유보를 한 이익잉여금이 결국은 시장가치 창조로 이어지기 때문에 (이상적으로는 1:1의 비율로) 배당을 하지 않고 새로운 투자기회를 공략하는 것에 크게 개의치 않았습니다. 그만큼 믿을만한 경영자가 경영하고 있는 비즈니스만 구입했기 때문이기도 합니다.

브랜드의 힘을 통한 프랜챠이즈 효과에 의해서든 비즈니스 모델이 워낙 견고해서이든 또는 독점이 될 수밖에 없는 산업에 속해 있는 것이든 풍부한 현금유입을 몇 년이 지나도 거의 확정적으로 창출할 수 있는 기업이 높은 가치를 갖는 기업입니다. 'durable'한 모델을 갖고 있어서 몇 년, 몇십 년이 지나도 변함없는 현금흐름을 만들어 낼 가능성이 높은 코카콜라같은 회사가 내재가치가 탁월한 좋은 회사입니다. 그런 회사의 내재가치를 미래 현금흐름의 현재가치로 계산한 뒤 시가총액이 그에 훨씬 못 미치면 구입하고 계산된 내재가치를 지나치게 초과할 정도로 오르면 팝니다. 그렇게 투자할 기업의 적절한 가치와 주가를 내재가치를 이용해서 계산하고 난 뒤에 투자를 해야 시장의 출렁거림에 별로 신경을 쓰지 않을 수 있게 되고, 나아가 역이용할 수 있습니다. 최상의 기업은 많은 자본을 투자하면서 매우 높은

ROE를 계속 기록할 수 있는 회사입니다. 이런 회사는 큰 잉여현금흐름을 지속적으로 창출합니다. 반대로 자본적지출은 높으면서 ROE는 낮은 기업은 최악입니다. 이익의 대부분이 현재의 위치를 유지하기 위한 자본재 구축 및 업그레이드에 소요되므로 주주에게 의미있는 富는 줄어들기 때문입니다. 부가적 자본투하가 크게 필요치 않으면서 ROE가 높은 기업은 축적된 이익잉여금을 배당이나 자사주 매입의 형태로 되돌려 주고 있다면 훌륭한 회사입니다. 가장 좋은 회사는 부가적인 큰 자본이 소요되면서 ROE도 매우 높은 기업입니다. 그런데 이런 기업은 많지 않습니다. 버펫은 몇몇 주식을 'Permanant Holdings'라고 일컬으며 가격이 아무리 올라도 팔지 않습니다. 반대로 가격이 폭락하면 더 사들입니다. 구입한 주식을 거의 대부분 10여년 이상 보유하는 버펫에게도 여기에 속하는 몇 개의 회사들은 현저하게 훌륭한 비즈니스이므로 아무리 가격이 올라도 팔지 않고 계속 보유하는 것입니다. 영원히 보유할 회사에 속하는 것으로는 Washington Post, The Coca-Cola Company, GEICO 등이 있습니다. GEICO는 회사의 100%를 소유해서 이제는 자회사가 되었습니다.

이렇게 팔지 않고 계속 보유하는 것이 단순히 어떤 비경제적인 요소(최고경영자와의 친분이나 버펫과 오래 전부터 인연이 깊은 회사 같은) 때문일까요? 그런 점이 어느 정도 작용한 것 같은 회사도 있기는 합니다. 하지만 버펫이 이 회사들을 영원히 보유하겠다고 얘기하고 또 그렇게 해오고 있는 결정적 이유는 보유하는 것이 이익이기 때문입니다. 그만큼 내재가치가 탁월한 회사들이기 때문입니다. 사실은 처음 구입할 때부터 가급적 팔지 않을 회사를 구입하는 게 최상입니다. 수십 년에 걸쳐서 지속적으로 GDP 성장율을 능가하는 성장을 계속하는 훌륭한 회사인 경우 펀더멘틀에 변화가 있는 것이 아닌 한 거의 팔 이유가 없습니다. 단지 '많이 올랐기 때문에 판다.'는 것은 그 회사가 탁월한 회사인 경우 정말 어리석은 행동입니다. 그럼에도 많은 펀드매니져들과 개인투자자들이 이런 함정에 빠집니다. 여기에 관해서는 버펫에게 큰 영향을 준 또 한 명의 전설적 투자자 필립 피셔

(Philip Fisher)가 그의 저서 "Common stocks and uncommon profits"에서 재미있는 예를 통해 잘 설명하고 있기도 합니다. 대학을 예로 든 DCF모델 계산법 중 글에서는 5%로 추정한 r값으로 1+r을 하여 나누는데 왜 이렇게 나누는지, 실제로 기업의 가치를 계산할 때 이 r은 어떤 값으로 넣으면 되는건지 궁금하네요. 현재 시점의 가치로 계산하기 위해 나누는 것 같은데 정확한 이해가 되질 않네요. DCF가 내재가치 추정에 많이 쓰이는 방법이기는 하나 버펫은 이를 활용하지 않는다고 어디선가 본적이 있습니다. r은 할인율을 나타냅니다. 대개 무위험 수익률이나 최소 기대수익률을 r로 많이 씁니다.[99]

　버펫은 미래의 회사의 수익이 얼마나 될지 평가하고 그 수익하에서 시장가격이 얼마나 될지 추정한 후 현재의 투자금액을 대비해서 복리수익율을 평가하고 그 복리수익율이 적정한지를 감안한 후 투자하는 것으로 알고 있습니다. 즉, 미래의 수익을 평가해서 이를 현가화해서 가치를 구하는 것에 초점이 있는 것이 아니라 미래의 수익 그 자체에 집중하는 것이죠. 그 정도 수이이 나면 대충 시장가가 계산될 수 있고 이를 현재의 투자금액과 비교해 복리투자수익율을 구하는 겁니다. 어찌보면 같은 걸 수도 있으나 첫째, 수익 그 자체에 집중한다는 것이고 둘째, 애매한 현가율을 이용해 가치의 변동을 주기보다는 내부 복리수익율을 이용한다는 것이 차이가 있는 것으로 보입니다. 매리버펫 책에서 이러한 점이 강조되어 실제로 워렌버펫이 이렇게 할지 의문이다라는 분도 계실지 모르나 버펫의 연차보고서에 보면 계속해서 복리수익율을 강조하는 것을 보면 버펫은 DCF라는 것보다는 이러한 복리수익율을 국채수익율과 비교해서 투자하는 것 같습니다.[100] 재무적 투자자로서 배당에 촛점을 맞추는 것은 당연하며 따라서 Cash Base인 DCF로 Valuation을 하는 것이 이론적으로 맞는 방법입니다. (실제 일반적으로 통용되는 방법이고요.) 그러나 일반적으로 영업현금흐름은 분명 추정이 가

---

99) 07/10/23 16:38
100) 07/10/23 16:46

능합니다만, 아래의 문제 2가지가 어려운 부분입니다.

(1) 자본적 지출(수입)에 대해 Forecast가 가능하느냐는 문제

투자지출에 대한 의사결정은 경영진 및 대주주에 의해 결정되는 것이고 재무적 투자자의 경우 이에 대해 예측이 불가능합니다. 게다가 투자지출은 또한 Maintenance Capital Investment형태로 발생하는 것과 Capa Up / New Biz Investment형태로 발생하는 것에 따라 가변성의 정도가 있습니다. 물론 재무적 투자자들이 투자 공시 전 결정에 영향을 줄 수는 있지만 현실적으로 그렇지 못하는 게 대부분이다보니, 그리고 비효율자산의 매각 또한 대주주의 결정에 의한 것이고 이 또한 Valuation에 지대한 영향을 줍니다. (단, 비효율자산의 매각 문제는 최근 소액주주들의 소리가 커짐에 따라 Value에 반영되고 있다고 볼 수도 있습니다.)

(2) 차입금의 Risk 정도를 어떻게 보아야 하는가의 문제

현재의 단기차입금을 전부 상환해야 하는 상황이냐 아니면 Roll Over할 수 있느냐, 가능하다면 Debt Cost는 유지가 되느냐 이런 점이 실제 기업의 현금상태에 영향을 줄 것입니다. 따라서 DCF는 미래의 결정가능사항에 대해 의지를 반영할 수 있는 설비투자나 M&A에 적합한 모델이라고 할 수 있는 반면, 재무적 투자자에게는 투자가치평가에 실제 변동성이 발생할 수 있는 Risk가 있습니다. 이런 측면 때문에 현명한 경영진 및 이사회로 인해 투자를 잘하고 차입구조가 안정적인 것이 Uncertainty를 줄이므로 주가가 높아지는 효과를 가져온다고 볼 수도 있을 것입니다. 그래서 이런 불확실성을 Assume(투자자들은 사업초기수준의 투자수익을 거둘 것이다. 차입금비용은 유지가 될 것이다.)한 순이익평가법(ROE, PER 등등이 순이익을 기준으로 하는 평가법이라고 할수 있죠)을 기준으로 평가를 하는 것이라 볼 수 있을 겁니다. 게다가 이는 시장에 공개된 대중적인 정보니 쉽게 시장가에 반영이 될 수 있으니까요.[101][102]

---

101) 07/10/24 14:11, 와이트 감사하게 공부합니다. 07/10/25 00:19, 뉴베베 핑크팬더// 그렇군요. 중요한 사실 알려주셔서 감사드립니다. 출처가 이명헌경영스쿨임

13. 워렌 버펫의 기업 내재가치(intrinsic value) 평가법

　기업의 가치평가(Valuation) 또는 평가는 많은 논란이 있는 부분이고 몇 가지 이론이 각자 장단점을 갖고 활용되고 있는 분야입니다.[103] 밸류에이션은 예측(forcasting)의 최종단계로 다양한 용도가 있습니다. M&A를 할 때 인수할 회사를 얼마에 주고 사야 할 것인가의 문제나 어떤 기업의 적정주가를 추산하는 문제들은 밸류에이션과 직접적으로 관련되어 있습니다. 이 글에서 소개하는 버펫의 내재가치 계산법을 이해하기 위해서는 배당자본환원 모형을 이해하고 있어야 합니다. 혹시 아직 읽어보지 않았다면 먼저 읽고 오세요. 화폐의 시간가치와 복리도 관련이 있습니다. 그러면 버펫이 "An Owner's Manual"에서 밝힌 기업의 내재가치에 대해서 읽어보고 DCF 분석법에 대해 더 생각해 봅시다. 버펫은 왜 기업의 장부가치가 진정한 기업의 가치를 반영할 수 없는지에 대해 대학교육을 예로 들어 알기 쉽게 설명하고 있습니다. 버펫의 글 번역입니다.

1) 버펫이 말하는 기업의 내재가치(Intrinsic Value)

　내재가치(Instrinsic Value)는 투자 기회와 비즈니스의 상대적인 매력도를 평가하는 유일한 논리적 접근법을 제공해 주는 가장 중요한 개념입니다. 내재가치의 정의는 단순합니다. 어떤 비즈니스가 활동하는 기간에 걸쳐 창출하는 현금을 할인한 값입니다. 하지만 실제로 내재가치를 계산하는 것은 간단하지 않습니다. 정의에서 볼 수 있듯이 내재가치는 정확한 숫자가 아니라 추산된 값이며 금리가 변하거나 미래 현금흐름이 바뀐다면 그에 맞춰 바뀌어야만 하는 추정치입니다. 두 사람이 똑같은 팩트를 보면서도 최소한 조금이라도 다른 내재가치를 얘기할 수밖에 없습니다. 심지어 저의 파트너인 찰

　을 밝힙니다. 　07/10/25 10:25, ArialCourier NewImpactTahomaTimes New RomanTrebuchet MSVerdana

102) http://www.valuestar.co.kr/pages/board/plainBody.jsp?id=14257(2011.1.14)

103) [투자론] 워렌 버펫의 기업 내재가치(intrinsic value) 평가법, 내재가치는 미래 현금흐름의 현재가치를 합한 것, 이명헌 (트위터) [2004-2-4], 문서출처: 이명헌 경영스쿨 http://www.emh.co.kr/xhtml/intrinsic_value.html

리와 저 자신 사이에서도 마찬가지입니다. 그래서 우리는 우리가 계산한 내재가치 값을 여러분에게 공개하지 않습니다. 그렇지만 버크셔 사업보고서에 제공된 내용들이 바로 우리가 내재가치를 계산할 때 사용하는 팩트입니다. 한편, 우리는 정기적으로 버크셔의 주당 장부가치를 보고하고 있습니다. 주당 장부가치는 비록 제한적 용도만 있을 뿐이지만 손쉽게 계산됩니다. 장부가치의 한계점은 우리가 보유하고 있는 유가증권에서 비롯된 것은 아닙니다. 유가증권은 시장가치로 장부에 기록됩니다. 제한점은 오히려 우리가 영향력을 행사하고 있는 회사들의 장부가치의 부적절함과 관련되어 있습니다. 그 장부가치는 내재가치와 아주 큰 차이가 있기 때문입니다.

불일치는 정반대의 방향일 수 있습니다. 예를 들어 1964년 우리는 버크셔의 주당 장부가치가 19.46달러라고 거의 확신을 갖고 밝혔습니다. 하지만 그 숫자는 회사의 내재가치를 상당히 높게 평가한 숫자였습니다. 당시 버크셔의 모든 자원들은 별로 이윤을 만들어내지 못하고 있던 섬유업에 묶여 있었기 때문입니다. 당시의 섬유업 자산은 계속기업적 가치로나 청산가치로나 보유가치에 이르지 못했습니다. 최근 버크셔가 처한 상황은 정반대입니다. 지금은 버크셔의 장부가치가 내재가치보다 한참 낮습니다. 우리가 영향력을 행사하고 있는 비즈니스들이 장부에 기록된 값보다 훨씬 더 큰 보유가치를 갖고 있기 때문입니다.

비록 실상을 설명하는 데 불충분하기는 하지만 우리는 버크셔의 장부가치도 밝히고 있습니다. 장부가치가 버크셔의 내재가치를 큰 폭으로 저평가하고 있는 숫자임에도 불구하고 그것이 우리 회사의 내재가치를 추적하는 대략적인 지표로 사용될 수 있기 때문입니다.

대학교육을 하나의 투자의 관점에서 생각해 보면 장부가치와 내재가치의 차이점을 보다 잘 이해할 수 있습니다. 대학교육을 위해 지출한 비용을 '장부가치'로 생각해 보세요. 비용을 더욱 정확하게 계산하려면 다른 직업을 갖는 대신 대학을 갔기 때문에 포기했던 수입까지 포함해야 할 것입니다.

여기서는 교육이 갖는 비경제적인 편익은 무시하고 오직 경제적 가치에만 집중합니다. 먼저, 그 대학 졸업자가 평생에 걸쳐 버는 수입에서 대학교육을 받지 않았을 경우 벌었을 수입을 빼야 합니다. 그렇게 계산한 숫자는 대학교육 때문에 부가적으로 얻게 된 수입입니다. 이제 그 숫자를 적절한 이율을 이용해서 졸업한 시점에서의 현재가치로 할인합니다. 바로 그 숫자가 대학교육의 경제적 내재가치입니다.

어떤 대학 졸업자는 대학교육의 장부가치가 내재가치를 넘을 것입니다. 대학교육을 위해 지불했던 비용보다 더 적은 액수만을 번 것입니다. 다른 졸업자의 경우 교육의 내재가치는 장부가치를 훨씬 초과할 수 있습니다. 자본을 현명하게 할당한 것입니다. 어쨌든 모든 경우에 있어서 장부가치가 내재가치의 가늠자로써 의미가 없다는 것은 명확합니다.

INTRINSIC VALUE [1]

Now let's focus on a term that I mentioned earlier and that you will encounter in future annual reports. Intrinsic value is an all-important concept that offers the only logical approach to evaluating the relative attractiveness of investments and businesses. Intrinsic value can be defined simply: It is the discounted value of the cash that can be taken out of a business during its remaining life. The calculation of intrinsic value, though, is not so simple. As our definition suggests, intrinsic value is an estimate rather than a precise figure, and it is additionally an estimate that must be changed if interest rates move or forecasts of future cash flows are revised. Two people looking at the same set of facts, moreover ? and this would apply even to Charlie and me ? will almost inevitably come up with at least slightly different intrinsic value figures. That is one reason we never give you our estimates of intrinsic value. What our annual reports do supply, though, are the facts that we ourselves use to calculate this value. Meanwhile, we regularly report our per-share book value, an easily calculable number, though one of limited use. The limitations do not arise from our holdings of marketable securities, which are carried on our books at their current prices. Rather the inadequacies of book value have to do with the companies we control, whose values as stated on our books may be far different from their intrinsic values. The disparity can go in either direction. For example, in 1964 we could state with certitude that Berkshire's per-share book value was $19.46. However, that figure considerably overstated the company's intrinsic value, since all of the company's resources were tied up in a sub-profitable textile business. Our textile assets had neither going-concern nor liquidation values equal to their carrying values. Today, however, Berkshire's situation is reversed: Now, our book value far understates Berkshire's intrinsic value, a point true because many of the businesses we control are worth much more than their carrying value.

Inadequate though they are in telling the story, we give you Berkshire's book-value figures because they today serve as a rough, albeit significantly understated, tracking measure for Berkshire's intrinsic value. In other words, the percentage change in book value in any given year is likely to be reasonably close to that year's change in intrinsic value. You can gain some insight into the differences between book value and intrinsic value by looking at one form of investment, a college education. Think of the education's cost as its "book value." If this cost is to be accurate, it should include the earnings that were foregone by the student because he chose college rather than a job. For this exercise, we will ignore the important non-economic benefits of an education and focus strictly on its economic value. First, we must estimate the earnings that the graduate will receive over his lifetime and subtract from that figure an estimate of what he would have earned had he lacked his education. That gives us an excess earnings figure, which must then be discounted, at an appropriate interest rate, back to graduation day. The dollar result equals the intrinsic economic value of the education.

Some graduates will find that the book value of their education exceeds its intrinsic value, which means that whoever paid for the education didn't get his money's worth. In other cases, the intrinsic value of an education will far exceed its book value, a result that proves capital was wisely deployed. In all cases, what is clear is that book value is meaningless as an indicator of intrinsic value.

[1] Warren E. Buffet. Intrinsic Value. An Owner's Manual, 1996.

1) 현금흐름 할인 모델(Discounted Cash Flow Model)

버펫의 글 중 특히 마지막 세 문단(대학교육에 비유를 해서 장부가치와 내재가치를 설명한 부분)을 다시 한 번 잘 생각해 보면 기업의 내재가치를 아주 쉽게 이해할 수 있습니다. 버펫은 대학교육을 받아서 더 늘어난(줄어든) 수입을 졸업 시점의 현재가치로 계산한 것을 대학교육의 내재가치로 생각할 수 있다고 비유하고 있습니다.

$$\text{Equity value} = FCF1/(1+r) + FCF2/(1+r)2 + \ldots$$
$$= \text{Owner Earnings1}/(1+r) + \text{Owner Earnings2}/(1+r)2 + \ldots$$

오너 어닝을 이용한 밸류에이션에서 '성장(growth)'에 대해 따로 고려하고 있지 않다는 것에 주목하세요. 버펫은 월스트릿에서 종종 떠들어 대는 '가치냐, 성장이냐'라는 식의 표현이 별로 큰 의미가 없다고 생각했습니다. 이것은 '가치투자'라는 단어가 동어반복이라는 생각과 같은 맥락입니다. 가치투자가 아닌 투자가 있습니까? 모든 투자는 자산의 실제 가치가 현재 가격보다 훨씬 더 클 것으로 기대하기 때문에 구입하는 것입니다. 투자는 모두 다 가치투자여야 합니다.

'성장'과 '가치'를 따로 생각하거나, 심지어 양자택일의 문제처럼 생각하는 것도 넌센스입니다. 아무리 성장율이 높은 비즈니스이더라도 성장을 통해 창출한 큰 현금유입이 다시 대부분 자본적 지출로 소요되어야만하고 그 지출이 충분한 리턴을 돌려주지 못한다면 그 성장이 주주에게 무슨 의미가 있습니까? 성장율이 매우 크더라도 내재가치는 아주 낮을 수 있습니다. 반대로 성장율이 높지 않더라도 내재가치는 아주 클 수도 있습니다. 구입할 비즈니스가 내재가치에 비해 (현격히) 낮은 가격에 거래되고 있다면 그걸 구입하는 게 좋은 투자입니다. 단순히 몇 년간 성장율이 얼마라든지, 현재 장부가의 몇 배 이하로 거래되고 있다든지, 전년도 EPS의 몇 배에 불과한 가격이라는 것은 무의미합니다. '성장'이 별개의 것이 아니고 현금흐름 할인 밸류에이션의 일부라는 사실을 잊지 마세요.

2) 내재가치가 탁월한 회사

기업의 밸류에이션에는 이 외에도 몇 가지 다른 방법이 있습니다만 기업의 진정한 가치는 그 기업의 현금흐름 창출 능력에 있지, 결코 장부가치에 있지 않다는 점, 바로 이것이 버펫의 핵심적 메시지임을 잘 기억하시면 됩니다. 장부가치가 아무리 높더라도 내재가치는 형편없이 낮을 수 있습니다.

장부가치는 낮더라도 내재가치는 매우 높을 수 있습니다. 둘 다 높을 수도 있고, 그렇다면 가장 좋습니다. 현재 자산은 많은데 뚜렷한 직업이 없는 사람과 보유한 자산은 그렇게 많지 않지만 높은 연봉을 수십년 동안 받을 수 있는 사람을 생각해봅시다. 두 사람의 富를 밸류에이션 할 때 단순히 현재 보유한 자산으로만 비교하는 것은 전혀 합리적이지 않습니다. 장부가치의 한계가 그것입니다. 특히 두 사람이 앞으로 오랫동안 경제적 활동을 한다면 더욱 그렇습니다. 현재 자산도 많다면 더욱 좋겠지만 훌륭한 현금유입을 지속적으로 창출할 수 있는 사람은 이후 축적된 현금을 바탕으로 얼마든지 더 높은 현금창출 기회에 뛰어들 수도 있고(더욱 급여가 높은 직장으로 옮길 수 있도록 교육을 받는다든지) 필요하다면 다른 자산을 구입할 수 있습니다. 하지만 자산만 많고 현금흐름 창출 능력이 없는 사람은 계속해서 자산을 줄여가며 살아갈 뿐 점점 더 부의 규모가 작아집니다.

기업도 마찬가지입니다. 자산만 많고 현금흐름 창출 능력이 부족한 회사는 기업가치가 크지 않습니다. 기업의 진정한 가치인 내재가치는 버펫 얘기처럼 미래의 현금흐름을 현재가치로 할인해서 계산함으로써 보다 더 적절히 계산할 수 있습니다. 버펫은 제대로 된 회사라면 내부유보를 한 이익잉여금이 결국은 시장가치 창조로 이어지기 때문에 (이상적으로는 1:1의 비율로) 배당을 하지 않고 새로운 투자기회를 공략하는 것에 크게 개의치 않았습니다. 그만큼 믿을만한 경영자가 경영하고 있는 비즈니스만 구입했기 때문이기도 합니다.

브랜드의 힘을 통한 프랜챠이즈 효과에 의해서든 비즈니스 모델이 워낙 견고해서이든 또는 독점이 될 수밖에 없는 산업에 속해 있는 것이든 풍부한 현금유입을 몇 년이 지나도 거의 확정적으로 창출할 수 있는 기업이 높은 가치를 갖는 기업입니다. 'durable'한 모델을 갖고 있어서 몇 년, 몇십 년이 지나도 변함없는 현금흐름을 만들어 낼 가능성이 높은 회사가 내재가치가 탁월한 좋은 회사입니다. 그런 회사의 내재가치를 미래 현금흐름의 현재가치로 계산한 뒤 시가총액이 그에 훨씬 못 미치면 구입하고 계산된 내재가치를 지나치게 초과할 정도로 오르면 팝니다. 그렇게 투자할 기업의 적절한 가치와 주가를 내재가치를 이용해서 계산하고 난 뒤에 투자를 해야 시장의 출렁거림에 별로 신경을 쓰지 않을 수 있게 되고, 나아가 역이용할 수 있습니다. 최상의 기업은 많은 자본을 투자하면서 매우 높은 ROE를 계속 기록할 수 있는 회사입니다. 이 회사는 큰 잉여현금흐름을 지속적으로 창출합니다. 반대로 자본적 지출은 높으면서 ROE는 낮은 기업은 최악입니다. 이익의 대부분이 현재의 위치를 유지하기 위한 자본재 구축 및 업그레이드에 소요되므로 주주에게 의미있는 富는 줄어들기 때문입니다. 부가적 자본투하가 크게 필요치 않으면서 ROE가 높은 기업은 축적된 이익잉여금을 배당이나 자사주매입의 형태로 되돌려 주고 있다면 훌륭한 회사입니다.

탁월한 회사, 복리식으로 성장해 가는 회사에 투자한 경우 시간은 투자자 편이기 때문입니다. 처음 구입할 때부터 가급적 영원히 팔지 않을 회사를 구입하는 게 최상입니다. 수십 년에 걸쳐서 지속적으로 GDP 성장율을 능가하는 성장을 계속하는 훌륭한 회사인 경우 펀더멘틀에 변화가 있는 것이 아닌 한 거의 팔 이유가 없습니다. 단지 '많이 올랐기 때문에 판다.'는 것은 그 회사가 탁월한 회사인 경우 정말 어리석은 행동입니다. 그럼에도 많은 펀드매니져들과 개인투자자들이 이런 함정에 빠집니다. 여기에 관해서는 버펫에게 큰 영향을 준 또 한 명의 전설적 투자자 필립 피셔(Philip Fisher)가 그의 저서 "Common stocks and uncommon profits"에서 재미있는 예를 통해 잘 설명하고 있기도 합니다.

   Warren E. Buffett. Shareholder Letter. 1992.

"Leaving the question of price aside, the best business to own is one that over an extended period can employ large amounts of incremental capital at very high rates of return. The worst business to own is one that must, or will, do the opposite - that is, consistently employ ever-greater amounts of capital at very low rates of return. Unfortunately, the first type of business is very hard to find: Most high-return businesses need relatively little capital. Shareholders of such a business usually will benefit if it pays out most of its earnings in dividends or makes significant stock repurchases."[104]

14. 기업가치평가와 CEO의 위험

기업의 CEO들에게 형법상 가장 두려운 범죄가 무엇이냐고 물을 경우 그들은 어떤 죄를 지목할까? 물론 사람에 따라 다르겠지만 대부분 '업무상 배임죄'를 들 것이다.[105] 그 이유는 주지하는 바대로 "타인의 사무를 처리하는 자가 업무상의 임무에 위배하여 재산상의 이득을 취득하거나 제3자로 하여금 이를 취득하게 하여 본인에게 손해를 가한 때"에 업무상 배임죄가 성립하도록 되어 있다. 그런데 기업을 경영하다 보면 기업에 손해가 되면서 동시에 제3자에게는 이익을 주는 거래가 발생하는 것이 비일비재하고 "임무에 위배한다"는 것이 일도양단식의 정확한 평가가 어렵다는 점이 그 원인이다. 그러한 이유에서인지 종종 기업을 경영하는 친구나 선배들로부터

---

104) http://www.emh.co.kr/xhtml/intrinsic_value.html(2011.1.14)
105) [2010-07-29 오후 2:11:00], 한상영 변호사, 법무법인 백석, dreamye@naver.com

자신이 현재 어떠한 의사결정을 하려고 하는데 그로 인해 업무상 배임죄에 해당할 것인지를 한번 자문해 주면 좋겠다는 문의를 종종 받는다. 우리나라 기업소송 가운데 회사의 임원들과 관련되는 사건에는 거의 언제나 업무상 배임죄가 약방의 감초처럼 끼어있다. 예를 들면 기업이 장부상 보유하고 있는 유가증권, 특히 주식을 매각했는데 당초의 장부가격(취득가격)에 비해 매우 낮은 가격으로 매각해 주식매매손을 발생시켰을 경우에, 이러한 주식매각을 한 CEO는 과연 업무상배임죄에 해당할까? 물론 CEO의 배임에 대한 주관적인 고의의 존재가 있어야겠지만, 이는 어차피 간접적인 정황증거들에 의해 입증될 문제여서 논외로 하더라도 주식매매로 인해 기업에 손해가 발생한다고 해서 무조건 업무상 배임죄에 해당하지는 않는다. 매각된 주식이 상장회사의 주식이라면 증권거래소에 주식의 시가가 형성돼 있어서 이 시가를 기준으로 매도가액을 평가해 배임여부를 쉽게 판단할 수 있을 것이나, 만약 비상장회사의 주식이라면 시가가 존재하지 않기 때문에 매매손이 적정한 것인지의 여부가 그렇게 간단하지는 않다. 그런데 사실상 이러한 주식가치평가(기업가치평가) 방법의 문제점들이 잘 해결돼야 비상장 주식의 매매시에 발생하는 매매손에 대하여 CEO가 업무상 배임행위를 한 것인지에 대한 정확한 판단이 가능하다. 결국 CEO들이 안심하고 경영활동에 전념할 수 있도록 기업가치평가에 대한 객관적이고 정확한 판단기준이 절실히 요구된다.106)107)

15. 알리안츠, 주식형 변액보험 수익률 으뜸

보험사 가운데 국내 주식형 변액보험의 지난해 수익률이 제일 높았던 곳은 알리안츠생명(27.56%)인 것으로 나타났다. 또 개별 국내 주식형 변액보험 중 지난해 가장 높은 수익을 낸 것은 KB생명의 '변액유니버설(VUL) 파

---

106) 〈군포신문 제527호 2010년 7월 29일(발행)~2010년 8월 4일〉
107) http://www.gunponews.net/bbs/print.asp?group_name=332&section=0&category=0&idx_num=11675(2011.1.14)

워주식 집중형'(31.17%)이었다.108) 펀드·변액보험 평가회사 제로인은 국내 보험사들의 2010년 변액보험 수익률을 집계한 결과를 11일 발표했다. 이에 따르면 국내 주식에 70% 이상 투자하는 주식형 변액보험은 지난해 평균 22.93%의 수익을 냈다. 지난해 코스피지수 상승률(21.9%)을 웃도는 성적이다. 주식형 변액보험의 보험사별 수익률 순위는 알리안츠생명이 1위였고 메트라이프(26.86%)와 라이나생명(24.75%)이 뒤를 이었다. 이 밖에 흥국(23.36%)·동부(23.18%)·신한(23.15%)생명 등이 보험사 평균을 웃도는 운용실적을 올렸다. 주식형 변액보험의 2년간 수익률도 알리안츠가 93.82%로 최고였다. 알리안츠생명 이봉철 차장은 "조선·화학 등 실적이 가파르게 개선되는 업종에 많이 투자하고 또 기업의 실제 가치에 비해 저평가된 종목을 골라 담는 전략을 쓴 것이 주효했다"고 말했다. 주식 비중이 40% 이상, 70% 미만이고 나머지는 채권 등에 투자하는 주식혼합형의 경우엔 KB생명이 17.12%로 가장 좋은 성적을 냈다. 2010년 말 현재 변액보험 자산 규모는 주식혼합형이 22조6000억원으로 국내 주식형(9조6300억원)의 두 배를 넘는다. 국내 주식혼합형의 평균 수익률은 14.92%, 채권혼합형은 11.31%, 채권형은 6.5%였다. 해외주식형 변액보험을 제일 잘굴린 보험사는 라이나생명(12.54%)이었다. 신흥국 주식에 투자해 이같은 실적을 냈다.

지난해 국내 주식형 변액보험의 평균 수익률인 22.93%는 국내 주식형 펀드 평균(19.49%)을 웃도는 성적이다. 사실 주식형 변액보험도 일반 펀드처럼 자산운용사들이 운용한다. 보험사들에서 돈을 위탁받아 굴리는 것이다.

그럼에도 변액보험의 수익률이 높았던 것은 보험사들이 그만큼 운용을 잘했다는 소리다. 변액보험이 주식형 펀드보다 나은 실적을 올리면서 투자자들의 관심도 높아질 전망이다. 하지만 변액보험에 투자할 때는 주의할 점이 있다. 우선 주식형 펀드와 달리 보험료·사업비 등을 떼고 나머지를 주식이나 채권에 굴린다. 예를 들어 100만원을 낼 경우 종신보험료나 실손의료

---

108) 중앙일보 원문 기사전송 2011-01-12 00:17, [중앙일보 권희진]

특약 보험료 등 보장성 보험료와 보험사의 마진 등을 떼고 나머지 90만원 정도만 투자를 한다. 연 20%의 수익률을 기록했다고 해도 실제 적립되는 돈은 투자금 90만원과 수익금 18만원 등 108만원이 된다. 여기에서 자산운용사들의 몫으로 돌아가는 펀드 운용 수수료도 빼야 한다. 변액보험은 이처럼 보험료와 사업비 등을 떼기 때문에 중도해약을 했을 때 손실이 발생할 수도 있다. 일반 보장보험을 중도에 해약할 때 불입한 원금마저 다 돌려받지 못하는 것과 같은 이유다. 운용 수익이 얼마나 많이 났느냐에 따라 다르기는 하지만 대체로 7년 정도는 유지한 뒤 해약해야 원금 이상을 찾아갈 수 있다는 게 생보업계의 설명이다. 일반 주식형 펀드는 이와 달리 90일만 넘으면 중도해지 수수료없이 자유롭게 환매할 수 있다.[109)110]

16. 골드만삭스, 페이스북 기업가치 500억달러 평가

중국 '재경조간신문(财经早报)'의 보도에 따르면 골드만삭스가 이끄는 주주권 판매는 예전에 회사정보 보안에 엄격했던 소셜네트워크인 페이스북(Facebook)마저 재무수치를 공개하도록 만들었다. 예전에 골드만삭스는 페이스북의 기업가치를 500억달러로 평가했었다.[111] '월스트리트 저널'의 보도에 따르면 페이스북은 늦어도 2012년 4월 공개 상장하고 늦어도 2012년 4월 재무정보를 공개할 예정이다. 2010년 지난 9개월동안의 페이스북의 영업수입은 12억달러였으며 같은 기간 순수입은 3억5500만달러였다. 또한 2009년 순수입은 2억달러였고 영업수입은 7억7700만달러였다. 페이스북의 월 평균 이용자수는 6억명을 넘어섰는데 그 중 2억3000만명의 이용자는 휴대폰을 통해 페이스북 사이트에 로그인한 것으로 알려졌다.[112]

---

109) 권희진 기자, 기자 블로그
   http://blog.joinsmsn.com/center/v2010/power_reporter.asp. 중앙일보 & Jcube Interactive Inc.
110) http://news.nate.com/view/20110112n00332(2011.1.12)
111) 내일신문 원문 기사전송 2011-01-11 18:06
112) http://news.nate.com/view/20110110n27208(2011.1.12)

17. [Hello! 증시] M&A 어쩌나, 혼돈에 빠진 스팩

두 달 전 특수인수목적회사(스팩)의 주가가 너도나도 뛴 적이 있다. 세법 개정안 통과로 1월부터 상장 시점과 상관없이 합병할 수 있게 된 데 따른 기대감이었다. 기존 법에서는 상장 후 1년이 지나야 합병이 가능했다.113)

가장 빨리 증시에 오른 대우증권스팩도 상장일이 2010년 3월 3일이었다. 법은 바뀌었지만 합병 소식은 요원하다. 오히려 "작년 공들인 게 다 수포가 됐다"며 아우성만 요란하다. 스팩 대표들 사이에서는 "현 제도를 따르다 보면 사업이 어렵다. 단체행동을 해야 하는 것 아니냐"는 말이 오갈 정도다.

여기서 말하는 현 제도란 바로 자본환원율 최소 10% 적용안이다. 이는 금융감독원이 지난해 11월 증권의 발행과 공시 등에 관한 규정 시행세칙을 바꾸면서 조정한 것이다. 기존에 적용되던 자본환원율은 약 5%였다. 자본환원율은 영업활동 등을 통해 발생할 미래 현금흐름의 현재가치를 구하는 데 적용되는 할인율이다. 계산공식에서 분모에 놓이는 이 비율이 커지면 현재가치는 줄어든다. 인수・합병(M&A) 혹은 우회상장 때 비상장사의 현 기업가치를 구할 때 주로 쓰인다.

자본환원율 상향 조정은 비상장사의 가치 산정이 지나치게 부풀려진 점을 바로잡기 위한 것이다. 금감원 관계자는 "기업가치를 보수적으로 산정해 스팩 투자자들에게 이득을 주려는 차원"이라고 설명한 바 있다. 우회상장 때는 스팩에 합병되는 기업도 자본환원율에 따라 기업가치를 평가받는다.

이전에 비해 기업의 값어치를 낮게 평가받게 된 상황에 이르자 스팩과 합병의사를 밝혔던 기업들은 "차라리 직상장을 통해 제값 받겠다"고 나서고 있다. 이에 스팩 사장단은 울상을 짓고 있는 것이다. 자본환원율에 대한 스팩업계의 볼멘소리가 편의주의적이라는 내부 비판의 목소리도 있다. 한 스팩의 총괄 임원은 "상장된 스팩은 대부분 신성장동력 혹은 녹색산업을 피합병 대상으로 하고 있다"며 "과열경쟁속에서 물건을 찾기 힘들다 보니

---

113) 매일경제 원문 기사전송 2011-01-11 17:30

핑계를 대고 있는 것"이라고 귀띔했다. 작년 상장한 18개 스팩 가운데 키움(정보기술)과 HMC(차 부품)를 제외한 16개 스팩이 모두 피인수기업 소속을 신성장동력 산업으로 설정하고 있다.114)115)

18. [베스트 애널리스트 추천] 세계를 무대로, 기업가치재평가 중

휠라(FILA)는 모든 투자자들에게 잘 알려진 스포츠 브랜드다. 휠라코리아는 이탈리아 휠라 본사의 신발 소싱을 시작으로 지난 1991년 국내 영업을 위해 설립됐다. 이후 1990년대 한국 스포츠 의류 및 용품 시장에서 브랜드 인지도를 쌓으며 국내시장에서 2위(매출 기준)의 시장점유율을 유지하고 있다.116) 휠라코리아의 매출 구조는 크게 내수와 수출, 그리고 해외 라이센시로부터 받는 로열티 수입으로 구성된다. 내수는 국내 브랜드 매출을 의미하며 수출은 휠라 USA 법인 매출과 휠라 스포츠 HK(중국 생산법인)의 매출을 포함한다. 2010년 상반기 현재 각 부문의 매출 비중은 내수 68%, 수출 26%, 로열티 6%이다.

휠라는 지난 1911년 이탈리아에서 탄생한 후 글로벌 브랜드로서 인지도를 구축해 왔지만 본사의 브랜드관리 소홀과 재무구조 악화로 지난 2003년 6월 미국계 사모 투자 펀드(PEF)인 스포츠 브랜드 인터내셔널(Sport Brands International, 이하 SBI)에 인수됐다. 그러나 SBI측의 이해 부족에서 비롯된 잘못된 브랜드 전략으로 휠라는 스포츠 브랜드 시장의 최고 호황기라고 할 수 있는 2000년대에 쇠퇴기를 맞이하게 된다. 이런 와중에 휠라코리아는 MBO(Management Buy-Out:내부경영자 인수) 방식으로 SBI로부터 2005년 1월 한국 내 모든 판권을 인수했다. 이후 글로벌 휠라를 인수하기 위해 2007년 4월 내부유보 자금과 외부 차입을 통해 조달된 4억달러(약 4000억원)로

---

114) [김대원 기자], 매일경제 & mk.co.kr, 2011년 1월 15일
115) http://news.nate.com/view/20110111n21497(2011.1.12)
116) [베스트 애널리스트 추천 히든 챔피언] 세계를 무대로…기업가치 재평가 중, 한경비즈니스 원문 기사전송 2010-10-20 09:32

2007년 3월 최종적으로 휠라 글로벌의 모든 상표권 및 사업권을 인수했다.

휠라 USA는 지난 2007년 휠라코리아에 인수된 후 2009년까지 구조조정을 거치며 과다재고 정리비용 등이 발생함에 따라 큰 적자를 기록했지만 올 상반기에 영업이익이 흑자로 전환됐다(영업이익률 3.7%).

북미 스포츠 브랜드 시장 규모(포괄적 규모 약 100조원)와 휠라코리아의 매출 수준을 고려할 때 당분간 휠라코리아의 고성장 추세는 지속될 것으로 보인다. 더욱이 내년부터는 콜스(Kohl's)와 함께 미국 최대 백화점업체인 JC 페니(Penney)에 제품을 새롭게 공급할 예정이다.

1) 최대 시장 중국서도 한발 앞으로

휠라코리아는 콜스 백화점 1100개 매장에 의류는 대부분 입점해 있지만 신발은 아직 3분의 1만 입점한 상태다. 또한 시어스(Sears) 백화점의 경우 전체 908개 매장 중 약 500개에 입점한 것으로 파악되며, 스포츠 브랜드 전문 유통업체인 플락커(Foot locker)의 경우 전체 2760여개 매장 중 800개 매장에서만 판매되고 있어 대형 리테일러(retailer)들을 통한 새로운 채널 확충으로 성장 모멘텀이 매우 큰 것으로 보인다. 한편 휠라코리아는 중국의 선두 스포츠 브랜드업체인 안타 스포츠(ANTA Sports)와 함께 풀프로스펙트(Full Prospect)라는 조인트벤처를 설립하고 지난해부터 중국사업을 진행 중이다. 휠라는 이 법인으로부터 매출의 4.3%를 수수료로 수취하게 된다.

올해 상반기 말 현재 휠라의 중국 매장 수는 150개이며 연말까지 총 200개, 2013년까지 총 1500개 매장을 오픈할 계획이다. 중국에서 글로벌 브랜드와 로컬 톱 브랜드업체의 연간 점당 매출액이 2억~4억원 수준임을 고려할 때 2013년 이 법인의 매출액은 약 3000억원(점당 매출액 2억원×1500개 매장) 이상 달성할 수 있을 것으로 전망된다. 매출이 본궤도에 올라서는 2012년과 2013년에는 각각 95억원, 129억원의 로열티 수입이 예상된다. 로열티는 비용이 발생하지 않는 매출이라는 점에서 향후 휠라코리아의 수익성 개선에도 크게 기여할 것으로 판단된다. 휠라코리아는 한 지역의 일개

법인이 본사를 인수·합병(M&A)한 세계 유일의 사례로 꼽힌다. 물론 나이키·아디다스 등 글로벌 선두 브랜드와 '경쟁'한다는 표현이 무색할 정도로 격차가 크다. 그러나 자동차·정보기술(IT) 분야 외에 소비재 분야에서 세계를 무대로 활약하는 국내 브랜드가 얼마나 있을지 생각해 본다면 휠라코리아의 기업가치는 재평가받아야 한다고 판단된다.[117)118)]

19. 기업이미지 통합으로 인한 효과

  기업이미지 통합으로 인한 효과에는 어떠한 것이 있는지 알고 싶어요.[119)] 설명 부탁해요. 기업이미지 통합이란 해당 기업의 이미지를 일관성있게 통합운영, 관리하기 위한 전략적인 시각 커뮤니케이션이지요.[120)] 그 효과로는 기업이 가지고 있는 이미지를 시각적으로 체계화하여 대외적으로는 기업의 철학, 미래비전 등 기업의 실체를 확인하도록 하여 기업의 브랜드 가치를 높일 수가 있습니다. 또한 대내적으로 질서있고 체계적인 시스템의 관리로 합리적인 경영과 사원들의 마인드를 고양시켜 체계화된 조직의 틀을 이루게 합니다. 관련 응용시스템으로는 회사서식, 사인, 포장, 수송기류, 디스플레이, 유니폼, 광고홍보 등이 있어요.[121)]

---

117) 유정현 대우증권 애널리스트. 1974년생, 93년 8월 연세대 문헌정보학과 졸업, 98년 푸르덴셜투자신탁증권, 99년 신영증권, 2006년 한국투자증권, 2008년 대우증권 애널리스트(현)
118) http://news.nate.com/view/20101018n27739(2011.1.12)
119) d12aesr324, 2010.12.28 16:02 답변 1 조회 8
120) 답변 id236, 2010.12.28 16:03
121) http://ask.nate.com/qna/view.html?n=10872942(2011.1.12)

제3장 기업가치평가와 수익향상의 방법

1. [MARKET ISSUE KOSPI] 대기업 계열사 상장, 올해도 IPO 봇물

그룹 계열사들은 상대적으로 이익 안정성이 뛰어나고 성장성이 담보돼 있어 상장 이후에도 양호한 주가 흐름을 보이는 경우가 많다. 대기업 계열사들의 증시 상장이 줄을 잇고 있다.[122] 경기가 회복 국면에 접어들자 주요 그룹들의 투자자금 회수 및 지배구조 개편이 본격화되면서 기업공개(IPO) 시장에도 대어들이 속속 등장하고 있는 것이다. 2010년 대한생명을 시작으로 10개사가 유가증권시장에 신규 상장된 데 이어 2011년도 두산, 현대차, 코오롱 등 주요 그룹 계열사 10여 곳이 주식시장의 문을 두드릴 것으로 예상되고 있다. 그룹 계열사들은 상대적으로 이익 안정성이 뛰어나고 성장성이 담보돼 있어 상장 이후에도 양호한 주가흐름을 보이는 경우가 많다.

1) 알짜 그룹 계열사 증시서도 인기

저금리로 갈 곳을 잃은 시중자금이 IPO 시장으로 몰려들면서 주요 그룹 알짜 계열사들의 공모주 청약에도 대규모 자금이 유입되고 있다. 2010년 그룹 계열사 상장의 첫 테이프를 끊은 대한생명은 공모금액의 24배에 달하는 4조원의 자금을 끌어모았다. 뒤이어 삼성생명도 청약자금 19조원이라는 대기록을 세우며 화려하게 데뷔했다. 삼성생명은 공모금액도 4조8881억원으로서 국내 증시 사상 최대였다. 2000년에 상장 폐지됐다가 2010년 5월, 10년만에 증시에 복귀한 한라그룹 계열사 만도는 4980억원 모집에 120배가 넘는 6조원의 자금이 몰려들었다.

---

122) 한경비즈니스 원문 기사전송 2011-01-14 18:15

2010년 대한생명 등 10개사가 상장된 데 이어 올해도 주요 그룹 계열사 10여 곳이 상장될 전망이다.

신규 상장 예상 계열사

상장사	그룹	상장예상일
두산	두산엔진	1월
현대자	현대위아	3월
코오롱	코오롱플라스틱	상반기 중
유진	하이마트	
CJ	CJ헬로비전	
GS	GS리테일	하반기 중
STX	STX중공업	미정
삼성	삼성SDS	
동부	동부메탈	
	동부생명	
한화	한화건설	
LG	LG CNS	
	서브원	
	LG실트론	

〈자료: 한국거래소〉

자료: http://news.nate.com/view/20110114n18733(2011.1.14)

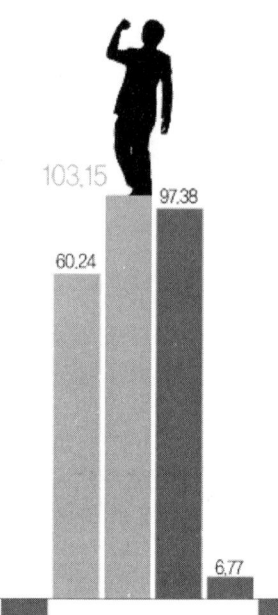

2010년 상장된 그룹 계열사 및 주가 등락율

그룹 계열사들의 상장이 잇따르고 있는 가운데 2010년에 상장된 계열사들의 주가는 성장성에 따라 크게 차별화되는 모습을 보였다.

(단위: %)

상장사	그룹	상장일
대한생명	한화	3월17일
삼성생명	삼성	5월12일
만도	한라	5월19일
웅진에너지	웅진	6월30일
아이마켓코리아	삼성	7월30일
현대홈쇼핑	현대백화점	9월13일
KTcs	KT	9월16일
한전산업개발	한국전력	12월16일
KTIS	KT	12월17일
현대HCN	현대백화점	12월23일

〈자료: 한국거래소〉

자료: http://news.nate.com/view/20110114n18733(2011.1.14)

공모주 청약에서 큰 인기를 끌었더라도 상장 이후 주가는 향후 성장성에 따라 차별화되는 모습이다. 만도의 경우 업계 1위의 기술경쟁력이 돋보인다는 평가속에 상장 넉 달만에 공모가(8만3000원) 대비 두 배 가까이 오른 15만6500원까지 치솟았다. 이후 일부 차익실현 매물이 나오며 조정을 받기는 했지만 여전히 공모가를 60% 이상 웃도는 주가를 유지하고 있다. 웅진그룹 계열 태양광 웨이퍼 생산업체인 웅진에너지도 태양광 산업에 대한 높은 기대감이 반영되며 상장 이후 줄곧 고공 행진하고 있다. 공모를 통해 확보한 자금으로 대규모 시설투자를 단행, 경쟁업체 대비 생산력을 강화하고 있어 2011년 이후가 더 기대된다는 분석이다.

안상희 대신증권 연구원은 "2010년 4분기부터 증설 효과가 본격화되면서 실적 개선 기대가 커지고 있다"며 목표주가를 3만원으로 제시했다. 웅진에너지의 공모가는 9500원으로 1만원에도 못미쳤다. 이 밖에 아이마켓코리아는 모기업인 삼성그룹의 물품조달 창구 역할을 하면서 안정적인 매출 성장을 이어갈 수 있다는 점이 부각되며 공모가 대비 두 배 이상의 수익률을 기록하고 있다. 반면 대한생명과 삼성생명은 금리 전망에 대한 불확실성과 생명보험업황 부진으로 공모가 근처를 맴돌며 부진을 나타내고 있다. 홈쇼핑 시장 점유율 3위인 현대홈쇼핑은 채널 연번제 등 규제 리스크가 불거지며 주가가 힘을 쓰지 못하고 있고 KT의 자회사인 KTcs 역시 공모가 밑으로 밀려난 상태다.

2) 상반기 현대HCN · 현대위아 · 하이마트 등 주목

1월 두산엔진을 시작으로 새해에도 그룹 계열사 5~6곳의 상장이 예정돼 있다. 현대차그룹 계열사인 현대위아와 코오롱플라스틱, 하이마트, CJ헬로비전 등이 일단 상반기 중 유가증권시장 상장을 추진할 것으로 보인다. 하반기엔 GS리테일의 상장이 예상된다. 이 외에도 삼성SDS, LG CNS, 서브원 등 후보로 오르내리고 있는 기업들 중 연내 상장을 추진하는 곳이 나올 것으로 보여 전체 상장 종목 수는 10개 안팎으로 늘어날 전망이다. 이 중 제일 먼저 눈길을 끄는 기업은 현대차그룹 계열 부품사인 현대위아다. 현대차 그룹 계열사 중 9번째 상장사로 2010년 3분기까지 매출 3조원에 756억원의 영업이익을 올렸다. 2009년 매출은 3조1182억원, 영업이익은 1226억원이었다. 현대·기아차 등 전방업체들의 판매 호조가 계속되고 있는 데다 현대모비스, 만도 등 자동차부품주들이 강세를 이어갈 것으로 기대되고 있어 관심을 가질만하다는 분석이다. 김병국 대신증권 연구원은 "현대위아는 모듈과 엔진, 변속기 등 핵심 부품에서 강점을 가지고 있다"며 "공작기계 방산 등 사업 포트폴리오가 다양하다는 점도 강점"이라고 말했다. 현대위아는 오는 3월께 증시에 상장될 것으로 예상된다. 코오롱그룹 계열인 코오롱플라스틱과 유진그룹의 하이마트 상장도 주목할만하다. 코오롱플라스틱은 폴리옥시메틸렌 등 화학원료를 제조·가공·판매하는 업체로 지난해 코오롱에서 분리된 코오롱인더스트리가 지분 100%를 보유하고 있다. 최근 인체에 유해한 포름알데히드 냄새가 나지 않는 화학원료를 개발하는 등 친환경 부문의 성장성이 두드러질 것이란 평가를 받고 있다. 대우증권을 주관사로 상장 절차를 밟고 있는 하이마트는 2월쯤 상장 예비심사청구서를 청구할 것으로 예상된다. 2010년 11월 말 상장된 현대백화점그룹 계열 복수유선방송사업자(MSO) 현대HCN도 관심 대상 중의 하나로 꼽힌다. 최훈 KB투자증권 연구원은 "현대HCN이 올해는 주문형비디오시스템(VOD)의 매출 증대와 기존 디지털 가입자 매출 정상화 등을 통해 수익성 확보에 주력할 것으로 보인다"며 "공모가도 적당한 수준에서 형성돼 상장 직후 단기적 물량 부담은 적을 것"으로 내다봤다. 현대HCN의 2010년 3분기까지 누적연결실적은 매출 1633억원, 영업이익 156억원이다.

3) 계열사 상장 수혜주 주목

비상장 계열사의 지분을 보유한 기업들은 해당 계열사의 증시 상장에 따른 자산가치 상승효과를 누릴 수 있다. 통상 비상장사 주식은 거래가 활발하지 않아 제값을 받지 못하는 경우가 많지만 상장과정에서 기업가치에 대한 재평가가 이루어지면서 보유 주식의 가치가 올라가기 때문이다. LG는 계열사인 LG CNS, 서브원, LG실트론 등 알짜 계열사들이 하반기쯤 상장을 추진할 것으로 예상되고 있다. LG CNS는 전기전자 서비스 전문기업으로 시스템 구축부문에서 경쟁력을 인정받고 있고 서브원은 전략 아웃소싱 사업을 통해 성장성을 강화해가고 있다. 소재업체인 LG실트론도 발광다이오드(LED) 부문에서 성과를 낼 것으로 예상돼 3개사의 상장이 이루어질 경우 LG의 기업가치도 크게 상승할 것으로 기대된다.

지주회사는 아니지만 준 지주회사 역할을 하는 기업들도 수혜를 볼 수 있다. 특히 상장과 함께 계열사들 간의 지배구조 개선이 추진될 것으로 예상되는 종목들이 주목할 대상이다. 삼성그룹이 대표적이다. 삼성그룹 계열사들의 지분을 많이 가지고 있는 삼성물산은 삼성SDS와 삼성석유화학 등이 두각을 나타낼 것으로 보인다. 그룹의 실질적인 지주사 위치에 있는 삼성물산은 삼성SDS의 지분을 18%, 삼성석유화학의 지분을 27% 가지고 있다.

증권가에서는 삼성SDS의 지분가치를 10조원, 삼성석유화학의 지분가치를 4조원 정도로 추산하고 있다. 오성신 현대승권 리서치센터장은 "올해는 지주회사와 지배구조 개선 가능성이 있는 종목들이 하나의 테마를 이룰 전망"이라며 이들 종목들을 눈여겨볼 것을 조언했다.[123)124)]

2. [Outlook on 2011 Asset Market] 한국증시 레벨업

많은 증권사들이 2011년 주식시장을 낙관하고 있다. 해외 변수에 따라 단기조정은 있겠지만 실적과 수급의 힘이 주가를 이끌 것으로 보기 때문이다.[125)] 여의도 증권가는 2009년과 2010년에 이어 2011년에도 강세장이 이어질 것이란 낙관적 기대가 가득하다. 해외 변수에 따라 단기간 출렁임은 있겠지만 실적과 수급의 힘으로 코스피지수는 우상향 그래프를 그릴 것이

---

123) 강지연 한경닷컴 기자 serew@hankyung.com
124) http://news.nate.com/view/20110114n18733(2011.1.14)
125) 한경비즈니스 원문 기사전송 2011-01-14 18:14

란 의견이 다수다.

자료: http://news.nate.com/view/20110114n18709(2011.1.14)

'2009년은 유동성, 2010년은 실적, 올해는 재평가의 장세가 될 것'(삼성증권), '기업의 실적이 빨리 개선된다면 올해 코스피지수는 2630까지도 가능하다'(우리투자증권) 등 주요 증권사들은 희망섞인 전망을 내놓고 있다. 코스피지수는 2400에서 최대 2600선까지 갈 수 있다는 강세론자들도 적지 않다. 한국 증시의 가치(밸류에이션)가 재평가받을 것이라는 자신감에서다.

전문가들은 글로벌 시장에서 정보기술(IT), 자동차 등의 업종을 중심으로 한국 기업의 지배력이 강화되면서 질적 변화가 시작됐다고 분석했다. 글로벌 유동성에 기반한 외국인 매수세도 계속 이어질 것이라는 시각이 많다.

반면 이익 증가세 둔화와 원화 절상 등 변수에 따라 지수가 일시적으로 1900선 아래로 조정받을 가능성도 거론된다. 특히 내년 증시 고점이 될 시기에 대해선 상반기와 하반기로 의견이 갈린다.

주요 증권사가 제시하는 2011년 투자 전략

증권사	투자 전략
대우증권	무역수지 흑자 감소로 수출주보다는 내수주 주목 양호한 유동성 효과로 중·소형주와 배당주 관심 높아질 것
삼성증권	업황 바닥 통과 시기에 강하게 상승할 IT와 은행 업종 추천 부동자금 이동과 저금리 수혜 예상되는 증권과 건설 업종 주목
우리투자증권	기업 이익 성장이 안정세로 접어들면서 성장주보다 가치주 주목
현대증권	대형주보다 중·소형주가 약진 가치주 가운데 이익과 매출 증가한 종목들 부상
한국투자증권	아시아 내수 성장으로 석유화학·자동차·기계 업종 추천
신한금융투자	주가 양극화 완화되면서 스몰캡 중심의 가치주 랠리 예상
미래에셋증권	자동차·화학·산업재 업종의 주도 계속
대신증권	유동성 부족으로 디스카운트됐던 중·소형주와 가치주에 기회 1분기 IT, 자동차 등 대형주 상승세 지속

자료: http://news.nate.com/view/20110114n18709(2011.1.14)

증권사들이 전망하는 2011년 코스피지수 범위

증권사	상단	하단
NH투자증권	2600	1800
삼성증권	2450	2040
우리투자증권	2420	1720
대우증권	2400	1800
현대증권	2400	1800
토러스투자증권	2400	1950
이트레이드증권	2370	1790
교보증권	2350	1830
대신증권	2300	1850
맥쿼리증권	2300	2100
씨티그룹*	2300	2200
신한금융투자	2260	1650
한국투자증권	2250	1700
KB투자증권	2120	1700

*씨티그룹은 상반기 전망치.

자료: http://news.nate.com/view/20110114n18709(2011.1.14)

1) 지수 고점 깬다. 코스피 저평가 벗을 것

주요 증권사들의 2011년 코스피지수 예상 범위는 1650에서 2600까지 다양하다. 하지만 지수 상단에 대해서는 대부분 2200 이상을 제시해 2010년 말 랠리가 더 진행될 것으로 내다봤다. NH투자증권은 1800~2600선을 제시하며 가장 낙관적 전망을 제시했다. 삼성증권은 지수 목표치를 2450으로 설정했고 우리투자증권은 2420까지 갈 것으로 봤다. 대우증권과 현대증권, 토러스투자증권은 2011년 지수 상단을 2400으로 예상했다. 외국계 증권사들의 입장도 크게 다르지 않다. 맥쿼리증권과 씨티그룹, 크레디트스위스(CS)가 지수 목표치를 2300으로 잡아놓고 있다. 거의 모든 증권사가 역대 코스피지수 최고치(2007년 11월 1일)인 2063선을 깰 수 있을 것으로 본 셈이다.

김학균 대우증권 투자분석팀장은 "코스피 상단 2400선은 한국 증시가 강세장을 보였을 때 평균 주가수익비율(PER)인 11.5배까지 재평가될 것이란 가정을 토대로 산정했다"며 "지난 연말 강세장에서도 PER은 10배 미만에 그쳤다"고 설명했다. 기업의 적정가치 대비 주가 수준을 나타내는 밸류에이션이 아직 낮아 주가 상승 여력이 있다는 것이다. 황상연 미래에셋증권 리서치센터장은 "그동안 드러나지 않았던 기업들의 자산 성장이 주가에 반영되면서 국내 기업의 밸류에이션은 더 높은 평가가 가능하다"며 "2011년 증시는 기업가치 재평가가 활발하게 이뤄지면서 주가가 급등했던 2004~2005년과 유사한 상황이 될 것"이라고 내다봤다. 중국의 화학, 미국의 IT수요가 여전히 공급보다 많아 기업 가동률을 높게 유지하는 원동력이 될 것으로 내다봤다.

2) 유럽·중국 등 해외 변수는 조심해야

2010년 증시 상승세를 이끌었던 외국인 매수세가 2011년에도 이어질지도 큰 변수다. 김승현 토러스투자증권 리서치센터장은 "위험자산 선호 심리에 따른 유동성 장세는 2011년 상반기까지 계속될 것"이라고 분석했다. 그는 근거로 미국의 양적완화에 따른 달러 유동성 증대, 미국 경기의 연착륙, 아시아 경기 모멘텀의 개선 등을 꼽았다. 다만 2010년 증시의 발목을 번번이 잡았던 유럽 재정위기와 중국의 긴축정책 등은 변수가 될 수 있다는 지적이다. 해외발 리스크는 외국인의 투자심리와 직결되는만큼 단기적으로 시장의 변동성을 키울 수 있다. 기업실적이 2010년 3분기 꼭지를 찍고 하락세로 접어든 것도 부담이다. 강현철 우리투자증권 투자전략팀장은 "2011년 목표 지수를 2630선으로 보고 있지만 이익 추정치가 예상보다 더 떨어지면 상단이 2400선에서 그칠 수도 있다"며 "다만 이익의 절대수준은 과거보다 월등해 크게 걱정할 정도는 안된다"고 평가했다. KB투자, 한국투자, 신한금융투자 등 일부 증권사들은 상반기보다 하반기가 나을 것으로 내다봤다. 최창호 신한금융투자 시황팀장은 "2011년 상반기에는 환율 갈등과 출구전략 등 글로벌 리스크로 변동성이 큰 조정 장세가 예상된다"며 "하반기엔 리스크에 대한 수습 방향성이 시장에서 공감대를 얻으면서 재평가가 진행될 것"이라고 예상했다. 반면 토러스, 이트레이드 등은 1분기 또는 2분기에 2011년 고점을 찍을 것으로 전망했다.

3) 자동차 · 디스플레이 · 운수 · 유통업종 호황 지속

증권사들은 2011년 업종별로는 전반적인 확장세속에 자동차, 정보기술(IT), 운수, 유통, 화학 등이 호황 국면에 접어들 것으로 관측했다. 2010년 비약적 실적개선으로 최고의 한 해를 보낸 자동차주는 2011년에도 활약이 예상된다. 환율에 대한 내성이 강화됐고 제품의 품질 개선과 신차 효과에 힘입어 세계 시장점유율이 지속적으로 상승할 전망이다. IT업종에선 디스플레이 부문이 패널업체의 가동률 조절로 공급 및 재고 리스크가 완화될 것으로 보이고 패널 가격도 안정화될 것으로 전망된다. 북미와 유럽 지역의 액정표시장치(LCD) TV 교체주기가 다가오면서 선진 시장의 LCD TV 판매 전망도 긍정적이다. 모바일 제품 수요 강세로 2차전지업체의 수익성 개선도 예상된다. 전기전자 및 휴대전화 부문은 교체 및 신규수요 증가로 전망이 밝다는 평가다. 애널리스트들은 스마트패드 시장확대 등으로 세트 및 전자부품의 수요가 빠르게 늘면서 관련업체의 실적 호조세는 지속될 것으로 내다봤다. 운수업종도 기대가 되는 분야다. 대신증권은 2011년 내국인 출국 수요는 2010년보다 15% 증가하고 달러 약세로 중국, 일본의 입국자 수 증가세가 지속돼 항공주에 호재가 될 것으로 분석했다. 연초 경기선행지수가 상승 반전하면서 국내 경기회복세가 뚜렷해지면 유통주와 종합상사주도 긍정적이라는 의견이다. 이밖에 2010년 상대적으로 부진했던 조선, 건설, 제약 등은 연초 바닥을 통과해 서서히 회복 국면에 들어갈 것으로 증권가는 기대하고 있다. 2011년 증권사들이 주목해야 할 주식으로 꼽는 '1순위'는 삼성전자다. 대우, 삼성, 우리투자 등 6개 증권사가 모두 삼성전자를 2011년 톱픽(최선호주)으로 내세웠다. D램 가격 회복과 스마트폰, 태블릿PC, 발광다이오드(LED) TV 등 새롭게 등장한 IT제품들의 판매가 늘어날 것이란 점이 삼성전자를 좋게 볼 수 있는 이유다.

박영주 우리투자증권 연구원은 "반도체 산업은 생산공정의 난이도가 갈수록 높아져서 더 많은 투자비용이 필요하지만 적자를 보고 있는 해외업체들은 적절한 시기에 투자를 하지 못해 점차 경쟁력에서 밀려나고 있다"며 "삼성전자의 압도적인 시장지배력은 지속될 것"이라고 강조했다. 현대중공업, 현대제철, 롯데쇼핑 등도 다수의 증권사들이 2011년 유망주로 제시했다.

현대중공업은 신조선가 상승에 해양설비와 특수선을 중심으로 수주가 늘어날 것으로 보여 성장성이 다시 부각될 것이란 평가다. 현대제철은 제2고로의 본격 가동이 매출 증대 요인으로 꼽혔고, 롯데쇼핑은 중국을 중심으로 한 해외시장 진출이 투자 포인트다. 현대차, 기아차, 현대모비스 등 현대차그룹 '삼형제'와 SK에너지, LG화학, 한화케미칼 등 화학주들도 상승세가 이어질 것으로 분석됐다. 2010년 말부터 강세를 보이고 있는 금융주 중에선 KB금융이 주요 증권사의 톱픽에 올랐다. 이밖에 중형 옐로칩으로는 제일모직, OCI, 세아베스틸, 고려아연, 엔씨소프트, NHN 등이 실적개선과 함께 주가 강세가 기대된다는 평가를 받았다.[126][127]

3. [Outlook on 2011 Asset Market] 국내 주식형 펀드 강세 지속

연초부터 펀드투자에 대한 관심이 높아지고 있다. 실질적인 마이너스 금리 시대를 맞아 '시중금리+알파(α)' 수익을 얻을 수 있는 대안으로 펀드가 꼽히고 있기 때문이다. 국내를 비롯한 글로벌 증시에 대해 상승 전망이 쏟아지고 있다는 점도 펀드투자에 대한 희망을 키우고 있다.[128] 그렇다면 2011년 성공적인 펀드투자를 하기 위해선 어떤 펀드를 선택해야 할까. 전문가들은 주식> 원자재(상품)> 채권형 펀드 순으로 투자 우선순위를 두라고 조언한다. 올해는 글로벌 경기가 본격적인 회복세를 이어가는 데다 글로벌 유동성이 풍부하게 흘러 다니는 덕분에 주식이나 원자재 등 위험자산의 선호도가 2010년보다 높아질 것으로 전망되고 있기 때문이다.

> 주식·채권형 펀드 외에 '물가연동채권 펀드', '일본리츠 펀드' 등 틈새상품에 관심을 가져보는 것도 수익률을 높이는 좋은 전략이다.

자료: http://news.nate.com/view/20110114n18707(2011.1.14)

1) 2010년은 국내 주식형이 최고 수익

2010년엔 국내 주식형 펀드에 베팅한 투자자들이 연말에 가장 큰 성과를 돌려받았다. 증권정보업체 에프앤가이드에 따르면 국내 주식형 펀드의 2010년 수익률(12월 7일 기준)은 14.81%로 해외 주식형 펀드(8.75%)보다 두

---

126) 박해영 한국경제신문기자
127) http://news.nate.com/view/20110114n18709(2011.1.14)
128) 한경비즈니스 원문 기사전송 2011-01-14 18:14

배 가량 높았다. 그중 (상장지수펀드 제외) 30개 안팎의 종목에 압축 투자하는 'FT포커스 A'(43.09%)가 최고의 수익을 거뒀다. 'KB밸류포커스 A'(39.78%)와 '알리안츠베스트중소형 C/B'(34.85%) 등 가치주와 중소형주 펀드들도 고수익을 투자자들에게 안겼다. 윤재현 대우증권 연구원은 "2010년 글로벌 이슈에 따라 각국 증시가 조정을 받을 때에도 국내 증시는 글로벌 기업들의 견조한 이익 모멘텀 덕분에 보합을 유지하거나 오히려 상승했다"고 설명했다.

주요 증권사가 추천한 2011년도 유망 펀드 (자료: 각 증권사)

	국내 주식형	해외 주식형	국내 채권형	해외 채권형	대안 투자형
대우	트러스톤칭기스칸 한국투자한국의힘 FT포커스 알리안츠베스트중소형	미래에셋차이나솔로몬 JP모간러시아 신은삼바브라질 피델리티인디아	PCA 물가따라잡기	알리안츠핌코 이머징로컬 AB글로벌고수익채권	블랙록월드광업주 한화라살글로벌리츠
현대	트러스톤칭기스칸 신한BNPP탑스밸류 현대현대그룹주플러스	미래에셋차이나A셰어 물꿩클린디아플러스 JP모간러시아	-	AB글로벌고수익채권	JP모간천연자원
한국투자	한국투자내비게이터 한국투자한국의힘 알리안츠기업가치향상	신한봉쥬르차이나 JP모간러시아 한국투자인니말레이	동양하이플러스 교보투모로우- 장기우량	템플턴글로벌 알리안츠핌코토탈리턴 미래글로벌다이나믹	미래에셋맵스로저스 커머디인덱스 JP모간천연자원
신한금융 투자	한국투자한국의힘 신한BNPP좋은아침희망 알리안츠베스트중소형	삼성차이나2.0본토 JP모간러시아 신한BNPP봉쥬르- 중남미플러스	-	-	신한BNPP골드 한화라살글로벌리츠
미래에셋	미래에셋5대그룹주 FT포커스	미래에셋진디아컨슈머	-	-	블랙록월드광업주 로저스커머디인덱스

자료: http://news.nate.com/view/20110114n18707(2011.1.14)

반면 해외 주식형 펀드는 투자 비중의 40% 이상을 차지하는 중국형 펀드들의 부진으로 한 자릿수 수익에 그쳤다. 다만 경기회복 속도가 빨랐던 신흥아시아(28.95%), 러시아(20.79%), 인도(19.81%) 등 이머징 국가 펀드는 두각을 나타냈다.

2010년 성과가 좋았던
국내 주식형 펀드 수익률

(자료: 에프앤가이드)

(단위: %)

펀드명	연초 이후	3개월
FT포커스 A	43.09	14.38
KB밸류포커스 A	39.78	13.12
알리안츠베스트중소형 C/B	34.85	10.75
하이중소형주플러스 1C 1	34.81	8.81
현대현대그룹플러스 1A	34.5	11.65
골드만삭스코리아 1N	33.94	16.37
플러스웰라이프 1A	30.86	8.66
마이트리플스타 A	29.33	18.4
알리안츠기업가치나눔 C/A	28.66	10.55
동양아인슈타인(퀀트) 1A	28.51	10.23

*2010년 12월 7일 기준.

자료: http://news.nate.com/view/20110114n18707(2011.1.14)

세계적으로 과도하게 풀린 유동성이 국내를 비롯한 이머징 국가로 흘러든 덕에 채권형 펀드도 성적이 좋았다. 해외 채권형은 11.34%로 해외 주식형의 성과를 넘어섰고, 국내 채권형도 7.06%의 수익을 올리며 2004년 이후 최고 수익을 기록했다. 주식, 채권 이외의 다양한 자산에 투자하는 대안투자 펀드 중에선 금 가격이 2010년 사상 최고치를 경신한 데 힘입어 금 펀드(27.19%)가 가장 양호한 성과를 거뒀다.

2) 대형주·중국·브릭스 펀드 주목

국내 주식형 펀드의 강세는 2011년에도 지속될 것으로 전문가들은 전망한다. 기업 순이익이 2011년 또다시 사상 최고치를 경신할 것으로 예상되는 데다 초저금리 시대를 맞아 글로벌 유동성이 꾸준히 국내로 흘러들면서 증시가 한 단계 레벨업될 것이란 관측이 지배적이기 때문이다. 국내·외국계 증권사들은 2011년 코스피지수가 2200~2800선으로 뛰어오를 것으로 내다보고 있다. 특히 외국의 매수 지원사격을 받는 대형주가 증시 상승세를 주도할 것으로 전망됨에 따라 이들을 주로 편입한 대형 성장주 펀드나 그룹주 펀드가 수익률에서 선두를 달리는 가운데 종목 선택 능력이 탁월한 중소형주 펀드들이 두각을 나타낼 것으로 관측된다. 김종철 신한금융투자 연구원은 "2011년 증시가 리레이팅(재평가)되면서 국내 주식형도 순항해 20%대 수익을 올릴 것으로 추정된다"며 "경기회복에 대한 기대감과 저금리 기조에 따라 신규 자금이 6조~8조원 증가하면서 양적 성장도 기대된다"고 말했다.

우리투자증권은 국내 주식형 펀드의 적절한 매수 타이밍으로 2011년 1분기를 추천한다. 코스피지수가 점진적으로 상승하는 상저하고의 흐름을 보일 것으로 예상되는 만큼 2011년 1분기를 한해 저점이라고 판단한 것이다.

유망 펀드로는 'FT포커스', '한국투자 한국의 힘', '알리안츠베스트 중소형' 등이 증권사로부터 중복 추천됐다. 해외 주식형 펀드 중에선 빠른 경기성장과 풍부한 글로벌 유동성이라는 '양대 호재'를 만난 이머징국가 펀드가 올해도 두각을 나타낼 것으로 예상된다. 다만 유망 지역이나 국가에는 변화가 나타날 것으로 보인다.

먼저 2010년 수익을 내지 못해 투자자들의 속을 태웠던 중국펀드가 부진을 털어낼 전망이다. 2011년 중국이 소비 위주의 견고한 성장을 이어갈 것으로 점쳐지고 있는 데다 글로벌 증시 대비 밸류에이션 매력도 높아졌기 때문이다. 그중에서도 '삼성차이나 2.0본토 1', '신한 봉쥬르차이나', '미래에셋 차이나솔로몬' 등이 유망펀드로 꼽혔다. 또 2010년 주춤했던 브릭스(BRICs·브라질, 러시아, 인도, 중국)관련 펀드들이 재부상할 것으로 보이며 증권사들은 'JP모간 러시아 A', '미래에셋 브라질업종대표' 등을 추천했다.

3) 이머징국가 채권·하이일드 채권·금 펀드 강세 지속

2010년 선전한 국내 채권형 펀드는 2011년 수익률이 낮아질 것으로 예상돼 대부분의 증권사들이 비중 축소를 주문했다. 올해 3.5~4%대까지 기준금리가 인상될 가능성이 높아진 탓이다. 다만 금리인상이 상반기에 집중적으로 이뤄진다면 하반기에는 수익률이 높은 하이일드 채권형에 대한 투자는 도전해 볼만하다는 게 전문가들의 견해다. 김종철 연구원은 "국내경제의 펀더멘털이 견고하게 유지되는 상황에서 금리인상 전망과 통화정책 외국인 채권투자에 대한 규제 부활 우려 등을 고려하면 채권투자 전략은 보수적"이라며 "다만 만기가 짧은 채권, 주식관련 채권, 고금리 채권의 장점은 부각될 수 있다"고 설명했다.

반면 해외 채권형 중에선 이머징국가 채권이나 하이일드 채권에 투자하는 펀드에 투자해 볼만하다는 진단이다. 글로벌 경기회복에 따라 신용리스크가 감소해 고수익 채권의 투자 매력이 높아졌기 때문이다. 특히 이머징 채권형 펀드는 주요 이머징 국가들이 금리인상에도 불구하고 통화절상률이 5%에 육박해 환차익을 누릴 수 있다는 것도 장점이다. '알리안츠 핌코이머징로컬', 'AB 고수익채권', '미래 글로벌다이나믹' 등이 증권사로부터 추천됐다.

대안 투자 펀드 가운데선 금 펀드가 인플레이션과 달러 약세에 힘입어 2011년에도 순항할 것으로 예상된다. 금값이 사상 최고치여서 향후 상승 폭은 다소 제한될 수 있지만 금 펀드로 자금이 지속적으로 유입되고 있어 제2의 도약기를 맞을 것이라는 분석이다. 이밖에 비철금속, 농산물 등에 투자하는 원자재 펀드 역시 주목할만한 대안상품으로 꼽힌다.

4) 물가연동채권 펀드·일본리츠 펀드·공모주 펀드 등 이색 펀드

전통적인 주식형·채권형 펀드 외에 틈새상품에 관심을 가져보는 것도 투자수익률을 높이는 좋은 전략이다. 그중 '물가연동국채 펀드'는 증권사로부터 기대를 한몸에 받고 있다. 2011년 소비자물가 상승률이 3% 중반에 이를 것으로 예상되는 가운데 투자수익률이 물가상승률에 연계되는 물가연동국채가 인플레이션 헤지 수단으로 떠오르고 있기 때문이다.

일본의 상업용 부동산에 투자해 임대수익 등으로 배당을 받는 '일본리츠펀드'도 2011년 유망하다고 꼽히는 상품이다. 일본의 부동산 시장은 여전히 침체됐지만 일본은행이 2010년 11월 'AA' 등급 이상인 리츠 매입에 500억엔을 투입한다고 발표하면서 리츠에 대한 기대감이 형성됐고, 해외자금들이 저평가된 일본 리츠로 흘러들고 있어서다. 2010년 일본 펀드가 마이너스 수익을 내는 와중에도 일본리츠 펀드는 20.17%까지 뛰어올랐다. 대부분을 채권에 투자하면서 자산의 10% 안팎을 공모주에 투자하는 '공모주 펀드'도 다수 증권사로부터 호평을 받고 있다. 조완제 삼성증권 연구원은 "공모주 펀드는 주로 채권으로 운용하면서 공모주식 투자를 가미하기 때문에 원금 손실 가능성은 매우 낮은 반면 경기가 좋아지면 양호한 성과를 거둘 가능성이 높다"고 전망했다.129)130)

4. [기업가치평가] DCF를 이용한 롯데칠성의 기업가치분석

1) 서론

롯데칠성은 한국 음료수 시장에서 주도적인 기업으로 자리매김하고 있다. 음료 및 주류업계의 초우량주로서 탄탄한 기업경영으로 고가의 주가를 꾸준히 유지하고 있으며 칠성 사이다, 2%, Pepsi 등 주위에서 접할 수 있는 다양한 인기음료들을 제조하는 소비자에게는 친숙한 기업이다. 아직 2004년 상반기라는 점을 감안하여, 현 시점이 2003년 말이라고 가정, 2004년을 예상하여 주가를 평가해보고 실제 2004년 주가 자료(2004년 1사분기를 예측하였음)와 비교해 봄으로써 롯데칠성의 주가가 적정하게 평가되었는지를 살펴보도록 하겠다.

---

129) 서보미 한국경제신문기자
130) http://news.nate.com/view/20110114n18707(2011.1.14)

2) 음료시장 산업의 전망

음료시장의 호황과 불황에 영향을 미치는 요인으로는 크게 날씨와 전반적인 경기를 들 수 있다. 특히 여름 기간의 매출이 전체 매출의 큰 비율을 차지하는 만큼 2004년 날씨가 음료수 시장에 어떤 영향을 미치는가를 예측하여 본 후, 2004년의 경기변동에 따른 소비심리의 변화 및 롯데칠성이 처한 경쟁상황을 살펴보도록 한다.

(1) 날씨 -긍정적인 영향

음료수 시장은 날씨에 아주 민감한 시장이다. 따라서 매출을 예측하기 위해서는 그 해의 날씨를 예측해보는 것이 중요한데, 기상청에 따르면 2004년 여름의 경우, 기온은 예년에 비해 상승할 것으로 보여, 롯데칠성을 비롯한 음료관련기업들은 신제품 출시 및 판촉활동에 온 힘을 기울이고 있다. 비록 봄과 가을에 강수량이 평년보다 많을 것이라 예상되지만, 매출에 거의 절대적인 영향을 끼치는 여름 기온이 상승함에 따라 매출은 다소 증가할 것으로 보인다. 이는 롯데칠성의 주가에도 긍정적인 영향을 끼칠 것이다.[131)132)]

5. 기업의 내재가치의 계산방법

주식투자와 관련해서요. 기업의 내재가치는 어떻게 계산을 하는 것인지 궁금해요.[133)] 알려 주세요. 기업의 내재가치는 현재의 순자산액을 나타내는 자산가치와 장래의 수익력을 평가한 수익가치를 포함한 개념이지요.[134)] 기업의 내재가치는 이들 자산가치와 수익가치를 평균한 금액이랍니다. 내재가치보다 낮은 가격에 주식이 거래되는 경우에는 상대적으로 저평가되어 있으므로 주식을 매입하고, 반대로 내재가치보다 높은 가격에 주식이 거래

---

131) 출처 : http://www.reportg.com/search/search_post.php?MD=TSRCH&TSW=기업가치평가
132) http://blog.dreamwiz.com/wincom77/13541072(2011.1.14)
133) dcotmj231, 2011.01.10 15:11 답변 2 조회 9
134) 답변 jnmesac, 2011.01.10 15:21

되는 경우에는 상대적으로 고평가되어 있으므로 주식을 매도하게 되는데 내재가치는 회사가 더 이상 가입자를 받지 않고 지금까지 받은 가입자만으로 영업을 한다고 가정했을 때 기업의 가치를 뜻한답니다. 책에 씌어진 내재가치 공식을 이용해서 주가에 반영하는 것은 열번 붙어서 9번은 깨지는 전술입니다.[135] 책에 있는 내재가치 공식에 의존하시지 말고 몇시간이 들어도 기업의 주식가치분석에 힘쓰시길 바랍니다. 내재가치란 기업의 본질가치입니다. 이 본질가치로 인해 증권가치는 영향을 받게되겠죠. 본질가치와 증권가치는 동시적이지 않다는 것을 명심하십시오. 내재가치 공식 하나를 알려주는 것보다 근본적으로 생각하는 힘을 기르는 것에 대한 답변을 주는게 님께는 더 이로울 듯 합니다.[136]

6. 기업의 가치를 알고 투자하면 실패는 없다

2010년 야인시대 히든 추천종목

추천 월	추천종목	추천가격	현재가01/05일(상승률)	고가(상승률)
1월 추천	풍산	21,000	48,750(+132.1%)	51,200(+143.8%)
2월 추천	SK C&C	51,000	89,000(+74.5%)	104,500(+104.9%)
3월 추천	코오롱인더	41,000	77,700(+89.5%)	79,100(+88.8%)
4월 추천	동부제철	10,600	9,920(-6.4%)	11,200(+5.7%)
5월 추천	사조산업	30,300	49,000(+61.7%)	51,000(+68.3%)
6월 추천	화승알앤에이	14,500	28,350(+95.5%)	34,250(+130.3%)
7월 추천	에이블씨앤시	18,800	24,950(+33.5%)	28,000(+48.9%)
8월 추천	동국제강	24,500	36,150(+47.6%)	36,600(+49.4%)
9월 추천	이수화학	18,000	19,050(+5.8%)	24,850(+38.1%)
10월 추천	BNG스틸	12,000	11,550(-3.8%)	13,200(+10.0%)
11월 추천 중	삼양사	64,500	71,700(+11.2%)	77,900(+20.8%)
평균상승률			+49.2%	+64.5%

자료: http://www.etomato.com/2002_tuja/tuja_read.asp?no=45764(2011.1.14)

---

135) 답변 hot0510, 2011.01.10 15:14
136)
  http://ask.nate.com/qna/view.html?n=10905946&sq=%B1%E2%BE%F7%B0%A1%C4%A1(2011.1.14)

기업의 가치를 알고 투자하면 실패는 없습니다.[137] "기업의 가치를 등락시한 채 차트와 기술적인 분석만을 주무기로 삼는 경우 한 두번은 고수익을 얻을 수 있을지 몰라도 투자기간을 길게 보면 100명 중 80명은 실패하고, 반면에 차트를 전혀 모르고 주가도 챙겨보지 않지만 사업과 기업가치에 대해 제대로 알고 투자하는 사람은 100명 모두 돈을 벌 수 있다고 했습니다. 주가는 단기적으로는 제멋대로 움직이며 예측할 수 없지만, 장기적으로는 기업의 내재가치로 수렴하게 되어 있습니다. 아래 종목은 2010년 알파파워가 기업의 내재가치 대비 저평가되었다고 판단되는 종목을 선정해서 방송이나 투자클럽에서 공개추천한 종목들입니다.

2010년 투자클럽에서 공개 추천한 주요 상승 종목

추천일	추천종목	추천가격	현재가1/7일(상승률)	고가(상승률)
2010.1.2	풍산	21,200	48,200 (+127.4%)	51,200(+141.6%)
-	한솔LCD	28,950	63,600 (+119.7%)	73,300 (+153.2%)
-	삼양사	43,500	73,200 (+68.3%)	77,900 (+79.1%)
2010.2.8	SKC&C	52,700	88,400(+67.7%)	104,500 (+98.3%)
-	더존비즈온	13,000	16,900 (+30.0%)	25,700 (+97.7%)
-	코오롱인더	43,200	78,100 (+80.1%)	80,000(+81.5%)
2010.3.8	현대하이스코	17,800	26,600 (+49.5%)	27,200(+52.8%)
-	대한유화	39,700	99,500(+150.6%)	103,000(+159.4%)
2010.5.16	사조산업	30,200	50,900(+68.5%)	52,300 (+73.2%)
-	화슨알앤에이	12,800	27,700 (+116.4%)	32,450(+153.5)
2010.7.25	동국제강	24,700	36,200(+46.5%)	37,000(+51.0%)
2010.8.02	GS	41,450	65,200(+57.3%)	71,800(+73.2%)
-	엘엠에스	12,300	20,700 (+68.3%)	20,700 (+68.3%)
2010.8.23	대림산업	71,000	125,000(+76.1%)	131,000(+84.5%)
2010.9.07	한솔LCD	43,500	63,600 (+46.2%)	77,300(+77.7%)
2010.10.5	한국정밀기계	27,000	31,300(+15.9%)	39,400(+45.9%)
-	진성티이씨	9,100	10,900 (+19.8%)	12,200(+34.1%)

자료: http://www.etomato.com/2002_tuja/tuja_read.asp?no=45764(2011.1.14)

---

[137] 작성자 | 알파파워 작성일 | 2011/01/09 10:47 조회수 | 899

2011년은 어느 때 보다 기업의 내재가치 저평가 종목위주의 종목별 차별화 장세가 전개될 것으로 보고 있습니다. 종목선정에 어려움이 있는 분은 알파파워 투자클럽에서 도움을 받아 보시기 바랍니다.[138]

7. [기업분석]가치사슬의 해체와 재편성 사례〈델 컴퓨터〉

고객중심의 경영철학에 SCM을 도입하여 고객에 대한 신속한 대응을 통해 매출을 향상시켜 현재 경쟁사인 컴팩을 압도하고 있다. 이러한 델 컴퓨터사의 SCM 적용의 핵심은 델 온라인이라고 불리기도 하는 인터넷 점포(www.dell.com)를 이용한 직판모델(Direct Model)이다. 이러한 인터넷 점포를 통해 고객화가 가능하며 나아가 엑스트라넷을 이용한 특별한 서비스도 제공하고 있다. 다음에서는 이러한 인터넷 점포의 여러 가지 특징과 효과에 대해 살펴본다.

1) 델 컴퓨터사의 시작

1984년 마이클 델이 컴퓨터조립 판매업으로 시작했던 Dell 컴퓨터사는 전화나 팩스 등을 통한 맞춤식 통신판매를 통해 성장하였다. 창업 당시에도 대리점 등 중간상인을 거치지 않고 고객 조립형 컴퓨터를 최종 소비자에게 직접 판매하는 독특한 전략을 폈다. 90년대 초반 매출규모를 늘리기 위해 기존의 통신판매 이외에 소매점을 통한 판매전략을 병행하였다.

93년 최초로 적자 결산이 되자 매출 위주의 전략을 과감히 버리고 고객 위주의 전략으로 전환하였다. 96년 이후 인터넷상에 인터넷 점포를 개설하여 개인, 기업, 정부까지 상대하는 기업으로 성장하였다.[139)140]

---

138) http://www.etomato.com/2002_tuja/tuja_read.asp?no=45764(2011.1.14)
139) 〈참고문헌〉 현대경제연구원 Prime Business Report, www.samsungsds.pe.kr, 아이비즈넷, www.google.co.kr, www.empas.com, www.naver.com, 출처 : http://www.reportg.com/search/search_post.php?MD=TSRCH&TSW=기업분석 가치사슬
140) http://blog.dreamwiz.com/wincom77/13539715(2011.1.14)

8. 페이스북 기업가치 500억달러

소셜네트워크 페이스북이 2004년 창업 6년만에 기업가치가 500억달러(약 56조원)로 뛰었다.[141] 세계 최대 투자은행인 골드만삭스와 러시아 투자자 등이 최근 페이스북에 5억달러를 투자하면서 페이스북 기업가치를 이같이 산정했다. 2009년 중반 기업가치 100억달러보다 5배 늘었다. 미국 자산 리서치업체인 니펙스(NYPPEX)가 평가한 412억달러도 넘어선다. 이베이(374억달러)와 야후(225억달러) 등도 제쳤다. 4일 뉴욕타임스 월스트리트저널 등에 따르면 골드만삭스와 러시아 인터넷 투자기업 디지털스카이테크놀로지(DST)가 페이스북에 각각 4억5000만달러와 5000만달러씩을 투자하기로 했다. 골드만삭스는 이후 7500만달러어치 지분을 DST측에 팔기로 했다.

DST는 총 9억달러를 페이스북에 투자할 것으로 예상된다. 아울러 골드만삭스는 자사 고객들에게 이메일을 보내 페이스북 투자 희망자를 모집한 것으로 전해졌다. 개인별 최소 투자규모는 200만달러이며 2013년까지 주식을 팔 수 없다는 조건이 달렸다. 골드만삭스 등이 페이스북에 거액을 투자하면서 페이스북의 성장 전망은 더욱 밝아졌다. 이번에 조달한 자금으로 페이스북은 경쟁사에서 능력있는 직원을 스카우트해 올 수 있게 됐다. 신상품 개발과 타사 인수·합병(M&A)도 추진할 수 있게 됐다. 페이스북 임원들은 "새해에는 10개 이상 기업을 인수할 계획"이라고 말했다. 페이스북은 한 해 사이 직원이 70%나 늘어나 지난해 11월 현재 임직원이 1700여명에 이른다.

페이스북의 기업가치가 갈수록 커지면서 마크 저커버그 최고경영자(CEO)의 반대에도 불구하고 기업공개(IPO)에 대한 압박이 커질 것으로 예상된다. 마이크로소프트나 구글도 개인 장외시장에서 주식이 인기를 끌면서 결국 IPO를 결정했다. 페이스북 이사회는 2012년 IPO를 검토하겠다고 밝힌 것으로 전해진다. 그러나 일부 전문가들은 페이스북이 오히려 공개기업이 아닌 '개인기업'으로서 더 오래 남아 있을 가능성이 크다고 분석한다.

---

141) 매일경제 원문 기사전송 2011-01-04 17:25

이번 투자유치로 인해 페이스북이 IPO까지 하며 자금조달에 나설 유인이 줄었기 때문이라는 것이다.

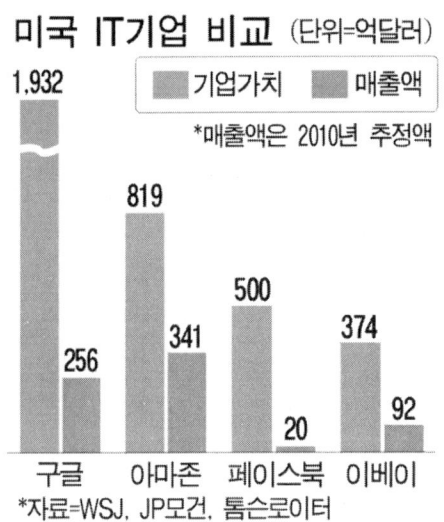

자료: http://news.nate.com/view/20110104n19299(2011.1.14)

벤처캐피털인 앤더슨 호로위츠의 벤 호로위츠 대표는 "1990년대보다 IPO 혜택이 줄어든 대신 각종 불이익은 커졌다"면서 "기업들이 상장을 매우 신중하게 검토할 것을 권고한다"고 밝혔다. 실제로 다른 인터넷 기업들도 IPO에 나서는 대신 자체 자금조달에 나서고 있다. 온라인 할인쿠폰 제공업체인 그루폰은 지난해 말 9억5000만달러를 모았다. 트위터도 지난달 2억달러 규모의 현금을 조달했다. 이에 따라 마크 저커버그를 비롯해 많은 인터넷 기업 경영자들은 IPO를 서두르지 않겠다는 입장이다. 게임업체인 징가의 마크 핀커스 CEO 역시 "회사를 상장할 계획이 없다"고 밝혔다.

이번 골드만삭스의 페이스북 투자는 미국 증권거래위원회(SEC)가 페이스북, 트위터, 징가 등 소셜네트워크사이트나 게임사이트의 개인 주식거래를 조사하기 시작한 시점에 나온 것이어서 귀추가 주목된다. SEC 조사는 사기업들이 IPO를 앞두고 부적절하게 개인 간 거래시장을 이용하고 있는지의 여부를 확인하는 데 초점이 맞춰져 있다. SEC는 비공개 기업이라고 해도 주식 보유자가 500명을 넘을 경우 주식거래를 조사할 수 있다.[142)143)]

9. 계속기업가치의 의미

계속기업가치의 뜻이 뭔지 알려주세요. 뜻이 궁금해요.[144)] 계속기업가치란 기업의 경영활동이 현재와 미래에 계속되리라는 전제하에서 그 기업이 다른 기업 또는 개인에 대하여 가지는 가치를 말합니다.[145)] 계속기업으로서의 가치가 그 자산가치 또는 청산가치를 초과한 때 그 초과분을 영업권이라 부른다고 해요.[146)]

10. 세계적인 브랜드가치가 가장 높은 기업

세계적으로 브랜드가치가 가장 높은 기업은 어디일까요?[147)] 그리고 우리나라 기업은 몇위 정도일까요? 이번에 경제지에서 1위부디 50위까지의 세계적 브랜드가치를 조사했는데 브랜드가치는 역시 애플이 1위입니다.[148)]

그리고 우리나라 기업중에는 유일하게 삼성이 33위에 기록되어있는데, 자꾸 브랜드 가치가 떨어지는 추세라니 잘되었네요. 맨날 자국에만 비싸게 파는데, 아무튼 1위부터 10위까지 브랜드가치입니다^^

(1) 애플(574억달러)
(2) 마이크로소프트(566억달러)

---

142) [뉴욕 = 김명수 특파원], 매일경제 & mk.co.kr
143) http://news.nate.com/view/20110104n19299(2011.1.14)
144) svte, 2010.12.31 16:33 답변 1 조회 4
145) 답변 fallena4, 2010.12.31 16:34
146) http://ask.nate.com/qna/view.html?n=10882646&sq=%B1%E2%BE%F7%B0%A1%C4%A1(2011.1.14)
147) p2p09moa, 2010.7.30 11:33 답변 2 조회 41
148) 답변 dhffjtm6598, 2010.07.30 11:35

(3) 코카콜라(554억달러)

(4) IBM(430억달러),

(5) 구글(397억달러),

(6) 맥도날드(359억달러),

(7) GE(337억달러),

(8) 말보로(291억달러),

(9) 인텔(286억달러),

(10) 노키아(274억달러)

(33) 삼성 (128억달러)[149]

11. 기업가치를 평가할 때 특별이익을 제외하는 이유

 기업가치를 평가할 때 특별이익을 제외한다고 들었어요. 어째서인지 그 이유가 궁금합니다.[150] 특별이익은 회사가 지속적으로 창출해낼 수 있는 수익과 무관한 것이므로 이익을 중심으로 기업가치를 평가할 때는 순이익 중에서 특별이익은 빼고 계산하는 것이 보통이에요.[151] 좀더 설명한다면 특별이익은 기업 본연의 영업활동 외 우발적 원인에 따라 발생하는 이익이지요.

 예를 들어 자동차 제조를 주업으로 하는 회사에서 부동산 매매에 따른 이익이 발생한다면 손익계산서에는 특별이익으로 회계처리하게 된답니다.

 특별이익에 속하는 항목으로는 투자자산 이익, 채무면제 이익, 보험차익, 그리고 기타 특별이익 등이 있어요.[152]

---

149) http://ask.nate.com/qna/view.html?n=10532406&sq=%B1%E2%BE%F7%B0%A1%C4%A1(2011.1.14)
150) tkfkdgodydpfwl, 2010.12.28 16:32 답변 1 조회 4
151) 답변 haseiiii, 2010.12.28 16:33
152) http://ask.nate.com/qna/view.html?n=10873069&sq=%B1%E2%BE%F7%B0%A1%C4%A1(2011.1.14)

12. 기업의 가치를 알고 투자하면 실패는 없다.

　소박한 내면적 삶을 지향하는 것은 자신이 원하는 것을 거부하거나 박탈해야 하는 것이 아니다. 그것은 삶을 풍성하게 해주지 못하는 것을 제거하는 일이다. 그것은 내적인 삶과 외적인 삶의 균형을 이루는 일이다.(엘레인 제임스, 단순하고 자유로운 삶을 사는 방법에 대해 글을 쓰거나 강연하는 미국의 작가이자 강연가) 움직임 가운데 고요함이 있고, 고요함 가운데 생기가 넘치게 하는 법을 배우라.(인디라 간디, 인도 최초의 여성총리) 화합, 은혜, 훌륭한 리듬, 아름다운 스타일은 모두 단순함에 의해 결정된다.(플라톤) 모든 것을 할 시간은 충분하다. 그러나 한꺼번에 모든 것을 할 시간은 충분치 않다. (웨인 소타일, 노스캐롤라이나 주 윈스튼 살렘의 소타일 심리학회 부학회장)[153]

　외부에서 날아오는 독화살에서 우리 몸을 방어하는 것은 쉽지만 내면에

---

153) 낙서장, 2011/01/04 09:54, 복사
　　http://blog.naver.com/twvzwz55v735/130100171076

서 날아오는 독침에서 우리 마음을 방어하는 것은 어렵다. 겉으로 보이는 모든 것의 차이는 우리 마음속에서만 존재한다. 예를 들어 하늘에는 동쪽이나 서쪽과 같은 구분이 없다. 사람들은 이런 구분을 만들어놓고 그것이 진리라고 믿는다. 우리는 일상생활에서도 똑같이 행동한다. 아무런 구분됨이 없는데도 '우리'나 '그들'로 구분지어 놓고 그것이 실제인 것처럼 믿는다.

목표에 도달하는 방법은 목표 그 자체의 가치를 실증해주는 것이어야 한다. 다른 사람에게 뭔가를 가르치는 것은 무거운 수레바퀴가 잘 돌아가도록 그것에 기름칠을 하는 것과 같다.

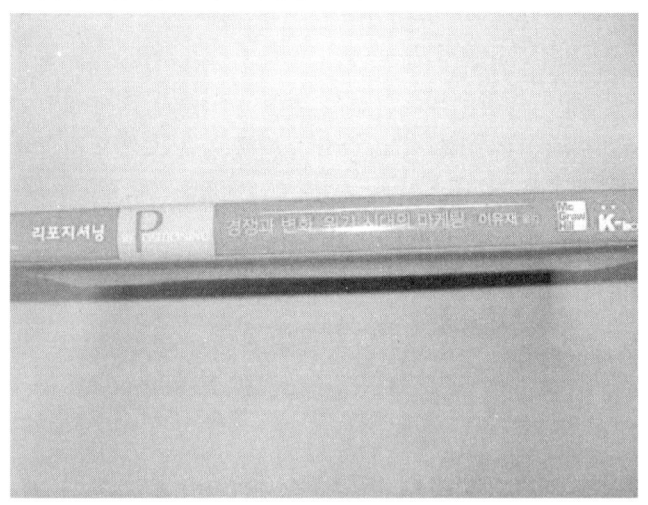

질투의 불꽃은 타인을 향해 있지만, 그 불에 타는 것은 질투하는 사람이다. 깨달음이 깊은 / 깊은 깨달음을 주는 가르침일수록 믿기가 어렵고 실천하기는 더더욱 어렵다. 감사하는 마음은 감사한 것을 더 많이 끌어들인다.

적을 무찌르려고 하기보다는 적을 동맹군으로 바꿔라. 인과응보의 보편법칙에 대한 깊은 믿음을 가지라. / 인과응보라는 보편적인 법칙을 깊이 믿으라. 이는 우리 삶의 방향을 결정짓게 하는 권위있는 신념이다.

 달빛속에서 산책하라. 자신이 겪은 스트레스에 대해 꾸준히 글을 쓰는 사람은 고질적인 질병 증상이 더 적고 웰빙 / 건강과 행복에 대한 감각은 커진다. 자신을 검열하지 말고 마음 깊은 곳에 있는 감정과 느낌을 기록하며 글을 쓰는 가운데 자유로이 사고하라. 다른 생명체와 함께하라. 싱그러운 화분, 물고기가 떼지어 헤엄치는 어항 등은 가정에 고요한 효과를 공급한다. 물소리를 들으라. 파도의 리듬, 쏟아지는 폭포수, 콸콸 흐르는 물줄기, 빗방울 혹은 실내 분수소리를 부정적 생각의 스위치를 내리라. 풀밭 위에 누워보자. 고요한 날 하늘을 우러러 구름이 시시각각 변해가는 모습을 지켜보자. 자연이 고요히 호흡하듯이 피부에 와닿아 스치는 실바람을 느껴보자.

어린이는 모두 예술가다. 성인이 되어서도 예술가로 남도록 하려면 어떻게 해야 하는가 문제이다. (파블로 피카소) 전투를 준비하면서 나는 언제나 계획이 쓸모없다는 것을 알게 된다. 하지만 계획해 보는 것은 필수적인 것이다. (드와이트 아이젠하워) 타인의 짐을 덜어주는 사람이라면 이 세상에 불필요한 사람은 하나도 없다. (찰스 디킨즈) 타인에게 존경을 받고 싶다면 가장 중요한 일은 자신을 존경하는 것이다. 그렇게 함으로써만이 타인의 존경을 받게 될 것이다. (도스토예프스키)

■ 기업의 가치를 알고 투자하면 실패는 없다.

올바른 투자를 하기 위해서는 시시각각 변하는 시세나 차트, 매매타이밍이 아니라 사업을 알고, 기업을 알고, 기업의 자본총계, 주당순자산, 주당순이익, 자기자본이익률, 주가수익비율 등의 개념을 알고 투자하는 것이 보다 중요하다.

■ 공개추천 종목
☞ 코오롱인더(120110)

결산기	매출액	영업익	순이익	EPS	PER	PBR	ROE
2009.	22,152	1,799	998	4,154	13.7	1.05	19.7
2010.12(E)	31,260	2,398	2,043	11,860	6.3	1.40	21.2

*2009년 실적은 분할 전 코오롱의 실적임

투자포인트

산업자재, 필름, 패션, 화학 등 각 부문의 안정적인 수익성을 바탕으로 성장산업에 지속적으로 투자신규 아라미드 설비의 가동률 확대와 핵심자회사 KNC(코오롱 난징)와 SKC 코오롱의 증설효과로 중장기 성장성 지속, 최근 주가 상승에도 불구하고 현 주가는 2010년 예상 실적 기준 PER 6.3배 수준으로 2011년에도 연간 EPS 성장률이 15% 대에 이를 전망이라는 것을 감안하면 여전히 저평가

매매전략

현재가격: 75,000원

추천가격: 73,500원~75,200원 전후

매도목표가격: 단기 85,000원, 중기 98,000원

적정가격: 105,000원

손절가격: 70,500원

☞ 한국정밀기계(101680)

결산기	매출액	영업익	순이익	EPS	PER	PBR	ROE
2009.	1,744	306	211	2,816	14.7	2.81	23.0
2010.12(E)	1,845	318	258	3,376	7.9	1.46	18.3

투자포인트

동사는 CNC수직선반/수평보링기/프라노밀러 등 초대형 정밀기계 전문 제작 기업으로 중형 정밀기계의 경우 두산인프라코어, 위아, 화천기공 등과 경쟁구도이나 대형분야는 독보적 위치. 국내 공작기계 수주는 자동차업종의 신차효과, 노후차 세제효과, 전기전자업종의 설비투자 증설 영향으로 지난해 4분기를 기점으로 점차 회복되고 있는 상황

동사의 경우 높은 기술력을 바탕으로 경기회복과 함께 매출도 빠르게 개선될 전망으로 공작기계 시장확대의 최대 수혜주로 부각할 전망

매매전략

현재가격: 27,000원

매수추천가격: 27,000원 전후
목표가격: 단기 32,500원, 중기 36,000원
손절가격: 25,500원

☞ SIMPAC (009160)

결 산 기	매 출 액	영업익	순 이 익	EPS	PER	PBR	ROE
2009.	1,225	118	137	497	6.2	0.80	13.9
2010.12(E)	1,650	174	187	678	6.6	1.00	18.0

투자포인트

자동차 및 가전용 중대형 프레스 생산기업으로 그동안 수주산업의 불확실성이 우려됐으나 중국 현지업체를 대상으로 매출처 다변화를 추진하면서 중국 경기확장과 설비 투자 확대의 수혜를 받을 수 있음

전방산업인 자동차 IT설비 투자확대로 지속적인 수주확대 및 해외자동차 업체로의 수출증가로 외형성장이 이어질 전망이고 자회사 SIMPAC ANC의 실적호조로 지분법 이익도 크게 증가할 전망

기계업종의 평균 PER 14배, PBR 1.8배인 것을 감안하면 동사의 올해 예상실적 기준 PER 6.6배, PBR 1배는 상대적인 저평가 매력

매매전략

현재가격: 4,470원
매수추천가격: 4,350원 전후
목표가격: 단기 5,000원, 중기 5,800원
적정가격: 6,500원
손절가격: 4,050

☞ 세종공업(033530)

결 산 기	매 출 액	영업이익	순 이 익	EPS	PER	PBR	ROE
2009	3,574	234	387	1,929	3.4	0.70	22.4
2010(E)	3,802	261	513	2,558	5.5	1.22	24.2

투자포인트

자동차용 머플러, 배기가스등 생산

해외자회사 공장가동 100%로 연결실적 호전

내년부터 현대차 러시아 공장, 중국 3공장 가동으로 성장성 지속

오는 11월 미국 앨라배마공장에서 아반테신형 양산개시에 따른 단기 상승모멘텀

현금성자산 700억원에 단기 차입금은 75억원에 불과할 정도로 재무내용 우량

매매전략

현재가격: 14,150원

매수추천가격: 14,000원 전후

목표가격: 1차 16,000원, 2차 18,000원

적정가격: 22,000원

손절가격: 13,000원

☞ 대한유화(006650)

결산기	매출액	영업이익	순이익	EPS	PER	PBR	ROE
2009	16,598	1,672	1,208	14,736	2.69	0.59	24.6
2010(E)	18,313	1,077	837	12,870	5.50	0.61	16.6

투자포인트

중국의 지속적인 설비 증설에도 불구하고 기초생활 필수품, 포장지, 파이프 및 자동차와 IT/가전분야 활용범위 확대로 동사의 주력제품인 PE와 PP 수요는 급신장 중국의 경기부양책과 내수 확대에 따른 특수로 예상밖의 호황을 누리고 있어서 이익규모는 작년에 미치지 못하지만 3년 평균 1,000억원의 당기순이익은 가능할 전망

최근 주가상승에도 불구하고 올해 예상실적 기준 PER이 5.3배이고, 최근 울산/온산공장 토지에 대한 자산재평가 차액 발생으로 주당순자산이 120,000원대에 이른다는 점에서 여전히 매력적인 가격임

매매전략

현재가격: 70,400원

매수추천가격: 70,000원 전후

목표가격: 단기 78,000원, 중기 85,000원

적정가격: 98,000원

손절가격: 66,000원

☞ 진성티이씨(036890)

결 산 기	매 출 액	영업익	순 이 익	EPS	PER	PBR	ROE
2009.	658	5	-10	-64	-	5.31	-6.8
2010.12(E)	1,150	85	122	762	12.2	5.16	91.9

투자포인트

동사는 건설중장비 부품제조회사로 내수 부문에서 4대강 사업을 중심으로 사회간접자본투자가 늘면서 건설기계에 대한 수요가 커지고 있고 수출에서도 중국의 서부 대개발 2단계 투자확대가 예정돼 있어서 긍정적으로 작용할 전망

상반기 매출액이 578억원으로 전년 동기 대비 93% 증가하였으며 최근에도 공장가동율이 100%를 유지하고 있어서 하반기 이후에도 실적증가 추세는 지속될 전망

동사는 그동안 환율변동에 따른 헷지 목적으로 통화옵션거래에 참여해 환율상승으로 인한 손실로 재무내용이 악화되었지만 올해 8월 중으로 계약이 만료되어 불확실성이 해소되었고 연초 자회사 지분매각으로 재무유동성도 개선되고 있어서 영업환경 개선과 함께 주가가 제자리를 찾아가는 과정이 진행될 전망

매매전략

현재가격: 9,100원

매수추천가격: 9,100원 전후

목표가격: 단기 11,000원
손절가격: 8,600원(엄수)

☞ 동아엘텍(088130)

결 산 기	매 출 액	영업이익	순 이 익	EPS	PER	PBR	ROE
2009.	335	47	60	1,045	5.3	0.99	19.2
2010.12(E)	420	78	87	1,318	4.7	0.89	19.3

투자포인트
해외에서 더 유명한 OLED 증착 장비업체
선익시스템 인수로 OLED 장비시장 핵심 부상
LG화학과 조명용 OLED 증착 장비 개발 중
탄탄한 재무구조(현금성자산 150억원)
매매전략
현재가격: 6,610원
매수추천가격: 6,600원 전후
목표가격: 단기 7,800원, 중기 8,800원
적정가격: 10,000원
손절가격: 6,200원

☞GS (078930)

결 산 기	매 출 액	영업이익	순 이 익	EPS	PER	PBR	ROE
2009	5,336	4,985	4,962	5,240	6.5	0.76	12.8
2010(E)	7,784	7,725	7,372	7,784	6.6	0.98	13.2

투자포인트
8월 산업동향에서 유일하게 생산활동이 증가하고 있는 산업이 석유정제업이 유일할 정도로 업황이 긍정적이고 향후 경기회복이 가시화될 시에도 유가상승이 정제마진 확대로 이어질 전망

동사는 국내 최고 수준의 고도화 설비 투자효과가 가시화되면서 반기 사

상 최고 실적을 기록했고, 9월부터도 신규 고도화 설비 가동에 따른 효율성을 감안하면 실적 증가 추세는 내년까지 진행될 전망

2011년에는 GS리테일에 대한 기업공개도 있을 예정이어서 GS 자산가치도 부각될 전망이고 배당성향이 높은 GS칼텍스 실적이 개선되면서 배당금 수령액이 많아지면서 2,000원 전후 배당도 기대

최근 주가 상승에도 불구 PER 6.7배와 PBR 1.0배 수준으로 상대적 절대적 기준 저평가 수준임

매매전략

현재가격: 55,000원

매수추천가격: 55,000원 전후

매도목표가격: 단기 62,000원, 중기 68,000원

적정가격: 76,000원

손절가격: 52,500원

☞ 이수화학(005950)

결 산 기	매 출 액	영업이익	순 이 익	EPS	PER	PBR	ROE
2009	10,821	614	332	3,210	4.6	0.43	9.2
2010(E)	13,255	830	531	4,075	5.3	0.61	12.9

투자포인트

2분기 영업이익 247억원으로 창사 이래 최대 실적 달성

주력제품 알킬벤젠의 수급이 원활해 실적 호전세 지속될 전망

자회사 이수건설에 부실요인 재무제표에 기반영 리스크 해소

2010년 예상실적 PER 4.7, PBR 0.6배 미만으로 상대적 절대적 저평가

매매전략

현재가격: 21,350원

추천가격: 21,350원 전후

매도목표가격: 1차 24,000원, 2차 28,000원

적정가격: 32,000원

손절가격: 19,800원

☞ BNG스틸(004560)

결 산 기	매 출 액	영업이익	순 이 익	EPS	PER	PBR	ROE
2009.12	5,842	258	302	1,990	4.4	0.63	15.6
2010.12(E)	7,800	520	380	2,520	4.3	0.64	20.1

투자포인트

현대제철이 지분 41.7%을 보유하고 있는 현대차그룹의 STS냉연강판 제조업체로 STS주수요처가 건설산업이지만 최근에는 자동차, 태양전지 및 연료전지, 전자부품으로 지속적인 신수요가 창출되면서 안정적인 성장 지속

반기 영업실적은 매출액 3,844억, 영업이익 258억원으로 매출액, 영업이익이 각각 53%, 263% 증가한 서프라이즈한 실적을 보임

올 예상실적 기준 PER 3.5배, PBR 기준 0.6배 수준으로 현 주가는 절대적으로 저평가를 받고 있는 상태

매매전략

현재가격: 12,050원

매수추천가격: 12,000원 전후

목표가격: 1차 14,500원, 2차 16,000원

적정가격: 20,000원

손절가격: 11,000원

☞ 두산(000150)

결 산 기	매 출 액	영업이익	순 이 익	EPS	PER	PBR	ROE
2009.12	11,529	-380	2,323	7,598	12.6	2.62	13.7
2010(E)	17,401	1,399	2,885	9,385	12.4	1.79	15.1

투자포인트

사업형 지주회사로 2분기까지 실적은 자체사업부인 전자부문의 사상 최

대 실적에 힘입어 매출과 영업이익이 각각 전분기 및 전년동기 대비 증가세를 이어 갔음

주가 상승의 걸림돌이었던 밥캣이 턴어라운드함에 따라 두산인프라코어 등 손자회사들의 실적을 아우르는 핵심자회사 두산중공업의 순이익이 올해 흑자 전환하면서 지분법이익에 기여할 것으로 전망

여기에 두산엔진 IPO 및 DIP홀딩스의 자산매각 가능성 등이 그룹 유동성 우려를 불식시킬 것으로 기대

현재의 주가는 두산중공업, DIP Holdings 등 자회사 가치 및 동사의 개선된 재무구조를 충분히 반영하지 못함

매매전략

현재가격: 121,000원

추천가격: 121,000원 전후

매도목표가격: 단기 135,000원, 중기 145,000원

손절가격: 114,000원

☞ 한솔LCD(004710)

결 산 기	매 출 액	영업이익	순 이 익	EPS	PER	PBR	ROE
2009	11,022	112	212	3,344	8.8	1.42	18.0
2010(E)	15,293	252	361	5,047	8.8	1.70	22.2

투자포인트

수익성이 낮은 BLU사업의 의존도를 낮추고 인버터, CCFL사업에서 이제는 LED웨이퍼 사업과 태양전지 모듈사업을 통한 수익성 확보

동사의 2분기 매출은 전분기 대비 36% 증가하면서 분기 기준 최대실적을 기록, 최근 LED업황 둔화우려에도 불구하고 동사의 주력제품인 40인치 LED패널은 다른 제품보다 양호한 성장을 기록

BLU조립업체에서 LED웨이퍼, 태양전지 모듈업체로의 구조적 변화가 이루어지고 있다는 점에 주목할 동사의 수익성이 레벨업될 수 있을 것으로 기대

매매전략

현재가격: 43,500원

매수 추천가격: 43,000원 전후

목표가격: 단기 48,000원, 중기 52,000원

손절가격: 41,500원

☞ 엘엠에스(073110)

결 산 기	매 출 액	영업이익	순 이 익	EPS	PER	PBR	ROE
2009.	687	154	104	1,168	7.6	1.6	24.0
2010.12(E)	1,134	202	189	2,160	6.2	1.8	33.3

투자포인트

3D산업이 발전하는 데 필요한 광학필름, 도광판, 블루레이용 광픽업렌즈 분야의 중심에 서 있는 기업

광학필름 회사인 미래나노텍, 신화인터텍의 2분기 실적이 어닝쇼크에 해당될 정도로 부진한 반면 동사는 2분기 당기순이익 67억원으로 시장 추정치인 29억원을 크게 웃도는 실적을 발표

7월부터 LED TV용 도광판 양산시작으로 3분기 이후에도 급격한 매출증가와 함께 실적증가추세는 이어질 전망

매매전략

현재가격: 13,400원

매수추천가격: 13,400원 전후

목표가격: 1차 15,000원, 2차 16,500원

손절가격: 12,500원

책소개

경쟁, 변화, 위기의 상황에서 빛을 발하는 리포지셔닝!

'역사상 가장 훌륭한 100대 경영서적'으로 선정된 바 있는 마케팅분야의 고전 <포지셔닝>이 발간된지 30년이 지나는 동안 많은 사람들이 포지셔닝이라는 용어를 사용해왔다. 이처럼 포지셔닝이라는 개념은 부각되었지만, 그 쌍둥이 형제인 리포지셔닝이라는 개념은 상대적으로 덜 주목받아왔다.『리포지셔닝』은 리포지셔닝이라는 개념을 조명한 책이다. 포지셔닝과 리포지셔닝의 개념을 상세하게 소개하며, 기업이 포지셔닝과 리포지셔닝의 의미를 이해하고 실천한다면 오늘날과 같은 경쟁사회에서 생존할 수 있는 힘을 얻을 수 있다고 강조한다.

☞ 북소믈리에 한마디!

저자는 경쟁(Competition), 변화(Change), 위기(Crisis)라는 '3C'를 이유로 들며, 이제는 리포지셔닝이라는 개념이 조명되어야 할 시기라고 주장한다. 다양한 사례들을 제시하면서 경쟁에서 살아남기 위해, 급격한 기술변화에 대응하기 위해, 위기상황을 이겨내기 위해 리포지셔닝이 필요하다는 것을 보여준다.

출판사 서평

「포지셔닝」이 처음 발간된 지 30년이 지나는 동안 수많은 사람들이 포지셔닝이라는 용어를 사용해 왔다.

포지셔닝과 리포지셔닝이란 말은 무수히 반복해서 거론되고 있지만 모든 사람이 포지셔닝을 정말 제대로 이해하고 있지는 않은 것 같다. 경영 컨설팅업계 종사자처럼 영향력있는 집단들조차 '고객의 인식'이라든지, '마인드에서 우위, 열위를 점한다'든지 하는 개념을 정확히 알고 있지 못한 것이 현실이다. 이에 이 책에서는 포지셔닝과 리포지셔닝의 개념을 상세히 소개한다. 기업이 포지셔닝과 리포지셔닝의 의미를 이해하고 실천한다면 오늘날과 같은 고도의 경쟁사회에서 생존할 수 있는 강력한 힘을 얻을 수 있다.

「포지셔닝」은 최근 '역사상 가장 훌륭한 100대 경영서적'으로 선정된 바 있다. 그처럼 포지셔닝이라는 개념이 기업 세계에서 중요하게 부각되는 동안, 상대적으로 덜 주목받아 온 쌍둥이 형제가 바로 '리포지셔닝'이다. 이제는 리포지셔닝이라는 개념이 조명되어야 할 시기이다. 그 이유는 '3C'로 설명할 수 있는데 경쟁(Competition)과 변화(Change), 위기(Crisis)가 그것이다.

흥미롭게도 1980년대에 발간된 책에서는 오직 한 장에서만 리포지셔닝을 '경쟁자가 부정적으로 인식되도록 만드는 방법' 정도로만 언급되고 있다.

오늘날에는 예전에 비해 훨씬 많은 경쟁전략 사례들이 존재한다. 매우 공격적인 리포지셔닝의 사례는 정치에서도 찾을 수 있다. 미국 공화당이 민주당 상원의원이자 대선후보였던 존 케리를 '기회주의자'로 리포지셔닝시켰던 일을 기억하는가? 조지 부시 대통령의 당선에 지대한 공로를 세운 이 전략은 공정해 보이지는 않지만 매우 효과적이었던 것만은 분명하다. 그런가 하면 민주당은 2006년 중간선거에서 공화당을 향해 '무능한 정권'이라는 공략을 펼쳐 압승을 거두었다. 허리케인 피해와 미국 전반에 걸친 재정위기에 대한 공화당의 대응을 생각해 보면, 그러한 민주당의 리포지셔닝전략은 제법 공정하고도 효과적인 것으로 보인다.

리포지셔닝은 변화에 대응하기 위해 태어났다

리포지셔닝이 존재하는 이유는 경쟁에서 살아남기 위해서다. 그런가 하면 리포지셔닝 탄생의 이유는 그것이 수 많은 제품의 등장을 가능케 하는 급격한 기술변화에 대응하는 데 유용한 전략이기 때문이다. 하버드 경영대학원 클레이튼 크리스텐슨(Clayton Christensen) 교수는「혁신기업의 딜레마(The Innovator's Dilemma)」라는 책에서 그 문제를 다루고 있다. 그는 '파괴적 기술(Disruptive Technology)'이라는 신조어를 만들어냈고, 그의 저서는 파괴적 기술이 어떤 방식으로 산업내에서 정상의 자리를 지키고자 하는 기업의 노력을 물거품으로 만드는지 잘 묘사하고 있다.

복합적인 제품범주건, 단일제품범주건 '변화'가 큰 타격을 입히고 있다. 위협적인 변화를 받아들일 수 있도록 인식을 조정하는 방법을 찾아내는 것이 리포지셔닝의 관건이다.

리포지셔닝, 위기상황에서 빛을 발한다

경쟁, 변화에 이어 리포지셔닝을 이해해야 하는 또 하나의 상황은 '위기(Crisis)'다. 위기의 첫번째 유형은 거시적 위기(Macro Crisis)다. 이것은 어느 날 갑자기 세계의 모든 기업들이 급격한 환경변화에 맞추어 경영계획을 전면 수정해야 하는 상황을 의미한다. 리포지셔닝은 이런 위기상황에서 제몫을 톡톡히 한다. 고객에게 가치를 전달하기 위해서 어떻게 인식을 조정하는 것이 옳을까? 가격 프로모션에서도 그런 전략을 찾아볼 수 있다.

현대자동차는 미국 시장에서 고객들에게 자동차를 판매한 뒤, 고객이 1년 내에 실직할 경우 해당 자동차를 다시 사주겠다는 약속을 하는 프로모션을 진행했다. 당시 다른 기업들은 그저 낮은 가격을 제공하거나 1개를 사면 1개를 덤으로 주거나 할인해 주는 방식의 가격정책을 제시할 뿐이었다. 하지만 현대가 제시한 것은 가격이 아니라 '가치'였다. 사실 가격인하정책은 경쟁자들로 하여금 계속해서 가격을 인하하게 하는 악순환을 낳는다.

위기의 두번째 유형은 미시적 위기(Micro Crisis)다. 이는 AIG나 GM같은 각각의 기업이 생존을 위해 리포지셔닝해야 하는 상황을 의미한다. 미시적 위기에서 리포지셔닝이야말로 까다로운 과제다. 좀처럼 변하려고 하지 않는 고객의 마음을 움직여야 하기 때문이다. 3C(경쟁, 변화, 위기)의 상황을 가늠해 볼 때, 독자들은 왜 리포지셔닝의 시대가 올 수밖에 없는지 알게 될

것이다.154)

13. 상생경영이 기업 브랜드가치 올리는 일

상생경영이 곧 기업 브랜드가치 올리는 일"155) "품질이나 가격으로 경쟁하는 시대는 지났습니다. 결국 승부는 기업의 브랜드가치를 얼마나 올릴 수 있느냐에 달려 있습니다."156) 오규현 한솔제지 대표이사는 12일 기자간담회에서 신년 경영계획을 이야기하며 '고객가치'와 '스마트한 변화'란 두 문구를 연신 반복했다. 그는 '시류를 따라잡기 위해' 마련했다는 스마트폰을 꺼내들며 "사실 시장에 나와 있는 제품의 품질이나 가격은 일정 수준에 도달하면서 엇비슷해졌다. 소비자의 선택은 어떤 브랜드를 소유하고 싶은가 하는 심리에 달려 있는 것"이라고 예를 들었다. 종이 산업도 마찬가지다. 품질과 가격에서는 더 이상 차별성을 두기 어려운 수준에 와 있다는 진단이다. 오 대표는 "단순히 가격만으로 경쟁하는 전략이 아니라 고객과 함께 동반 성장할 수 있는 길을 모색해야 하는 시대가 됐다"며 "이것은 결국 고객과의 상생을 도모함으로써 가능한 일"이라고 했다. 구체적인 행동강령은 고객사인 인쇄업체들에 대한 지원이다. 고객사 직원 교육이나 원부자재 통합 구매 등을 지원하겠다는 방침을 내놨다. 오 대표는 "올해 협력사 14곳에 대한 지원이 시작되는데, 이 중에는 현재 우리와 거래가 없는 잠재고객도 끼어있다"며 "당장의 지원효과를 노리는 것이 아니란 취지"라고 말했다. 한솔제지는 오 대표의 이런 의지를 실현하기 위해 '고객가치창출팀'을 신설, 대표이사 직속으로 배치했다. 이 팀을 통해 가격경쟁이 아닌 다양한 비즈니스 솔루션을 제공하는 방식으로 패러다임의 변화를 이끈다는 계획이다. 한편 오 대표가 처음 이 계획을 발표했을 때만 해도 고객사인 인쇄업체들이 저

---

154) http://blog.naver.com/twvzwz55v735/130100171076(2011.1.14)
155) 한솔제지 대표이사 오규현 굿모닝CEO / Anna 신문 2011/01/13 12:25,
http://blog.naver.com/gidrl8572/30100633704
156) 아시아경제, 신범수 기자

마다 처한 환경이 달라, 어떤 부분을 어떻게 지원할 것인지 체계화하기 힘들다는 회의적 의견이 지배적이었다고 한다. 하지만 오 대표는 "고객의 수익이 증가해야 기업이 발전한다"는 간단한 명제를 강조, 한솔제지가 보유하고 있는 유무형의 역량을 이에 총동원하는 전략을 실행에 옮기기로 결정했다.

오 대표는 "한솔제지는 고객과 상생 발전해 나가기 위한 다양한 노력을 경주하는 한편, 고객에게 한발 더 다가서는 경영활동을 통해 그들과 함께 동반 성장해 나가는 데 최선을 다할 것"이라고 말했다.157)158)

14. 성장 모멘텀 GOOD 기업가치 UP

견고한 캐시카우에 신작 라인업 더해 성장 '청신호'… 지속 가능한 매출원 확보가 기업가치 결정 변수, 드래곤플라이, 역대 최강 라인업 평가 … 컴투스, 게임법 수혜주로 스마트폰 분야 독보적, 새로운 디바이스의 출현과 소셜 네트워크의 부각으로 2010년 게임업계는 변화의 시기를 겪었다. 격변하는 시장에서 생존을 보장받기 위해 기업들은 성장동력 확보에 전력을 다했다.159) 기업들의 치열한 생존경쟁이 신묘년 주식시장에 그대로 반영될 전망이다. 저마다의 방식으로 확보한 성장동력이 내년 주식시장의 역사점 고점(신고가) 이슈와 맞물려 시너지 효과를 나타낼 것이라는 기대 때문이다. 국내 게임전문 애널리스트들은 2011년 상반기 기대주로 드래곤플라이, 위메이드엔터테인먼트(이하 위메이드), 제이씨엔터테인먼트(이하 JCE), 컴투스 4개 기업을 꼽았다. 이들 기업들은 경쟁력있는 차기작 라인업을 갖추고 있고, 글로벌 영업망을 확보하고 있어 새해 기업가치를 끌어올릴 수 있을 것으로 분석됐다. 특히 새로운 디바이스 적응력이 탁월해 추가 매출 확보 측면에서도 높은 점수를 받았다. 애널리스트들이 선정한 2011년 상반기

---

157) [출처] 상생경영이 곧 기업 브랜드가치 올리는 일- 한솔제지 대표이사 오규현|작성자 승무원코치1호
158) http://blog.naver.com/gidrl8572/30100633704(2011.1.74)
159) 발행일 제 464호 2011년 01월 03일

기대주는 두 가지 공통점을 갖는다. 첫번째가 견고한 매출을 발생시키고 있는 캐시카우를 보유하고 있다는 점, 두번째가 호실적이 기대되는 모멘텀으로 기대감을 높인다는 사실이다.

드래곤플라이는 국민 FPS '스페셜포스', 위메이드는 '미르 시리즈'의 견고한 해외 매출, JCE는 '프리스타일', 컴투스는 피쳐폰 시장에서의 영향력을 각각 캐시카우로 확보하고 있다. 여기에 강력한 신작 라인업, 해외 영향력 강화, 게임법 수혜, 신규 디바이스 적응력 등의 모멘텀을 더해 주식가치를 끌어올릴 수 있을 것으로 기대된다. 신한금융투자 최경진 애널리스트는 "증권가에서 게임주가 안정세를 나타내려면 단기 호재에 의존해서는 안될 것"이라며 "2011년 유망기업들은 장기 매출을 기대할 수 있는 의미있는 모멘텀을 확보하고 있다"고 분석했다. 2010년 새로운 변화에 대응하는 경쟁력 확보에 효과적으로 대처해 새로운 성장 모멘텀을 확보한 드래곤플라이, 위메이드, JCE, 컴투스 4개 유망 기업을 분석한다.

▲ 콘텐츠의 경쟁력만큼이나 유저들에게 서비스할 통로 확보가 중요하다. 드래곤플라이는 가장 다양한 콘텐츠 서비스 통로를 보유하고 있다

1) [드래곤플라이] 신작 경쟁력 '역대 최강' 포털 제휴

애널리스트들이 꼽은 드래곤플라이의 최대 강점은 경쟁력있는 라인업과 콘텐츠 파급력이다. 드래곤플라이는 2011년 국민 FPS의 귀환 '스페셜포스2', 스타일리쉬 액션을 선보이는 FPS 신작 '솔저오브포춘 온라인', MMORPG '볼츠앤블립 온라인' 등의 라인업을 보유하고 있다. 이들 라인업들은 각각이 여타 게임사의 메인타이틀에 버금가는 임팩트를 가지고 있어 기대를 높인다. 여기에 엠게임, CJ인터넷 등의 포털사 제휴를 통해서 충분한 콘텐츠 서비스 경로를 확보하고 있다는 점이 긍정적인 평가를 받는다. 특히 '서든어택'을 서비스하고 있는 넷마블 유저를 확보, FPS 장르의 유저를 통일하는 효과가 기대된다. 증권가에서는 드래곤플라이의 경쟁력있는 신작 라인업이 본격적으로 출시되는 2011년 상반기 주가 2만원 진입이 무난할 것으로 예

상하고 있다.

2) [제이씨엔터테인먼트] '프리스타일풋볼' 상용화 실적

JCE의 가장 주요한 상승 모멘텀은 2010년 12월 29일 상용화에 돌입한 '프리스타일풋볼'의 1분기 성적표다. '프리스타일풋볼'은 지난해 최고의 흥행을 기록, PC방 순위 10위권에 진입한 유일한 타이틀이다. 전문가들은 JCE가 전작에서 보여준 뛰어난 매출 극대화 노하우와 유저 베이스가 결합 '프리스타일'에 버금가는 매출이 가능할 것으로 기대하고 있다.

상반기에 출시되는 '프리스타일2'에 대한 유저들의 반응도 JCE 기업가치 상승 호재다. 당초 전작의 인기가 너무 높아 '프리스타일2'의 성공이 불투명하다는 분석이 지배적이었지만, 지난달 CBT에서 긍정적인 유저 반응을 이끌어냈기 때문이다. HMC투자증권 최병태 애널리스트는 "주가를 끌어올리는 가장 중요한 요인은 매출 확대"라며, "1분기 성과에 따라서 기업가치가 재조정될 수 있을 것"이라고 전망했다.

3) [컴투스] 어플 개발 경쟁력 게임법 등으로 수혜주 부각

컴투스는 2011년 가장 바쁜 한해를 보낼 것으로 기대된다. 게임법 개정안의 통과가 지연되면서 가장 큰 피해를 입은 기업인 컴투스는 동시에 법안 통과시 직접적인 성과를 기대할 수 있는 기업이기도 하다. 스마트폰의 확대로 다소 위축되었지만 이미 피쳐폰 시장에서 확고한 매출 베이스를 확보하고 있고, 경쟁사인 게임빌에 비해서 어플리케이션 부분에 기업 역량을 집중해 개발력과 기반 타이틀을 확보하고 있다. 내년 상반기 윈도우7모바일의 출시로 스마트폰 시장이 더욱 확대될 것으로 전망돼 OSMP(원소스멀티플랫폼) 기술력을 보유한 컴투스의 매출 신장세가 확대될 것으로 전문가들은 기대하고 있다. 현대증권 리서치센터 김석민 수석 연구원은 "컴투스는 어플리케이션 시장의 독보적인 기술력을 보유하고 있는 기업"이라며 컴투스를 신묘년 가장 우수한 성장 모멘텀을 확보한 기업으로 꼽았다.

4) [위메이드엔터테인먼트] 강화된 해외 역량 본격화

작년 YNK재팬을 인수한 위메이드는 2011년 중국에 편중된 해외매출 다변화에 나선다. 최근 위메이드 서수길 대표가 해외지사에서 오랜 시간을 보내고 있는 이유도 해외지사에 대한 경쟁력 강화를 위함이다. 상반기에 공개되는 라인업도 글로벌 역량 강화에 긍정적이다. 새롭게 선보이는 '네드'가 유럽과 북미시장에서 좋은 성과를 거둘 것으로 기대되며, '쯔바이 온라인'은 일본에서 좋은 반응을 이끌어내고 있다. 스마트폰, 태블릿PC 등의 디바이스 적응력도 우수하다. 지난 지스타에서 공개된 '펫츠'와 '마스터 오브 디펜스'의 게임성과 유저 반응이 좋아 새로운 매출 창출이 충분할 것이라는 분석이 지배적이다. 신한금융투자 최경진 애널리스트는 "공격적인 글로벌 시장 영향력 확대가 신작라인업과 맞물려 시너지 효과가 예상된다"고 전망했다.[160][161]

---

160) 박병록 기자 abyss@khplus.kr
161) http://www.khgames.co.kr/week_01/main_content.htm?code=w_special&idx=1552(2011.1.14)

제4장 기업가치평가와 주가변동

1. [투데이리포트]현대건설, "기업가치 훼손 제거..." BUY_키움

　키움증권은 21일 현대건설(000720)에 대해 "기업가치 훼손 제거는 긍정적"이라며 투자의견을 'BUY(MAINTAIN)'로 제시하였고 아울러 목표주가로는 86,700원을 내놓았다.162)

　키움증권 한상준 애널리스트가 동종목에 대하여 이번에 제시한 'BUY(MAINTAIN)'의견은 키움증권의 직전 매매의견과 동일한 것이고 올해 초반의 시장컨센서스와 비교해 볼 때도 역시 '매수'의견이 계속 유지되고 있는 상태이다. 그리고 최근 분기내 발표된 전체 증권사 리포트의 컨센서스와 비교를 해볼 경우에 발표된 투자의견은 전체의견에 수렴하고 있어, 이번 의견은 시장의 평균적인 기대감이 객관적으로 표현된 것으로 분석되고 있다.

　목표주가의 추이를 살펴보면 직전에 한차례 상향조정된 후에 이번에 다시 목표가가 하향조정되는 모습인데, 이번 목표가의 하락폭은 다소 줄어든 모습이다. 또한 전일 종가 기준으로 볼 때 동종목의 현주가는 이번에 제시된 목표가 대비 23.7%의 저평가 요인이 존재한다는 해석이 제시되고 있다.

1) Report briefing

　키움증권은 현대건설(000720)에 대해 "현대건설의 주인찾기는 법정소송과 같은 내용으로 시간이 걸릴지라도, 국내 1위 건설사인 현대건설의 기업 본연의 가치를 보면 현 주가는 아직도 매력적이라 판단된다"라고 분석했다.

---

162) [투데이리포트]현대건설, "기업가치 훼손 제거..."BUY(MAINTAIN)_키움

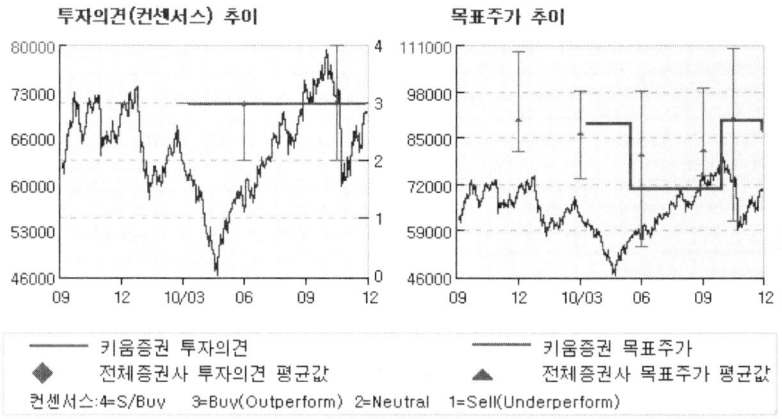

자료: http://www.hankyung.com/board/view.php?id=financial_point&no=183885
(2011.1.14)

또한 키움증권은 "현대그룹은 이번 우선협상자대싱자 자격 박탈로 인해 강하게 반발할 것으로 보이며 예비협상대상자인 현대차그룹에 우선협상자 지위가 부여될지의 여부도 주주협의회에서 결정이 될 것이기 때문에 아직 불확실성은 존재한다"라고 밝혔다. 한편 "현대그룹은 채권단이 MOU 해지 절차를 진행하는 동안 현대상선 프랑스 법인의 유상증자를 통해 현대건설 인수대금을 지급하는 계획을 추진 중이라고 밝힌 것과 관련해서는 소송을 대비한 사전 포석으로 판단된다"라고 전망했다.

2) Report statistics

키움증권의 동종목에 대한 최근 6개월 동안의 투자의견은 전체적으로 큰 변화없이 유지되고 있다. 목표주가는 2010년10월 90,000원까지 높아졌다가 2010년6월 70,600원을 최저점으로 목표가가 제시된 이후 최근에 86,700원으로 새롭게 조정되고 있다. 한편 증권정보제공업체인 씽크풀에 따르면 동사에 대한 컨센서스는 '매수'이고 목표주가의 추이를 살펴보면 최근 두차례 연속 목표가가 낮아지고 있는데 이번에 조정된 폭이 이전보다는 줄어든 추세이다. 오늘 키움증권에서 발표된 'BUY(MAINTAIN)'의견 및 목표주가 86,700원은 전체의견에 수렴하면서 시장의 평균적인 기대감이 비교적 객관적으로 표현된 것으로 풀이되며 목표가평균과 대비해서 미미한 차이가 나는 것으로 집계되었다. 참고로 최근에 목표주가를 가장 공격적으로 제시한 신한금융투자증권은 투자의견 '매수'에 목표주가 110,000원을 제일 보수적인 의견을 제시한 삼성증권은 투자의견 'HOLD'에 목표주가 61,000원을 제시한 바 있다.[163)164)]

2. [투데이리포트]AP시스템, "기업가치 더욱 견고..."BUY_한양

한양증권은 20일 AP시스템(054620)에 대해 "기업가치 더욱 견고해질 전망"이라는 투자의견을 'BUY(유지)'로 제시하였고, 아울러 목표주가로는 12,600원을 내놓았다. 한양증권 정진관 애널리스트가 동종목에 대하여 이번에 제시한 'BUY(유지)'의견은 한양증권의 직전 매매의견과 동일한 것이고 그리고 최근 분기내 발표된 전체 증권사 리포트의 컨센서스와 비교를 해볼 경우에 오늘 발표된 투자의견은 대체적으로 평균치에 해당하는 수준으로, 이번 의견은 동종목에 대한 전체적인 흐름에서 크게 벗어나지 않은 것으로 분석되고 있다. 목표주가의 추이를 살펴보면 이번에 다시 목표가가 같은 수준을 유지하면서 최근 흐름은 목표가의 계단식 상승이 진행되는 모습이다.

또한 전일 종가 기준으로 볼 때 동종목의 현주가는 이번에 제시된 목표가 대비 82.6%의 추가상승 여력이 있다는 해석이 제시되고 있다.

1) Report briefing

한양증권은 AP시스템(054620)에 대해 "2010년말까지 네비게이션, 위성단말기 등 저부가, 고비용사업의 정리와 분할을 통해 동사는 반도체, 디스플

---

163) 씽크풀에서 제공하는 컨센서스는 36개 증권사에서 발표되는 기업분석 리포트 및 코멘트를 실시간으로 통계/분석처리되고 있습니다.
164) http://www.hankyung.com/board/view.php?id=financial_point&no=183885 (2011.1.14)

레이 장비와 인공위성제작에 집중하며 기업가치가 견고해질 전망"라고 분석했다. 또한 한양증권은 "내년부터는 AMOLED에 대한 양산능력 확보를 위해 본격적인 투자가 시작될 것으로 공정상 필수적인 결정화장비(ELA)에 우세한 경쟁력을 가진 동사의 수주호조가 이어질 전망"라고 밝혔다.

한편 "올해 55% 외형증가에도 불구하고 일부 사업부 적자로 영업이익률이 2.6%에 불과할 것으로 예상되나, 2011년에는 매출액 1,714억원, 영업이익 153억원의 실적을 기록하는 중견장비업체로 자리잡을 것"라고 전망했다.

2) Report statistics

한양증권의 동종목에 대한 최근 3개월 동안의 투자의견은 전체적으로 큰 변화없이 유지되고 있다. 목표주가는 2010년4월 9,700원이 저점으로 제시된 이후 이번에 발표된 12,600원까지 꾸준하게 상향조정되어 왔다.[165)166)]

3. [투데이리포트]포스코켐텍, "외형성장과 기업가치..."BUY_LIG

LIG증권은 6일 포스코켐텍(003670)에 대해 "외형성장과 기업가치 변화는 진행형"라며 투자의견을 'BUY(유지)'로 제시하였고, 아울러 목표주가로는 180,000원을 내놓았다. LIG증권 변종만 애널리스트가 동종목에 대하여 이번에 제시한 'BUY(유지)'의견은 LIG증권의 직전 매매의견과 동일한 것이고 전년도말의 매매의견을 기준으로 볼 때도 역시 '매수'의견이 계속 유지되고 있는 상태이다. 그리고 최근 분기내 발표된 전체 증권사 리포트의 컨센서스와 비교를 해볼 경우에 오늘 발표된 투자의견은 전체의견에 수렴하고 있어, 이번 의견은 시장의 평균적인 기대감이 객관적으로 표현된 것으로 분석되고 있다. 목표주가의 추이를 살펴보면 이번에 다시 목표가가 같은 수준을 유지하면서 최근 흐름은 목표가의 계단식 상승이 진행되는 모습이다. 또한

---

165) 씽크풀에서 제공하는 컨센서스는 36개 증권사에서 발표되는 기업분석 리포트 및 코멘트를 실시간으로 통계/분석처리되고 있습니다.
166) http://www.hankyung.com/board/view.php?id=financial_point&no=183669 (2011.1.14)

전일 종가 기준으로 볼때 동종목의 현주가는 이번에 제시된 목표가 대비 26.8%의 저평가 요인이 존재한다는 해석이 제시되고 있다.

1) Report briefing

LIG증권은 포스코켐텍(003670)에 대해 "2011년 큰 폭의 외형성장이 기대되고 동사로부터 양질의 원료 조달을 통한 석탄화학사업은 동사의 사업구조와 기업가치를 완전히 변화시킬 것이다. 동사의 인도네시아 제철소 건설과 운영사업에도 동반 진출함으로써 내화물, 생석회, 석탄화학사업의 사업영역이 해외로 확대된다는 점도 기업가치 변화에 기여할 것"라고 분석했다.

또한 LIG증권은 "2010년은 금융위기로 인해 감소했던 POSCO의 조강생산량이 정상화(2008년 33.1백만톤 → 2009년 29.5백만톤 → 2010년E 33.7백만톤)되었고 POSCO의 광양화성공장 위탁운영과 화성공장에서 발생하는 부산물 판매 등 석탄화학 관련매출이 발생하면서 연간 매출액과 영업이익은 7,730억원(y-y, +35%), 720억원(y-y, +73%)으로 사상 최대를 기록할 것"라고 밝혔다. 한편 "동사의 조강생산량 증가와 석탄화학업의 온기 반영으로 2011년 매출액은 1조2,630억원으로 63% 증가하고 영업이익은 1,030억원으로 43% 증가하는 등 큰 폭의 외형성장이 예상된다"라고 전망했다.

2) Report statistics

목표주가는 2010년8월 152,000원이 저점으로 제시된 이후 이번에 발표된 180,000원까지 꾸준하게 상향조정되어 왔다. 오늘 LIG증권에서 발표된 'BUY(유지)'의견 및 목표주가 180,000원은 전체의견에 수렴하면서 시장의 평균적인 기대감이 비교적 객관적으로 표현된 것으로 풀이되며 목표가평균과 대비해서 미미한 차이가 나는 것으로 집계되었다. 참고로 최근 증권사 매매의견 중에서 제시한 바 있다.[167][168]

---

[167] 씽크풀에서 제공하는 컨센서스는 36개 증권사에서 발표되는 기업분석 리포트 및 코멘트를 실시간으로 통계/분석처리되고 있습니다.
[168] http://www.hankyung.com/board/view.php?id=financial_point&no=185951 (2011.1.14)

4. 일진전기, 기업가치 커지고 있다.

키움증권은 9일 일진전기(103590)와 관련 주요제품 라인업의 고도화, 생산능력 증설, 해외 영업망 확대 등을 통해 기업가치가 늘어나고 있다며 투자의견 매수와 목표주가 1만6000원을 유지했다.[169] 김지산 애널리스트는 "일진전기의 내년 영업이익은 634억원, 세전이익은 577억원으로 각각 24%, 26% 증가할 전망"이라며 "전선 사업부는 초고압 신규라인의 실적 기여가 본격화되고, 초고압 케이블 라인업이 400kV급으로 확대될 것으로 기대된다"고 밝혔다. 이어 "중전기 사업부는 500kV급 변압기 공장건립에 착수해 지속 성장을 위한 토대를 마련하고, 변전소 구축을 주요내용으로 하는 EPC 수주를 올해 230억원에서 내년에 500억원으로 늘릴 계획"이라며 "스마트 그리드 이외에 2차전지 음극활물질 등 신규 사업의 성장성이 부각되고 있다"고 설명했다. 김 애널리스트는 "동(銅) 가격 추이에 따라 영업이익의 변동성이 커 보인다는 것이 약점으로 지적돼 왔으나, 내년부터 IFRS 기반 위험회피회계를 도입함으로써 실적 안정성이 부각될 것이라는 점도 긍정적"이라고 강조했다. 그는 "향후 고속철도 투자 확대, 스마트 그리드 개화 과정에서 많은 시장참여 기회를 얻게 될 것"이라며 "이를 바탕으로 기업가치가 지속적으로 상승할 전망"이라고 밝혔다.[170]

5. 기업가치, 자기자본가치 및 부채가치와의 관계

자기자본가치가 올라가는 지점이 부채의 원리금점에서 출발[171] 자기자본의 가치라는 것은 다시 말하면 주주지분이죠. 주주는 유한책임이 있는 것 아시죠. 기업가치가 커갈 때 부채의 원리금까지는 채권자가 가지고 가다가 부채의 원리금을 넘어서는 부분부터는 주주몫이 되는 겁니다. 그러니 자기

---

169) 주식관련 정보방 2010/12/09 08:08,
http://blog.naver.com/mellani6/130098620264
170) http://blog.naver.com/mellani6/130098620264(2011.1.14)
171) 관심사 , 2010/10/21 14:41, 복사 http://smartkty.blog.me/120117069929

자본의 가치는 부채의 원리금점부터 시작해서 45도 기울기를 가지면서 올라가겠지요.

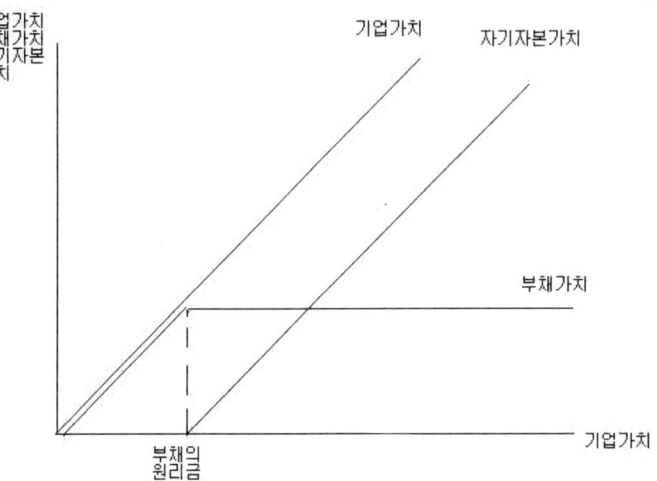

부채의 가치는 기업가치가 아무리 커져도 부채의 원리금 이상으로 채권자가 더 가지고 갈 수 없죠. 그러니 처음에는 45도선을 타고 올라가다가 부채의 원리금점이 지나면 일정해지게 되죠. 부채의 가치와 자기자본의 가치 모두 더하면 기업가치가 45도 선을 따라 올라가는 이유는 아시겠죠.[172]

---

172) 이하에는 본 저자의 강의노트이므로 참고할 것

2. 자기자본, 부채의 만기가치

* 부채액면가 10억 (만기 2년)

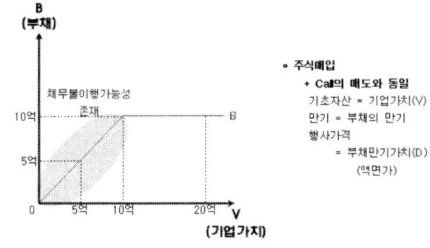

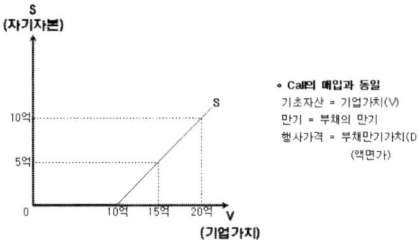

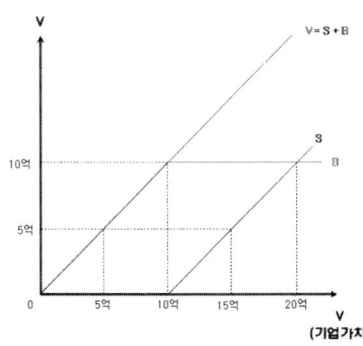

* 지급보증의 가치 [173)]

Put-Call Parity : $P(X) = S + P - C$ 에서 도출을 하면...

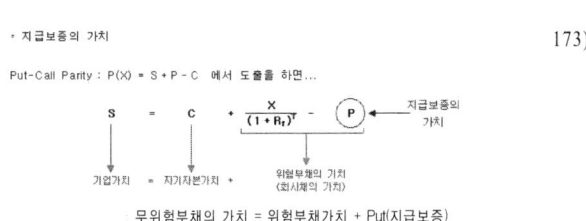

무위험부채의 가치 = 위험부채가치 + Put(지급보증)

---

173) http://blog.naver.com/smartkty/120117069929(2011.1.14)

6. 기업가치평가법을 준용한 대한민국 KOSPI의 적정성 평가

최초로 펀드를 가입하던 2004년 시점에서 전 대한민국 증시를 1500선이 적정한데 900정도 밖에 값어치를 못 받고 있어 50~60%의 상승폭이 가능하다는 가정하에 투자를 시작했습니다.[174] 그러나 심리적 상한선은 무참히 가볍게 깨져버리고 이제 2000의 언저리에 닿았습니다. 이 상황에서 1) 새롭게 상한선을 설정해야 할 것인지, 2) 지금이 적정선인지, 아니면 3) 과거의 상한선이 맞는데 굉장히 일시적으로 오버슈팅한 것인지를 판단하여 그것을 기준으로 삼아 투자노선을 정립해야겠죠. 만약 1)이라면 여전히 펀드를 통한 공격적 주식투자는 유효하며, 2)라면 적립식으로 보수적이지만 간접적인 펀드투자를 해야 할 것이고, 3)이라면 많은 주식자산을 현금화하여 CMA 등에 쟁여놓고 폭락을 기다려야겠죠. 여러가지 아이디어를 떠올려봤고, 이곳 게시판에서 항상 보수적인 투자관으로 과열된 분위기를 누그려 주시는 압구정쓰레빠님, 화려한 엑셀신공으로 전인미답의 수익률을 계속해서 달성해 나가고 계실 펀드콜렉터님 등의 글 속에서 그 단초를 발견했습니다.

아이디어는 이것입니다. 기업가치평가에서 가장 흔히 쓰이는 것이 워렌버펫 옹이 체계화시켰던 DCF(Discounted Cash Flow)법이 있습니다. 미래의 매출액과 매출원가, 판관비 등을 추정하여 나온 Free Cash Flow(매년도 영업해서 벌어들은 현금 중 투자를 위해 쓴 돈을 빼고 남은 현금)를 WACC로 할인하여 매년도 합을 더한 것이 그 기업의 적정가치라는게 골자죠. 댓글로 정리한 바 있지만, 지금 한국증시의 전체 P/E Ratio가 10~14라는 얘기가 있으니까 시총 1000조원를 기준으로 순이익은 100조원~70조원 정도되리라는 생각입니다.(구체적인 통계를 알고 계신 분은 알려주시면 고맙겠습니다.) 감가상각비를 더한 현금유입액은 150~100조원 정도 될 것이구요.(제조업 중심이라 감가도 높겠죠?) 보수적으로 100조원의 잉여현금창출력을 대한민

---

174) 옥돌e(oakdol) ● 집방문하기 ● 선물하기 ● 즐겨찾는이웃 등록 ● 쪽지보내기 ●
　　 선호회원 ● 프로필, 2007/07/24 16:58　 조회: 2464　 스크랩: 8

국 상장기업들이 매년 유지할 때 5년 정도라는 시간이 흐르면 500조원의 부가가치를 대한민국 증시가 창출할 수 있습니다. 현재 1000조원의 시총을 고려할 때 5년 뒤면 현재 시총 대비 50% 정도의 성장이 가능하다는 거고 이를 지수화하면 3000입니다.(2000*1.5) 물론 매우 불확실한 가정에 가정을 끌어들여 계산한 것이고 대한민국의 잉여현금창출력이 연 100조원보다 떨어질 가능성도 매우 높을 수 있기 때문에 (환율절상 가속화, 중국시장의 정체, 북한의 뻘짓, 한국기업의 경쟁력 저하...수백가지 이유가 있겠죠...) 그렇다면 5년이 10년뒤가 될 수도 있고 예상보다 한국상장기업의 경쟁력이 더 높다면 5년이 3년으로 당겨질 수도 있을 겁니다. 또한 현재 1000조원의 시총도 이미 PER=14 정도의 받을만큼 받은 상태라고 보고 PER=7이라고 치면 시총이 500조원이 적절한거고 그렇다면 1000정도의 지수가 적정한 것이기 때문에 출발점 자체가 높은 오류도 있을 수 있습니다.

여하튼 이런 전망을 투자의 근거로 삼고 국지적이고 일시적인 오버슈팅과 과매도시점을 주의하며 꾸준히 주식을 기반으로 금융자산을 늘려갈 생각입니다. 논리에 대한 진진한 비판글은 항상 환영하며, 제 개인, 성격 등에 대한 찌질거림은 언제나 무자비한 댓글로 비난받을 겁니다. 모네타에 입문한지 한달이 좀 넘었네요. 개인적으로 기억나는 분들중.. 옥돌e님, 펀드콜렉터님, Mr.쓴소리님 등등 몇 분이 계셨는데 전 제가 잘 모르는 분야에 대해 유창하신 분들 보면 일단 감탄부터하는 순진한 타입입니다. 지금 님의 글을 보니 아무래도 제가 요즘 수험생들에게 선전하는 스피드북인가(?) 그걸 배워야겠다는 생각이 들어요. 눈도 좀 침침해지는 차에 어떤 글이든 좀 길고 전문적인 내용이 있다 싶으면 한번봐선 도대체 이해를 못하겠으니.. 오랜시간 전업주부라 하더라도 공부가 많이 부족하단 자책을 하게 하시네요. 하여간 옥돌e님 글 비롯해서 펀드에 대해 많이 배우고 시행하고 있습니다. 앞으로도 계속 좋은 글 올려주세요.[175] 투자전략, 부럽습니다. 옥돌님 궁금한게

---

175) (2007/07/24 17:05)

있는데요 그럼 코스피 5000포인트가면 시총이 얼마나 되죠?[176] 뭐 3000부터 가보고 생각해보죠..^^ 아직 5년이나 더 남은 일인데[177] 500조원의 잉여현금유입이 있었으면 일단 E=+500조원은 된거고 그때 시총이 딱 500조원만큼만 증분한다면 여전히 14에서 머물 것이고, 확 더 가준다면 15 이상일 것이고, 오히려 500정도 줄어든다면 10이하 수준으로 싸지겠죠.[178] GDP를 기준으로 보면 1850 언저리가 적정선이라고는 하던데, 요즘 유동자금이 국내증시로 워낙 밀려오니 지수가 무너지지 않는 형국인가 보네요.[179]

유동자금론은 증시에 몰려드는 돈의 소스를 개인, 기관, 외국인 등 주식투자를 하는 사람이 예수금으로 얼마를 넣을 것이냐에 관심을 가진 것이고, 제 관점은 증시를 구성하는 투자대상인 기업들이 얼마나 벌어줄거냐, 그래서 얼마만큼의 값어치로 평가해야 할거냐를 따져본겁니다. 유동자금이 얼마가 들어올거냐에는 관심이 없습니다.(나도 내가 얼마 넣을지 모르는데, 남들이 얼마넣을지를 어찌 아나요?) GDP론은 1850이나 2000이나 7% 정도 차이기 때문에 장기투자전략을 짜는데 그리 중요하지 않다고 보고 있습니다.

GDP도 1000조원이고 시총도 1000조원이기 때문에(요즘 조금 더 올라서 1070조원일 수는 있겠죠) 그게 그거다라고 생각하고 있습니다. 이건 기업가치평가 기준으로 보면 PBR=1이냐 0.93이냐 정도로 환원해서 볼수 있겠죠.[180]

죄송하지만....솔직히 뭔가 엉성하게 보이네요. DCF법은 현금흐름에서 감가상각되는 부분도 제하고 남은 순이익으로 계산을 하는데(순이익-감가상각) 옥돌이님은 순이익+감가상각으로 계산하셨네요. 또 단순히 100억원씩 5년되면 500억이니깐 우리나라가 5년뒤엔 1.5배라고 하셨는데 그럼 10뒤엔 2배일까요? 또, 님이 계산하시는 할인율은 얼마로 잡고 계산하신거가요? 혹시 위험율과 초과이익율은 고려하셨는지요?[181] 현금흐름을 계산할 때는 순

---

176) (2007/07/24 17:07)
177) (2007/07/24 17:20)
178) (2007/07/24 19:59)
179) (2007/07/24 18:17)
180) (2007/07/24 18:52)

이익+감상이죠. 감상은 현금유출이 없는 비용이라 더해줘야 현금흐름을 바로볼 수 있답니다. 님이 착각하신듯.182) 현재 한국의 PER를 예상할 때, 14가 최소값일 겁니다. (MCSI 기준 14.1이던가?) 그리고 현재 삼성전자를 필두로 한 몇몇 캐쉬카우들의 신통치 못한 실적을 고려하면, 그보다 몇% 정도 높아질 수도 있습니다. 글의 오류를 굳이 꼽자면 PBR과 PER의 개념에서 약간 혼란이 있는거 같네요. 잉여현금이 늘어난다고 해서, 기업의 주가가 올라가는 것도 아니고(자사주 매입에 올인할 수는 없는 것이니) 기업의 PER이 낮아지지도 않죠. 증시는 꾸준한 수익(잉여현금의 누적)보다는 성장성을 더 중요시합니다. 고평가 논란이 일고 있는 미국의 PER이 아직도 16대입니다.183)

그렇게 본다면 PER=14가 유지된다기 보다는 10, 11, 12, 13쯤 어디엔가에 고정되겠죠. 그렇다면 3000이 달성되는 시점은 더 늦어질 뿐이구요. 5년이 아니라 7년 혹은 9년뒤... 전 잉여현금의 누적이 바로 성장이라고 생각하는데... 한 3년동안 100조원씩 잉여현금이 누적되는게 확실하다면 PER은 자동으로 올라갈거라고 생각됩니다. 뭐 체력에 따라 GDP보다 조금 높은 10% 정도씩만 현금흐름이 더 좋아질수도 있을 것이구요.184)185)

---

181) (2007/07/24 22:34)
182) (2007/07/27 15:26), 좋은정보 감사해요~ 담아갈께요! ^^ (2007/07/24 22:41)
183) (2007/07/25 00:33)
184) (2007/07/27 15:25), 좋은정보 감사해요~ 담아갈께요! ^^ (2007/07/25 00:38) 처음엔 이해가 좀 될듯 싶다가... 허걱~!@.@ 머리가 핑그르를르르~~~ㅋㅋㅋㅋ 제가 수준이 많이 딸리네요~ 분발해야겠습다 ^^ (2007/07/25 16:53) 좋은 정보 감사해요~ 담아갈께요! ^^ (2007/07/27 16:57)
185) http://bbs.moneta.co.kr/nbbs/bbs.moneta.qry.screen?p_message_id=3759595&p_bbs_id=N09999(2011.1.14)

7. 'EVA'에 해당되는 글

1) 기업가치평가란[186]

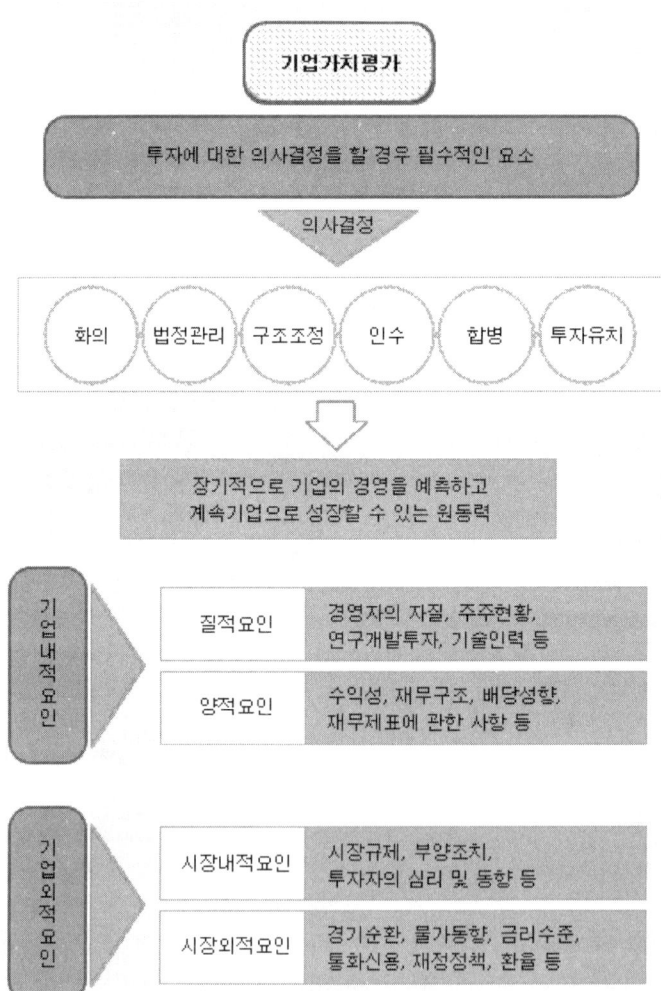

---

186) 2009/02/06 기업가치평가란, 2009/02/06 19:57, 전문가/CFA - Certified Financial Analyst

※ 기업가치평가는 다음 사항에 대한 기초자료를 제공한다.
1. 투자의사결정
2. 기업의 인수합병
3. 기업경영의 방법
4. 기업가치평가의 기준

2) 기업가치평가방법

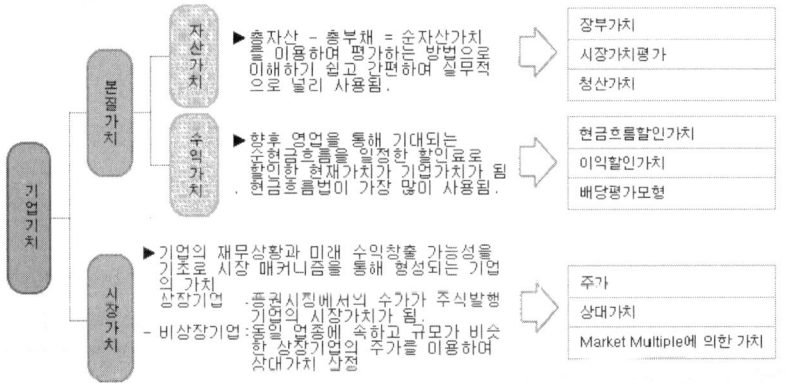

■ 현금흐름할인법
▶ 정의

　회사의 기업가치는 미래 순현금흐름의 기대치를 해당 현금흐름이 갖고 있는 위험수준을 반영하는 할인율로서 현재가치평가한 값으로 평가

　또한 기업에 투자한 주주와 채권자들에게 배분 가능한 현금흐름으로 볼 수도 있다. 현금흐름할인법은 전략적 차원의 M&A거래 등에 매우 광범위하게 국제적으로 사용되는 방법이며 현금흐름할인법을 이용한 기업가치평가를 위하여 향후 5년간 또는 10년간의 순현금흐름을 추정, 추정연도말의 잔존가치를 구하여 기업의 가치를 평가

▶ 특성
- 화폐의 시간적 가치와 회사의 수익성을 고려한 평가방법

- 회사에 대한 재무적 결과를 바탕으로 한 평가방법
- 계속기업을 전제로 한 평가방법
- 기업의 위험이 반영된 평가방법
  ▶ 현금흐름할인법의 전제
- 법인세 : 기업이 실제로 발생시킨 현금의 유출이므로 현금흐름할인법상의 현금흐름은 법인세 납부 후를 기준으로 함
- 증분효과(Incremental Effects) : 특정 투자안으로부터 기대되는 현금흐름을 추정할 때에는 특정 투자안이 다른 투자안의 현금흐름에 미치는 영향까지 고려해야 함
- 매몰원가(Sunk Cost) : 과거에 이미 발생한 비용으로 현재의 투자결정에 영향을 미치지 않기 때문에 현금흐름에 포함시키지 않음
- 기회비용 : 기업이 특정 투자안을 결정함으로써 발생하는 기회비용도 순현금흐름에 반영함
- 이자비용 : 기업에서 실제로 발생한 현금의 유출항목이지만 이는 현재가치평가시 적용되는 할인율을 통하여 반영되는 항목임. 따라서 현금흐름을 계산할 때 이자비용을 차감하고 다시 할인율을 적용하면 이중계산이 되기 때문에 현금흐름 계산시 고려하지 않음
- 비현금비용 : 감가상각비와 같은 현금유출이 없는 비용은 현금유출액에 포함시켜서는 안됨
- 인플레이션 : 현금흐름을 장기간에 걸쳐 추정하므로 현금흐름에 영향을 미치는 인플레이션과 물가 등도 고려해야 함
  ▶ Setp
 Step 1. 예정기간 동안의 기업의 매년 매출액을 예측
      : 성장율, 물가 등도 고려하여 5~10년을 예측
 Step 2. 순현금흐름 계산
 Step 3. 가중평균자본을 구하고 미래현금흐름을 현재가치화

$$WACC = \frac{S}{S+B} \times Ke + \frac{B}{S+B} \times Kd$$

(S : 자기자본, B : 타인자본, Ke : 자기자본비용, Kd : 타인자본비용) : 현금흐름을 통하여 기업의 가치를 평가한다는 것은 현재 및 향후에 연속적으로 발생하는 현금흐름의 누적액으로 그 가치를 평가함.

그러나 금액적으로 동일한 현금흐름이 기간에 상관없이 항상 동일한 가치를 갖는게 아니고 시간에 따라 서로 다른 가치를 가짐을 주목해야 함.

기간 (t)	0	1	2	3	합계
현금흐름	100	100	100	100	400
현재가치	$100/(1.1)^0$ =100	$100/(1.1)^1$ =90.91	$100/(1.1)^2$ =82.64	$100/(1.1)^3$ =75.1	348.65

Step 4. 추정기간 후 잔여가치의 현재가치화
Step 5. 기업가치의 계산

▶ 예시

	2004	2005	2006	2007
영업현금흐름(STEP 1, 2)	2,000	3,000	1,500	2,500
가중평균자본비용	10%			
영업현금흐름의 현재가치(STEP 3)	1,818	2,479	1,127	1,705
추정영업현금흐름현재가치의 합	7,129			
추정기간후의 잔여가치의 현재가치(STEP 4)	10,000			
기업가치(STEP 5)	17,129			

영업현금흐름의 현재 가치

2004년: $\frac{2,000}{1.1} = 1,818$

2005년: $\frac{3,000}{(1.1)^1} = 2,479$

2006년: $\frac{1,500}{(1.1)^2} = 1,127$

2007년: $\frac{2,500}{(1.1)^3} = 1,705$

1. 순자산가치평가방법
■ 적용순서

1주당 순자산가치 = 순자산가액 / 발행주식총수

육각수㈜의 순자산가액을 평가하고자 할 때 고려할 사항

1	장부가와 시가의 차이를 조정 (예 : 부동산, 투자자산, 유가증권 등)
2	부실재고, 부실채권 등 자산성이 없는 자산을 파악하여 제거
3	부외부채(예 ; 어음, 수표를 이용한 부외부채, 지급보증)의 발생가능성에 유의
4	자산의 소유권을 확인(예: 기계장치의 임대, 리스)
5	계량화되지 않는 무형의 자산가치에 대해서도 고려 (예 : 특허권, 신제품개발능력, 기술력, 시장점유율)

■ 기업가치평가내역

육각수㈜의 평가차액명세서

계정과목	대차대조표상의 금액	조 정	차 액
<자산계정>			
현금 및 현금등가물	71		71
단기금융상품	0		0
시장성유가증권	0		0
매출채권	114	(-) 12	102
재고자산	148		148
기타유동자산	32		32
투자자산	21	(-) 8.3	12.7
유형자산	254	11.5	265.5
자산총계	641	(-) 8.8	632.2
<부채계정>			
매입채무	149	5	154
유동성장기차입금	9		9
기타유동부채	27		27
장기차입금	83		83
기타고정부채	13		13
부채총계	280		285
순자산가치	361	(-)13.8	347.2

조정사항

❖ 매출채권 중 12억이 회수가 불가능한 채권으로 판명되어
  해당과목에서 이를 조정함
❖ 투자자산 중 시장성 없는 주식 중 A업체의 공정가액이 취득가액보다
  4억 하락함에 따라 이를 해당과목에서 조정함
❖ 투자자산 중 골프회원권의 시장가가 8억 8천만원 하락함에 따라
  이를 해당과목에서 조정함
❖ 토지의 공시지가와 건물의 재평가 결과 가격이 11억 5천만원 증가함에 따라
  이를 해당과목에서 조정함
❖ 미회수된 어음 중 장부에 기록되지 않은 5억짜리 어음이 발행되며,
  이는 부외부채로서 해당 부채계정에서 조정함

■ 순자산가치평가내역

육각수㈜의 순자산가치평가법에 의한 1주당 순자산가치

구 분	금 액
A. 순자산가액	
대차대조표상 자산총액	641
대차대조표상 부채총액	280
조정항목	(-)13.8
순자산가액	347.2
B. 발행주식수	15,000,000주
C. 주당 순자산가액(A÷B)	2,315원

2. 상대가치평가방법

■ 정의

공통변수(또는 평가지표)를 사용하여 비교자산의 가치로부터
기업가치를 평가하게 되는 것

우리회사의 가치 = 유사회사의 가치 / 유사회사의 공통변수 × 우리회사의 공통변수

핵심
- 진실로 유사한 기업을 선정하는 것
- 올바른 공통변수를 선택하는 것

■ 유사회사 선정시 고려사항

1	일반적으로 통계청의 "한국표준산업분류"에 의하여 동일한 업종에 속한 기업을 선정
2	제품, 경쟁상황, 경영진, 기업역사, 자본구조, 기업규모, 기술, 시장 등의 측면을 고려하여 유사회사를 선정
3	분석대상기업의 업계 내 위치, 경쟁상황, 규제 등에 관한 분석자의 지식과 경험, 판단을 고려하여 유사회사를 선정
4	재무비율 등 비율분석을 검토함으로써 유사회사가 될 수 있는 다수의 후보기업이 있다고 하더라도 목표회사와 아주 다른 재무비율을 갖는 기업은 유사회사에서 제외시켜야 함

■ 공통변수의 선택

공 통 변 수	사용근거 및 사용상황
주가수익률 (PER: Price Earnings Ratio)	경기변동에 민감한 제조업, 수개연도의 평균치를 사용하는 경우가 많음
시장 및 장부가치 (PBR: Price Book Value Ratio)	금융서비스 업종, 부동산등 장부가치가 시장가치에 근접하는 경우
주가와 주당매출액 (PSR: Price Sales Ratio)	성장률은 높아 향후 흑자를 예상하고 있으나 현재는 적자인 회사

▶ 주가수익율

$$PER(주가수익률) = \frac{주식의\ 가치(주식가격)}{EPS(주당순이익)}$$

 - 장점 : 그 공식 자체로서 주식의 가격과 순이익을 직접적으로 연관해서 볼 수 있고 계산이 간편함
 - 단점 : 시장의 왜곡가능성 고려

어떠한 기업이 음(-)의 주당수익을 가지고 있다면 주가수익률을 통한 평가 불가

| 주당이익(EPS) | 675원 |

| 주당 액면가액 | 500원 (보통주 15,000,000주 발행) |

| 주가수익비율(PER)을 산출하여 평균치를 계산한 결과, 5.0배 |

❖ 1주당 주식가치 = 675원(EPS) * 5.0(PER) = 3,375원

❖ 주주지분의 총가치 = 3,375원 * 15,000,000주
　　　　　　　　　 = 50,625 백만원

▶ 시장가치 대 장부가치

$$PBR(\text{시장가치 대 장부가치비율}) = \frac{\text{주식의 가치}}{\text{주식 1주의 장부가치}}$$

: 비교집단을 선정하고 비교집단의 평균 PBR을 산출하여 이를 상호 비교하여 기업가치평가

순자산	347억원
회사발행주식	보통주 15,000,000주 발행
비교집단	생수제조업순위 32위(매출액 기준)회사 중 거래소나 코스닥에 상장한 기업 23개사
비교집단의 주당 순자산가치	2002년 말과 2003년 말의 평균액으로 산정
비교집단의 주가	2003년 1월 1일부터 12월 31일까지의 평균종가 사용

유사기업의 PBR 비교 자료 보기

〈단위 : 원〉

	A. 평균종가	B. 주당순자산가액 (02년 12월)	C. 주당순자산가액 (03년 12월)	D. 평균주당 순자산가액	E. PBR (A÷D)
서강생수	2,975	10,445	11,071	10,758	27.65%
대림생수	18,496	37,933	40,018	38,975	47.46%
연세생수	7,241	14,640	13,232	13,936	51.95%
단국생수	1,601	4,579	4,123	4,351	36.79%
고려생수	2,132	7,442	7,653	7,548	28.25%
건국생수	1,916	1,864	5,545	3,705	51.71%
서울생수	2,145	8,368	8,207	8,288	25.88%
한양산업	2,199	8,974	9,369	9,172	23.97%
동국생수	34,838	45,800	50,856	48,328	72.09%
세종생수	2,984	12,371	12,630	12,500	23.87%
이화생수	9,286	18,239	19,107	18,673	49.73%
숙명생수	3,409	12,908	15,750	14,329	23.79%
한성생수	2,838	16,307	17,059	16,683	17.01%
홍익생수	2,078	6,276	6,359	6,318	32.89%
중앙생수	10,608	13,602	14,872	14,237	74.51%
숭실생수	12,141	19,062	20,419	19,741	61.50%
덕성생수	1,031	5,054	5,393	5,224	19.74%
Price-Book Value Ratio					39.34%

구분	금액	단위
A. 순자산가액	347	억 원
B. 발행주식수	15,000,000	주
C. 주당 순자산가액(A÷B)	2,315	원
D. Price-Book Value Ratio	39.34	%
E. 추정 주당가치(C×D)	911	원

▶ 주가와 주당매출액

$$PSR(매출액에\ 대한\ 주가비율) = \frac{주식의\ 가치}{주식의\ 1주당\ 매출액}$$

: 회계처리의 방법 차이로 인해 발생할 수 있는 오류 감소
: 적용대상
- 창업한지 얼마되지 않는 벤처기업
- EPS가 (-)여서 PER을 사용할 수 없는 경우
- 기업의 가치가 매출과 관련성이 매우 높은 서비스 업종 등

트랙백 주소 http://coolwater.tistory.com/trackback/269

home | tag | media log | location log | guestbook | admin | write
홍쭌's Blog is powered by Daum/designed by Tistory [187]

8. 에프앤에듀, "기업가치평가법 제대로 배우자"

기업가치를 평가하는 방법에는 미래의 현금흐름을 예측한 후 적절한 할인율로 계산하는 현금흐름할인법과 수익가치나 자산가치 대비 기업의 가치를 계산하는 주가수익배수(PER), 주가순자산배수(PBR) 등이 있다. 이처럼 여러가지 기업가치평가법이 있다 보니 개인 투자자들이 기업의 가치를 계산할 때 어떤 평가법을 써야 할 지 혼란스러울 때가 있다.[188]

투자교육 전문기업인 에프앤에듀(FNedu)는 11일과 18일 개인 투자자를 위한 기업가치평가법에 대한 특강을 실시한다고 1일 밝혔다. 1부에서는 PER, PBR, PSR, EV/EBITDA 등의 기업가치평가법에 대한 실제 사례분석을 통해 기업가치평가지표에 대한 장·단점과 업종별 기업가치평가법에 대한 적용법에 대해 집중 강의한다. 2부에서는 수주잔고가 기업가치평가에 많은 영향을 주는 건설업과 조선업에 대한 평가법과 재무제표가 제조업과 다르게 구성돼 있는 은행업, 증권업, 보험업 등에 대한 재무제표 분석방법과 업

---

187) http://coolwater.tistory.com/tag/EVA(2011.1.14)
188) 머니투데이 전필수 기자 기자, 입력 : 2008.10.01 10:31|조회 : 700 |추천: 5

종별 기업가치평가법에 대한 핵심사항을 교육한다. 교육은 오는 11일(토)과 18일(토) 오후1시 ~6시까지 2주간 총 10시간으로 진행된다. 교육 장소는 서울 역삼역 7번출구 FNedu 아카데미에서 열린다. 강의 신청은 아이투자 홈페이지(www.itooza.com)에서 할 수 있으며 모집 인원은 선착순 50명이다.

강의에 참석하지 못하는 분이나 지방에 계신 분들을 위해 강의 내용을 영상으로 촬영해 CD(유료별매, 교재포함)로도 제공한다.[189][190]

9. 쌍용차 노조 "기업가치평가는 '독 사과'"

"총고용 사수" 7일 2시간 파업 및 결의대회[191] 쌍용자동차 노동조합은 6일 법원이 공개한 쌍용차 기업가치평가 결과에 대해 "흑자도산한 쌍용차의 기업존속가치가 있다는 조사결과는 당연한 것"이라면서도 "구조조정안을 전제로 한 조사결과는 노조 입장에서 보면 독이 든 사과"라고 밝혔다. 노조는 이어 "2천646명의 대량해고 계획을 받아들일 수 없다는 노조의 '총고용 사수' 입장에는 변동이 없다"며 "총파업을 포함한 모든 수단을 고려해 해고에 맞서겠다"고 말했다. 쌍용차의 회생절차를 진행중인 서울중앙지법은 이날 쌍용차의 계속기업가치는 1조3천276억원으로 청산할 때 얻을 수 있는 9천386억원보다 3천890억원 더 많다는 조사결과를 공개했다. 하지만 이같은 결과는 회사가 내놓은 2천646명 구조조정안이 실현되고 산업은행 등이 2천500억원 규모의 신차 개발비를 추가 대출해주는 것을 전제로 했다. 노조는 쌍용차가 8일 경인지방노동청 평택지청에 구조조정 계획안을 신고하는 것에 대한 항의의 의미로 7일 오후 3시 30분부터 2시간동안 파업을 하고 쌍용차 평택공장에서 '정리해고 반대 조합원 결의대회'를 열 계획이다. 쌍용차 관계자는 이에 대해 "8일 노동부 신고는 지난달 신청받은 사무직 희망퇴직

---

189) 강의 내용 자세히 보기 (http://www.itooza.com/lecture/serial52_index.php)
190) http://www.mt.co.kr/view/mtview.php?no=2008100110310936419&type=1
     (2011.1.14)
191) 2009-05-06 15:43   2009-05-06 15:39

인원과 인력구조조정 계획안을 사전에 신고하는 절차로 노조와 협의없이 정리해고를 강행하겠다는 의미는 아니다"며 "향후 노조와의 협의를 통해 최대한의 해고회피 노력을 할 것"이라고 말했다.192)193)

10. 케이비티, 기업가치평가 '우수' 연타석 '홈런'

케이비티(052400)의 연이은 해외 수주와 함께 글로벌 기업으로의 향후 기대치가 더욱 부각되고 있다.194) 지난 15일 북유럽인 노르웨이, 스웨덴, 핀란드, 덴마크, 아이슬란드의 금융 스마트카드를 담당하는 테그 시스템즈(Tag Systems)사와 2011년 3월31일부터 2012년 6월30일까지 1300만장을 약 96억원(최소 단가 적용)에 공급하기로 계약을 연장했다.

케이비티의 이번 수주금액은 내년 10월까지 반영될 예정이며, 이전에 카드수 1000만장에 불과했던 계약이 이번에는 30% 증가한 것이다. 케이비티는 1998년에 설립돼, 2006년부터 금융과 통신 스마트카드 사업에 주력했으며, 스마트카드의 가장 핵심인 COS(Chip Operating System)를 자체기술로 개발하는 업체다. 기업의 기본적 가치평가 기준인 자기자본수익률(ROE)은 2008년 32.74%, 2009년 27.17%로 우수한 수익률을 자랑하고 있으며 부채비율은 지난해 70.27%까지 감소한 반면 유보율은 1059.67%로 꾸준한 성장을 유지하고 있다.

케이비티는 테그 시스템즈사와는 2007년부터 협력을 시작했으며 본사는 안도라에 두고 핀란드와 노르웨이에는 지점을 두고 있다. 솔로몬 투자증권 심재인 연구원은 "이번 재계약을 통해 동사는 유럽에서 좋은 이미지를 각인시키고 있다"며, "향후 유럽에서 수주를 받는데 이점이 더욱 유리하게 작용할 것"이라 평가했다. 덧붙여 "이번 재계약을 통해 유럽시장을 장악하고

---

192) (평택=연합뉴스)
193) http://www.donga.com/fbin/output?rss=1&n=200905060370(2011.14)
194) 데스크승인 2010.12.16 10:06:24 김병호 기자 | kbh@newsprime.co.kr, [프라임경제]

있는 세계적인 디지털 보안업체 젬알토(Gemalto)에게 많은 경각심을 줄 것"이라 분석했다. 한편, 케이비티는 지난 14일 인도에서 전자주민증 사업수주를 발표했다. 이는 인도 정부가 2014년까지 국민의 60%에게 전자주민증을 발급하겠다고 공표한데 이어 이에 대해 로컬업체가 70%, 케이비티는 젬알토를 제치고 나머지 30%를 수주받은 것이다. 이번 사업의 전체 물량은 900만장이며 여기서 30%인 270만장, 약 20억원에 해당된다.

이번 사업에서 케이비티는 COB(Chip on the board)만을 납품하지만 인도는 11억명이 넘는 세계 2위의 거대한 인구를 가졌기 때문에 이번 수주발표를 통해 향후 인도에서 참여할 수 있는 사업에 있어 젬알토나 타 업체보다 유리할 것으로 분석되고 있다.[195)196)]

11. 자통법 이후 IPO시장 침체기

최근 IPO기업에 대한 적절한 평가가 이뤄지지 않는 것으로 나타났다.[197)] 자본시장연구원에 따르면 자본시장법 시행 이후 국내 IPO(기업공개)시장은 꾸준한 성장세를 보이고 있지만 이전에 비해 저가발행정도가 더욱 심해진 것으로 분석했다. 저가발행이란 IPO기업의 신규주식을 시장가치보다 낮은 값으로 매기는 것을 말한다. IPO기업의 저가발행정도가 적을수록 해당 기업의 가치평가가 적절히 이뤄진 것으로 판단할 수 있다. 자본시장연구원 보고서를 보면 지난해 2월 자본시장법 시행 이후 올해 9월 말까지 국내 주식시장을 통해 IPO를 한 기업은 총 113개사(금융업 제외)다.

113개의 IPO기업 가운데 유가증권시장에 속한 기업이 88개사이며 코스닥시장에 속한 기업이 25개사다. IPO기업의 저가발행정도를 분석한 결과 자본시장법 도입 이후 저가발행 비율은 40.5%로 지난 2007년부터 지난해 2월

---

195) 김병호 기자, 입력시간 2010.12.16 10:06, 프라임경제
 (http://www.newsprime.co.kr)
196) http://www.newsprime.co.kr/news/articleView.html?idxno=177356(2011.1.14)
197) 상장주 대비 저가발행 급증, 박하나, 기업가치평가↓ 부정인식↑, 대한금융신문=박하나 기자

까지 IPO 기업의 저가발행 비율인 25.1%보다 15.4% 포인트 늘어났다. 시장 별로는 유가증권시장의 IPO기업은 저가발행 비율이 25.6%에서 41.4%로 15.8% 포인트 높아졌고 코스닥시장은 15.7% 포인트 증가했다. 자본시장연구원 이진호 선임연구원은 "IPO기업의 저가발행현상은 더욱 심화돼 자본시장을 통한 기업 자본조달에 다소 부정적인 영향을 미친 것으로 보인다"고 분석했다. 반면 IPO인수주관사는 자본시장법 시행 이전과 비교하면 더욱 많은 인수주선 수수료 수익을 챙겨 IPO저가발행의 수혜를 가장 많이 본 것으로 드러났다. 이진호 선임연구원은 "국가 경제성장의 발판으로서 자본시장이 한 단계 발전하기 위해서는 금융투자업 등 시장참여자의 노력이 필요하다"며 "특히 자본시장내 금융투자업자 간의 공정한 경쟁을 통한 IPO시장에서의 적절한 가치평가는 IPO기업 뿐만 아니라 일반투자자를 보호하는 가장 근본적인 방법"이라고 조언했다.

또한 이 선임연구원은 "비상장 일반기업은 단순히 주식시장 활황에만 편승해 IPO를 하지 않도록 주의해야 하며 일반투자자 또한 장기적인 관점에서 IPO기업에 투자하려는 노력이 필요하다"고 강조했다.[198][199]

12. 기업가정신 & 스타트업, 그리고 기술과 디자인에 대한 곳

벤처창업에 대한 다양한 실전 팁들을 제공하는 훌륭한 블로그인 Venture Hacks에서 얼마전에 올라온 글이 꽤 적절하면서도 실용적인 듯 하여서 쟁겨두고 있다가, 제 블로그를 방문해주시는 예비/초년 창업자 분들이 계시는 듯 하여서 행여나 도움이 될까 하는 마음에 번역하여 봅니다.[200] 국내 투자자분들의 통(?)이 어느 정도인지는 모르겠습니다만, 미국시장에서는 이 정도라는 점을 참고하기에 좋은 것 같네요. 아마 처음에 불안 불안하실 때, 이

---

198) hana@kbanker.co.kr, 기사입력: 2010/11/07 [16:25] 최종편집: 대한금융신문
199) http://www.kbanker.co.kr/sub_read.html?uid=28492&section=sc5&section2=%EC%A6%9D%EA%B6%8C(2011.1.14)
200) 창업단계의 기업 Valuation에 대한 가이드, Entrepreneur - 2008/04/30 00:58

런 가이드라인 하나 있으면 마음은 좀 편해지리라 믿습니다.

SEED 라운드에서 기업가치평가를 어떻게 할 것인가? 한 독자가 질문하기를 "아직 매출이 없는 기업의 가치를 어떻게 평가해야하나요? 임의로 이루어진다는 것은 알고 있지만, 적어도 무언가를 토대로 할만한 것은 없나요?

혹시 SEED 투자 단계에서 '디폴트'로 참고할만한 것은 없을까요?" 이에 대하여 우리는 몇 가지 질문을 더해보고 그에 대한 답을 제시해보고자 한다.

1) 우리는 얼만큼의 돈을 필요로 하는가?

우선 최소한 2회의 실험을 하기에 필요한 금액을 찾아내야 한다. 그 뒤에는 3개월 정도의 운영자금을 여유분으로 확보한다. 이 금액은 돈이 바닥나기 전에 추가투자를 유치하는 기간에 사용된다. 이것이 당신이 모아야 할 최소한의 금액이다. 예를 들어, 당신이 1억원이 필요하다고 하자. 당신의 실험은 긍정적 결과가 나올 경우 더 큰 투자를, 더 높은 기업가치로 유치할 수 있도록 설계되어야 한다.

2) 이 예산을 토대로 어떻게 기업가치평가를 정할 것인가?

이제 당신이 1억원에 대하여 팔고자 하는 기업의 지분을 정해야 한다. 투자 후(post-money) 기업의 지분을 10%에서 20% 사이 정도를 넘겨주는 선에서 정한다. 10% 이하로 내려갈 수도 있지만, 그렇다면 아마도 당신은 기업가치평가를 너무 높게 했거나 너무 적은 금액을 모은 것이다. 예를 들어 15%의 지분을 팔기로 결정했다고 하자. 이것이 당신이 기대하는 지분 희석의 마지노선이다. 이것은 투자 후 기업가치가 6억6천6백만원으로 정해졌다는 것을 의미한다.

3) 우리의 기업가치를 투자자들에게 어떻게 표현할 것인가?

그렇다면, 이제 투자자에게 가서 "우리는 만약 목표 투자금액인 1억원을 받는다면 기업의 가치를 훨씬 증가시킬 수 있을 것으로 생각합니다. 이것에 대하여 우리는 10%의 지분까지 팔 의향이 있습니다."라고 말한다. 10%는 희망하는 지분 희석률이다. 이것은 당신이 합리화할 수 있는 최소한의 희석률이다. 이 수치는 당신이 눈한번 깜짝이지 않고 말할 수 있는 수치여야 한다. 여기서 당신이 기업의 가치를 명시적으로 밝히지 않았다는 점을 주목해보자. 지분 희석 10%와 투자유치금액 1억원을 합쳐보면, 투자 후 기업가치가 10억원이 된다는 것은 알 수 있다. 하지만 그것을 명시적으로 밝히진 않았다. 이것은 당신으로 하여금 1억원 이상을 투자받을 경우 기업가치를 올릴 수 있는 여유를 만들어준다. (그리고 우리는 당신이 최대한 많은 금액을 모으라고 권해주고 싶다)

4) 일반적인 기업가치평가의 범위가 있다면?

만약 2천 5백만원이 기업의 1%를 산다면, 당신의 투자 후 기업가치는 25억원이다. 이것이 상한선이다. 만약 2천 5백만원이 기업의 5%를 산다면, 당신의 투자 후 기업가치는 5억원이다. 이것이 하한선이다.

5) 낮게는 얼마까지 내려가는가?

Y Combinator는 SEED 단계에서의 하한선의 새로운 장을 열었다. 그렇지만 그들이 욕을 먹지 않을 수 있는 것은, 반대로 SEED단계의 기업을 돕는데 있어서 새로운 상한선 또한 보여주고 있기 때문이다. YC의 FAQ에 의하면 그들은 주로 기업의 6%를 1천5백만원에서 2천만원 정도에 사들이므로, 이 말은 투자 후 기업가치가 2.5억에서 3.3억원 정도에서 이루어진다는 것이다.(주: Y Combinator는 제대로된 PR, 북미 벤처업계의 핵심 인물 초청 강연 및 네트워킹 등을 지원해주고 있으며, 그 대상은 주로 젊은 대학생 팀입니다.) 하지만 기업가치를 너무 고정시키진 않아도 된다. 만약 지분 희석을 낮출 수 있다면 기업가치평가가 조금 낮아지더라도 괜찮다. 만약 기업이 1천 5백 ~ 2천만원으로도 충분히 진행을 할 수 있다면, 6% 지분 희석은 충분히 낮은 수치이다. (주: 실제로 이런 기업이 얼마나 될지는 모르겠네요.)

6) SEED 단계에서는 얼만큼의 투자유치를 할 수 있는가?

만약 당신이 기업의 20%를 투자 후 기업가치를 25억원으로 팔게 된다면 5억원을 받게 된다. 이 정도 금액이 SEED단계에서는 대략적인 최대치이다.

이 금액을 넘어가게 되면 Series A 펀딩 단계로 넘어가게 된다.

7) SEED 단계에서 어느 정도의 지분희석을 예상해야 하는가?

15% ~ 30% 사이의 지분 희색을 유지하면서 최대한 많은 투자를 유치해야 한다. (이중 10% ~ 20%는 투자자에게 가고, 5% ~ 10%는 주식매수선택권으로 가게 된다) 이것을 Series A와 비교하자면, Series A에서는 30% ~ 55%의 희석이 이루어진다. (20% ~ 40%가 투자자에게 가고, 10% ~ 15%는 주식매수선택권으로 가게된다.) (주: 한국에서는 상법에 의하여 주식매수선택권은 10%까지로 제한된다) 만약 당신의 투자자가 기여하는 가치와 진척 여부가 Series A로 인한 지분 희석을 같은 금액에 대하여, 55%에서 30%까지 끌어내릴 수 있다면 SEED 단계는 충분한 의미가 있게 된다. 지분 희석을 지나치게 최적화하려고 하면 안된다. 투자를 유치하는 것은 당신이 생각하는 것보다 힘들고, 특히 처음 사업을 하는 기업가들에게는 더욱 그렇다.

똑똑한 투자자들도 지분 희석을 최적화하지 않는다. 그들은 기업을 어느 정도 넉넉하게 사고 싶어는 하지만, 창업자들이 자신과 투자자들에게 많은 가치를 만들어낼 수 있도록 높은 수준의 동기를 유지하기 위하여 창업자들의 지분을 유지해 준다. 날림입니다만, 즐겁게 보시는 분이 계시면 좋을 것 같습니다.[201]

위에서 설명한 방법은 지극히 회사(혹은 창업자)의 입장에서 생각해 보는 계산입니다. 위의 접근방법은 회사가 필요한 돈이 X원이고, 팔 수 있는 지분이 Y%일 때, 투자후 기업가치는 X/Y(let's say V)가 되는 것이다. 그런데 거꾸로 생각해 볼 수도 있습니다. seed 단계에서 미래가치까지(할인하여) 감안했을 때 정말 기업가치가 V가 될 수 있을까 반문해 보아야 합니다. 위의 계산식만으로 계산한다면, 창업주의 의견(X, Y로 주장하는)만으로 기업가치가 정해지니 객관적인 기업가치평가가 안될 가능성이 있지요. 오히려 객

---

[201] Tags: angel invesetment, seed investment, 기업가치평가, 벤처기업, 벤처캐피탈, 사업, 창업, 투자유치, Trackback (0) | Comment (10), Trackback Address : http://dotty.org/trackback/2698905, rainmaker 2008/05/01 13:17

관적으로 설득할 수 있을만한 기업가치 V를 정해놓고, 회사가 필요한 자금 X를 모집한다고 할 때, 창업주가 양보할 수 있는 Y를 구하는 것이 보통의 협상의 Practice입니다.

아마 원저자가 투자자보다는 창업자로서의 경험이 더 많아서 그렇게 쓰여진 것 같다는 생각과 Venture Hacks 블로그의 주독자층이 창업자들이기 때문에 그렇지 않을까라는 생각이 듭니다.202) 원 저자들의 개략적인 프로필을 담아오자면 Epinions을 창업하였고, Sequoia로부터 투자받은 Songbird, Benchmark로부터 투자받은 Grockit, KPCB에서 투자를 받은 Kovio 등을 설립하는데 기여를 하였으며 Sequoia, Benchmark, August, Bessemer 등을 통하여 1,000억원의 자금의 투자유치를 해본 경험이 있다고 합니다.

그리고 투자자로서는 12개의 회사에 200억원 상당을 투자해보았다고 하네요. 경험적으로의 공신력은 있을만한 것 같아요.203) 씨리즈A의 투자자 지분참여도가 생각보다 높네요. 55%까지 올라가는지는 몰랐습니다. 씨리즈D까지 가면 거의 안남는건가요(농담입니다 :D) 투자자 입장에선 해당 산업에 어느 정도 통찰은 있을지 모르나 창업사의 기술과 플랜과 미래성과에 대한 디테일한 수준의 판단 능력은 없기 때문에 위와 같은 이야기가 가능한 것 같습니다. 즉, 창업사의 가치에 대한 객관적인(또는 객관적이라고 믿는) 측량보다는 창업자가 마음속에 그어놓은 희석률 마지노선과 그 선을 지키고자 하는 의지, 영업력에 따라 계약이 이루어지지 않을까하는 생각이 드네요. (물론 지분율을 논하기 전에 투자할 가치가 있는지에 대한 판단은 이미 끝나 있어야 하겠죠) 창업자의 동기부여를 위해 지분율을 어느 정도 유지시켜준다는 관점이 인상적이네요. 쏭버드 정말 좋은데 그거 만드신 분의 글이라니 막 신뢰도가 상승! 주식매수선택권까지 포함된 수치라서 조금 더 높게 느껴지는 것 같습니다. 하지만 결국 case by case이고 아마도 널리 알려

---
202) 김동신(dotty) 2008/05/01 17:38
203) mepay 2008/05/02 01:10, 좋은글 잘봤습니다. 김동신(dotty) 2008/05/05 00:02, FlyingMate 2008/05/04 19:32

진 사례들은 오히려 예외적인 부분도 많을 것이라고 생각됩니다.[204][205][206]

13. 코스닥 가치투자의 위험성

일명 가치주라는 코스닥 주식을 투자해서 부도가 아닌 기업이지만 2007년 4500원짜리가 합병후 지금은 과거기준으로 1300원짜리가 되어버렸다.

예전에 가치탐험가라는 분이 좋은 글을 올린 것을 보게 되었다. 가치주만 찾아다녔다. 그러나 그러한 가치는 추측을 완전히 빗나가버렸다.[207]

지금 되돌이켜보면 이전의 주주와 경영자라면 이렇게까지 하락하지 않았을 것이다. 예전에 순이익율이 매출 대비 30%이던 시절 주가가 4500원하였는데 우회상장으로 비상장회사가 합병하면서 다시 3주를 1주로 병합하였는데 이때 주가가 2200원 할 때다. 그런데 단순히 계산해도 지금 6600원은 되어야 한다. 하지만 지금 재무구조상으로 보면 지금 주당순 자산가치가 1400원 정도인데 현재 주가가 4600원이다. 합병 이전에는 현재 주가가 최소한 주당순자산가치정도에서 형성되었다. 합병으로 인하여 오히려 반대현상이 발생하였다. 기존 코스닥 가치주 투자시 3가지 정도에서 재검토가 이루어져야 한다.

첫째, 합병하면서 발생하는 대부분의 사례에서 발생하듯이 엄청난 영업권의 발생이다. 영업권의 상대계정은 차입금이나 자본금으로 계상되어 있다. 차입금을 계상해도 나중에 영업권 손상차손을 하면 아무 것도 남지 않고 자본금을 계상해도 나중에 과다발행된 주식 때문에 오히려 주가가 하락으로 가는 경우가 많다. 결론적으로 보면 좋아질려고 합병한 것이 기존 주주<대주주 빼고>들은 이렇게 주가지수가 좋은데 코스탁 가치주이면 히든챔피언주라는 것이 기존주주들을 피멍들게 하고 오히려 기존주주들 피를

---

204) 같은 돈이라도 받는 사람과 주는 사람 마음이 다른 것은 어쩔 수 없는 것 같습니다.
    김동신(dotty) 2008/06/03 00:06
205)
206) http://dotty.org/2698905(2011.1.14)
207) 번호 3132119 | 2010.09.17 13:44 홀로서기 (samtu3***)

빨아먹는 꼴이다. 이런 것이 주로 무형의 자산가치를 평가하지만 사실상 가치평가추정은 글자 그대로 추정에 불과하기에 아무런 책임의 소재가 없다. 이러한 자산가치평가시 주로 감사기관에서 가치평가를 하지 못하기에 다른 기관에서 평가를 하여 법적인 문제점을 해소하고 있다.

둘째, 소수의 특정대기업 의존업체에 납품하는 구조를 가진 코스닥기업은 아무리 가치주라고 해도 장기투자를 해서는 위험하다는 걸 보여주는 대표적인 사례다. 기존 대기업은 처음은 단가를 높게 주다가 다음년도부터는 서로 경쟁을 하게 하면서 다음 해는 미운오리를 제거하는 식의 하청업체를 관리하는 경우가 다반사다.

셋째, 기존주주들을 무시하고 대표자가 경영권을 양도하고 가버리는 경향이 다분이 높다. 주식수가 1000만주 미만으로서 대주주 지분율이 높은 <60%>회사는 대표자가 떠나기 쉬운 구조다. 이때 보면 대주주는 프리미엄을 약 3배 정도 받고 주식을 팔아먹을 수 있지만 소액주주들은 오히려 가치하락을 고스란히 떠안게 된다. 따라서 이익의 변동성이 엄청나다. 즉, 흑자에서 적자로 돌변하는 것은 다반사다. 기존의 애널들도 이런 부분에 대한 일체의 여과없이 뻥튀기 분석을 하는 경우가 많다.[208]

---

208) http://stock.daum.net/item/bbs.daum?code=089790&articleId=3132119&viewObj=1:2:0(2011.1.14)

제5장 기업가치의 평가와 M&A(인수.합병)의 적용

1. M&A(기업 인수·합병)와 대응방법

우리는 M&A만 하면 주식 대박이라 꿈꾸는 사람들이 너무 많습니다. 진정 M&A가 개미들에게 수익을 주는 황금알이 될 수 있을꺼라 생각하시는지요? 정확한 답은 없고 모릅니다.[209] 기업에서는 M&A가 "도약이냐 추락이냐"의 사활을 건 모험입니다. 공적인 M&A는 기업의 규모를 키움과 동시에 또 다른 수익창구를 창출하지만 M&A에 실패한 기업은 존폐의 기로에 서기도 합니다. 실제로 최근 들어서 어떤 기업들은 성공적 M&A로 단숨에 재계 순위 상위권으로 진입했지만, 어떤 기업들은 무리한 M&A가 유동성 위기의 원인으로 작용해 워크아웃 작업에 들어가기도 했습니다. 이처럼 M&A는 기업을 흥하게도 하고 망하게도 합니다. 기업이 흥하고 망하면 개인 투자자들은 대박 아니면 쪽박이 될 수도 있습니다. 최근 그리고 앞으로 재계에 더욱 거세게 불고 있는 M&A 열풍을 성공사례와 실패사례를 짧게 적어 볼까합니다.

우리가 알고 있는 M&A열풍이 분 것은 요즘이 아니라 김우중 회장의 대우그룹처럼 M&A로 규모를 키워온 기업이 있었습니다. M&A에 익숙하지 않던 당시에 비해 지금은 그야말로 "M&A 전성시대"라고 말할 수 있죠. 특히 97년 외환위기 이후 다국적 자본들이 국내로 물밀듯이 밀려들어 오면서 과거보다 M&A 기회가 많아졌고 때문에 과거처럼 차근차근 기업규모를 키우기 보다는 M&A를 통해 단숨에 기업 규모를 불리는 경우가 더 많아졌습니다.

---

209) 번호 1329073 | 2007.08.30 02:50 강영웅 (kbt0***)

1) 무리한 M&A로 기업 위기들(실패사례)

물론 M&A가 항상 기회는 아닙니다. 무리한 M&A는 오히려 모기업의 위기를 불러 오기도 합니다. 대표적 실패 기업은 팬택계열입니다. 팬택은 과거 "현대 걸리버"를 인수한 이후 휴대폰 시장에서 그 영향력을 급속도로 높여갔고 작년에는 SK텔레텍의 "스카이"를 인수할 때 시장에서는 "개미가 공룡을 잡아 먹었다"는 소문이 파다했었으나 이후 실적이 괜찮아 큰 무리가 되지는 않았습니다. 그러나 스카이 인수는 그 역효과가 만만치 않았고 스카이를 무리하게 인수하면서 유동성위기가 온 것이다. 유동성위기는 작년 팬택이 사채시장 쪽에서 자금을 끌어온 것으로 알려지면서 급속도로 퍼져나갔고 결국 팬택계열은 채권단에 의해 워크아웃에 들어갔으나 여전히 상황은 호전적이지 않은 것으로 알려지고 있습니다. 또한 정부 주도의 M&A이긴 하지만 현대전자와 LG반도체 간 합병은 국내 M&A 역사상 가장 최악의 실패사례로 꼽히죠. 과도한 차입과 중복투자를 없애고 시너지 효과를 내 합병회사를 세계 2위의 반도체 기업으로 육성한다는 목표였지만 합병회사인 하이닉스는 LG반도체에 지불해야 하는 인수대금 2조6천억원 등 총 6조5천억의 자금부담 때문에 공적자금이 투입돼 법정관리 후 최근에 다시 정상화되는 운명까지 가게 되었습니다. 또한 하이트 맥주가 무리한 차입으로 진로를 인수하면서 순간 반짝하다 지금도 인수자금을 메우는데 급급하고 있는 실정입니다. 이처럼 모기업의 역량을 감안하지 않은 채 "몸집불리기"에 나섰다가는 오히려 역효과를 불러올 수 있다는 것이 M&A가 가지고 있는 양면성입니다.

2) 성공사례

STX는 M&A로 매출 30배 뛰어 성공사례로서 M&A가 기회로 작용한 기업들도 있습니다. 최근 들어서 M&A로 성장한 대표적인 기업은 바로 STX그룹입니다. 말 많고 탈 많기도 하지만 현재 STX그룹이 M&A로 성장한 가장 대표적인 기업으로 꼽힙니다. STX그룹의 전신은 "선박용 엔진"을 만들

쌍용중공업입니다. 쌍용중공업은 97년 외환위기 이후 쌍용그룹에서 갈라져 나왔으며 2000년까지만 해도 연매출이 2700억원대에 불과한 중견기업이었고 이후 쌍용중공업은 사명을 STX로 바꿨으며 적극적인 M&A에 나서기 시작했습니다.

2001년 대동조선을 시작으로 산단에너지, 범양상선 등을 줄줄이 인수합병했고 올해 그룹 전체 매출규모가 10조원에 이를 것으로 예상하고 있기 때문에 불과 7년만에 매출이 30배 이상 늘어난 그룹이며 매출 순위로만 따지면 22위이고 자산순위로는 24위에 랭크됩니다. 현재 STX그룹은 극동건설과 대한통운인수 참여, 대우조선해양까지 참여할 태세입니다. 한 때 시장에서는 M&A가 계속되자 "무리한 투자가 아니냐"는 우려섞인 목소리가 나오기는 했지만 현재까지는 성공적으로 안착했다는 평가가 지배적입니다.

STX그룹의 M&A성공 비결은 세가지로 꼽을 수 있습니다.

첫째, 시너지 효과를 낼 수 있는 관련업종을 우선순위로 한다는 것

둘째, 적대적 M&A를 하지 않는 것

셋째, 기업가치를 더욱 키울 수 있는 기업을 M&A 대상으로 한다는 것입니다.

STX조선보다 비교적 규모가 작지만 동국제강의 연합철강(유니온 스틸) 인수도 지금은 성공사례로 꼽히고 있으며 더 작은 기업들로는 프라임그룹이나 유진그룹 등도 성공적 M&A로 꼽힙니다. 유진기업의 경우 로또사업자에 선정되기도 했으며 최근 기자들의 집단 사표를 제출한 "시사저널"을 인수한다는 소문까지 나돌기도 했었습니다. 금호아시아나 그룹도 대우건설을 인수하면서 재계 10위권안으로 진입했지만 최근 서울역앞에 위치한 대우빌딩도 팔아넘기는 등 인수전에 쓴 실탄을 메우는데 급급하기도 합니다.

M&A의 단맛과 쓴맛을 동시에 맛보고 있는 셈이 되었죠. 금융권도 M&A가 벌어지는 대표적 업계로서 조흥은행을 인수한 신한은행, 서울은행을 인수한 하나은행 등이 대표적인 업체들입니다. 올해는 현대건설, 대한통운, 대우인터내셔널, 대우조선해양 등 대형 M&A 매물들이 새 주인을 기다리고

있고 과연 어떤 기업들이 이 매물들을 발판삼아 다시 도약할 것인지 아니면 패망할 것인지 우리의 개미들이 집중할 수 밖에 없는 현실입니다.210)

2. 삼양식품의 BSC(균형성과표)로 본 기업가치평가

BSC(Balance Score Card:균형성과표)란 기업의 가치평가에 있어 기존의 재무적 관점과 유형자산 관점을 탈피하여 장기적인 전략적 관점과 미래투자가치를 평가하기 위해 개발한 성과측정 전문컨설팅회사인 르네상스솔류션의 데이비드 노턴과 하버드 비즈니스 스쿨의 로버트 카플란 교수가 공동으로 개발하여 1992년에 최초로 제시한 기업평가시스템이다.211)

BSC는 조직의 사명과 전략을 측정하고 관리할 수 있도록 포괄적인 측정지표로 바꾸어주는 틀이다. 즉, 유형적인 지표를 넘어선 미래가치와 전략적 가치를 포괄하는 무형자산평가를 포함한 평가시스템이다. 기존의 평가가 기업 자산상태와 재무적 분석에 그친 것에 반하여 BSC는 재무 관점, 고객 관점, 내부프로세스 관점, 학습과 성장 관점 4부분에 걸쳐 기업의 미래가치를 측정하고자 하는 평가시스템이다. 기존의 재무중심의 전통적인 기업평가로는 이해하기 어려운 현 삼양식품의 주가상승 요인을 BSC관점으로 따져보자면 고객관점에서 <고객의 지지>, 내부프로세스 관점에서 <CEO의 도덕성, 신념, 가치>, 학습과 성장 관점에서 <'맛있는 라면'과 같은 지속적인 주력 신제품 출시를 가능하게 하는 기술력과 마케팅 능력>을 들 수 있다.

주식시장은 차가운 투자의 논리, 이윤의 논리가 중심이 되는 시장이다 여기에 정치적 논리가 포함될 수는 있으나 그것만이 현재의 주가 상승세를 지지하는 것은 아닐 것이라는 판단이다. 즉, 이전에 평가되지 못했던 위의 기업가치가 특별한 계기를 통해 '재발견' 되었다는 것이 최근의 삼양식품의 주식상승의 주요 원인이라는 생각이다.212)

---

210) http://stock.daum.net/item/bbs.daum?code=031990&articleId=1329073&viewObj=1:2:0(2011.1.14)
211) 추천 2 | 조회 971 | 번호 1768609 | 2008.06.24 17:52 meso (sada***)

3. 목표수익률 1000%의 통큰 대박주

몇 % 수익이 날 종목을 무수히 제시해온 전문가는 활동 3년동안 벌써 수십 종목에 이를 지경이다.[213] 중소형주로 수익내기 어려웠던 작년 연말장세에서도 현대정보기술, 크레듀, 동양물산, 코코, 보령메디앙스, 서한 등으로 최소 100~400%까지 수익을 안겨 정말 많은 회원들로부터 감사의 메일이 쏟아지고 있다. 하지만 이것은 시작에 불과하다.

1) 이제부터 10배 이상 폭등할 초대형 급등주에 주목

수십배 터져 나오는 대부분의 급등주들은 큰손들의 자금이 집중되는 연초 장세에 탄생한다. 2009년 말 연말 장세에서 몰빵까지 감행했던 케이디씨와 보성파워텍을 기억한다면 왜 지금 시기가 중요한지 알 수 있을 것이다.

2011년 연초 장세를 강력하게 주도할 초대박주 즉, 재료와 이슈 그리고 실적과 세력 매집이라는 완벽한 급등코드를 가진 극비 대박 재료주를 강력하게 추천한다. 매년 연초 장세를 준비하는 투자자조차도 이 종목을 발굴하는데 수개월이 걸렸다. 먼저 수급적인 측면에서 월봉을 보면 수개월동안 장기간에 걸쳐 매집이 확실하게 이뤄졌다. 이번에 매집한 세력은 스마트머니의 붐을 일으키며 만지는 종목마다 대박주로 연결시키는 급등세력 중의 하나다. 차트가 5월 달에 바닥권에서 급락시킨 후 800% 날아간 젬백스를 연상케 하는 종목이다. 뿐만 아니라 동사는 IT 최대의 화두라 불리는 스마트폰과 태블릿의 혁명을 주도하며 애플, 삼성, 노키아, 림, 에릭슨, 모토롤라 등 세계적인 대표기업들의 주요 공급사로 낙점되었다. 국내에서는 비교대상조차없어 세력들이 수십배 날리기 위한 급등명분을 확실하게 갖추고 있다. 어디 이뿐인가. 실적 측면에서는 작년을 기점으로 완벽한 턴어라운드에 돌입했다. 그동안 대규모의 적자를 털어내고 흑자전환에 성공한 것이다.

---

212) http://stock.daum.net/item/bbs.daum?code=003230&articleId=1768609&viewObj=1:2:0(2011.1.14)
213) 머니투데이 원문 기사전송 2011-01-14 12:39

스마트폰 시대가 큰 폭의 매출과 이익으로 연결되고 있기 때문에 단순히 기업가치적인 측면에서 고려하면 현 자리에서 500% 이상 급등해도 고평가의 논란이 있을 수 없는 종목이다.

2) 수십배 터져나가는 대박주의 비밀

우리생활을 송두리째 바꿀 새로운 산업의 태동으로 인하여 사람들이 꿈을 갖게 하는 성장성이 있어야 하고, 또한 실적이 빼어나게 좋은데 주가가 매우 저평가된 상황에서 그 가치를 갑자기 반영시킬 수 있는 있어야 하는 것이다. 바로 이러한 종목들을 찾아내 회원들에게 1년에 서너차례씩 1000% 이상의 수익을 안겨줬다. 오늘 추천주 역시 그 어떤 IT종목보다도 초대박 프리미엄을 받을 수 있을 대박 명분이 확실하기 때문에 매수 후 1000% 이상 터지는 광경을 반드시 목격하게 될 것이다. 보안상 여기서 모든 것을 밝힐 수는 없지만 오래 전부터 큰손들과 스마트머니의 세력들로부터 철저하게 유통물량이 장악되어 있다. 1일 연초 장부터 세대로 날리기 위해 치밀하게 매집한 종목인만큼 이제부터 큰돈을 만지기 위해서는 얼마만큼 물량을 확보하느냐가 중요하다. 이제 매수할 기회가 얼마 남지 않았다.

이 종목에 개입되어 있는 세력의 특성상 단 한번만 상한가로 말아 부치게 되면 5일 이상 쩜상 랠리를 펼쳤던 코코와 같이 극단적인 대박 플레이도 가능할 것이다.

단순히 1차 상승파동으로 마무리 짓지 않고 2차, 3차로 이어지는 상승파동까지 끝까지 물고 늘어진다면 최소한 1000% 이상의 수익을 거머쥘 수 있다는 사실을 반드시 기억해 두길 바란다. 고민하고 의심할 필요가 없다. 지금부터는 먼저 잡는 순서대로 버는 돈의 크기가 달라지는 중요한 순간이다.

분명히 말해두지만 이 종목을 매수하는 순간 종목 하나로 팔자를 고친다는 말을 실감할 수 있을 것이다. 그동안 수많은 대박 종목이 시장에 출현했음에도 불구하고 단 한번도 제대로 된 수익을 챙겨가지 못한 회원들을 위해 단 며칠동안만 극비에 공개하는 종목인만큼 이번이 마지막이란 심정으로 무조건 매수해 두길 마지막으로 강조한다. 1000명의 개인 투자자와 100명의 전업 투자자가 선정한 14일 매매선호 종목 및 단기 상승예감 종목은 코코, 성융광전투자, 솔고바이오, 엔알디, 차바이오앤, 유진투자증권, CJ씨푸드, 조아제약, 성문전자, 하이닉스 등이다.

■ 위 종목은 이미 단기적으로 급등했거나 단기 주가 변동성이 확대되어 있으므로 투자에 참고해주시길 바랍니다.

■ 본 정보는 증권전문가들이 투자자에게 제공하는 참고자료입니다. 이는 머니투데이와 머니위크의 견해와는 무관하며 편집방향과 다를 수 있습니다.214)215)

4. IPO 3년만의 손질, 주관사 `乙`에서 대등관계로

주관회사 가격협상 주도권 강화..발행사 눈치보기 해소, 가격결정 수요예측 때 기관 무차별 물량 신청에도 제동216) 상장 공모시장이 달아오를 때면 어김없이 불거지는 공모가 거품논란이 3년만의 제도 손질로 제대로 제어될 수 있을지 관심을 모으고 있다. 개선의 정도는 소폭이다. 반면 모양새는 주관회사에는 발행사와의 가격협상에서 밀리지 않을만큼 칼자루를 쥐어주고 공모가를 사실상 결정하는 기관들에게는 공모가를 부풀리게 하는 행태를 뜯어고치는 데 있다.

1) 대표주관 체결시한 2008년 3년 폐지후 부활

공모가 거품빼기는 현재 IPO 기업에 질질 끌려다니는 주관회사에 공모가 협상권을 회복시켜 주는 방식으로 진행될 것으로 보인다. 대표주관계약 체결시한 부활이 그것이다. 1980년대 1년이던 시한은 2005년 7월 6개월에서 3

---

214) '돈이 보이는 리얼타임 뉴스' 머니투데이
215) http://news.nate.com/view/20110114n10251(2011.1.15)
216) [마켓in][IPO 3년만의 손질]②주관사 乙 에서 대등관계로, 이데일리 원문 기사전송 2011-01-14 09:21 이 기사는 01월 13일 10시 56분 프리미엄 Market & Company 정보서비스 마켓in 에 출고된 기사입니다. [이데일리 신성우 하지나 기자]

개월로 축소된 뒤 2008년 3월에 가서는 아예 없어졌다. 지금은 제시한 밴드 가격 등이 성에 안차 상장예비심사 청구전 대표주관회사를 갈아치워도 기업이 상장 일정을 진행하는 데는 아무 문제가 없다. 이렇다 보니 주관회사는 발행사에 항상 `을(乙)`이었다. 상도의를 깨는 일이 심심찮게 생길만큼 증권사간 경쟁도 치열했다. 이는 높은 몸값을 원하는 기업의 입맛에 맞춰 공모가가 매겨질 개연성을 안고 있다. 3개월 시한이 복원되면 상황은 달라진다. 계약을 체결한지 3개월이 지나야만 예비심사를 청구할 수 있다.

대표주관을 바꾸면 다시 3개월을 기다려야 한다. IB업계 관계자는 "만일 분반기 및 사업연도 결산 때와 맞물린다면 5~6개월이 걸릴 수도 있다"고 말했다. 가까운 예로 두산엔진이 지난해 5월28일 동양종금증권과 하나대투증권과 대표주관 계약을 체결한 뒤 7월27일에 가서는 동양종금증권과 대우증권으로 변경한 뒤 2개월만인 9월29일 예심을 청구한 것과 같은 일을 할 수 없게 된다는 것이다. 일단 대표주관계약을 체결하면 맘대로 못바꾸는 구조가 되는 이상 주관회사는 발행사에 끌려다닐 필요없이 가격결정에 전보다 강한 입김을 넣을 수 있게 된다.

2) 가격미제시 비중 60~70% 달하기도

가격미제시(Market Order) 제도는 2007년 5월 기업공개(IPO) 등 주식인수 업무 선진화 방안의 일환으로 도입됐다. 상장 공모가를 결정하기 위한 수요예측 때 기관들이 가격을 지정하지 않은 채 참여물량만 제시해도 되도록 한 제도다. 공모가격이 결정되면 이 가격에 물량을 배정받을 수 있다. 하지만 이 제도는 상장공모시장 활황 때 부작용을 낳았다. 공모가에 거품을 끼게하는 한 원인으로 작용한다. `먹을 게 많다` 싶으면 수요예측에서 기관들은 앞다퉈 물량만 써낸다. IB업계 관계자는 "기업가치에 따라 상대적일 수 있겠으나 평소 수요예측 참여물량 중 20~30%였던 가격미제시 비율은 많게는 60~70%까지 치솟는다"고 말했다. 이는 공모가 과대평가로 연결될 수밖에 없다. 가격미제시 물량은 주관회사가 통상 주당희망가격(밴드) 상단으로 처리하기 때문이다. 지난해 3분기 한창 공모가 논란을 불러일으켰던 원인도 가격미제시의 부작용도 한 몫 했다는 게 당국의 시각이다.

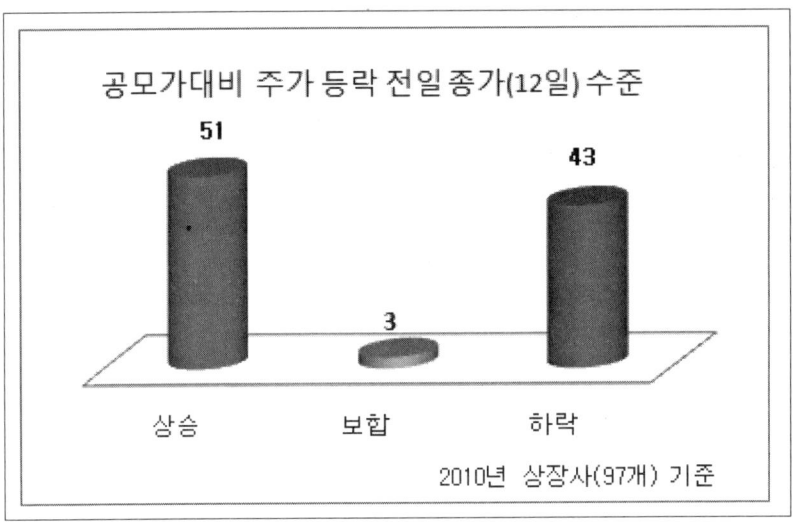

자료: http://news.nate.com/view/20110114n05002(2011.1.15)

 지난해 신규상장사 97개사 중 44.3%(43개사)가 공모가를 밑돌고 있다. 30% 넘게 하락한 곳도 22.7%(22개사)에 이른다. 따라서 가격미제시 물량을 가격제시 물량의 가중평균값으로 하도록 한 것은 언제든 공모가 부풀리기의 수단으로 이용될 소지를 사전에 차단한다는 포석을 깔고 있다.

3) 시장조성 등 시장자율 침해소지 논란 종식

 아울러 이번 IPO 제도개선 방안이 갖는 의미는 간간이 재도입의 목소리가 나오고 있는 시장조성, 풋백옵션을 비롯해 일반투자자배정 비율상향 논란의 종식이다. 과거 시장조성제도는 상장후 1개월간 주가가 공모가의 90% 밑으로 떨어지면 주관회사가 물량을 사들여 주가를 떠받치게 했던 제도다. 2003년 8월 폐지됐다. 주관회사의 인수부담이 증가해 공모가가 지나치게 낮게 결정됨으로써 기업의 원활한 자금조달이 곤란해질 뿐만 아니라 기존

주주, 기관, 유통시장 매입자 등 증권사의 인수책임과 관련이 없는 투자자들의 주식도 시장조성을 해야하는 문제를 안고 있었기 때문이었다. 이를 대신해 도입된 게 일반청약자들만을 대상으로 한 풋백옵션제도다. 상장후 1개월 이내에 공모가의 90% 이상으로 장외에서 인수단에 장외매수를 요구할 수 있는 권리가 주어졌던 것인데 이마저도 2007년 5월 없어졌다. 주관회사의 부담을 줄여 공모가를 적정하게 책정될 수 있도록 하는 등 자율기능에 초점이 맞춰졌다. 재도입 불허 방침은 이같은 취지와 일맥상통한다. IB 업계 관계자는 "이번 제도개선의 초점은 공모가 과대평가로 인한 일반투자자들의 피해를 최소화하는 것"이라며 "풋백옵션 등은 시장자율에 맡기는 글로벌 스탠다드에 맞지 않다"고 말했다. 20% 이상인 일반투자자 의무배정 비율을 현행대로 유지키로 한 것도 같은 맥락이다. 공모주 배정제도는 거래소의 경우 고수익펀드 배정비율이 2002년 8월 45%→2004년 3월 40%→2004년 9월 30%로 낮아진 뒤 2005년 5월에는 현행처럼 일반 20% 이상으로민 정해놓고 있다. 공모주의 배정권을 부여하는 주관회사의 자율에 초점이 맞춰저 있다.217)218)

5. LS네트웍스 주가의 흐름 예측

LS네트웍스 전환우선주(전환상환2우B)의 보통주 전환 청구일이 한달 앞으로 다가오면서 투자 메리트와 물량 부담 우려가 동시에 고개를 들고 있다.219) 13일 업계에 따르면 올해 보통주 전환 청구일이 시작되는 우선주는 LS네트웍스 전환우선주가 유일하다. LS네트웍스는 지난해 11월 13일 전환우선주를 주당 5000원에 발행했으며 오는 2월 13일부터 2015년 11월 12일까지 보통주로 전환이 가능하다. 2월 13일은 일요일이기 때문에 다음날인 14일부터 전환할 수 있다. 이날 보통주와 전환우선주 주가는 각각 6090원,

---

217) 가장 빠른 경제뉴스·돈이 되는 재테크정보 - 이데일리TV, 신성우 jwshin@
218) http://news.nate.com/view/20110114n05002(2011.1.15)
219) 파이낸셜뉴스 원문 기사전송 2011-01-14 05:26

5750원으로 6% 가량 격차를 보이고 있어 일반투자자들도 장내에서 전환우선주를 사서 한달 뒤 보통주로 전환하면 차액만큼 수익률을 기대할 수 있다. 이러한 매력 때문에 발행 당시 청약률이 167대 1을 기록할 정도로 시중자금이 몰렸다. 하지만 LS네트웍스 전환우선주는 총 715만주(발행 당시 기관 500만주, 소액주주 215만주)로 현재 발행총주식수 7152만주의 10%에 달해 보통주 전환 이후 물량 부담이 만만치 않다. 회사측에서는 지난해 12월 1일 상장된 이후 거래가 이뤄지면서 기관보유물량 500만주 가운데 200만~300만주 가량을 개인투자자들이 사들인 것으로 파악하고 있다. 현재 소액주주들의 전환우선주 보유물량이 500만주에 달해 LS네트웍스도 주가 안정 방안을 고심 중이다. 회사 관계자는 "대우증권과 15억원 규모의 자사주매입 신탁계약을 통해 자사주를 매입하고 있다"며 "아울러 1월 말에서 2월 초쯤 호전된 경영실적이 나오면 주가방어가 될 것"이라고 말했다. 이어 "최저배당률(액면가 3.5%·175원)이 상대적으로 높고 기업가치에 비해 저평가돼 전환청구가 한꺼번에 몰리지는 않을 것"으로 내다봤다. 실제 지난해 6월에 전환 청구일이 시작된 아트원제지 전환우선주(2우B)의 경우 일부 물량만 보통주로 전환되고 있다. 전환청구만료일(2019년 6월)까지 8년이나 남은데다 미배당시 최저 배당률 기준으로 다음해로 이월돼 누적으로 받을 수 있어 안정적인 수익률을 기대할 수 있기 때문이다. LS네트웍스 전환우선주가 모두 보통주로 전환되면 최대주주 E1의 LS네트웍스에 대한 지분율은 90%에서 81.8%로 줄어들게 된다.[220][221]

6. [고객감동경영대상]신용보증기금, 각종 민원 통합관리

신용보증기금(이사장 안택수)은 지난 35년간 중소기업 정책금융기관의 버팀목으로서의 역할을 충실히 수행해 왔다.[222] 1999년 외환위기와 2008년

---

220) winwin@fnnews.com, 오승범 기자, 파이낸셜뉴스
221) http://news.nate.com/view/20110114n02273(2011.1.15)
222) [고객감동경영대상] 신용보증기금, 1500명 자문단 구성…각종 민원 통합관리, 한국

글로벌 금융위기 때는 위기극복의 구원투수로서 한국 경제의 든든한 주춧돌로 자리잡았다. 이에 따라 국내 최고·최대의 중소기업 종합지원기관으로 자리매김했다. 이처럼 국가경제적으로 중요한 역할을 담당하고 있는 신용보증기금은 국민과 고객으로부터 사랑받고 신뢰받는 '감동 신용보증기금' 정착을 목표로 고객 및 사회가치 혁신프로그램을 전사적으로 전개함으로써 고객서비스 최우수 공공기관으로 거듭나기 위한 역량을 집중하고 있다. 신용보증기금의 고객감동경영은 고객의 소리를 경청하는 데서부터 시작된다.

신용보증기금은 고객 유형을 업무성격에 따라 세분화하고 관련 고객의 소리를 빠짐없이 청취할 수 있도록 다양한 고객목소리(VOC)채널을 구축했다.

신보의 주요 VOC채널로는 보증고객 대표와 유관기관 종사자 및 각계각층 전문가 1500여명으로 구성된 고객자문단 및 월 단위로 고객의 만족수준을 점검하고 불편사항을 청취하는 고객만족도 조사, 일 단위로 친절성 신속성 청렴성 및 고객불편사항을 청취하는 '신용이 CS-Call' 등이 있다. 이처럼 다양한 채널을 통해 수렴된 고객의 소리를 통합관리하고 전 직원이 함께 공유함으로써 고객의 숨은 니즈를 찾아내고 이를 업무개선 전반에 반영하고 있다. 이같은 VOC채널의 효율적 운영은 중소기업에 실질적으로 도움이 되는 수요자 중심의 보증업무 프로세스 정착으로 이어졌다. 우선 전년도 매출액 중심의 과거지향적 심사방식에 대한 고객의 불만을 근본적으로 해결하기 위해 30년 넘게 유지돼 온 보증심사체계를 과감히 개편했다. '최근 매출액 우선 적용', '미래성장성 반영', '기업가치평가시스템 구축' 등 미래지향적 보증지원체계를 마련했고, 보다 신속한 적기 보증지원을 위한 자동심사시스템을 개발, 운영하고 있다. 정보 네트워크 연계 확대로 제출서류를 제로화해 고객의 방문횟수도 최소화했다.

▶ [고객감동경영대상] AIA생명, 민원전담부서 CEO직속 배치
▶ [고객감동경영대상] KB국민카드, '고객의 소리' 이틀내 즉시 답변

경제 원문 기사전송 2011-01-13 18:32

▶ [고객감동경영대상] 삼성 디지털프라자, 편안한 쇼핑·행복한 체험
▶ [고객감동경영대상] 삼성물산, '래미안 헤스티아'로 입주자 서비스 IP
▶ [고객감동경영대상] 현대증권, 다양한 SNS채널 개설…소통 강화[223]

7. 애플이 M&A 전문가를 영입하려던 이유

시가 총액 세계 2위로 올라선 애플에 현금이 쌓여갈수록 기업 인수합병(M&A) 문제는 휘발성을 갖는 이슈다.[224] 애플은 현금과 단기 유가증권만 해도 256억달러(한국 돈 약 29조원)를 보유하고 있고, 장기 유가증권까지 합치면 510억달러(한국 돈 약 57조원)에 달한다. 엄청난 현금을 쌓아놓고 있다. 이 때문에 주식 환매나 배당금 지급을 통해 이 현금을 주주들에게 돌려줘야 한다는 목소리도 적잖게 나오고 있다. 그럴 때마다 스티브 잡스는 단호했다. 한 번 혹은 그 이상의 '전략적 기회'에 보유한 현금을 사용해야 한다는 것이다. 여기서 '전략적 기회'라는 말은 기업인수합병으로 해석되고 있다. 상황이 이런 가운데 7일(현지시간) 미국의 주요 언론에 따르면 애플이 미국에서도 손꼽히는 M&A 전문가를 영입하려던 사실이 알려졌다. 그것도 애플이 보유한 현금을 관리하고 사용하게 될 최고재무책임자(CFO) 자리에. 스티브 잡스와 애플이 M&A에 본격적으로 시동을 거는 게 아니냐는 전문가들의 해석과 관측이 나올 수 있는 대목이다. 애플이 영입하려던 주인공은 사모펀드 운용회사인 블랙스톤 그룹의 CFO인 로렌스 토시(Laurence Tosi)라는 사람이다. 보도에 따르면 애플은 그에게 CFO 자리를 제안했으나 그는 블랙스톤에 계속 머물러 있겠다며 사양한 것으로 알려졌다. 일단 애플로서는 그의 영입이 실패했다고 판단할 수 있는 상황이다. 그러나 세계 시가 총액 2위 기업의 돈 관리를 책임질 자리에 하필 M&A 전문가를 영입하려던 까닭이 여진을 남긴다. 로렌스 토시는 올해 마흔 두 살로 조지타운 대

---

223) http://news.nate.com/view/20110113n23139(2011.1.15)
224) 아이뉴스24 원문 기사전송 2011-01-08 06:47 최종수정 2011-01-08 07:26

학에서 법을 전공했고 MBA도 땄다. CNBC에서 사업개발 책임자를 맡다가 1999년에는 미국 최대 M&A 전문회사이자 미국 3대 증권회사인 메릴린치에 합류했다. 메릴린치에서 토시는 기업투자부문 COO로 일했다.

토시가 CFO로 있는 블랙스톤은 지난해에만 30개 이상의 기업에 투자한 사모펀드 운용회사이다. 한마디로 로렌스 토시는 기업의 가치를 평가하고 사고 파는 데 전문가인 것이다. 이 점 때문에 애플이 향후 M&A를 염두에 두고 CFO를 교체하려 했던 게 아니냐는 해석이 나오게 되는 것이다. 고위 임원 스카웃 대행회사인 크리스트 콜더 어소시에이츠의 피터 크리트 회장은 "어느 회사가 기업 인수합병에 관한 DNA를 가진 사람을 고용하려고 노력할 때 그것은 그 회사가 사업의 포트폴리오를 변화시켜려고 생각하고 있다는 뜻"이라고 설명했다. 이에 대해 애플 측의 반응은 심플한 편이다. 스티브 다울링 대변인은 아예 애플이 CFO를 영입하려던 사실을 부인했다. 그는 "CFO를 구하고 있지 않다"며 "현재 CFO인 피터 오펜하이머는 애플을 사랑하고 자기 일에 행복해 하고 있다"고 말했다. 오펜하이머는 1996년 애플에 합류해 2004년 이후 CFO로 일하고 있다.[225)226)]

8. 한화, 근 1년만에 5만원대 돌파

한화가 급등세를 이어가며 근 1년만에 5만원대를 돌파했다.[227)] 7일 오전 9시22분 현재 한화는 전일 대비 2.92%(1450원) 상승한 5만1100원을 기록 중이다. 한화가 5만원을 넘었던 것은 지난해 1월 중순 이후 근 1년만이다. 이 같은 상승은 한화케미칼의 기업가치 상승과 금리 인상으로 인한 대한생명 수익성 개선 등 자회사 가치가 앞으로 커질 것이란 기대감이 반영되고 있는 것으로 풀이된다. 여기에 지배구조 투명성과 그룹쇄신 차원에서 지주회사 전환이 가시화될 것이란 기대도 선반영되고 있다는 평가다.[228)229)]

---

225) 캘리포니아(미국)=이균성 특파원 gslee@inews24.com, 아이뉴스24
226) http://news.nate.com/view/20110108n01934(2011.1.15)
227) 파이낸셜뉴스 원문 기사전송 2011-01-07 09:29

9. [스페셜리포트]신창재 교보생명 회장

사회적 책임경영…새로운 보험패러다임 구축[230] 올해 생명보험업계는 농협의 보험진출, 지급결제 등 산적한 현안으로 그 어느때 보다 수익확보 경쟁이 치열해질 전망이다. 이런 가운데 신창재 교보생명 회장의 차별화된 행보가 관심을 끌고 있다. 다른 보험사들이 전문경영인(CEO)을 통해 실적 중심 영업에 나서고 있는 반면, 신 회장은 기업의 사회적 책임(CSR)을 강조한 지속가능한 경영에 나서면서 기업가치를 높이고 있다는 평가다.

1) 생보사 유일의 오너 CEO, '의과교수' 이색경력

신 회장은 생명보험업계에서 유일한 오너 CEO이다. 교보생명은 지난 50여년동안 회사명과 대주주가 바뀌지 않고 외부지원없이 독자적으로 성장해 온 금융회사로 알려져 있다.

때문에 전문경영인이 실적 하나에 일희일비(一喜一悲)하는 것과는 달리 교보생명은 오너의 일관된 경영철학이 회사내에 깊숙히 뿌리박혀 있다. 신 회장은 2003년 작고한 신용호 창업주의 장남이며 서울대 의과대학 교수를 역임하다 지난 2000년부터 교보생명을 맡고 있다. 취임 이후 신 회장은 친밀하고 자유로운 조직문화를 만들기 위해 직원들 앞에서 막춤과 기타 연주, 노래도 서슴치 않았다. 때문에 회사 안팎에서는 신 회장을 '노래하는 회장님'으로 부르기도 한다. 의대교수에서 보험회사 CEO로의 변신이라는 신 회장의 이색경력은 지난해 포브스지 아시아판 5월호에 '경영인이 되길 꺼렸던 경영인(The Reluctant Executive)'이란 제목으로 실리기도 했다. 포브스는 한 번도 경영인을 꿈 꿔보지 않은 신 회장이 이제는 교보생명을 맡아 성공적으로 이끌고 있다고 평가했다. 실제로 교보생명은 지난 2008 회계연도(2008년 4월~2009년 3월)에는 금융위기속에서도 2916억원의 당기순익을 실

---

228) yutoo@fnnews.com 최영희 기자, 파이낸셜뉴스
229) http://news.nate.com/view/20110107n05431(2011.1.15)
230) [스페셜리포트]신창재 교보생명 회장, 아시아투데이 원문 기사전송 2011-01-07 05:02, [아시아투데이=김영권 기자]

현하며 22개 생보사 중 가장 높은 실적을 기록했다. 2009 회계연도에는 5252억원의 당기순익을 통해 탄탄한 이익창출 능력을 입증했다. 대표적인 수익성 지표인 자기자본이익률(ROE)은 2004년 이후 삼성생명, 대한생명 등 대형 3사 중 가장 높다. 재무건전성 지표인 지급여력비율은 2009년 3월말 현재 국제 표준인 200%를 상회하는 261.7%를 기록하고 있다. 이에 따라 국제 신용평가기관인 무디스(Moody's)로부터 2008년부터 'A2 등급'을 3년 연속 유지하고 있다.

2) 지속성장 통해 존경받는 100년 기업 목표

신 회장의 경영철학은 기업의 사회공헌과 지속 가능한 성장에 중점을 두고 있다. 윤리경영, 투명경영 뿐만 아니라 사회적 책임(CSR)도 기업의 중요한 경영이념이라는 판단에서이다. CSR경영을 잘하면 소비자와 지역사회로부터 좋은 이미지를 쌓고 결국 기업의 재무적 성과와 지속성장으로 이어진다는 것이다. 이를 위해 신 회장은 보험사의 특성에 맞게 건강, 눈, 지식의 결핍으로 인한 삶의 역경을 극복하는데 초점을 맞춰 짜임새있고 차별화된 사회공헌활동을 펼치는데 중점을 두고 있다. '사회적 기업육성' 대통령 표창을 받은 '교보다솜의 간병봉사단'이 대표적인 예다. 2003년 첫 발을 뗀 간병봉사단은 저소득 여성 가장들을 선발해 전문 간병인으로 키워낸 뒤 저소득층 환자를 무료로 돌보게 하는 사회적 일자리 창출 프로그램이다. 처음에는 간병인 20명으로 출발했으나 현재 250여명으로 불어났다.

저소득 가정에서 태어난 미숙아의 치료비를 대주는 '교보다솜이 작은 숨결 살리기'와 60세가 넘은 은퇴 노인들에게 '숲 해설가'라는 새 직업을 마련해 줌으로써 일자리 제공과 사회참여를 돕는 '다솜이 숲 해설봉사단' 등이 가동되고 있다. 지난해 10월에는 CSR 국제협약인 UN글로벌콤팩트(UNGC)에 가입하기도 했다. 협약 가입으로 교보생명은 인권, 노동, 환경, 반 부패 분야의 10대 원칙을 준수하고 사회적 책임을 다하기 위한 기업활동에 참여하고 매년 활동보고서를 제출하게 된다. 현재 UNGC에는 전세계

130여개국 7700여개 기업 및 단체가 참가하고 있으며 국내에서는 180개 기관 및 단체가 가입했다. 이같은 신 회장의 사회적 책임경영의 노력은 대외적으로도 빛을 발하고 있다. 신 회장은 지난해 12월 막을 내린 주요 20개국(G20) 서울 정상회의에 앞서 진행된 '서울 G20 비즈니스 서밋'에서 금융분야의 한국대표로 참여했다. 당시 신 회장이 맡은 의제는 기업의 사회적 책임(CSR) 부문이었다. CSR분과의 '청년실업' 그룹에 속한 신 회장은 글로벌 CEO들과 함께 청년실업에 대한 실천적인 대안을 집중적으로 논의했다. 또한 신 회장은 요제프 아커만 도이체방크 회장, 피터 샌즈 스탠다드차타드 CEO등 금융계 인사들과 면담을 갖고 글로벌 금융개혁, 금융산업 발전전략 등에 대해 의견을 교환하기도 했다.[231][232][233]

10. 삼성전자·현대차·기아차·현대중 '아시아서 가장 싼 10대 주식'

삼성전자·현대차·현대중공업·기아차가 '아시아에서 제일 싼 10대 주식'에 꼽혔다.[234] 디트스위스는 5일 '아시아 주식전략'이라는 보고서를 통해 아시아 시가총액 100위 기업(일본 제외) 중 제일 저평가된 10개 종목을 선정, 발표했다. 주가순자산비율(PBR)과 자기자본이익률(ROE)을 바탕으로 한 크레디트스위스의 자체 가치 분석 모델로 추려낸 것이다.

아시아에서 제일 싼 주식 10선

나라	종목
한국	삼성전자·현대차·현대중공업·기아차
중국	중국은행·시노펙·교통은행·중신은행
인도	인도석유
호주	텔스트라

자료:크레디트스위스

자료: http://news.nate.com/view/20110106n26921(2011.1.15)

---

231) 신창재 회장: 1953년 서울 출생 경기고, 서울대 의학박사, 1993년 대산문화재단 이사장, 1998년 교보생명 이사회 의장, 2000년~ 교보생명 대표이사 회장
232) '글로벌 석간 종합일간지' 아시아투데이, 김영권 기자 0912337@asiatoday.co.kr
233) http://news.nate.com/view/20110107n02029(2011.1.15)
234) 중앙일보 원문 기사전송 2011-01-07 01:41, [중앙일보 권혁주]

이에 따르면 아시아에서 제일 싼 종목은 호주의 통신업체인 텔스트라였다. 기아차와 현대중공업이 2위와 3위였고 현대차가 5위, 삼성전자는 저평가도 9위였다. 중국도 4개사가 이름을 올렸다. 에너지업체 시노펙(4위)과 교통은행(6위) 등 3개 은행이다. 중국 주식은 상하이 증시의 주가가 아니라 홍콩 증시의 가격을 바탕으로 저평가도를 산출했다. 크레디트스위스의 삭티시바 신흥시장 리서치 대표는 보고서에서 "그간 선정해 온 '제일 싼 10대 주식'의 평균 주가상승률이 항상 시장평균을 웃돌았다"고 밝혔다. 이번에 이름을 올린 종목들도 시장평균보다 더 오를 가능성이 크다는 의미다. 크레디트스위스는 2009년 10월 5일과 지난해 10월 5일, 11월 16일에도 '제일 싼 10대 주식'을 발표한 바 있다. 2009년에 뽑힌 종목들은 현재까지 평균적으로 시장보다 21%포인트, 지난해 10월 선별된 종목들은 6.1%포인트, 11월 발표한 주식들은 2.1%포인트 높은 수익률 냈다. 현대중공업은 지금까지 크레디트스위스가 네 차례 발표한 '제일 싼 주식' 명단에 모두 포함된 유일한 종목이었다.235)236)

11. 저축은행 부실 금융기관에 전이 안돼야

금융지주사들이 부실 저축은행들을 인수할 예정이어서 저축은행 부실 문제 해결에 새로운 돌파구가 열릴 것으로 전망된다. 우리금융·하나금융 등 주요 금융지주사들은 부실이 심각한 저축은행 가운데 6개 이상을 다음달까지 인수합병(M&A)할 계획으로 알려지고 있다. 이렇게 되면 연체가 급증하면서 일부 도산 위기까지 몰리고 있는 저축은행 부실 문제가 한숨 돌리게 될 것으로 기대된다.237) 금융지주사들이 부실 저축은행 인수를 추진하고 있는 배경은 크게 두 가지라고 할 수 있다. 우선 금융권 전반의 시스템 리

---

235) 권혁주 기자, 권혁주 기자의 블로그 http://blog.joinsmsn.com/snuphy, 중앙일보
236) http://news.nate.com/view/20110106n26921(2011.1.15)
237) [사설] 저축은행 부실 금융기관에 전이 안돼야, 서울경제 원문 기사전송
    2011-01-06 18:21

스크를 해소하는 효과를 기대할 수 있고 둘째로는 은행을 주력으로 하는 금융지주사들로서는 서민금융으로 업무영역을 확대할 수 있기 때문이다.

저축은행 부실 문제 해결이 발등의 불이나 다름없는 금융당국과의 사전 조율도 마친 것으로 관측된다. 문제는 현재 저축은행 부실규모가 워낙 커 은행을 비롯한 금융권 전체에 상당한 부담을 줄 우려가 있다는 점이다.

저축은행들의 부동산 프로젝트파이낸싱(PF)에 대한 부실채권 규모는 현재 3조8,000억원이고 이를 포함한 전체 부실여신 규모는 6조7,000억원에 달한다. 주요 저축은행들의 신용등급이 지난해 말 잇따라 하향 조정됐고 부동산 경기회복이 지연되고 있어 앞으로 저축은행 부실규모는 더 늘어날 가능성이 크다. 지난 2008년에 이어 지난해 6월 정부가 저축은행 PF 부실채권 매입을 위해 캠코 자금까지 포함해 총 2조8,000억원의 공적자금을 투입했지만 상황은 나아지지 않았다. 그만큼 저축은행 부실이 심각하다는 것을 말해준다. 금융지주사들이 무리하게 부실 저축은행 인수에 나설 경우 다른 금융기관으로 부실이 전이될 가능성을 배제하기 어려운 것도 이 때문이다. 이를 차단하기 위해서는 무엇보다 부실 저축은행의 기업가치를 정확하게 평가하는 것은 물론 앞으로 서민금융을 통해 얻게 될 수익과 인수비용을 정확하게 따져 인수를 결정해야 한다. 경제적 타당성에 대한 충분한 검토가 전제돼야 부실 저축은행 인수에 따른 부작용을 최소화할 수 있다. 또 저축은행 부실 문제가 금융지주사들의 인수합병을 통해 완전히 해결되기 어렵다는 점에서 금융당국은 공적자금 투입 및 공동계정 등 다양한 방법을 강구할 필요가 있다.[238]

12. "자산가치 시총 2배 세방, 저평가 상태"

산업재 운송기업인 세방이 시가총액의 2배가 넘는 자산가치가 부각되면서 강한 상승세를 보이고 있다.[239] 세방은 6일 전날보다 300원(1.87%) 상승

---

[238] http://news.nate.com/view/20110106n21786(2011.1.15)

한 1만6,350원으로 장을 마감했다. 세방은 자산가치 부각으로 장중 10% 가까이 급등세를 나타내기도 했다. 이는 하이투자증권이 이날 세방의 현 주가가 시가총액 대비 현저히 저평가됐다는 투자분석 보고서를 낸 영향이 큰 것으로 보인다. 김지은 하이투자증권 연구원은 "세방의 자산가치가 시가총액의 두 배를 웃도는 가치주"라며 "지난해 3·4분기 말 기준 보유현금은 838억원과 자회사인 세방전지의 지분가치는 1,543억원에 이르고 있다"고 설명했다. 그는 이어 "8만5,000평 토지의 장부가는 1,200억원, 재고자산에 용지로 잡혀 있는 목동 땅의 시가는 1,000억원, 선릉역 부근의 본사건물의 시가는 2,000억원 등으로 평가되고 있다"며 "이들만 합쳐도 현 시가총액(5일 종가 기준 2,696억원)의 두 배를 웃돈다"고 말했다. 특히 김 연구원은 "세방은 현재 컨테이너·벌크 국내운송 비중이 52%, 항만하역이 40%인 사업구조"라며 "올해에는 경기회복에 따른 해운 물동량이 증가하면서 실적도 호전될 것"이라고 전망했다. 또 그는 "지난해 수이익은 600어원 안팎으로 예상되고 있어 현재 시가총액이 2,700억원 수준임을 감안할 때 세방은 현저하게 저평가된 상태"라고 덧붙였다.[240][241]

13. "이 종목 투자하고 3년 감옥있다 온다 생각해라"

새해에는 증시 2000 시대에 대한 기대감으로 주식 직접투자에 대한 관심이 더욱 높아질 것으로 보인다. 하지만 개인투자자들이 유망 종목을 직접 선별하는 것은 쉽지 않다. 돈 벌 수 있는 종목을 찾았다 하더라도 어느 시점에서 어떤 방식으로 접근하느냐가 더욱 중요하다. 잠재된 위험요인을 파악하는 것도 필수다.[242] 투자자들의 이런 어려움을 감안해 증시전문가 10명에게 조언을 구했다. 대형주, 중소형주, 가치주 등 3개의 카테고리로 구분

---

239) 서울경제 원문 기사전송 2011-01-06 16:21 최종수정 2011-01-06 18:16
240) 인터넷한국일보(www.hankooki.com), 성시종 기자 ssj@sed.co.kr
241) http://news.nate.com/view/20110106n18535(2011.1.15)
242) 머니위크 원문 기사전송 2011-01-06 10:12, [[머니위크 커버]2011 승부 종목/ 가치주]

해 올해 주목할만한 유망 종목을 탐색했다. 아울러 선별된 종목에 대한 간단한 분석과 전망, 투자전략 및 위험요소에 대해 알아봤다. <2011 유망종목 대공개>에 참여한 전문가는 정경옥 한셋투자자문 대표, 이춘수 슈프림에셋 투자자문 대표, 조세훈 이룸투자자문 대표, 박성민 로터스투자자문 대표, 김민국 최준철 VIP투자자문 공동대표, 이종형 유베스트원 대표, 복재성 JS 대표, 박상희 신기영 윤준서 MTN증시전문가 등이다. 장기투자로 돈벌게 해 줄 가치주가 있다. "저평가된 주식을 매수한 후 한 3년 정도 감옥에 있다 오세요." 한 증시전문가가 가치투자의 중요성을 역설하며 강조했던 이 말이 증권업계와 개인투자자들 사이에서 유명해졌다. 주식투자의 기본은 가치주에 투자하는 것이다. 성장 가능성이 높으면서도 가격이 싼 주식을 찾을 수 있다면 '성공투자'는 떼놓은 당상이다. 하지만 서두르지 말고 적어도 3년 이상 묻어둔다는 생각으로 접근하자. 2011년 투자해서 3년 정도 감옥에 갔다 오면 부자가 될만한 종목은 무엇인지 증시전문가들에게 물었다. 개인투자자에게도 잘 알려진 유명기업들도 있지만 아직 주가가 몇천원밖에 안되는 의외의 기업들도 있을 것이다.

1) 차이나킹하이웨이

중국의 경제성장을 생각한다면 차이나킹하이웨이에 관심을 가져보자. 중국 복건성에 위치한 중의약 생활건강식품 제조사를 자회사로 둔 지주회사다. 소득수준이 높아지면서 중국인들의 건강에 대한 관심도 높아지기 마련, 중국의 건강식품시장은 연평균 20.7%의 고성장세를 지속하고 있다. 특히 차이나킹하이웨이는 최근 3년 연평균 매출 64%, 순이익은 74% 증가하며 중국의 경제성장에 따른 수혜를 직접적으로 받는 기업이다. 지난해 예상순이익 기준 4.9배의 PER(주가수익비율) 수준으로 절대 저평가 국면에 있다.[243]

2) 동서

커피 한잔을 마시면서도 주식투자를 생각한다? 그렇다면 단연 동서를 떠

---

243) 정경옥

올려보자. 국내 인스턴트 커피시장에서 80%의 시장점유율을 누리고 있는 기업으로 동서식품의 지분 50%를 보유하고 있다. 최근 3년간 매년 500억원 대의 지분법 평가이익이 발생하기도 했다. 자회사 동서식품은 매년 20% 이상의 ROE(자기자본이익률)를 유지하고 있으며 최근 5년간 꾸준히 배당을 늘려오고 있다. 동서식품이 상장되지 않았으므로 동서에 투자함으로써 동서식품에 대한 간접투자가 가능하다. 1700억원 이상의 높은 현금성자산이 안전마진을 제공하고 있다. 최근 남양유업과 롯데칠성이 커피믹스시장에 진입하면서 경쟁이 격화될 수 있다는 점에 주의하자.[244]

3) 태평양

아모레퍼시픽이란 화장품회사의 지분 60%를 보유하고 있는 단일사업형 순수 지주회사다. 아모레퍼시픽은 현금성 장사인 화장품사업을 통해 연간 18% 이상의 ROE를 창출하는 대표적인 소비재형 성장기업이다. 하지만 시장 PER이 20배에 달하고 있어 투자하기 부담스럽나. 그렇다면 태평양에 투자하자. 상대적으로 저평가 된 아모레퍼시픽의 성장에 동참할 수 있을 것이나. 단, 지주회사이기 때문에 저수익 자산들까지 함께 사야 한다는 게 단점이다.[245]

4) 삼성SDI

삼성그룹의 에너지 전문업체인 삼성SDI는 고성장이 기대되는 기업이다. 스마트화, 그린화시대의 대표적인 수혜주로 꼽을 수 있다. 또 2차전지, 에너지저장용 2차전지, 전기차 배터리 등의 수요가 폭발적으로 늘고 있다는 점도 호재다. 향후 2~3년 내 본격적인 성장국면에 진입할 것으로 예상된다. IT 업황의 회복이 지연되거나 경쟁이 심화될 가능성에 주의하자.[246]

---

244) 김민국-최준철
245) 김민국-최준철
246) 박상희

5) 금호타이어

금호타이어는 그룹리스크를 겪은 이후 중국과 태국 등 해외법인이 정상적으로 가동되기 시작했다. 경기회복에 따른 교체용타이어 판매도 증가할 것이다. 채권단 출자전환 물량의 경우 2014년 12월 이후 출회될 것으로 보인다. 따라서 이 물량을 제외한 개인 CB(전환사채), BW(신주인수권부사채) 물량 등은 주가상승을 억제할 수 있다. 따라서 장기적 안목의 분할매수전략이 유효하다. 천연고무 및 합성고무 등 원재료 가격의 상승으로 인한 원가 증가와 이로 인한 이익마진 축소 여부에 대해서도 살펴봐야 한다.[247]

6) 동양강철

TV사업 매출은 2010년 1700억원에서 2011년 3000억원 수준으로 증가할 전망이다. 또 동양강철은 삼성중공업과 LNG 선박용 알루미늄 구조물 확약을 체결했고 개발에 성공하면 LED사업 이상의 캐시카우(Cash Cow)가 될 것으로 판단된다. 부채비율이 높은 것이 흠이다.[248]

7) 대우인터내셔널

포스코 자회사로서 프리미엄을 본격적으로 누릴 수 있다는 점에 주목하자. 대우인터내셔널은 포스코 자회사로 편입 후 올해 본격적으로 철강 해외 영업을 확대할 예정이다. 아울러 교보생명 지분 보유로 인해 유입되는 지분법 이익이 연간 1200억원 이상이 될 전망이다. 원자재 가격 상승으로 E&P(자원개발)부문의 수익증가도 기대할 수 있다.[249]

8) 삼성테크윈

국방예산 증가로 인한 K-9자주포, K-55자주포 등 사업부문에서 실적개선세가 가시화될 전망이다. 에너지 장비, 로봇, 바이오 진단사업 등 삼성그룹의 신수종 사업에 역량을 쏟으면서 높은 성장성이 기대된다. 삼성테크윈은

---

247) 윤준서
248) 박성민
249) 박성민

삼성탈레스 지분 인수를 통한 시너지효과를 바탕으로 감시부문 및 방산부문에서 안정적인 매출기조를 유지할 것이다.250)

9) LG상사 STS반도체

LG상사의 경우 자원개발 시장에 성공적으로 진입해 지속적인 실적개선이 예상되는 기업이다. 세계 경기회복에 따른 에너지 가격 상승의 수혜주로도 평가된다. STS반도체는 삼성전자의 반도체 후공정 외주정책의 수혜를 기대할 수 있는 기업이다. 장기적으로 매출액 및 영업이익이 크게 증가할 것으로 보인다.251)

10) 삼성전자, 현대차, POSCO

삼성전자, 현대차, POSCO는 브랜드가치가 돋보이는 기업들이다. IFRS(국제회계기준) 적용과 관련해 흔히 유형자산에 대한 평가를 많이 한다. 땅, 건물 등에 대한 자산가치의 재평가가 이뤄지는 것이다. 하지만 무형자산의 가치에 대한 재평가도 중요하다. 즉, 브랜드가치다. 브랜드가치가 장부에 기장되면서 평가를 받기 시작한다면 주가에 큰 영향을 줄 것이다.252)

11) 엔씨소프트 네오위즈게임즈

3년 후를 내다본다면 기술적 분석보다 기본적 분석과 경제흐름에 맞춰 종목을 찾아야 한다. 현재 미국을 비롯한 대부분 국가들의 경기회복이 더딘 상황이다. 전체적으로 경기가 침체됐기 때문에 수출에 문제가 생길 수밖에 없다. 그러므로 이런 문제를 피할 수 있는 기업들에 주목하자. 인터넷강국이란 점을 생각한다면 게임관련업체에 관심을 가질만하다. 대표적인 기업이 엔씨소프트, 네오위즈게임즈다.253)

---

250) 박성민
251) 조세훈
252) 신기영
253) 복재성

12) KB금융 POSCO 현대미포조선

장기투자 메리트가 있는 업종을 꼽는다면 은행, 철강, 조선 등이다. 은행 업종은 글로벌 금융 대비 저평가돼 있으며 경기정상화와 금리인상 수혜가 예상되기 때문이다. 철강 역시 경기회복시 필수적으로 투자할만한 업종이다. 조선의 경우 업황개선과 고유가 수혜가 기대된다. 구체적으로 KB금융, POSCO, 현대미포조선이 유망하다.[254)255)256)]

14. 그루폰도 1조원 투자 유치 "SNS 붐업"

세계 최대 소셜커머스업체 그루폰이 9억5000만달러(1조718억원)의 투자 유치에 성공하면서 고공행진 중인 소셜네트워크서비스(SNS)업체의 주가 상승에 한 몫을 했다.[257)] 그루폰은 10일(현지시간) 안데르센호로비츠·배터리벤처스·그레이락파트너스·메일닷루 등 벤처투자기업들로부터 총 9억5000만달러의 투자를 유치했다고 발표했다. 조달한 자금은 자사주 매입·해외 사업확대·기술개발 등에 쓰일 예정이다. 그루폰은 구글의 60억달러 인수 제안을 거절한 지 한 달만인 지난 해 12월에도 주식 매각을 통해 5억달러를 조달한 바 있다. '제2의 닷컴 붐'이라는 말이 나올 정도로 SNS업체에 대한 인기가 높은 가운데 그루폰의 이번 투자유치 성공으로 그 열기가 다시 한번 확인됐다는 분석이다. 특히 그루폰에 투자한 메일닷루는 지난 주 페이스북에 5000만달러를 추가 투자하기로 한 러시아 투자기업 디지털스카이테크놀로지스(DST)의 자회사로, 투자자들의 눈이 SNS업체로 집중되는 상황이다.

골드만삭스도 지난 주 페이스북에 4억5000만달러를 투자하기로 한 바 있으며 트위터도 지난 해 12월 클라이너퍼킨스코필드앤 바이어스(KPCB) 등으로부터 2억달러의 투자유치에 성공했다. 그루폰을 비롯해 페이스북, 트위

---

254) 이종형
255) 머니투데이 김부원기자 won@
256) http://news.nate.com/view/20110106n06916(2011.1.15)
257) 아시아경제 원문 기사전송 2011-01-11 11:12, 아시아경제 권해영 기자

터 등 주요 SNS업체들은 내년께 기업공개(IPO)를 단행할 것으로 예상된다.

그러나 이같은 높은 인기에도 불구하고 우려도 만만치 않다. 2000년 닷컴 버블이 붕괴되기 직전 IT기업에 대한 투자열기와 닮아있다는 것이다.

기업공개 후 이들 업체의 실적이 기대에 미치지 못하면 '반짝스타'에 그칠 가능성도 있다는 지적이 지속적으로 나오고 있다. 전직 투자은행가이자 칼럼니스트인 윌리엄 코핸은 골드만삭스가 페이스북에 투자하기로 했다는 소식이 나온 후 "IPO 이후 페이스북 실적이 기대에 미치지 못할 경우 기업가치평가의 거품은 꺼지게 마련"이라며 "결국 피해는 일반투자자들에게 돌아갈 것"이라고 경고하기도 했다.[258][259]

15. 합병비율산정을 위한 기업가치평가방법

1) 개요

기업이 합병을 하는 경우 합병회사는 피합병회사의 자산과 부채를 승계하고 그 대가로서 합병회사의 주식을 발행하여 교부하여야 한다. 기업합병의 대가는 원칙적으로 주식이어야 하기 때문에 합병비율은 합병으로 인하여 수입하는 피합병회사의 순자산가액과 그 대가로서 지급하는 합병회사 주식가액과의 비율을 말하며 이는 곧 합병회사의 주식과 피합병회사의 주식과의 주식교환비율이라고 할 수 있다. 합병비율을 결정하려면 합병 당사회사에 있어서는 기업의 평가가 먼저 이루어져야 하며 이러한 기업의 평가에 따라 합병대가를 결정할 수 있게 된다.

2) 기업가치평가방법

결론부터 말하면 대상기업에 대한 객관적인 평가기준은 존재하지 않는다. 특히 우리나라의 M&A의 역사는 일천하기 때문에 기업가치평가방법이 케이스로 축적되어 참고할만한 것이 적고 일반화된 평가방법이 도출되었다

---

[258] 권해영 기자 roguehy@, 아시아경제(www.asiae.co.kr)
[259] http://news.nate.com/view/20110111n09661(2011.1.15)

고 보기 어렵다. 다만, 합병당사법인에 상장법인이 포함되어 있을 경우에는 증권거래법 및 동법 시행령, 상장법인 등의 합병신고에 관한 규정 등에 의하여 평가방법이 규정되어 있으므로 이를 검토하여야 한다.

(1) 증권거래법상의 주식평가방법(증권거래법 시행령 제 84조의 7) : 합병당사회사에 상장법인이 있을 경우

가) 상장법인이 다른 법인과 합병하고자 하는 경우

① 상장법인의 경우에는 합병신고서 제출일부터 최근 1개월간의 평균종가, 최근 1주일간의 평균종가, 최근일의 종가를 산술평균한 가액과 최근일 종가 중 낮은 가액으로 한다.

② 다른 법인이 비상장법인인 경우에는 자산가치·수익가치 및 상대가치를 기준으로 재정경제부령이 정하는 방법에 따라 산정한 가격

* 상장법인이 비상장법인과 합병하고자 하는 경우에는 다음 각호의 요건을 충족하여야 한다.

① 합병비율의 적정성에 대하여 재정경제부령이 정하는 외부평가기관의 평가를 받을 것.

② 비상장법인이 합병신고서를 제출하는 날이 속하는 사업연도의 직전 사업연도의 재무제표를 기준으로 자산총계, 자본금, 매출액 중 두가지 이상이 상장법인보다 더 큰 경우에는 그 비상장법인이 다음 각목의 요건을 충족할 것

• 납입자본이익률, 부채비율, 자산가치 및 수익가치에 관하여 금융감독위원회가 정하는 요건

• 감사의견, 소송계류 기타 공정한 합병을 위하여 필요한 사항에 관하여 금융감독위원회가 정하는 요건

③ 전 ①, ②항의 규정은 법률의 규정 또는 정부의 문서에 의한 승인, 지도, 권고 등에 따른 합병에 관하여는 이를 적용하지 아니함

이를 요약하면 다음과 같다.

가. 상장법인간의 합병의 경우 합병비율을 산정하는 데 있어서 적용할 기

준주가는

　① 기산일로부터 소급한 1개월 평균종가

　② 1주일 평균종가

　③ 최근일 종가를 산술평균하여 산정하되 그 산정가액보다 최근일 종가가 낮은 경우에는 최근일 종가로 한다(증권거래법 시행규칙 제36조의 12)

　나. 상장법인과 비상장법인간의 합병

　① 상장법인 : 상기 가의 기준주가, 다만 그 기준주가가 유가증권인수업무에 관한 시행세칙 제5조 제1항의 자산가치를 하회하는 경우에는 그 자산가치로 할 수 있다.

　② 비상장법인 : 자산가치와 수익가치를 가중산술평균한 가액과 상대가치를 산술평균한 가액, 이때 상대가치의 산출이 불가능한 경우 자산가치와 수익가치를 가중산술평균한 가액으로 한다(증권거래법 시행규칙 제 36조의 12 ②항) 이때 자산가치와 수익가치의 비율은 1 : 1.5의 비율루 한다.

　1. 상장법인이 비상장법인과 합병하고자 하는 경우에는 합병당사회사는 합병비율의 적정성 여부에 대하여 외부 전문평가기관의 평가를 받아야 한다.

　2. 상속세 및 증여세법상의 주식평가방법(상속세 및 증여세법 제 63조, 동법 시행령 제 54조)

　가. 증권거래소에 상장되어 있는 주식 및 출자지분

　평가기준일 전 3월간에 공표된 매일의 한국증권거래소 최종 시세가액의 평균액

　나. 협회등록법인

　상장법인 평가방법 준용

　다. 비상장법인

　당해 법인의 자산 및 수익가치 등을 감안하여 대통령령이 정하는 바에 의한다(시행령 제 54조). 한편 비상장주식의 순자산가액의 계산방법에 관하여는 상속세 및 증여세법 시행령 제 56조 및 시행규칙 제 17조에 언급됨)

3) 순자산가치법

합병당사회사의 순자산가액에 의하여 기업을 평가하고 합병비율을 합병당사회사간의 1주당 순자산가액의 비율에 따라 결정하는 방법으로 합병비율은 당사회사의 주주에 직접적인 이해관계를 가지기 때문에 순자산이라는 구체적 근거를 가지고 합병비율을 산정할 수 있기 때문에 객관적이고 용이하게 계산할 수 있다는 장점이 있으나 단순히 역사적 원가에 불과한 장부가액대로 평가하는 것은 당해 기업의 수익력과 관련되는 올바른 평가를 하는데 한계가 있다는 단점이 있다.

4) 순현가법

합병당사회사의 미래 수익가치를 평가하는 방법

5) 기타

- 유가증권인수업무에 관한 규정에 의한 공모가액 결정방법에 의한 기업가치평가

- 소득세법 : 비상장법인 주식양도에 다른 소득세 과세표준계산을 위한 평가방법(상속세 및 증여세법 규정을 준용하여 평가한 가액) 등[260][261][262]

16. 기업가치를 평가하는 방법 - FCF모형

기업가치를 평가하는 방법은 FCF모형과 EVA모형 등이 있다.[263] FCF(Free Cash Flow)모형은 기업의 잉여현금흐름(FCFF) 또는 주주의 잉여현금흐름(FCFE)을 적절한 할인율로 할인하여 기업가치를 평가하는 방법이다.

---

260) ryu, 2004-08-21 08:09:59, Hit : 15
261) 출처 : 월간 공인회계사
262) http://cafe.daum.net/nong123/9ae3/149?docid=1H73B|9ae3|149|20090503180719&q=%B1%E2%BE%F7%B0%A1%C4%A1%C6%F2%B0%A1+%B9%E6%B9%FD&src hid=CCB1H73B|9ae3|149|20090503180719(2011.1.7.)
263) 기업가치평가, 관악지기 조회 141 |추천 0 | 2009.09.22. 10:04

1) FCFF를 이용한 기업가치의 평가

기업잉여현금흐름 (free cash flow to the firm: FCFF)은 기업이 벌어들인 영업현금흐름중에서 채권자와 주주에게 분배할 수 있는 현금흐름을 말한다. 즉, 영업현금흐름에서 기업의 유지 또는 성장을 위하여 영업자산에 투자한 금액을 차감한 값을 말한다. 영업자산 투자금액에는 비유동자산에 대한 투자금액인 자본적 지출(capital expenditure)과 영업용 순운전자본에 대한 투자금액이 있다. 따라서 FCFF는 다음과 같이 정의할 수 있다.

$$FCFF = 영업현금흐름 - 영업자산투자금액$$
$$= 영업현금흐름 - 자본적 지출 - 순운전자본 투자액$$

여기서 영업현금흐름은 세후 영업이익에 감가상각비를 더한 값이다.(= $EBIT(1-tc) + D$)

자본적 지출은 비유동자산의 증감액에 감가상각비를 더해서 측정할 수 있으며(= 비유동자산 증감액 + D)

순운전자본투자액은 순운전자본의 증감액(=순운전자본)으로 측정할 수 있다.

따라서 FCFF는 다음과 같다.

$$FCFF = EBIT(1-tc) + D - 자본적 지출 - 순운전자본증감액$$
$$= EBIT(1-tc) - 비유동자산증감액 - 순운전자본 증감액[264]$$

17. 실물옵션(real option)의 새로운 가치평가방법

실물옵션(real option)은 새로운 가치평가방법이자 경영자가 기업가치를 극대화할 수 있는 대안을 선택하는 전략적 의사결정에 유용한 도구이다.[265]

즉, 실물옵션(real option)은 새로운 가치평가방법이자 경영자가 기업가치

---

[264] http://cafe.daum.net/NPVGO/ACRJ/1?docid=1J33C|ACRJ|1|20090922100424&q=%B1%E2%BE%F7%B0%A1%C4%A1%C6%F2%B0%A1+%B9%E6%B9%FD&srchid=CCB1J33C|ACRJ|1|20090922100424

[265] change master 조회 49 | 추천 0 | 2010.06.30. 12:32

를 극대화할 수 있는 대안을 선택하는 전략적 의사결정에 유용한 도구이며 실물옵션은 미국 MIT의 Stewart Myers가 1977년 투자가치를 계산하기 위해 금융시장에서 볼 수 있는 금융옵션을 처음으로 실물에 적용한 개념이며, 1980년대 및 1990년대 초까지 실물옵션에 많은 이론적인 연구들이 있었다.

실물옵션이 학술적인 연구대상으로써 뿐만 아니라 기업에서 투자가치평가와 기업전략을 위한 중요한 수단으로써 각광을 받기 시작한 것은 IT산업이 급성장하기 시작한 1990년대 중반부터이다.

투자의 가능성과 우선순위를 정하는 것은 사업의 의사결정에서 가장 중요한 것이다. 지금까지 투자기회를 평가하는데 순현재가치법(NPV: net present value)이 가장 널리 사용되어 왔다. 그러나 이 방법은 투자의 유연성(flexibility)을 반영하지 못하고 있다. 예를 들어 새로운 공장을 설립해야 하는 경영자는 시장전망이 불투명하기 때문에 투자를 망설일 수 있다. 경영자는 투자를 포기하거나, 불확실성이 해소되는 시점까지 투자를 연기하거나 단계적으로 투자를 실행할 수 있다. 즉, 경영자는 투자를 할 권리는 있으나 반드시 투자를 실행해야 할 의무는 없다. 기존의 순현재가치법은 이러한 투자의 유연성을 반영하지 못한다. 이러한 투자의 유연성과 같은 옵션의 성격을 투자가치에 반영하는 방법이 실물옵션이다.

실물옵션이 순현재가치법보다 세 가지 측면을 고려한다는 점에서 우월하다.

첫째, 유연성(flexibility)이다. 유연성은 투자를 연기, 포기, 확장, 축소할 수 있는 능력이다. 순현재가치법은 투자의 불확실성을 고려하지 않기 때문에 투자의 유연성을 평가하는 데 실물옵션보다 당연히 열등할 수밖에 없다.

둘째, 조건성(contingency)이다. 이것은 미래투자의 여부는 현재투자의 성패에 달려있다는 것이다. 따라서 경영자들은 미래투자를 위해서 현재투자의 순현재가치가 음(-)인 경우에도 투자할 수 있다. 기존평가방법은 이러한 선택권을 창출하는 투자를 충분히 반영하지 못한다.

셋째, 변동성(volatility)이다. 일반적인 투자가치평가에서는 불확실성 즉, 변동성이 큰 투자일수록 할인율이 높아 순현재가치가 낮게 된다. 그러나 실물옵션에 의해 평가를 하게 되면 불확실성이 큰 투자일수록 옵션가치는 높아진다. 따라서 IT같이 불확실성이 높은 산업은 옵션가치가 높게 나타난다.

실물옵션방법의 순현재가치법에 대한 장점 때문에 IT산업의 성장과 함께 실물옵션이 가치평가의 도구로써 주목을 받게 되었다. 특히 많은 외국 컨설팅회사들이 이 기법을 도입하여 기업에 대한 자문을 하는 등 투자의 새로운 평가방법으로써 실물옵션방식이 저변을 넓혀가고 있다. 관련 책의 저자들도 10년 후에는 투자결정방식으로써 실물옵션방식이 순현재가치방식을 대체할 것이라고 주장하고 있다. 그러나 아직 우리나라 경영자들은 실물옵션에 대한 이해가 부족하여 이 기법이 잘 활용되지 않고 있는 실정이다.

그 이유는 실물옵션에 대한 이론적인 논문과 저서들이 많이 있지만 실물옵션에 대해 쉽게 설명하고 실물옵션이론을 실제 경영전략에 적용하는 방법을 잘 정리한 책이 드물기 때문일 것이다. 우리나라에서 번역되어 잘 알려진 Amram and Kulatilaka의 책(1999)은 가장 고전적 방식으로 실물옵션을 설명하고 있다. 반면에 이 책은 자료의 한계 때문에 실물옵션에 금융옵션 기법을 직접 적용할 수 없다는 점을 인식하고 순현재가치를 투자의 시장가격으로 대신 사용한다는 MAD(marketed asset disclaimer) 가정에 의해 실물옵션을 소개하고 있다. 이러한 현실에 근접한 논리와 함께 저자들이 많은 회사에 자문을 하면서 실물옵션을 적용한 다년간의 경험을 가지고 만든 관련 책은 기업의 의사결정과정에서 실물옵션을 이해하고 실행하는 데 필요한 안내서임이 분명하다. 또한 사례에 대한 구체적인 분석은 경영자들이 투자결정과 기업전략을 수립하는 데 많은 도움이 되리라고 생각한다.[266]

18. 소셜커머스, 살길은 차별화

소셜커머스 성장이 무섭다. 업계 1위인 티켓몬스터는 창업 8개월만에 매

---

[266] http://cafe.daum.net/bgni/MtTp/2?docid=Pv0L|MtTp|2|20100630123226&q=%B1%E2%BE%F7%B0%A1%C4%A1%C6%F2%B0%A1+%B9%E6%B9%FD&srchid=CCBPv0L|MtTp|2|20100630123226(2011.1.16)

출 240억원을 돌파하는 한편 얼마 전 데일리픽을 100억원에 인수하는 등 화제를 모으기도 했다. 신세계유통산업연구소에 따르면 소셜커머스 시장은 지난해 600억원에 이어 올해는 최소 3,000억원까지 규모가 커질 전망이다.267) 소셜커머스란 소셜네트워크서비스를 통한 자발적 입소문을 통해 일정 신청자가 모이면 해당 상품을 파격적인 할인 가격에 판매하는 온라인 쇼핑, 파격적인 가격 덕분에 '반값 쇼핑'으로 불리기도 한다. 지난해부터 국내에서도 급성장해 소셜커머스 쇼핑몰만 해도 이미 200개를 넘어선 상태다.

몇 달 전만 해도 따끈했던 블루오션이 금세 레드오션으로 바뀔 태세다. 그루폰, 2008년 11월 설립 이후 지난해 9월 기준으로 미국 67개 도시와 14개 국가에 서비스를 제공하는 세계 최대 규모의 소셜커머스 회사다. 해외 주요 캐피탈은 그루폰의 기업가치를 47억달러(한화 5조 2,300억원)로 평가하고 있다.

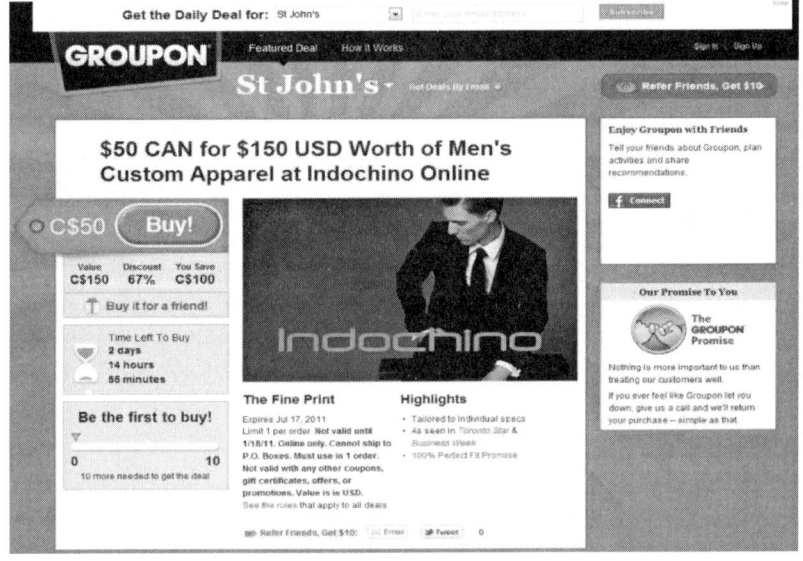

자료:http://news.nate.com/view/20110117n11053(2011.1.18)

---

267) BUZZ 원문 기사전송 2011-01-17 12:12

소셜커머스 쇼핑몰이 늘어나면서 가격을 떠나 경쟁업체와의 차별화를 꾀한 곳도 늘어나고 있다. 지난해 11월 5일 문을 연 티켓나이트(ticketnight.co.kr)는 밤을 즐기는 소셜커머스를 표방하는 곳이며 맛집이나 카페, 뷰티, 여행, 공연 등 밤에 즐길 수 있는 테마를 한데 묶어 판매 중이다. 땡처리데이(www.072day.com)는 땡처리 여행만 전문으로 다뤄 눈길을 끈다. IT 전문매체 전자신문은 IT관련 콘퍼런스와 세미나 등의 유료 티켓이나 보고서, 교육상품을 판매하는 아이찜(www.izzim.co.kr)을 열어 눈길을 끈다. 소셜앤더시티(socialandthecity.co.kr)는 단순 판매만 하는 게 아니라 트위터를 중심으로 한 대화 공간인 소시앤토크를 운영하는 등 감성 소셜커머스를 지향한다.

최근 문을 연 뉴프라이스(www.newprice.co.kr) 역시 독특한 상품을 확보해 눈길을 끈다. 이곳은 100만원대에 이르는 VVIP 대상 전용 팬션인 아쿠아비타 복합 상품권을 반값에 내놨다. 아쿠아 비타는 청평호가 내려다보이는 50만원대 객실과 실내외 스파, 와인과 바비큐, 과일과 초콜릿 등을 묶은 패키지 상품이다. 수량도 대량 판매가 아닌 50매 한정으로 차별화를 꾀했다.

소셜커머스 쇼핑몰을 운영 중인 라병대 대표는 "내형 소셜커머스 쇼핑몰의 출혈 경쟁과 생계형 사이에서 틈새를 노려 특화 상품을 노리는 사이트가 생기고 있다"며 "앞으로는 소셜커머스 쇼핑몰도 개성이 중요시되는 방향으로 시장구조가 바뀔 것으로 본다"고 밝혔다. 싼 것만 찾는 출혈경쟁에서 경제적이면서도 개성을 담보로 한 상품이어야 소비자에게 어필할 수 있다는 설명이다. 지난해에 이어 올해도 소셜커머스 쇼핑몰이 우후죽순처럼 시장에 진입할 것으로 보이는만큼 업체별 차별화 포인트 경쟁도 더욱 심화될 것으로 예상된다.[268)][269)]

---

268) 한만혁 기자(mhhan@ebuzz.co.kr), 'IT 제품의 모든 것', ebuzz.co.kr
269) http://news.nate.com/view/20110117n11053(2011.1.18)

19. (LG Way) 지주회사 6년, 기업가치로 보상받았다

- 올해 사상 최대매출 달성 전망..주력계열사 약진
- 지주회사 체제 안착..`합의 통한 책임경영' 구축
- 기업가치도 급상승..주가 외국인 지분율도 상승[270]

LG그룹이 거침없는 성장세를 보이고 있다.[271] 지난해 매출 100조원 시대에 진입한 이후 세계적 경기불황을 맞은 올해도 지난 해보다 많은 매출을 기록할 전망이다. 투자와 고용 역시 공격적 행보를 보여주고 있다. 이같은 LG그룹의 힘은 6년을 맞는 지주회사 체제에서 비롯됐다는 평가들이 나오고 있다. 이데일리는 그동안 LG그룹이 보여준 변화를 짚어보는 동시에 미래에 대한 준비를 소개하고자 한다.<편집자주>

"1년안에 LG전자와 LG화학의 대주주 지분을 25%까지 늘리겠습니다". 9년전인 2000년 6월8일, 강유식 현 ㈜LG 부회장이 증권거래소 기자실을 찾았다. 구본무 회장 일가가 3000억원을 들여 LG전자와 LG화학의 주식을 집중매입하는 등 대주주들간 지분정리가 이뤄지면서 증권가에 지배구조를 둘러싼 온갖 소문이 돌던 시점이었다. 그리고 그의 입에서는 회장 일가가 LG전자와 LG화학 지분을 늘려 나가겠다는 얘기가 터져 나왔다. 사실상 국내 대기업 최초의 지주회사 전환계획이 언급된 것이다. 그로부터 한달이 채 지나지 않은 7월4일 LG그룹은 "2003년까지 지주회사 전환을 마무리한다"는 계획을 공식발표했다. 시계를 다시 뒤로 돌려 1999년, 구본무 회장은 신년사에서 "LG도 그룹의 의미를 경영이념과 브랜드를 공유하는 `독립기업의 협력체`로 정의했다"고 밝혔다. 새로운 지배구조의 가능성을 언급한 것이다. 외환위기에 빠져있던 한국 정부 역시 이른 바 재벌들에게 강도높은 혁신을 요구하고 있던 시점이었다.

당시 구본무 회장을 비롯한 LG의 고위 경영진들은 주력계열사들이 높은

---

[270] 이데일리 원문 기사전송 2009-10-29 10:25
[271] [이데일리 김상욱 기자]

기업가치에도 불구하고 복잡한 출자구조로 인해 제대로 평가받지 못하고 있는 점에 고심하고 있었다. 변화가 필요했다. 그리고 마침내 결단이 내려졌다. 지주회사 전환 발표 후 3년간은 단계적 변화가 이뤄졌다. 2001년 4월과 2002년 4월 LG화학과 LG전자가 각각 회사분할 등을 통해 지주회사체제로 전환했고, 2003년 3월 통합지주회사인 ㈜LG가 설립됐다. LG의 이같은 변화를 두고 월스트리트저널은 "전통적인 재벌과 결별하며 한국기업의 바람직한 미래상을 보여줬다"고 평가했다.

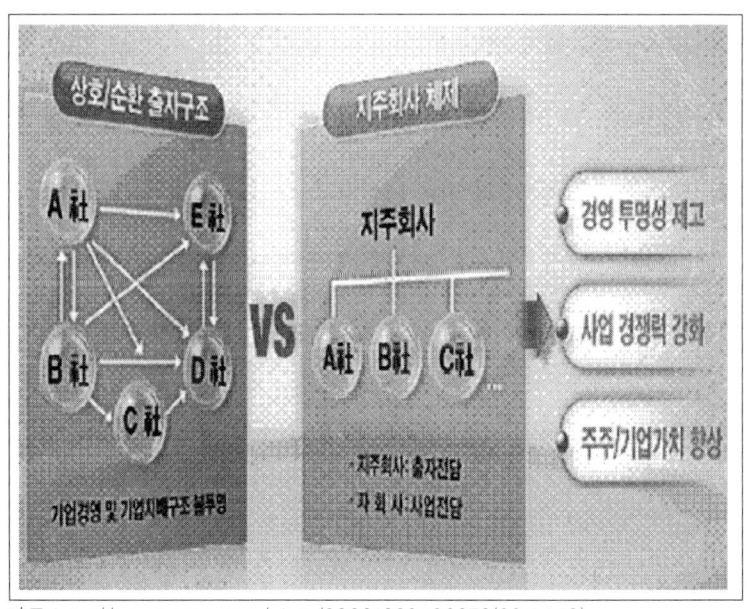

자료:http://news.nate.com/view/20091029n06073(2011.1.18)

1) '6년의 시간' 달라진 LG

지주회사 전환 6년이 지난 지금 LG의 모습은 그야말로 '환골탈태'다. 매년 새로운 역사를 써나가고 있다. 지난해 사상 처음으로 매출 100조원 시대를 연 LG그룹은 세계적인 경기불황이 예고됐던 올해 매출 목표를 사상 최대치인 116조원으로 제시했다. '이런 분위기에서 과연 가능하겠느냐'는 의문은 3분기가 지난 현재 '달성할 수 있다'는 강한 자신감으로 변해있다. 실제 LG전자와 LG디스플레이, LG화학 등 주력 계열사들은 3분기 최대 매출 실적을 기록중이다.

LG그룹은 지난해 매출 115조원을 달성, 1947년 창업 후 처음으로 매출 100조원 시대를 열었다. 1978년 당시 럭키그룹 시절 매출 1조원을 돌파한 이래 그야말로 비약적인 성장을 이뤄낸 셈이다.

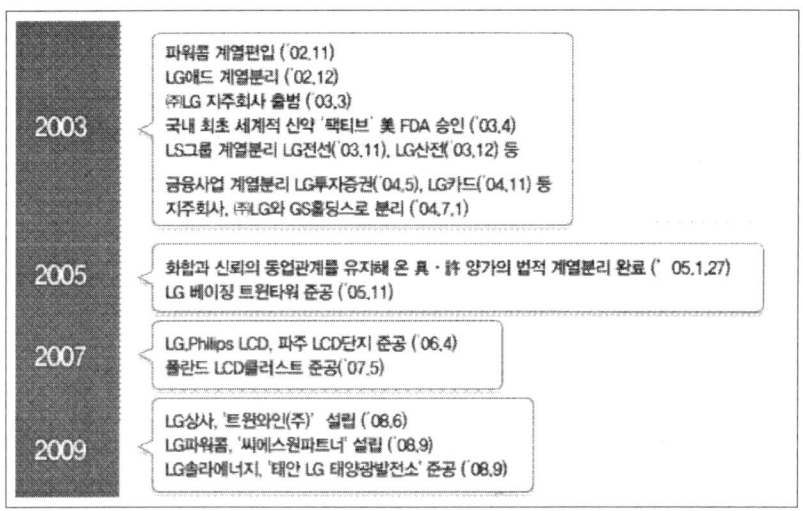

자료: http://news.nate.com/view/20091029n06073(2011.1.18)

LG가 이처럼 견조한 실적을 보이고 있는 것은 ▲고객과 사람을 중시하는 경영이념이 반영된 기업문화 'LG Way'의 정착 ▲위기에 강한 구본무 회장의 리더십 ▲글로벌 LG브랜드 파워 강화 등 총체적인 경쟁력이 힘을 발휘하고 있다는 평가가 나오고 있다. 특히 LG가 투명하고 선진화된 경영시스템을 성공적으로 정착시킨 것이 LG만의 경쟁력을 효과적으로 발휘하는 원동력이 됐다는 게 업계의 평가다.

2) 지주회사 체제 '가속 붙었다'..주력계열사 약진

LG(003550)가 갖춘 지주회사 체제의 가장 큰 특징은 출자와 경영의 분리를 통한 책임경영이다. 지주회사는 자회사에 대한 출자와 전체적인 사업포트폴리오 관리, 자회사 CEO에 대한 인사만을 담당한다. 사업자회사는 계열사에 대한 상호 순환출자 등 출자에 대한 부담없이 자기사업에만 전념하면 된다.

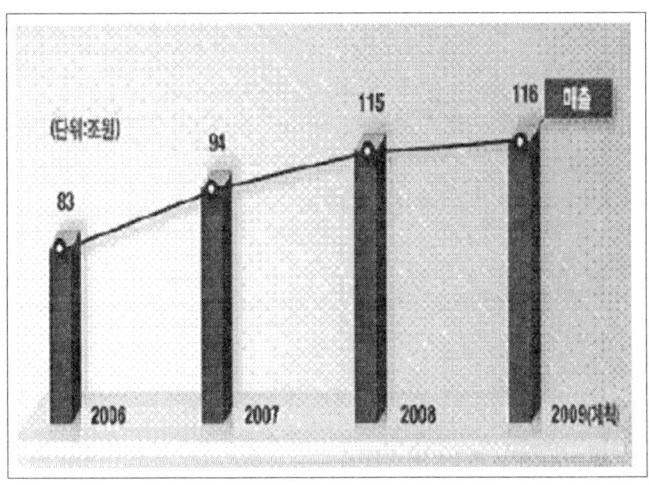

자료: http://news.nate.com/view/20091029n06073(2011.1.18)

　LG는 지주회사 체제로 전환 후 '출자는 지주회사가 맡고 계열사는 고유사업에만 전념한다'는 당초 지주회사의 출범목적을 경영에 원칙 그대로 반영해왔다. 실제 주력계열사 중 하나인 LG전자의 경우 과거에는 경영권 확보차원에서 사업과는 무관한 계열사 주식을 보유했다. 당연히 사업 외적인 요인에 대한 부담이 있었다. 하지만 지금은 오로지 사업실적만으로 평가를 받고 있다.
　LG는 지주회사체제 전환작업과 함께 사업영역의 단순화를 추진해 각 부문에서의 전문성을 강화하는데 주력했다. 지난 1997년 IMF 외환위기 이후 구조조정본부를 설치, '선택과 집중'을 통한 사업 포트폴리오 고도화를 추진해왔다.
　전자부문은 LG전자와 LG디스플레이를 필두로 LG이노텍, 실트론 등이 각 사업영역내에서 세계최고 기술 및 마케팅 전문성을 높이고 있다. 특히 LG전자 휴대폰 사업의 경우 초콜릿폰, 샤인폰, 프라다폰, 쿠키폰 등 차별화된 디자인과 품질경쟁력을 갖춘 제품들이 세계시장에서 실적을 견인, 글로벌 톱3에 올라서는 성과를 올렸다. 화학부문에서는 LG화학이 석유화학·정보전자소재 등 기존 사업분야가 지속적인 성장세를 보이는 가운데, 신성장동력인 전기자동차용 배터리 사업이 두각을 나타내고 있다. 올해 4월 LG화학에서 분사한 LG하우시스도 통합인테리어 브랜드 `지인(Z:IN)`을 내세워 차별화된 고객가치 창출에 앞장서고 있다. 통신·서비스부문의 LG텔레콤, LG데이콤, LG파워콤 등 통신 3사는 지난해 누적 가입자수 1200만 시대를 달성한 가운데, 내년 초 합병을 통해 다양한 컨버전스 상품 및 신규사업에서 성장시너지를 높여나갈 계획이다.

3) `회장님 지시사항입니다` 시대는 갔다

"회장님 지시사항입니다". 이런 전화 한통으로 모든 의사결정이 이뤄지던 시기가 LG에도 있었다. 하지만 지주회사 전환 후 이같은 모습은 사라졌다.

회장의 전화 한통으로 각 계열사 경영의 틀이 한순간에 바뀌는 일은 일어나지 않는다. 업계에서는 LG가 지주회사 체제 후에 만들어낸 가장 큰 변화로 `합의를 통한 책임경영`이라는 차별된 기업문화의 기반을 마련했다는 점을 꼽고 있다. 지주회사 체제가 출범하며 LG의 최고경영진들은 합의를 통해 결정된 사항에 대해 책임을 지고 자율적으로 사업을 운영해 나가는 책임경영의 문화를 실천해 나가고 있다. 그 대표적인 사례가 구본무 회장이 매년 두차례 각 계열사 CEO들과 갖는 `컨센서스 미팅(CM)`이다. 컨센서스 미팅은 구본무 회장과 LG전자, LG화학, LG디스플레이, LG텔레콤 등 주요 계열사 CEO 및 사업본부장들이 순차적으로 만나 사업성과를 점검하고 다음해 사업계획과 중장기 사업전략을 합의·결정하는 독특한 전략회의다. 컨센서스 미팅은 매년 6월과 11월 연간 2회 실시하며, 6월에는 상반기 실적점검 및 하반기 계획을 수립한다. 11월에는 다음 해 사업계획 및 중장기 사업전략을 집중 논의·합의하게 된다. 이 자리에서 구본무 회장은 LG가 나아가야 할 큰 틀에서 각 계열사의 미래전략에 대한 방향을 제시하고, 계열사 최고경영진과 전략을 도출하기 위해 진지한 논의를 하게 된다. 논의를 통해 합의에 이르게 된 사업전략에 대해서는 계열사에 모든 책임과 권한을 부여함으로써 철저한 책임경영을 실천하게 된다. 그룹의 최고경영자가 새로운 변화를 주도하고, 각 계열사들이 사업의 특성을 살려 최대의 성과를 낼 수 있도록 최대한 지원하고 있는 것이다. 지주회사 LG가 갖는 또 하나의 장점은 일관성있는 브랜드 관리가 가능해졌다는 점이다. 글로벌 기업으로 성장하고 있는 LG의 브랜드를 체계적으로 관리하기 위해 지난 2005년 국내기업에서 처음으로 브랜드 전담조직인 브랜드관리팀을 신설했다. 브랜드관리팀은 국내외에서 `LG브랜드` 중장기 육성전략 수립과 CI(Corporate Identity) 보호 및 관리 등의 업무를 수행하고 있다. 2007년에는 BI(Brand Identity)를 `사랑`으로 재정립하고 `LG브랜드`의 파워와 가치를 높이는 데 주력하고 있다. 이를 위해 LG는 지주회사 ㈜LG와 LG전자, LG화학, LG텔레콤 등 13개 자회사의 브랜드담당 임원급으로 구성된 브랜드협의회와 부장급 실무책임자 모임인 브랜드실무위원회를 운영하고 있다.

4) `결과는 숫자가 말해준다`

LG의 지주회사 체제 전환에 대한 평가는 매출과 기업가치 상승이라는 숫자로 나타나고 있다. 우선 LG그룹 전체 매출액은 지주회사 체제를 도입한 2003년 61조원에서 지난해 115조원으로 2배 가량 증가했다. 주력계열사인 LG전자의 경우 지난 2002년말 매출액이 17조948억원(개별기준)이었으나 지난해에는 27조6385억원으로 62%나 늘어났다. LG화학의 매출도 2002년 5조4331억원에서 지난해 14조4878억원으로 167% 급증했다. 여기에 지주회사 체제를 통해 경영투명성이 높아지고 사업실적의 변수가 사라지면서 외국인을 비롯한 투자자들이 LG주식의 가치를 높게 평가하는 현상도 나타나고 있다. 지주회사 전환 이전 LG의 상장사 시가총액은 2003년2월말에 13조

6000억원이었지만 지난 10월에는 대략 70조원을 넘고 있다. 무려 5배 이상 늘어난 셈이다. 개별 상장사들의 주가와 외국인지분율도 꾸준히 증가하고 있다. 지주회사인 ㈜LG의 경우 지난 2003년 3월 11일 재상장 당시 주가는 6550원이었지만 지금은 72000원대를 기록하고 있다. 약 11배 가량 올랐다.

외국인지분율도 당시 3.75%에서 현재 29.60%로 8배 가까이 늘어났다. LG화학은 회사분할 직전일인 2001년 3월 28일 기준으로 당시 주가가 1만2700원이었지만 현재 주가는 20만4000원대로 16배 이상 상승했다. LG전자의 경우도 분할전 주가가 4만5000원, 시가총액은 6조9803억원이었지만 현재 주가는 3배 가까이 상승한 11만4000원대다. 현재 시가총액도 3배 가까이 상승한 16조 5622원으로 증가했다. 지주회사체제로의 전환 이후 LG의 기업가치가 시장에서 높은 평가를 받고 있다는 점이 고스란히 나타나는 부분이다. LG 브랜드는 이제 세계시장에서 통하고 있다.272)273)

---

272) 이데일리ON, 이데일리TV, 김상욱 sukim@
273) http://news.nate.com/view/20091029n06073(2011.1.18)

제6장 기업분할관련 법적 이해와 기업가치평가 응용사례

1. 기업분할과 그에 따른 기업에 대한 전반적 이해

1) 도입배경

(1) IMF와 기업의 구조조정

급변하는 경제환경에 적절히 대응하기 위해서 기업의 경영조직도 큰 변혁을 맞이하고 있다. IMF관리경제 체제에 들어선 이후 우리 나라의 모든 기업들은 지금까지 전제된 대부분의 경영 패러다임이 변화되고 있는 것을 목격할 수 있다.

금융기관들의 구조개편(퇴출과 P&A)과 일반기업들의 기업개선작업(work-out) 등의 일련의 상황은 범 세계적인 무한경쟁시대에 있어서 한국의 기업들도 결코 예외가 될 수 없으며 경쟁력 확보만이 생존의 유일한 방법임을 다시 한번 자각하게 해주는 기회가 되었다. 이러한 상황하에 일부 기업들은 대규모의 사업교환(소위 big deal)을 자의건 타의건 간에 진행시킬 수 밖에 없었고 다른 기업들도 한편으로는 합병을 통한 대형화를 또 한편으로는 분사를 통한 탄력성을 추구하고 있다. 지금까지 성장일변도의 사업추구와 이러한 과정에서 금융자원의 부적절한 배분이라는 한국 경제시스템의 문제를 근본적으로 해결하기 위한 방안의 하나로 기업의 구조조정이 현실화되고 있는 것이다.

(2) 상법의 개정과 기업 구조조정의 방편으로서의 분할제도의 도입

합병과 함께 구조조정의 수단으로 일반적으로 인식되고 있는 제도가 기업의 분할(또는 분사)이라고 할 수 있다. 이러한 분할개념이 경쟁력 향상에 긍정적으로 평가되고 있는 주요 원인은 기업의 전문화 및 효율성을 제고시켜 경쟁력을 향상시키기 위해서는 방만한 사업부문을 분리시키는 기업분할의 필요성이 커지고 있다는 것이다. 그러나 상법 개정 이전의 제도하에서는 실제로 이러한 기업분할을 효율적으로 실행할 수 있는 법적인 근거가 없었지만 98년 12월 상법이 개정됨으로써 경제위기극복을 위한 정책수단으로서 기업분할 제도를 도입하였다. 상법개정 이후 지속적으로 관련 세법이 동시에 정비되어 세제측면의 지원이 병행됨에 따라 그 실효성이 증가하게 되었으며 또한 물적분할의 형태가 아울러 도입됨에 따라 지주회사의 설립이 관련 법률에 의하여 허용되게 된 것이다.

과거 1980년대 및 1990년대 초반에는 인수합병을 통해 기업경쟁력 제고를 도모하였으나 현재는 경영의 분권화를 지향하는 기업분할을 통하여 경쟁력을 강화시키려는 사례가 빈번하며, 이러한 경향은 계속될 것으로 보인다.

2) 기업분할의 개념과 형태

(1) 기업분할의 개념

기업분할은 합병에 상반되는 개념으로 핵심역량을 공유하지 않는 사업단위들을 독립시킴으로써 경영효율을 증대시키는 것을 말한다. 즉, 어느 한 회사의 자산 및 부채의 전부 또는 일부가 분리되어 하나 이상의 신설 또는 기존회사에 포괄 승계되고, 그 대가로 출자받은 회사의 주식이 원칙적으로 주주들에게 부여되는 회사법상의 제도를 의미한다. 분할제도가 상법에 도입되기 이전에도 실무적으로는 이러한 분할개념과 유사한 내부적인 경영형태가 이미 존재하였다. 대표적인 개념이 사업부제로 일본식 사업부제(profit center)나 미국식 사업부제(investment center) 또는 컴퍼니제 등의 여러 형태가 회사의 실정에 맞게 운영되고 있었다. 이러한 내부적인 독립 경영체제가 확대되어서 법인으로도 구분되는 단계가 기업분할의 단계라 할 수 있다. 이러한 상법상의 기업분할제도는 지주회사제도와 더불어 현재 우리나라 기업의 지배구조나 경영형태에 근본적인 변화를 초래하는 제도적 보완책이라 할 수 있다.

(2) 기업분할의 형태

기업분할은 단순분할과 분할합병으로 나눌 수 있고, 분할주식의 배정방식에 따라서는 인적분할과 물적분할로 나눌 수 있다.

(가) 단순분할과 분할합병

단순분할은 독립된 사업단위를 분할해서 단일법인으로 분할 설립하는 것이고, 분할합병은 이렇게 분할된 사업단위가 기존의 다른 법인 내지 또 다른 분할 사업단위와 합병되는 것을 말한다.

(나) 인적분할과 물적분할

인적분할은 분할 부분에 대한 신주를 분할전 회사의 주주에게 배정하는 형태인데, 이때 그 주식을 분할회사 주주에게 소유주식의 비율로 배당하는 형식으로 분배하는 spin-off, 분할회사의 주주 일부가 구주식을 분할신설회사의 주식과 교환하는 split-off 로 세분할 수 있다.(주:상법에서는 주식의 배정사항을 분할계획서의 필수 기재사항으로 규정하고 있으므로 주총의 특별결의를 통해 분할계획서가 통과된다면 split-off가 불가능한 것은 아니다. 단, 세법상 split-off 에 대해서는 분할에 따른 세제 지원을 배제하고 있으며 지분이 변동됨에 따른 증여를 회피하기 위해서는 분할 사업부문에 대한 정확한 평가 및 대가의 지불 등 어려운 문제가 있다고 판단된다.)

상기 분할의 형태는 분할회사가 분할 후에 소멸하는 경우와 존속하는 경우에 따라서 복합적으로 나타날 수 있다.

A: 분할회사가 소멸하는 형태

분할과 동시에 분할회사가 청산절차없이 소멸하고 그 권리의무가 최소한 둘 이상의 회사에 포괄승계되는 형태로서 분할재산을 승계받는 회사가 신설법인인 경우를 단순분할이라 하고, 기존의 다른 회사인 경우를 분할합병이라고 한다.

B: 분할회사가 존속하는 형태

이는 수개의 영업부문중 일부를 독립된 회사로 이전시켜 분리경영을 통해 경영효율을 높이려고 하는 경우에 가장 흔히 나타날 수 있는 형태로서

마찬가지로 분할재산을 승계받는 회사가 기존회사인 경우와 신설회사인 경우가 있다

　C: 물적분할

　분할회사가 그 재산중 일부를 포괄승계의 방법으로 기존 또는 신설되는 회사에 양도하고 그 대가로서 분할회사 자신이 그 회사의 주식을 부여받는 형태로서 개정 상법에서는 분할재산을 승계받는 회사가 신설되는 경우에만 물적분할을 허용하고 있음에 주의할 필요가 있다.(상법 제530조의12) 이러한 물적분할은 분할회사가 존속하는 분할의 형태와 근본적으로 같으면서 단지 분할대가인 주식이 분할회사의 주주가 아니라 분할회사 자신에게 배정된다는 점에서 차이가 있을 뿐이다.(주 : 물적분할은 독일의 기업재편법 및 우리나라 상법상의 특유한 제도로서 지금까지 지주회사의 설립을 금지하고 있던 독점규제 및 공정거래에 관한 법률이 공정거래위원회에 신고를 통해서 설립이 가능하도록 개정됨에 따라 지주회사의 설립수단으로서 유용하게 활용될 것이다.)

　D: 혼합형태의 분할

　개정 상법은 분할회사가 존속하는 경우에는 분할, 분할합병, 물적분할의 형태가 모두 가능하며 이들의 복합적인 형태도 허용된다고 규정하고 있다.(상법 제530조의2 제2항) 따라서 분할주식의 일부는 분할회사의 주주에게, 나머지 일부는 분할회사 자신에게 배정하는 형태의 분할도 가능하다고 본다. 또한 2개 이상의 분할회사가 각각 그 재산의 일부를 출자하여 공통의 신설회사에 분할합병하는 형태도 허용된다고 규정하고 있다.(상법 제530조의6 제2항) (주:그러나 이처럼 분할회사가 셋 이상의 당사회사간에 분할합병이 이루어지는 경우에는 실무상 분할비율 산정의 어려움, 분할합병계약서의 작성 및 승인의 어려움, 분할 후의 책임문제, 분할무효소송에서의 어려움 등으로 인하여 실제로 많이 사용되지는 않을 것으로 판단된다.)

　기업분할과 유사한 개념과의 비교를 하면 분할회사가 소멸하는 경우에는 분할재산을 승계받는 회사가 적어도 둘 이상이 되어야 한다. 왜냐하면 분할

회사가 소멸하면서 기존 1개의 회사에 그 재산의 전부를 양도하는 경우에 흡수합병이며 새로운 회사가 신설되는 경우는 조직변경에 해당되기 때문이다. 물적분할은 일반적인 영업양도와 매우 유사한 형태이나 (1) 분할대가가 주식이고, (2) 분할재산의 승계가 법률상 당연한 포괄승계라는 점, 그리고 (3) 분할재산을 승계받는 회사는 기존회사 이외에 신설회사일 수도 있다는 점에서 차이가 발생한다.

3) 개정 상법상 분할제도

개정 상법상의 분할제도 중 주요 부분을 요약하면 다음과 같다.

(1) 분할의 실행 절차

개정 상법상의 분할절차는 합병절차의 대부분을 준용하고 있다. 다만, 분할회사의 재산이 분할계획서나 분할합병계약서에서 정하는 바에 따라 여러 개로 분리되어 그 한도내에서만 부분적인 포괄승계가 이루어지므로 분할주시의 배정상의 문제점, 권리의무 및 채무의 분리싱의 한계짐, 분할당사회사 간의 책임범위 등에 있어서 분할절차에 어려운 점이 있다.

(가) 분할계획서.분할합병계약서의 승인(상법 제530조의3 과 11)

분할합병계약서나 분할계획서를 작성 후에는 기존주주들에게 중요한 이해관계가 있기 때문에 모든 당사회사들은 주주총회에서 정관변경에 필요한 특별결의에 의한 승인을 얻어야 한다. 이러한 승인결의에는 합병과는 달리 무의결권 주주도 의결권 행사가 가능하며 회사가 수종의 주식을 발행한 경우에는 주식의 분할로 인하여 어느 종류의 주주에게 손해를 미치게 될 때에는 그 종류의 주주총회의 결의가 있어야 한다. 또한 주식분할로 인해 각 회사의 주주의 부담이 가중되는 경우에는 그 주주 전원의 동의를 필요로 한다. 다만, 약식합병에 관한 상법 제527조의 2 와 3 의 규정을 분할 및 분할합병 모두에 준용함에 따라서 분할계획서나 분할합병계약서의 기재사항에 상당한 제약이 있을 수 있지만, 합병에서와 마찬가지로 일정한 경우에는 당사회사 주주총회의 분할승인결의없이 이사회의 결의만으로 간편하게 약식분할 내지 약식분할합병이 가능하다.

(2) 분할에 의한 회사의 설립(상법 제530조의4)

분할에 의한 회사설립의 경우에는 회사의 신규설립의 규정을 준용하는 것이 원칙이지만 분할회사의 출자만으로 설립되는 경우는 분할회사의 주주총회 결의로 신설회사의 창립총회의 결의에 갈음할 수 있다. 이러한 경우에는 일종의 현물출자에 의한 회사설립의 성격을 갖고 있으므로 상법 제299조의 검사인에 의한 검사를 받도록 하고 있으나 예외적으로 분할회사에서의 종전의 지분비율대로 분할신주를 배정하는 경우에는 이러한 검사절차를 면제시켜 주고 있다.

(3) 분할계획서.분할합병계약서의 기재사항(상법 제530조의 5 와 6)

분할을 실행하기 위해서는 분할회사의 재산에 대한 권리의무에 관하여 이를 승계받는 회사별로 나누어 승계되는 내역, 그 대가로 교부되는 주식의 종류와 수 등의 법정기재사항을 상세히 기재한 분할합병계약서 또는 분할계획서를 작성하여야 한다. 합병과는 달리 분할에서는 분할회사의 재산과 권리의무가 하나 또는 둘 이상의 회사에 나뉘어져 승계되므로 합병계약서보다 그 기재사항이 복잡하다. 분할합병계약서는 당사회사의 대표기관에 의해 계약체결과 동시에 효력이 발생하는 조직법적 성격이 가미된 채권계약의 일종으로서 분할당사회사의 주주와 채권자들을 보호하기 위해서 법이 일정한 사항을 의무적으로 기재하도록 하고 있으며 법령의 허용 범위내에서 임의적인 사항의 기재가 가능하다.

분할계획서는 분할계약의 상대방이 없으므로 작성 주체는 분할회사의 대표기관이 되고 그 법적 성격은 상대방의 수령을 요하지 아니하는 일방적 의사표시로 볼 수 있으므로 주주총회의 분할승인결의 후에도 동일한 요건의 주주총회의 동의를 구하면 이를 철회할 수 있는 것이며, 분할합병계약서와 마찬가지로 분할회사의 주주와 채권자를 보호하기 위하여 법이 일정한 사항을 의무적으로 기재하도록 하고 있으며, 임의적 기재사항들을 법령에 위배되지 않는 범위내에서 추가할 수 있다.

(4) 분할정보의 공시(상법 제530조의7)

분할정보에 대한 공시의무를 강화하여 분할승인 주주총회 회일 2주간 전부터 분할등기 후 6개월이 경과할 때까지 분할계약서 내지 분할계획서 기타의 관련 자료를 본점에 비치하여 주주와 채권자의 열람 및 등.사본 청구에 응해야한다.

또한 모든 분할당사회사는 상기의 분할정보의 공시 이외에 분할등기 후 6개월까지 채권자 이의절차의 경과, 분할등기일, 분할회사로부터 승계한 재산가액과 채무액 기타 분할에 관한 사항을 기재한 서면을 본점에 비치해야 한다. 이러한 분할전 및 분할후의 분할정보에 대한 공시는 합병과는 다르게 분할회사의 권리, 의무가 각각 분리되어 승계되므로 그 중요성이 훨씬 강조된다.

(5) 분할 및 분할합병에 관한 계산 (상법 제530조의 8)

분할 또는 분할합병시의 분할재산을 승계받는 기존회사가 영업권을 취득한 경우에는 그 취득가액을 대차대조표상의 자산으로 계상할 수 있으며 동 영업권은 분할등기 후 5년간 매결산기에 균등액 이상을 상각해야 한다.

(6) 기타사항(상법 제530조의 11)

합병에서와 마찬가지로 분할의 경우에도 분할신주의 배정과 관련하여 주식의 병합이나 분할이 필요한 경우 이를 합병의 경우에 준용하여 허용하고 있다. 또한 합병에서의 주식매수청구권을 분할합병의 경우에만 허용하고 있는데 이는 채권자 이의제출권을 분할합병의 경우에만 허용하고 있는 것과 같은 취지로 볼 수 있다. 따라서 단순분할의 경우와 물적분할의 경우에는 주식매수청구권이 허용되지 않고 있는데 이는 분할재산을 승계받는 회사가 신설회사인 경우에만 물적분할을 허용하고 있기 때문이다. 합병무효의 소에 관한 규정을 준용함에 따라 분할절차에 중대한 하자가 있는 경우에는 분할당사회사의 이해관계자는 분할 자체의 무효를 소로써 주장 가능하지만 분할무효 소송의 피고회사의 범위가 분할출자받은 모든 회사 전체를 무효로 하는 것만이 허용되는지 아니면 일부만 무효로 주장하는 것도 가능한지에 대한 논란의 소지가 있을 수 있다.

(7) 분할의 효과

(가) 분할 및 분할합병후의 회사의 책임(상법 제530조의9)

분할 또는 분할합병으로 인하여 설립되는 회사 또는 기존회사는 분할합병계약서나 분할계획서에 특별한 정함이 없는 한, 분할회사의 모든 채무를 원칙적으로 연대하여 변제할 책임이 있다. 그러나 예외적으로 분할재산을 승계받는 신설회사 또는 기존회사는 분할승인에 관한 주주총회의 결의로 분할회사의 채무중에서 승계받은 재산에 관한 채무만을 부담할 것을 정할 수가 있는데 이는 기업분할의 가능성을 높혀서 기업의 구조조정을 원활히 하는데는 효과를 거둘 것으로 예상되지만 채무인수의 제한에 따른 채권자 이익침해의 소지가 있기 때문에 이에 대한 대응책으로 "채권자 이의제출권"을 인정하고 있다. 따라서 채권자 보호수단으로서 "채권자 이의제출권"을 도입하는 이상 구조조정수단으로서의 역할을 높이기 위해서는 이의제출의 요건을 엄격히 제한하거나 어느 정도의 시간적 또는 책임재산에 관한 제한 규정을 도입하는 것을 입법적으로 검토할 필요가 있다고 생각된다.

(나) 권리 의무의 부분적 포괄승계(상법 제530조의10)

분할 또는 분할합병으로 인하여 설립하는 회사 또는 기존회사는 분할회사의 권리와 의무를 분할계획서나 분할합병계약서에서 정하는 바에 따라서 분할등기시에 포괄적으로 승계한다. 포괄승계인만큼 개별 권리의무의 이전에 법령상의 제약이 있더라도 공법상의 인·허가로 인한 지위와 같은 것을 제외하고는 이러한 제한규정은 분할에는 적용되지 않는 것이다.

(다) 주주자격의 취득

분할 후 분할신주를 배정받은 분할회사 또는 그 주주는 분할재산의 승계를 받는 회사의 주주로서의 자격을 취득하게 되는데 이때 분할계획서나 분할합병계약서에 기재된 분할회사의 출자재산을 제외하고서는 이러한 분할신주에 대한 주금납입의무가 없다. 즉, 개정상법에서는 기업분할시에 분할

출자재산 이외에 별도의 추가출자를 규정하는 것은 허용하고 있지 않다.

4) 기업분할에 대한 회계처리

현재 기업회계기준해석[해석48-73] '분할.분할합병에 관한 회계처리 해석'에 따르면 분할에 대한 회계처리는 다음과 같다.

① 원칙적으로 신설기업과 기존기업 모두 이전받거나 이전한 자산, 부채를 공정가액으로 평가하고 기존기업은 처분손익을 인식하는 것이다.

② 예외적으로 분할시 기존기업의 주주에게 그 지분율에 따라 신설법인의 주식을 배분하는 경우로서 신설기업은 이전받은 자산, 부채를 기존기업의 장부가액으로 승계하며 기존기업은 처분손익을 인식하지 않는 것이다.

③ 분할합병의 경우 합병기업은 합병회계준칙에 따라 회계처리하며 기존기업은 단순분할의 경우와 동일하다.

위의 기업회계기준 해석에 따르면 물적분할(감자가 발생하지 않음)을 일반적인 형태로 보고 인적분할(감자발생) 중 spin-off를 예외적인 형태로 보고 있다.

5) 기업분할에 대한 조세지원

구조조정을 위한 순수분할에 대한 지원제도를 마련하기 위해 과세체계를 신설하였으며 합병에 준하는 정도의 세제지원 방안이 마련되었다. 이러한 분할에 대한 지원이 다른 목적으로 전도되는 것을 막기 위해 분할법인이 일정 요건을 충족할 경우에만 법인세 계산시 특례조항을 두고 있으며 그 요건은 다음과 같다.

▶ 분할등기일 현재 5년 이상 계속사업을 영위한 법인이 분할하는 것일 것
▶ 분리하여 사업이 가능한 독립된 사업부문을 분할하는 것일 것
▶ 분할하는 사업부문의 자산 및 부채가 포괄적으로 승계될 것
▶ 분할법인(소멸한 분할합병의 상대방 법인을 포함)만의 출자에 의하여 분할하는 것일 것
▶ 분할합병의 경우 분할합병의 상대방 법인이 분할등기일 현재 1년 이상 계속하여 사업을 영위하던 내국법인일 것

▶ 분할합병 또는 소멸한 분할상대방법인의 주주가 이 분할신설법인 또는 분할상대방법인으로부터 받은 분할대가가 전액 주식(분할합병의 경우는 95% 이상)이고 그 주식이 분할법인 또는 소멸한 분할상대방법인의 주주가 보유하던 주식의 비율에 따라 배정될 것

▶ 분할신설법인 또는 분할상대방법인이 분할등기일이 속하는 사업연도의 종료일까지 분할법인 또는 소멸한 분할상대방법인으로부터 승계받은 사업을 계속 영위할 것

상기 요건을 충족시킬 경우에 한하여 분할회사, 분할신설법인 및 분할합병시의 분할상대방법인에 대해 다음과 같이 세제상 지원을 하고 있으며 상기 요건이 일정기간 이전에 해지될 경우에는 세제지원액을 환수하도록 하고 있다.

(가) 존속분할시 양도차익계산 특례(법인세법 제48조)- 물적분할 제외

인적분할시 지원방안은 상기 요건이 충족될 경우에 존속분할시 분할회사에 대해서 양도차익계산 특례규정(법인세법 제48조)이 있으며 분할신설법인과 분할상대방법인에 대해서는 분할평가차익 상당액의 손금산입규정(법인세법 제 46조)이 있다. 법인세법에서는 물적분할은 분할회사가 분할신설회사의 지배권을 가지므로 순수한 의미의 회사분할로 보지 않고 있으므로 인적분할에 대해서 인정되는 분할신설법인 또는 분할상대방법인의 분할평가차익 상당액의 손금산입 규정에 해당하는 세제지원을 물적분할에 대해서는 규정하지 않고 있다.

존속분할시 양도차익계산 특례규정은 내국법인이 분할한 후 존속하는 경우에 당해 분할법인의 분할등기일이 속하는 사업연도의 양도차익을 계산할 때 분할대가에서 분할로 인하여 감소한 분할법인의 자기자본감소액을 차감하여 계산한다. 이를 산식으로 나타내면 다음과 같다.

- 양도차익 = 총분할대가 - 자기자본감소액
- 총분할대가 = 교부주식가액 + 포합주식취득가액 + 법인세대납액
- 자기자본감소액 = 분할부문의 자본금 + 분할부문잉여금

여기서 포합주식은 분할합병의 상대방법인 또는 소멸한 분할합병의 상대방법인이 분할등기일전 2년 이내에 취득한 분할법인의 주식을 말한다. 포합주식에 대해 분할신설법인 또는 분할합병의 상대방법인의 주식을 교부하지 아니한 경우에 포합주식의 취득가액을 교부금으로 간주하며 주식을 교부한 경우에는 포합주식의 취득가액에서 교부한 주식의 가액을 공제한 금액을 총분할대가로 본다. 그리고 분할신설법인 또는 분할합병의 상대방법인이 납부하는 분할법인의 청산소득에 대한 법인세 및 주민세 역시 총분할대가로 간주한다.

　(나) 분할평가차익 상당액의 손금산입(법인세법 제 46조)- 물적분할 제외
　분할신설회사가 분할법인 또는 소멸한 분할상대방법인의 자산을 평가하여 승계하는 경우 사실상 경제적으로 동일한 실체가 법인으로 분리됨에 따라 평가차익에 대해 과세되는 것을 방지하기 위해 그 승계한 토지 및 건축물의 가액 중 분할평가차익에 상당하는 금액은 분할등기일이 속하는 사업연도의 소득금액 계산에 있어서 이익으로 계상된 평가액만큼 손금에 산입히는 것이다. 이를 산식으로 나타내면 다음과 같다.

손금산입대상 분할평가차액 = 분할평가차익×(평가된 토지 등 총평가 증액
　　　　　　　　　　　　　　 ÷ 평가증된 전체자산의 평가증액)

　이러한 세무상 지원은 동일한 실체이기 때문에 주어지는 것으로 만일 신설법인이 분할등기일이 속하는 사업연도의 개시일부터 3년 이내에 승계한 사업을 폐지하는 경우에는 폐지한 사업연도에 손금산입된 금액만큼 익금산입을 통해 과세하게 된다.

　(다) 자산양도차익 상당액의 손금산입(법인세법 제 47조)- 물적분할
　물적분할시 분할법인에서 발생한 자산양도차익 상당액은 분할등기일이 속하는 사업연도의 소득금액계산에 있어서 이를 손금에 산입한다. 물적분할에서는 분할신설법인의 주식을 분할회사가 보유하게 되는데 이때 인적분할과 동일한 경제사건임에도 이익을 인식하게 된다. 따라서 자산의 양도차

익중 분할신설법인으로부터 취득한 주식의 시가에 상당하는 금액을 한도로 하여 손금산입하고 주식에 대하여 압축기장충당금을 설정한 후에 주식처분 시에 이를 익금에 산입하도록 과세를 이연한다. 세금을 부당히 감소시키지 못하도록 분할신설법인이 합병등기일이 속하는 사업연도의 다음 사업연도 개시일부터 3년 이내에 당해 분할법인으로부터 승계받은 사업을 폐지하는 경우와 분할등기일이 속하는 사업연도의 다음 사업연도 개시일부터 5년 이 내에 분할법인이 소유한 분할신설법인의 지분율이 분할등기일 현재의 지분 율보다 낮아지는 경우에는 손금산입된 자산양도차익 상당액을 익금산입한 다.

　　(라) 분할시 청산소득 과세(법인세법 제 81조)

　이는 분할제도를 도입하면서 분할법인의 청산소득 계산을 위해 신설된 규 정으로 기존의 청산소득금액 계산과 같은 구조를 갖고 있으나 인적분할의 경우 분할신주는 대부분 분할회사의 주주에게 귀속되므로 청산소득금액 계 산을 특별히 규정하고 있는 것이다. 이를 산식으로 나타내면 다음과 같다.

분할시 청산소득 : 청산소득금액 = 분할대가 - 분할등기일 현재 자기자본총액

　분할대가는 주주에게 교부된 분할신주와 교부금으로 나뉘는데 분할신주 는 분할법인이 평가차익 손금산입 요건을 충족할 경우에는 액면가액으로 평가되며 충족하지 못할 경우에는 시가로 평가한다. 교부금은 포합주식과 법인세대납액 및 금전적 대가 등이 있으며 포합주식 및 법인세대납액은 "가. 존속분할시 양도차익 계산특례(법인세법 제 48조)"에서 설명하고 있는 것과 동일하다.

　　(마) 기타
　　- 자산의 현물출자에 따른 과세특례

　법인이 사업에 직접 사용하던 자산을 현물출자하여 법인을 신설하는 경 우에 특별부가세를 과세하지 아니하고 신설법인이 당해 자산을 양도하는 경우에 당해 법인의 자산취득가액을 신설법인의 취득가액으로 보아 특별부

가세를 과세하는 방법으로 이월과세를 적용받을 수 있다(조세특례제한법 제38조 및 령 제35조).

이것은 법인분할에만 적용되는 것은 아니며 분할 역시 자산을 현물출자하게 되므로 이에 따른 특별부가세 역시 이월과세하게 된다.

- 타법인주식에 대한 지급이자 손금불산입 적용배제

법인이 사업에 직접 사용하던 자산을 현물출자하여 법인을 신설하는 경우에 보유하게 되는 주식에 대해서는 차입금 과다법인의 지급이자 손금불산입 규정의 적용을 배제한다 (조세특례제한법 제 135조 1항 1호 및 동법령 제 129조 6항 11호).

- 취득세 및 등록세 면제

분할 또는 분할합병으로 설립되는 회사와 분할상대방회사에 대해서는 취득세와 등록세가 면제된다.

3) 결론 및 보완사항

앞에서 기업분할제도에 대해서 살펴보았다. 기업분할제도는 구조조정을 제도적으로 지원하기 위해서 도입된 개념이므로 관련된 다른 법규나 규정 등과 상충되거나 실무적으로 선결해야 할 많은 문제점으로 인해 실제로 적용하는 과정에서는 적지 않은 혼선이 있을 것으로 판단된다. 예상되는 이러한 부분을 열거하면 다음과 같다.

(1) 상장법인의 분할 문제

개정 상법상 기업분할은 주식회사에만 허용되고 있는데 상장법인이 분할하는 경우에 발생 가능한 문제점을 해결하기 위해서 고민한 흔적이 보인다.

즉, 상장법인의 어떤 사업부문을 분할하는 경우 상법상 명확한 규정은 없으나 "유가증권인수업무에 관한 규정"등을 볼 때 그 법인은 비상장법인이 될 가능성이 크다고 판단된다. 당연히 분할법인의 주주들이 비상장주식을 분배받지 않으려 할 것이다. 따라서 개정 상법에서 물적분할을 도입한 것은 이러한 점을 고려하여 기업의 구조조정을 촉진시키기 위해서 독일의 기업재편법을 원용한 것으로 보인다.

기업회계기준 해석 초안에서 물적분할하게 될 때 자산과 부채를 공정가치로 평가하도록 한 것은 물적분할이 사실상은 동일한 경제실체이며 연결대상이므로 장부가액으로 평가하는 것이 경제정보의 비교가능성이나 계속성 면에서 적정할 것으로 생각되나 경제현실을 감안하여 구조조정을 촉진하고자 하는 노력으로 생각된다.(주 : 기업회계기준 해석에서 물적분할하게 될 때 자산과 부채를 공정가액으로 평가하도록 한 것은 물적분할이 사실상은 동일한 경제실체이며 연결대상이므로 장부가액으로 평가하는 것이 경제정보의 비교가능성이나 계속성 면에서 적정할 것으로 생각되나 경제현실을 감안하여 구조조정을 촉진하고자 하는 노력으로 생각된다.)

　(2) 회계기준과 세제 지원상의 형평성 문제
　기업회계기준 해석 초안에 따르면 분할회사의 자산과 부채의 평가시 인적분할은 장부가액으로 하고 물적분할은 공정가액으로 하도록 규정하고 있으며 세제지원에서는 인적분할의 경우에만 존속분할의 양도차익을 이연시키고 신설법인의 분할평가차익을 손금산입할 수 있도록 규정하고 있다. 따라서 인적분할의 경우 회계처리를 장부가액으로 하게 되므로 분할회사에는 양도차익이 발생하지 않으며 신설회사에도 분할평가차익이 발생하지 않으므로 이러한 세제 지원의 의미가 퇴색되는 느낌이다. 물적분할은 공정가액으로 평가하는데 이러한 공정가액이 장부가액보다 큰 경우에는 장부상 평가차익이 계상되고 이는 신설법인의 주식발행초과금으로 계상된다. 따라서 신설법인의 경우 취득시에는 평가차익에 대해서 법인세가 부과되지 않으므로 인적분할과 동일한 결과가 되지만, 처분시에는 물적분할시의 자산취득가액이 더 커져 처분익에 대한 법인세 부과액이 적어지므로 인적분할에 비해 더 유리한 결과를 가져온다. 건물 등은 영업 중에 감가상각을 통해서 결과가 나타나겠지만 토지는 처분시에 누적효과가 일시적으로 나타날 가능성이 있다. 상장법인의 물적분할을 촉진하기 위한 것이라 하더라도 형평성 면에서 분할시 평가차익에 대한 주식발행초과금을 익금산입하고 기타로 소득처분하며 동시에 자산에 대한 평가증액을 손금으로 유보처분해서 자산의 매각시 익금으로 환입하는 것이 적정하다는 생각이다.(주: 상장법인의 물적분할을 촉진하기 위한 것이라 하더라도 형평성 면에서 분할시 평가차익에 대한 주식발행초과금을 익금산입하고 기타로 소득처분하며 동시에 자산에 대한 평가증액을 손금으로 유보처분해서 자산의 매각시 익금으로 환입하는 것이 적정하다는 생각이다.)

(3) 차입금 이전의 실무상 문제

기업분할에서 문제가 되는 것은 부채의 이전일 것이다. 영업상의 채무는 쉽게 구분이 가능하지만 금융기관 차입금의 경우에는 사업간 구분이 모호하므로 분할의 걸림돌이 될 가능성이 크다. 이는 분할회사가 금융기관과 협의하여 해결해야 할 문제이지만 이에 대한 제도적인 절차가 마련되어야 한다. 개정 상법에서는 분할 또는 분할합병으로 설립되는 회사 또는 존속회사는 분할회사의 채무에 대하여 연대하여 변제하도록 규정하고 있다. 다만, 분할합병과 분할시 신설회사의 재산에 대한 채무만 변제하도록(즉, 연대변제를 배제하도록) 분할계획서를 작성하고 주총결의를 할 경우에만 채권자 보호를 위해서 합병에 준하는 설차를 밟도록 하고 있으며 단순분할에 대해서는 사후 불이익에 대해서 분할무효의 소만 가능하도록 규정하고 있다(상법 제 530조의 11). 따라서 순수분할의 경우 채권자들이 연대변제를 받을 수는 있으나 분할합병에 비해 절차상 불리한 면이 없지 않다. 분할회사가 우량 사업부문을 분할신설하고 불건전부문만 존속시키면서 채권자 보호절차없이 분할이 이루어진다면 불이익을 당하는 채권자가 존재하게 될 가능성이 있다. 따라서 분할을 보다 촉진하기 위해서는 분할형태에 관계없이 채권자에 동등한 보호절차를 고려해야 할 것으로 보인다.(주: 분할회사가 우량 사업부문을 분할신설하고 불건전부문만 존속시키면서 채권자 보호절차없이 분할이 이루어진다면 불이익을 당하는 채권자가 존재하게 될 가능성이 있다. 따라서 분할을 보다 촉진시키기 위해서는 분할형태에 관계없이 채권자에 동등한 보호절차를 고려해야 할 것으로 보인다)

이러한 여러 가지 보완할 사항이 존재함에도 불구하고 기업분할제도는 우리나라 기업의 지배 및 경영구조를 세계화시키고 경쟁력을 향상시키는데 큰 보탬이 될 것으로 평가되며 제도적인 보완을 통해 보다 그 효과가 증대될 것으로 생각된다.274)275)

2. 기업분할에 대한 전반적 법적 이해

물적분할 절차는 다음과 같이 존속회사의 분할 절차와 신설회사의 신설 절차로 이루어지며 분할등기는 존속회사의 변경등기와 신설회사의 설립등기를 동시에 해야 하므로 분할절차와 신설절차를 동시에 진행하여야 함

1) 존속회사의 분할 절차

　(1) 이사회의 분할결의, 분할계획서의 작성
- 이사회에서 분할을 결의하고 분할승인을 위한 임시주총소집을 결의함
- 공시할 분할계획서의 작성
- 관련규정

상법 제393조 【이사회의 권한】
① 회사의 업무집행, 지배인의 선임 또는 해임과 지점의 설치·이전 또는 폐지는 이사회의 결의로 한다. (1984. 4. 10 개정)
② 이사회는 이사의 직무의 집행을 감독한다. (1984. 4. 10 개정)

상법 제530조의 5 【분할계획서의 기재사항】
① 분할에 의하여 회사를 설립하는 경우에는 분할계획서에 다음 각호의 사항을 기재하여야 한다. (1998. 12. 28 신설)
1. 설립되는 회사의 상호, 목적, 본점의 소재지 및 공고의 방법 (1998. 12. 28 신설)
2. 설립되는 회사가 발행할 주식의 총수 및 1주의 금액 (1998. 12. 28 신설)

---

274) 출처 : 월간공인회계사
275) http://cafe.daum.net/nong123/9ae3/149?docid=1H73B|9ae3|149|2009050318
 0719&q=%B1%E2%BE%F7%B0%A1%C4%A1%C6%F2%B0%A1+%B9%E6%B9%FD&sr
 chid=CCB1H73B|9ae3|149|20090503180719(2011.1.18)

3. 설립되는 회사가 분할 당시에 발행하는 주식의 총수, 종류 및 종류별 주식의 수 (1998. 12. 28 신설)
4. 분할되는 회사의 주주에 대한 설립되는 회사의 주식의 배정에 관한 사항 및 배정에 따른 주식의 병합 또는 분할을 하는 경우에는 그에 관한 사항 (1998. 12. 28 신설)
5. 분할되는 회사의 주주에게 지급할 금액을 정한 때에는 그 규정 (1998. 12. 28 신설)
6. 설립되는 회사의 자본과 준비금에 관한 사항 (1998. 12. 28 신설)
7. 설립되는 회사에 이전될 재산과 그 가액 (1998. 12. 28 신설)
8. 제530조의 9 제2항의 정함이 있는 경우에는 그 내용 (1998. 12. 28 신설)
9. 설립되는 회사의 이사와 감사를 정한 경우에는 그 성명과 주민등록번호 (1998. 12. 28 신설)
10. 설립되는 회사의 정관에 기재할 그 밖의 사항 (1998. 12. 28 신설)
② 분할 후 회사가 존속하는 경우에는 존속하는 회사에 관한 분할계획서에 다음 각호의 사항을 기재하여야 한다. (1998. 12. 28 신설)
1. 감소할 자본과 준비금의 액 (1998. 12. 28 신설)
2. 자본감소의 방법 (1998. 12. 28 신설)
3. 분할로 인하여 이전할 재산과 그 가액 (1998. 12. 28 신설)
4. 분할 후의 발행주식의 총수 (1998. 12. 28 신설)
5. 회사가 발행할 주식의 총수를 감소하는 경우에는 그 감소할 주식의 총수, 종류 및 종류별 주식의 수 (1998. 12. 28 신설)
6. 정관변경을 가져오게 하는 그 밖의 사항 (1998. 12. 28 신설)

  (2) 이사회의 주총소집결의, 주주명부폐쇄기준일공고
 - 이사회가 분할승인을 위한 주주총회소집을 결의
 - 주주명부폐쇄기준일을 주주명부폐쇄기준일 2주간전에 공고
 - 관련규정
상법 제362조 【소집의 결정】

총회의 소집은 본법에 다른 규정이 있는 경우외에는 이사회가 이를 결정한다.

상법 제354조 【주주명부의 폐쇄, 기준일】
① 회사는 의결권을 행사하거나 배당을 받을 자 기타 주주 또는 질권자로서 권리를 행사할 자를 정하기 위하여 일정한 기간을 정하여 주주명부의 기재변경을 정지하거나 일정한 날에 주주명부에 기재된 주주 또는 질권자를 그 권리를 행사할 주주 또는 질권자로 볼 수 있다. (1984. 4. 10 개정)
② 제1항의 기간은 3월을 초과하지 못한다. (1984. 4. 10 개정)
③ 제1항의 날은 주주 또는 질권자로서 권리를 행사할 날에 앞선 3월내의 날로 정하여야 한다. (1984. 4. 10 개정)
④ 회사가 제1항의 기간 또는 날을 정한 때에는 그 기간 또는 날의 2주간전에 이를 공고하여야 한다. 그러나 정관으로 그 기간 또는 날을 지정한 때에는 그러하지 아니하다.

　　　(3) 주주명부폐쇄, 주총소집공고및통지, 분할계획서/분할대차대조표공시
　- 분할승인주주총회 2주간전에 주주명부를 폐쇄함
　- 주총일 2주간전에 주총소집을 통지함
　- 주총일 2주전부터 분할등기일 이후 6개월까지의 기간에 공시함
　- 관련규정

상법 제354조 【주주명부의 폐쇄, 기준일】
① 회사는 의결권을 행사하거나 배당을 받을 자 기타 주주 또는 질권자로서 권리를 행사할 자를 정하기 위하여 일정한 기간을 정하여 주주명부의 기재변경을 정지하거나 일정한 날에 주주명부에 기재된 주주 또는 질권자를 그 권리를 행사할 주주 또는 질권자로 볼 수 있다. (1984. 4. 10 개정)
② 제1항의 기간은 3월을 초과하지 못한다. (1984. 4. 10 개정)
③ 제1항의 날은 주주 또는 질권자로서 권리를 행사할 날에 앞선 3월내의 날로 정하여야 한다. (1984. 4. 10 개정)

상법 제363조 【소집의 통지, 공고】
① 총회를 소집함에는 회일을 정하여 2주간 전에 각 주주에 대하여 서면으

로 통지를 발송하여야 한다. 다만, 그 통지가 주주명부상의 주주의 주소에 계속 3년간 도달하지 아니한 때에는 회사는 당해 주주에게 총회의 소집을 통지하지 아니할 수 있다. (1995. 12. 29 단서신설)
② 전항의 통지서에는 회의의 목적사항을 기재하여야 한다.
③ 회사가 무기명식의 주권을 발행한 경우에는 회일의 3주간전에 총회를 소집하는 뜻과 회의의 목적사항을 공고하여야 한다.
④ 전 3항의 규정은 의결권없는 주주에 대하여는 적용하지 아니한다.
④ 회사가 제1항의 기간 또는 날을 정한 때에는 그 기간 또는 날의 2주간전에 이를 공고하여야 한다. 그러나 정관으로 그 기간 또는 날을 지정한 때에는 그러하지 아니하다.

상법 제530조의 7 【분할대차대조표 등의 공시】
① 분할되는 회사의 이사는 제530조의 3 제1항의 규정에 의한 주주총회의 회일의 2주전부터 분할의 등기를 한 날 또는 분할합병을 한 날 이후 6월간 다음 각호의 서류를 본점에 비치하여야 한다. (1998. 12. 28 신설)
1. 분할계획서 또는 분할합병계약서 (1998. 12. 28 신설)
2. 분할되는 부분의 대차대조표 (1998. 12. 28 신설)
3. 분할합병의 경우 분할합병의 상대방 회사의 대차대조표 (1998. 12. 28 신설)
4. 분할되는 회사의 주주에게 발행할 주식의 배정에 관하여 그 이유를 기재한 서면 (1998. 12. 28 신설)

　　(4) 분할승인주주총회
　- 주주총회특별결의를 통하여 분할계획서를 승인함
　- 관련규정
　제530조의 3 【분할계획서·분할합병계약서의 승인】
① 회사가 분할 또는 분할합병을 하는 때에는 분할계획서 또는 분할합병계약서를 작성하여 주주총회의 승인을 얻어야 한다. (1998. 12. 28 신설)
② 제1항의 승인결의는 제434조의 규정에 의하여야 한다. (1998. 12. 28 신설)
③ 제2항의 결의에 관하여는 제370조 제1항의 주주도 의결권이 있다. (1998.

12. 28 신설)
④ 분할계획 또는 분할합병계약의 요령은 제363조에 정한 통지와 공고에 기재하여야 한다. (1998. 12. 28 신설)
⑤ 회사가 수종의 주식을 발행한 경우에 분할 또는 분할합병으로 인하여 어느 종류의 주주에게 손해를 미치게 되는 때에는 제435조의 규정에 의하여 그 종류의 주주의 총회의 결의가 있어야 한다. (1998. 12. 28 신설)
⑥ 회사의 분할 또는 분할합병으로 인하여 분할 또는 분할합병에 관련되는 각 회사의 주주의 부담이 가중되는 경우에는 제2항 및 제5항의 결의외에 그 주주 전원의 동의가 있어야 한다. (1998. 12. 28 신설)

(5) 분할등기
- 분할로 인하여 존속하는 회사는 변경의 등기를 하여야 함
- 이때 분할회사의 변경등기 및 신설회사의 설립등기는 동시에 이루어져야 함
(상업등기처리규칙 제 92조의 3)
- 관련규정

상법 제530조의 11 【준용규정】
① 제234조, 제237조 내지 제240조, 제329조의 2, 제440조 내지 제444조, 제526조, 제527조, 제528조 및 제529조의 규정은 분할 또는 분할합병의 경우에 이를 준용한다. 다만, 제527조의 설립위원은 대표이사로 한다. (1998. 12. 28 신설)
② 제374조 제2항, 제439조 제3항, 제522조의 3, 제527조의 2, 제527조의 3 및 제527조의 5의 규정은 분할합병의 경우에 이를 준용한다. (1999. 12. 31 개정)

상법 제528조 【합병의 등기】
① 회사가 합병을 한 때에는 제526조의 주주총회가 종결한 날 또는 보고에 갈음하는 공고일, 제527조의 창립총회가 종결한 날 또는 보고에 갈음하는 공고일부터 본점소재지에서는 2주내, 지점소재지에서는 3주내에 합병후 존

속하는 회사에 있어서는 변경의 등기, 합병으로 인하여 소멸하는 회사에 있어서는 해산의 등기, 합병으로 인하여 설립된 회사에 있어서는 제317조에 정하는 등기를 하여야 한다. (1998. 12. 28 개정)
② 합병후 존속하는 회사 또는 합병으로 인하여 설립된 회사가 합병으로 인하여 전환사채 또는 신주인수권부사채를 승계한 때에는 제1항의 등기와 동시에 사채의 등기를 하여야 한다. (1984. 4. 10 개정)

　　상업등기처리규칙 제92조의2 (분할 또는 분할합병으로 인한 등기사항)
① 분할 또는 분할합병으로 인한 존속회사의 변경등기에 있어서는 분할 또는 분할합병으로 인하여 소멸하거나 설립하는 회사 또는 다른 존속회사의 상호 및 본점과 또는 분할합병을 한 뜻을 함께 등기하여야 한다. 이 경우 지점소재지에서 하는 분할 또는 분할합병으로 인한 변경등기에 있어서는 분할 또는 분할합병의 연월일도 등기하여야 한다.
② 분할 또는 분할합병으로 인한 신설회사의 설립등기에 있어서는 분할 또는 분할합병으로 인하여 소멸하거나 존속하는 회사의 상호 및 본점과 분할 또는 분할합병을 한 뜻을 함께 등기하여야 한다.
③ 분할 또는 분할합병으로 인한 소멸회사의 해산등기에 있어서는 분할 또는 분할합병으로 인하여 존속하거나 설립하는 회사의 상호와 본점 및 분할 또는 분할합병을 한 뜻과 그 연월일을 함께 등기하여야 한다. [본조신설 99.3.12]

　　상업등기처리규칙 92조의3 (분할 또는 분할합병으로 인한 등기신청)
① 존속회사・신설회사・소멸회사의 본점소재지가 같은 등기소의 관할에 속하는 경우에는 분할 또는 분할합병으로 인한 변경등기와 설립등기 및 해산등기의 신청은 동시에 하여야 한다.
② 존속회사・신설회사・소멸회사의 본점소재지를 관할하는 등기소가 일치하지 않는 경우, 분할 또는 분할합병으로 인한 변경등기와 설립등기 및 해산등기의 신청은 존속회사와 신설회사만이 있는 때에는 존속회사의 관할 등기소, 소멸회사와 존속회사 또는 신설회사만이 있는 때에는 소멸회사의

관할등기소, 분할되는 회사와 분할합병의 상대방회사가 모두 존속하는 때에는 분할되는 회사의 관할등기소, 존속회사와 소멸회사 및 신설회사가 있는 때에는 소멸회사의 관할등기소를 거쳐야 한다.
③ 제2항의 규정에 의한 분할 또는 분할합병으로 인한 변경등기와 설립등기 및 해산등기의 신청은 동시에 하여야 한다.
④ 제1항의 경우, 변경등기 또는 설립등기의 신청서에 첨부하여야 할 서류의 내용이 동일한 것이 있는 때에는 그 중 1개의 신청서에만 첨부하고 다른 등기의 신청서에는 법 제152조의 서면 외의 다른 서류는 그 취지를 기재하고 첨부하지 아니할 수 있으며, 해산등기의 신청에 관하여는 신청서의 첨부서면에 관한 규정은 이를 적용하지 아니한다.
⑤ 분할 또는 분할합병으로 인한 신설회사가 분할 또는 분할합병되는 회사의 출자외에 다른 출자에 의하여 설립되는 경우에는 그 설립등기의 신청서에 법 제203조각호의 서면을 첨부하여야 한다. [본조신설 99.3.12]

　　2) 신설회사의 신설절차
 - 분할에 의하여 회사를 설립하는 경우에는 일반회사설립에 관한 규칙을 준용함
　(상법 제 530조의 4)

　　(1) 발기인 조합설립
 - 회사의 설립을 위하여는 발기인조합이 필요함
 - 분할의 경우에는 분할되는 회사의 대표가 발기인이 되어 1인의 발기인으로 설립절차를 진행할 수 있음
 - 관련규정
　상법 제288조 【발기인】
주식회사의 설립에는 3인 이상의 발기인이 있어야 한다. (1995. 12. 29 개정)
　상법 제530조의 4【분할에 의한 회사의 설립】
① 이 장 제1절의 회사설립에 관한 규정은 제530조의 2의 규정에 의한 회사의 설립에 관하여 이를 준용한다. (1998. 12. 28 신설)

② 제1항의 규정에 불구하고 분할에 의하여 설립되는 회사는 분할되는 회사의 출자만으로도 설립할 수 있다. 이 경우 분할되는 회사의 주주에게 그 주주가 가지는 그 회사의 주식의 비율에 따라서 설립되는 회사의 주식이 발행되는 때에는 제299조의 규정을 적용하지 아니한다. (1998. 12. 28 신설)

(2) 정관작성 및 정관의 인증
- 발기인은 신설회사의 정관을 작성하여야 함
- 정관은 공증인의 인증을 받음으로써 효력이 발생하므로 공증인의 인증이 필요
- 관련규정

제289조 【정관의 작성, 절대적 기재사항】
① 발기인은 정관을 작성하여 이에 다음의 사항을 기재하고 발기인 전원이 기명날인 또는 서명하여야 한다. (1995. 12. 29 개정)
1. 목 적
2. 상 호
3. 회사가 발행할 주식의 종수
4. 1주의 금액
5. 회사의 설립시에 발행하는 주식의 총수
6. 본점의 소재지 (1984. 4. 10 개정)
7. 회사가 공고를 하는 방법
8. 발기인의 성명·주민등록번호 및 주소 (1995. 12. 29 개정)
9. 삭 제 (1984. 4. 10)
② 회사의 설립시에 발행하는 주식의 총수는 회사가 발행할 주식의 총수의 4분의 1 이상이어야 한다. (1984. 4. 10 개정)
③ 회사의 공고는 관보 또는 시사에 관한 사항을 게재하는 일간신문에 하여야 한다. (1984. 4. 10 개정)

(3) 주식발행사항의 결정
- 정관작성시 결정된 주식발행에 대한 사항을 구체적으로 결정함

- 관련규정

제291조 【설립당시의 주식발행사항의 결정】
회사설립시에 발행하는 주식에 관하여 다음의 사항은 정관에 다른 정함이 없으면 발기인 전원의 동의로 이를 정한다.
1. 주식의 종류와 수
2. 액면 이상의 주식을 발행하는 때에는 그 수와 금액
4. 창립총회 개최(이사회 공고)

   - 발기인이 창립총회를 소집하고 창립총회에서 이사, 감사를 선임하고 정관변경 등의 결의를 할 수 있음

   - 그러나 단순물적분할에 의한 신설회사의 창립총회는 이사회의 공고로서 갈음할 수 있음

   - 관련규정

상법 제312조 【임원의 선임】
창립총회에서는 이사와 감사를 선임하여야 한다.

상법 제530조의 11 【준용규정】
① 제234조, 제237조 내지 제240조, 제329조의 2, 제440조 내지 제444조, 제526조, 제527조, 제528조 및 제529조의 규정은 분할 또는 분할합병의 경우에 이를 준용한다. 다만, 제527조의 설립위원은 대표이사로 한다. (1998. 12. 28 신설)
② 제374조 제2항, 제439조 제3항, 제522조의 3, 제527조의 2, 제527조의 3 및 제527조의 5의 규정은 분할합병의 경우에 이를 준용한다. (1999. 12. 31 개정)

제526조 【흡수합병의 보고총회】
① 합병을 하는 회사의 일방이 합병후 존속하는 경우에는 그 이사는 제527조의 5의 절차의 종료후 합병으로 인한 주식의 합병이 있을 때에는 그 효력이 생긴 후, 합병에 적당하지 아니한 주식이 있을 때에는 합병후 존속하는 회사에 있어서는 제443조의 처분을 한 후, 소규모합병의 경우에는 제527조

의 3 제3항 및 제4항의 절차를 종료한 후 지체없이 주주총회를 소집하고 합병에 관한 사항을 보고하여야 한다. (1998. 12. 28 개정)
② 합병 당시에 발행하는 신주의 인수인은 제1항의 주주총회에서 주주와 동일한 권리가 있다. (1998. 12. 28 개정)
③ 제1항의 경우에 이사회는 공고로써 주주총회에 대한 보고에 갈음할 수 있다. (1995. 12. 29 신설)

  (5) 설립등기
  - 창립총회가 종결한 날로부터 2주간내에 이사 전원(또는 대리인)이 본점 소재지를 관할하는 등기소에 설립등기를 신청
  - 이때 분할회사의 변경등기 및 신설회사의 설립등기는 동시에 이루어져야함
  (상업등기처리규칙 제 92조의 3)
    관련규정
    제317조 【설립의 등기】
① 주식회사의 설립등기는 발기인이 회사설립시에 발행한 주식의 총수를 인수할 경우에는 제299조와 제300조의 규정에 의한 절차가 종료한 날로부터, 발기인이 주식을 모집한 경우에는 창립총회가 종결한 날 또는 제314조의 규정에 의한 절차가 종료한 날로부터 2주간내에 이를 하여야 한다.
② 제1항의 설립등기에 있어서는 다음의 사항을 등기하여야 한다. (1995. 12. 29 개정)
1. 제289조 제1항 제1호 내지 제4호, 제6호와 제7호에 게기한 사항
2. 자본의 총액
3. 발행주식의 총수, 그 종류와 각종 주식의 내용과 수
3의 2. 주식의 양도에 관하여 이사회의 승인을 얻도록 정한 때에는 그 규정 (1995. 12. 29 신설)
3의 3. 주식매수선택권을 부여하도록 정한 때에는 그 규정 (1999. 12. 31 신설)

3의 4. 지점의 소재지 (1999. 12. 31 호번개정)
4. 회사의 존립기간 또는 해산사유를 정한 때에는 그 기간 또는 사유
5. 개업전에 이자를 배당할 것을 정한 때에는 그 규정
6. 주주에게 배당할 이익으로 주식을 소각할 것을 정한 때에는 그 규정
7. 전환주식을 발행하는 경우에는 제347조에 게기한 사항
8. 이사와 감사의 성명 및 주민등록번호 (1995. 12. 29 개정)
9. 회사를 대표할 이사의 성명·주민등록번호 및 주소 (1995. 12. 29 개정)
10. 수인의 대표이사가 공동으로 회사를 대표할 것을 정한 때에는 그 규정
11. 명의개서대리인을 둔 때에는 그 상호 및 본점소재지 (1995. 12. 29 개정)
12. 감사위원회를 설치한 때에는 감사위원회 위원의 성명 및 주민등록번호 (1999. 12. 31 신설)

③ 주식회사의 지점설치 및 이전시 지점소재지 또는 신지점소재지에서 하는 등기에 있어서는 제2항 제1호·제4호·제9호 및 제10호의 규정에 의한 사항을 등기하여야 한다. (1995. 12. 29 신설)

④ 제181조 내지 제183조의 규정은 주식회사의 등기에 준용한다. (1995. 12. 29 항번개정)

상업등기처리규칙 제92조의2 (분할 또는 분할합병으로 인한 등기사항)

① 분할 또는 분할합병으로 인한 존속회사의 변경등기에 있어서는 분할 또는 분할합병으로 인하여 소멸하거나 설립하는 회사 또는 다른 존속회사의 상호 및 본점과 또는 분할합병을 한 뜻을 함께 등기하여야 한다. 이 경우 지점소재지에서 하는 분할 또는 분할합병으로 인한 변경등기에 있어서는 분할 또는 분할합병의 연월일도 등기하여야 한다.

② 분할 또는 분할합병으로 인한 신설회사의 설립등기에 있어서는 분할 또는 분할합병으로 인하여 소멸하거나 존속하는 회사의 상호 및 본점과 분할 또는 분할합병을 한 뜻을 함께 등기하여야 한다.

③ 분할 또는 분할합병으로 인한 소멸회사의 해산등기에 있어서는 분할 또는 분할합병으로 인하여 존속하거나 설립하는 회사의 상호와 본점 및 분할

또는 분할합병을 한 뜻과 그 연월일을 함께 등기하여야 한다. [본조신설 99.3.12]

상업등기처리규칙 92조의3 (분할 또는 분할합병으로 인한 등기신청)
① 존속회사·신설회사·소멸회사의 본점소재지가 같은 등기소의 관할에 속하는 경우에는 분할 또는 분할합병으로 인한 변경등기와 설립등기 및 해산등기의 신청은 동시에 하여야 한다.
② 존속회사·신설회사·소멸회사의 본점소재지를 관할하는 등기소가 일치하지 않는 경우, 분할 또는 분할합병으로 인한 변경등기와 설립등기 및 해산등기의 신청은 존속회사와 신설회사만이 있는 때에는 존속회사의 관할등기소, 소멸회사와 존속회사 또는 신설회사만이 있는 때에는 소멸회사의 관할등기소, 분할되는 회사와 분할합병의 상대방회사가 모두 존속하는 때에는 분할되는 회사의 관할등기소, 존속회사와 소멸회사 및 신설회사가 있는 때에는 소멸회사의 관할등기소를 거쳐야 한다.
③ 제2항의 규정에 의한 분할 또는 분할합병으로 인한 변경등기와 설립등기 및 해산등기의 신청은 동시에 하여야 한다.
④ 제1항의 경우, 변경등기 또는 설립등기의 신청서에 첨부하여야 할 서류의 내용이 동일한 것이 있는 때에는 그 중 1개의 신청서에만 첨부하고 다른 등기의 신청서에는 법 제152조의 서면 외의 다른 서류는 그 취지를 기재하고 첨부하지 아니할 수 있으며, 해산등기의 신청에 관하여는 신청서의 첨부서면에 관한 규정은 이를 적용하지 아니한다.
⑤ 분할 또는 분할합병으로 인한 신설회사가 분할 또는 분할합병 되는 회사의 출자외에 다른 출자에 의하여 설립되는 경우에는 그 설립등기의 신청서에 법 제203조각호의 서면을 첨부하여야 한다. [본조신설 99.3.12]

   (6) 주식의 발행
  - 회사성립일 이후 지체없이 신설법인의 주식을 발행하여야 함
  - 관련규정
   제355조 【주권발행의 시기】

① 회사는 성립후 또는 신주의 납입기일후 지체없이 주권을 발행하여야 한다.
② 주권은 회사의 성립후 또는 신주의 납입기일후가 아니면 발행하지 못한다.
③ 전항의 규정에 위반하여 발행한 주권은 무효로 한다. 그러나 발행한 자에 대한 손해배상의 청구에 영향을 미치지 아니한다.

제329조 【자본의 구성, 주식의 권면액】
① 주식회사의 자본은 5천만원 이상이어야 한다. (1984. 4. 10 신설)
② 주식회사의 자본은 이를 주식으로 분할하여야 한다.
③ 주식의 금액은 균일하여야 한다.
④ 1주의 금액은 100원 이상으로 하여야 한다. (1998. 12. 28 개정)

제352조 【주주명부의 기재사항】
① 기명주식을 발행한 때에는 주주명부에 다음의 사항을 기재하여야 한다. (1984. 4. 10 개정)
1. 주주의 성명과 주소
2. 각 주주가 가진 주식의 종류와 그 수 (1984. 4. 10 개정)
2의 2. 각 주주가 가진 주식의 주권을 발행한 때에는 그 주권의 번호 (1984. 4. 10 신설)
3. 각 주식의 취득연월일
② 무기명식의 주권을 발행한 때에는 주주명부에 그 종류, 수, 번호와 발행연월일을 기재하여야 한다.
③ 제1항 및 제2항의 경우에 전환주식을 발행한 때에는 제347조에 게기한 사항도 주주명부에 기재하여야 한다. (1984. 4. 10 개정)

    (7) 신설법인의 법인설립신고(사업자등록)
  - 설립등기가 완료되면 회사는 사업장 소재지 관할세무서에 법인설립신고 또는 사업자등록신청을 하여야 함
  - 관련규정
  법인세법 제111조 【사업자등록】
① 신규로 사업을 개시하는 법인은 대통령령이 정하는 바에 따라 납세지

관할세무서장에게 등록하여야 한다. (1998. 12. 28 개정)
② 부가가치세법에 의하여 사업자등록을 한 사업자는 당해 사업에 관하여 제1항의 규정에 의한 등록을 한 것으로 본다. (1998. 12. 28 개정)
③ 부가가치세법 제5조의 규정은 이 법의 규정에 의하여 사업자등록을 하는 법인에 관하여 이를 준용한다. (1998. 12. 28 개정)
④ 제109조의 규정에 의한 법인설립신고를 한 경우에는 사업자등록신청을 한 것으로 본다. (1998. 12. 28 개정)

법인세법 제109조 【법인의 설립 또는 설치신고】
① 내국법인은 그 설립등기일부터 1월 이내에 다음 각호의 사항을 기재한 법인설립신고서에 대통령령이 정하는 서류를 첨부하여 이를 납세지 관할세무서장에게 신고하여야 한다. 이 경우 제111조의 규정에 의한 사업자등록을 한 때에는 법인설립신고를 한 것으로 본다. (2000. 12. 29 개정)
1. 법인의 명칭과 대표자의 성명 (1998. 12. 28 개정)
2. 본점 또는 주사무소의 소재지 (1998. 12. 28 개정)
3. 사업목적 (1998. 12. 28 개정)
4. 설립일 (1998. 12. 28 개정)
② 외국법인이 국내사업장을 가지게 된 때에는 그 날부터 2월 이내에 다음 각호의 사항을 기재한 국내사업장설치신고서에 국내사업장을 가지게 된 날 현재의 대차대조표 기타 대통령령이 정하는 서류를 첨부하여 이를 납세지 관할세무서장에게 신고하여야 한다. 이 경우 제94조 제3항의 규정에 의한 사업장을 가지게 된 외국법인은 국내사업장설치신고서만을 제출할 수 있다. (1998. 12. 28 개정)
1. 법인의 명칭과 대표자의 성명 (1998. 12. 28 개정)
2. 본점 또는 주사무소의 소재지 (1998. 12. 28 개정)
3. 국내에서 행하는 사업이나 국내에 있는 자산의 경영 또는 관리책임자의 성명 (1998. 12. 28 개정)
4. 국내사업의 목적 및 종류와 국내자산의 종류 및 소재지 (1998. 12. 28 개정)

5. 국내사업을 개시하거나 국내자산을 가지게 된 날 (1998. 12. 28 개정)

③ 내국법인과 외국법인은 제1항 및 제2항의 규정에 의하여 신고한 신고서 및 그 첨부서류의 내용에 변경이 있는 때에는 그 변경이 있은 날부터 14일 이내에 그 변경된 사항을 납세지 관할세무서장에게 신고하여야 한다. (1998. 12. 28 개정)

④ 제2항의 규정은 제93조 제3호의 부동산소득 또는 동조 제8호의 산림소득이 있는 외국법인의 신고에 관하여 이를 준용한다. (1998. 12. 28 개정)

부가가치세법 제5조 【등 록】

① 신규로 사업을 개시하는 자는 사업장마다 대통령령이 정하는 바에 의하여 사업개시일부터 20일 이내에 사업장 관할세무서장에게 등록하여야 한다. 다만, 신규로 사업을 개시하고자 하는 자는 사업개시일전이라도 등록할 수 있다. (1998. 12. 28 개정)

② 사업장 관할세무서장은 제1항의 규정에 의하여 등록한 사업자에게 대통령령이 정하는 바에 의하여 등록번호가 부여된 등록증(이하 "사업자등록증"이라 한다)을 교부하여야 한다. (1995. 12. 29 개정)

③ 삭 제 (1995. 12. 29)

④ 제1항의 규정에 의하여 등록한 사업자가 휴업 또는 폐업하거나 기타 등록사항에 변동이 발생한 때에는 대통령령이 정하는 바에 의하여 지체없이 사업장 관할세무서장에게 신고하여야 한다. 제1항 단서의 규정에 의하여 등록한 자가 사실상 사업을 개시하지 아니하게 되는 때에도 또한 같다. (1995. 12. 29 개정)

⑤ 사업자가 폐업하거나 제1항 단서의 규정에 의하여 등록한 후 사실상 사업을 개시하지 아니하게 되는 때에는 사업장 관할세무서장은 지체없이 그 등록을 말소하여야 한다. (1995. 12. 29 개정)

⑥ 사업장 관할세무서장은 필요하다고 인정하는 때에는 대통령령이 정하는 바에 의하여 사업자등록증을 갱신·교부할 수 있다. (1995. 12. 29 개정)[276]

---

276) http://cafe.daum.net/nong123/9ae3/149?docid=1H73B|9ae3|149|2009050318

있다. (1995. 12. 29 개정)

3. 분할합병의 회계처리

〈 질 의 〉

안녕하십니까? 분할합병시 회계처리에 대하여 다음과 같이 질의합니다.277)

현재 B회사 분할자산의 장부가액은 20,000백만원이고 공정가액은 24,000백만원이며, 부채가액은 5,802백만원입니다. 현재 재무제표상 감자차익은 8백만원이 존재하며 주식발행초과금은 존재하지 않습니다. A사가 B사를 분할합병시 대가로 19,198백만원에 상당하는 주식 662,000주(액면@5,000,시가 29,000원) 발행하여 B사의 주주에게 1주당 A사의 주식 0.06896로 교부할 경우. (B사의 1주당 액면 @500)

※ A사와 B사의 자본금 증감에 대한 회계처리를 부탁합니다. 참고로 B사는 분할 후 존속합니다.

〈 회 신 〉

분할합병의 상대방회사(이하 "승계회사"라 함)는 『기업인수·합병등에관한회계처리준칙』에 따라 매수법 또는 지분통합법으로 회계처리합니다. 분할회사는 승계회사가 매수법으로 회계처리시 공정가액으로, 지분통합법으로 회계처리시 장부가액법으로 회계처리합니다.

1) 승계회사가 매수법으로 회계처리하는 경우

(1) 승계회사
- 승계한 자산부채는 매수일의 공정가액으로 인식

---

277) http://cafe.daum.net/nong123/9ae3/149?docid=1H73B|9ae3|149|20090503180719&q=%B1%E2%BE%F7%B0%A1%C4%A1%C6%F2%B0%A1+%B9%E6%B9%FD&srchid=CCB1H73B|9ae3|149|20090503180719(2011.1.18)

- 합병을 위하여 발행한 주식은 공정가액으로 하여 합병대가로 처리
- 승계한 순자산의 공정가액과 발행주식의 공정가액의 차이는 영업권 또는 부의 영업권으로 처리

(단위: 백만원)

차변		대변	
자산	24,000	부채	5,802
영업권	1,000	자본금	3,310
		주식발행초과금	15,888

* 자본금 : 662,000주 × 5,000원 = 3,310,000,000
** 주식발행초과금 : 662,000 × (29,000 - 5,000) = 15,888,000,000

4) 분할회사

- 분할로 인하여 감소된 자산·부채는 공정가액으로 평가하여 처분손익을 인식
- 승계회사의 주식을 분할회사의 자본을 감소시키는 형태로 분할회사의 주주에게 배분함으로써 발생한 감자차손은 감자차익과 감자된 비율에 해당하는 주식발행초과금에서 순서대로 차감하고, 나머지는 이월결손금의 처리 순서에 따라 회계처리

(단위: 백만원)

차변		대변	
부채	5,802	자산	20,000
자본금	4,800	자산양도차익	4,000
감자차손	13,398		

* 감자주식수 662,000 ÷ 0.06896 = 9,599,767
** 감소할 자본금 = 9,599,767 × 500 = 4,799,883,500

차변		대변	
감자차익	8	감자차손	8

4. 승계회사가 지분통합법으로 회계처리하는 경우

1) 승계회사

- 분할회사의 자산·부채는 장부가액으로 승계

- 합병대가로 발행한 주식은 액면가로 자본금 처리
- 승계한 순자산공정가액과 발행주식의 액면가액의 차이는 주식발행초과금으로 회계처리

(단위: 백만원)

차변		대변	
자산	20,000	부채	5,802
		자본금	3,310
		주식발행초과금	10,888

* 자본금 : 662,000주 × 5,000원= 3,310,000,000

2) 분할회사

- 분할로 인하여 감소한 자산부채는 장부가액으로 이전한 것으로 함
- 승계회사의 주식을 분할회사의 자본을 감소시키는 형태로 분할회사의 주주에게 배분함으로써 발생한 감자차손은 감자차익과 감자된 비율에 해당하는 주식발행초과금에서 순서대로 차감하고, 나머지는 이월결손금의 처리 순서에 따라 회계처리

(단위: 백만원)

차변		대변	
부채	5,802	자산	20,000
자본금	4,800		
감자차손	9,398		

차변		대변	
감자차익	8	감자차손	8

자료: http://cafe.daum.net/nong123/9ae3/149?docid=1H73B|9ae3|149|200905031
80719&q=%B1%E2%BE%F7%B0%A1%C4%A1%C6%F2%B0%A1+%B9%E6%B9%
FD&srchid=CCB1H73B|9ae3|149|20090503180719(2011.1.18)

5. 개발력·인재 확보, '알토란' 챙겼다

CJ 인터넷업계 '블루칩' 호프아일랜드 전격 인수, 게임유통사서 개발명가

로, '빅3' 진입 가능성 고조278) '알토란은 CJ인터넷이 챙겼다'

CJ인터넷이 알짜 게임개발사로 손꼽히는 호프아일랜드를 전격 인수했다. CJ인터넷은 호프아일랜드 지분 49.2%(193만5484주)를 신주발행 방식으로 경영권을 포함, 약 150억원에 인수했다. 최종적으로는 현재 전환상환우선주로 된 기존 벤처캐피탈 지분까지 합쳐 총 53%의 지분을 취득할 예정이다.

이번 인수로 CJ인터넷은 호프아일랜드의 1대 주주가 되며 호프아일랜드는 CJ인터넷의 자회사로 편입된다. 경영은 게임하이 대표를 지낸 정운상 현 호프아일랜드 대표가 그대로 맡는다. 게임하이가 전문 개발사로 설립한 호프아일랜드는 모 기업이 넥슨에 인수되면서 분리 독립했다. 호프아일랜드는 MMORPG(다중접속역할수행게임)부터 FPS(일인칭슈팅게임), 웹게임까지 게임산업의 전 장르를 아우르며 작품을 동시 개발할 정도로 역량을 갖췄다. 특히 유명 개발자인 백승훈 전 게임하이 전무가 실제 1대주주라는 점에서 기업가치는 업계 '블루칩'으로 인정받아왔다. 게임하이의 영문 명칭인 Game Hi에서도 Hi가 호프 아일랜드(Hope Island)를 의미하고 있어 게임하이가 전사적으로 애착을 보였다는 것을 방증한다. 호프아일랜드는 그동안 몇몇 업체와 인물들이 인수를 타진하고 있다는 소문이 무성했다. 하지만 실제 주인은 CJ인터넷의 몫으로 돌아간 셈이다.

이런 점에서 CJ인터넷은 개발력과 인재를 한꺼번에 확보하고 명실상부 업계 빅3 진입 가능성도 한층 밝아졌다. 또한 백승훈이라는 걸출한 스타 개발자가 '안방마님'으로 자리잡고 있는만큼, 게임유통사로서 이미지가 짙은 CJ인터넷에 개발 명가 타이틀을 달아줄 발판도 마련됐다. 평소 '인재가 유일한 자산'이라는 개발 철학을 지닌 백 전 전무는 호프아일랜드에서 개발 총괄PM(프로젝트 마스터)을 담당하고 있다. 250여명이라는 적지 않은 개발인력을 총 5종의 게임에 적재적소에 배치하고 무엇보다 이를 위해 게임하이 출신 영입에 적극 나섬으로써 신망도 두텁다. 한편 CJ인터넷이 호프아일

---

278) 스포츠월드 원문 기사전송 2010-11-29 22:31

랜드를 인수함에 따라 2011년의 업계 판세에도 변화가 감지된다. 무엇보다 CJ인터넷에 대한 브랜드 인지도가 날로 높아가는 분위기다. 호프아일랜드 인수전에서 최종 승자가 되면서 CJ인터넷은 자회사인 CJIG와 애니파크, 씨드나인게임즈, 마이어스게임즈 등 막강한 형제군을 거느리게 됐다. 여기에 일부 중견 개발사를 중심으로 CJ인터넷과 손을 잡으려는 움직임도 늘어나고 있다. CJ인터넷측은 인수건에 대해 "'유망 개발사에 대한 투자를 통해 새로운 퍼블리싱 사업모델을 보여주겠다"는 남궁 훈 대표의 최근 발표와 맥락을 같이 하는 것"이라고 설명했다.

반면, 지난 5월 게임하이를 인수했던 넥슨의 경우 각종 루머와 사건을 수습하느라 희비가 엇갈리고 있다. 김건일 전 회장의 배임·횡령 소식이 전해지면서 게임하이는 졸지에 상장폐지 대상에 오르기도 했다. 최대주주인 넥슨으로서는 자칫 책임을 고스란히 떠안아야 했던 기로였다. 뿐만 아니라 업계 일각에서는 게임하이의 과거 재무 건전성에 여전히 의혹의 시선을 보내고 있어 넥슨은 '시한폭탄'을 곁에 두고 있는 형국이다.[279)280)]

6. 신성홀딩스, 태양전지업계의 새로운 별-한국투자증권

신성홀딩스의 태양광발전사업은 성장성이 높은 것으로 전망됐다.[281)] 한국투자증권은 25일 신성홀딩스에 대해 "태양광발전시장이 올해 예상보다 크게 성장할 것으로 전망된다"며 분석을 새로 시작했다. 투자의견 '매수'와 목표주가는 8,500원이 제시됐다. 신성홀딩스의 경우 태양전지의 원가경쟁력이 중국이나 대만업체들과 비교하더라도 결코 뒤쳐지지 않아 50MW 설비증설 경쟁에서 상대적인 이점을 발휘하고 있다는 분석이다. 더구나 엔화 강세로 일본업체들과의 가격경쟁력에서도 긍정적인 것으로 지적되는 등 올 들어 매출처가 확대되면서 기업가치가 한단계 도약할 여건을 갖췄다는 평

---

279) 김수길 기자, 스포츠월드 & Segye.com
280) http://news.nate.com/view/20101129n26349(2011.1.18)
281) 서울경제 원문 기사전송 2010-08-25 08:40

가를 받았다. 신성홀딩스는 지난 1·4분기 영업이익 흑자전환 이후 실적 개선세가 가시화돼 올해 매출액과 영업이익이 1,971억원, 244억원에 달할 것으로 전망됐다. 태양광 발전 수요가 예상외로 크게 성장했기 때문이다. 따라서 내년 매출액과 영업이익은 각각 2,853억원, 386억원으로 급증할 것으로 전망됐다. 강문성 한국투자증권 연구원은 "신성홀딩스는 태양전지업계에 새롭게 뜨는 별"이라며 "성장성이 재부각되고 있는 태양광발전 산업을 고려할 때 그에 맞은 새로운 기업가치의 재평가가 필요하다"고 지적했다.[282][283]

7. 두산중공업, 美 비즈니스위크 '월드 베스트' 4위 선정

두산중공업이 경제위기 극복의 대표적인 사례로 호평을 받았다.[284] 두산중공업(대표 박지원)은 미국 경제전문지 비즈니스위크가 최근호에 공개한 '월드 베스트 2009' 40대 기업 가운데 4위에 올랐다고 5일 밝혔다. 월드 베스트 2009는 비지니스위크가 글로벌 경영컨설팅업체인 AT커니에 의뢰해 조사발표한 것. 전 세계 2500개 상장사를 대상으로 지난해 매출 100억달러, 해외사업 비중 25% 이상인 기업을 선별해 지난 5년간 매출과 기업가치의 연평균성장률(CAGR) 등을 평가한 것이다. 이번 조사에서는 일본 닌텐도가 1위를 차지했다. 미국 구글과 애플이 각각 2위, 3위를 기록했다. 국내 기업 가운데에는 두산중공업과 현대중공업이 각각 4, 5위에 이름을 올렸다. 특히, 두산중공업은 지난해 매출 152억6900만달러 가운데 해외 비중이 70%를 차지했다. 지난 2004~2008년 매출은 연평균 34%, 기업가치는 연평균 26% 늘어난 것으로 조사됐다. 매출 성장은 40개 기업 가운데 여섯번째이나 기업가치는 세번째로 높은 성장세를 보여 양적, 질적 성장을 모두 달성한 것으로 평가됐다. 비지니스위크는 "두산중공업이 경제위기를 잘 헤쳐나간 기업"이

---

282) 한영일 기자 hanul@sed.co.kr, 인터넷한국일보(www.hankooki.com)
283) http://news.nate.com/view/20100825n03693(2011.1.18)
284) 경제투데이 원문 기사전송 2009-10-05 12:02

라며 "미래에 대한 예측 능력과 순발력이 그 비결"이라고 설명했다. 또 두산중공업의 성장 요인으로 기술/사업의 성공적 M&A, 성과 중심의 기업문화, 성장 잠재력이 높은 원자력과 해수담수화사업으로의 사업다각화 등을 꼽았다. 이번 조사에 참여했던 AT커니의 장명훈 파트너는 "두산중공업이 재무적 성과 뿐만 아니라 CEO의 강한 리더십, 글로벌 경영체계 및 성공적인 기업문화 정착 등에서 높은 평가를 받아 향후 성장 잠재력도 매우 높을 것"이라고 말했다. 이외에 프랑스 에너지기업 GDF수에즈(6위), 남아프리카공화국 통신기업 MTN(7위), 미국 농업기업 몬산토(8위), 스페인 의류기업 인디텍스(9위), 호주 광산기업 BHP빌리톤(10위) 등도 10위권내에 포진했다.

한편, 1위를 차지한 일본의 닌텐도는 올해 처음 순위에 들었으며 고정관념을 깨고 혁신적인 닌텐도 '위'를 개발한 경영진과 개발·마케팅 능력이 지난 5년간 연평균 35.7%에 달하는 고속 성장의 비결이라고 비지니스위크는 소개했다.[285)286)]

8. [베스트 애널리스트 추천 '히든 챔피언'] 비상장 기업의 매력을 주목

1) LG의 기업가치

[베스트 애널리스트 추천 '히든 챔피언'] 비상장 기업의 매력을 주목하라.[287)]
LG주가는 지난 7월 6만6000원을 저점으로 9월 2일 9만4300원까지 오르며 지주회사 주가 상승을 주도했던 LG 주가는 그 이후 8만2100원까지 하락한 상황이다. 그런데 이러한 하락 기간 중 주가가 변했을 뿐 기업가치와 순자산가치(NAV)를 훼손하는 그 어떤 특별한 요소도 눈에 띄지 않는다. 그 이유는 첫째, 지주회사 LG의 주가에 절대적인 영향을 미치는 LG화학과 LG전자의 주가는 하락 기간 중 오히려 각각 7.0%와 7.9% 상승했다. 둘째, 그동안 LG 재평가의 핵심요소였던 비상장 자회사들은 3분기에 이어 2011년

---

285) 이대준 기자 ppokl99@eto.co.kr, 경제투데이
286) http://news.nate.com/view/20091005n08031(2011.1.18)
287) LG기업,2010/12/19 01:29, http://blog.naver.com/kdcfn/120120361054

이후에도 실적 호조가 지속될 전망이다.

즉, 기업가치는 변함없는 반면에 주가는 하락해 밸류에이션인 NAV 대비 할인율이 45%까지 확대된 것이다. 그러면 이제 이러한 주가하락을 좋은 매수 기회로 활용할 시점이다. 투자자들이 중시하는 LG의 투자 포인트는 비상장회사에 대한 재평가다. 이는 비상장사인 실트론의 상장을 시작으로 LG CNS와 서브원 역시 중·장기적으로 상장될 가능성이 높다는 데 그 이유가 있다. 이들 기업의 상장은 LG의 기업가치 상승과 자체 모멘텀 강화로 이어질 것으로 예상된다. 이들 비상장 회사들의 상장은 자본구조 변경의 필요성이 낮은 서브원과 LG CNS보다 투자확대를 위해 자금수요가 강한 실트론부터 시작될 것으로 예상된다. 더욱이 실트론은 2011년 중에 상장될 가능성이 높다. 한국투자증권은 실트론에 대한 기업가치를 1조5000억원 선으로 평가하고 있다. 이는 2010년 예상 법인세 이자 감가상각비 차감 전 영업이익(EBITAD)의 6.5배를 적용한 수준이다. 웨이퍼 사업부문에서 경쟁업체인 슘코와 신에츠가 모두 부진한 실적 때문에 대규모 투자 여력이 떨어지고 있다는 점을 고려한다면 현재의 우호적인 수요·공급을 통한 긍정적인 영업환경은 2011년 이후에도 지속될 전망이다. 결국 실트론이 상장된다면 기업재평가를 통한 LG의 가치상승으로 이어질 전망이다.

2) LG CNS, 서브원 재무구조 '탄탄'

반면 LG CNS와 서브원은 재무구조상 잉여 현금 창출 능력이 연간 1500억원을 넘어서는 탄탄한 기업이다. 따라서 회사 자체적으로는 상장을 통한 자금 확보 필요성이 낮다. 이 때문에 이들 회사의 상장은 실트론과 달리 대주주인 LG가 어떤 전략적인 판단을 하느냐에 따라 달라질 것으로 판단된다. 한편 서브원과 실트론 등 비상장 자회사들의 실적 호전은 2010년 3분기뿐만 아니라 2011년까지 계속 이어질 전망이다. 그 이유는 첫째, 2011년 상장이 예상되는 실트론의 영업이익이 전 분기 대비 33% 늘어난 579억원으로 분기별 최대 영업이익을 실현한 점이 앞으로도 긍정적으로 전망할 수 있는

큰 요인이다.[288]

둘째, LG MMA와 서브원의 영업이익은 업황 개선에 힘입어 각각 470억원 및 427억원으로 전년 동기 대비 198%와 68% 성장해 비상장 회사들의 실적 모멘텀을 강화시켜 주고 있다. 반면 그동안 핵심 자회사인 LG전자의 부진은 LG의 실적 하락을 이끌었을 뿐만 아니라 LG 주가 상승의 걸림돌이 돼왔다. 그러나 LG전자에 대한 우려는 더 이상 문제가 되지 않을 것으로 분석된다. 그 이유는 첫째, LG전자의 실적 하락 이슈는 2010년 내내 LG의 주가에 충분히 반영된 것으로 판단된다. 둘째, LG전자는 최고경영자(CEO) 교체 후 경쟁력 강화를 통한 턴어라운드 전망이 확산되고 있다. 따라서 현 시점이 주가의 저점으로 관측되고 있다. 또 다른 핵심 자회사인 LG화학은 견조한 실적 모멘텀에 따라 안정적인 주가 수준이 유지될 것으로 기대된다.

---

[288] http://blog.naver.com/kdefn/120120361054(2011.1.18)

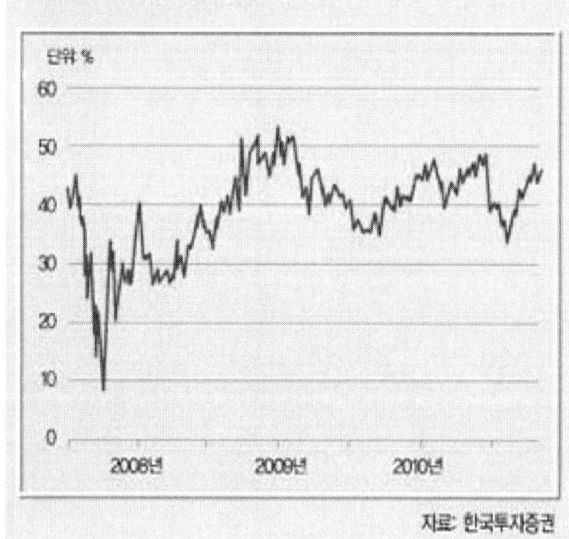

주요 비상장 자회사 3분기 실적

순이익(십억 원)	2010년 3분기	2009년 3분기	yoy %
실트론	52.8	(0.4)	흑자 전환
LG CNS	25.4	9.6	164.6%
서브원	30.6	17.2	77.9%
LG MMA	34.4	10.2	237.3%

자료: 한국투자증권

LG NAV 할인율 추이

자료: 한국투자증권

자료: http://blog.naver.com/kdcfn/120120361054(2011.1.18)[289][290]

---

289) [출처] [베스트 애널리스트 추천 '히든 챔피언'] 비상장 기업의 매력을 주목하라 LG | 작성자 햇살왕자
290) http://blog.naver.com/kdcfn/120120361054(2011.1.18)

9. 신세계, 백화점·이마트로 기업 분할

신세계가 양대 사업 부문인 백화점과 이마트를 각각 별도 회사로 분할한다.[291] 신세계는 사업부문별 전문성 제고와 업태별 책임 경영체제 확립을 위해 회사를 백화점 부문과 이마트 부문 2개 회사로 분할하는 방안을 추진하고 있다고 20일 발표했다. 이 회사는 기업 분할을 통해 사업부문별로 신속하고 유연한 의사결정체계를 구축하고 수익성을 극대화해 기업가치 제고를 통한 주주가치 극대화를 기대하고 있다고 설명했다. 신세계는 다음 달 열리는 경영이사회와 오는 3월 예정인 주주총회를 통해 기업 분할을 최종 확정하고 5월 중 분할 작업을 완료할 예정이다. 기업 분할 방식으로는 지주사 설립, 물적 분할, 인적 분할 등 3가지 방안 중 인적 분할을 검토하고 있다. 분할 회사의 전략적 독립성과 유연성이 보장되고 사업별 선호도에 따라 투자자기반이 확대되는 등 기업가치 재평가의 선순환 구조를 만들어 줄 수 있다는 판단에서다. 신세계 주식은 백화점과 이마트 주식으로 분할해 기존 주주에게 배부된다. 기업분할 전후 신세계의 대주주 및 특수관계자의 지분 구조는 바뀌지 않는다. 신세계 관계자는 "분할 회사는 전문경영인 대표 체제로 가되 지금처럼 정용진 총괄 대표 부회장이 두 회사의 공동대표를 맡아 경영에 참여할 것"이라며 "정 부회장이 그룹 전체 경영을 총괄하는 구조에는 큰 변화가 없을 것"이라고 말했다.[292][293]

10. [증권 브리핑]우량자산에 비해 저평가된 15종목 외

[투자전략]우량자산에 비해 저평가된 15종목[294] NH투자증권은 20일 "안정적인 수익을 원하는 투자자들이라면 우량 자회사를 가지고 있거나 현금을 많이 가진 종목에 투자하는 것이 좋다"며 앞으로 1년간 관심을 가져도

---

291) 한국경제 원문 기사전송 2011-01-21 03:46
292) 송태형 기자 toughlb@hankyung.com, 한국경제신문
293) http://news.nate.com/view/20110121n02008(2011.1.21)
294) 조선일보 원문 기사전송 2011-01-21 03:10 최종수정 2011-01-21 03:10

좋을 15개 종목을 추천했다. NH투자증권은 현대미포조선·남양유업·파라다이스·KPX케미칼·아트라스BX·동국제강·동원산업·한진·무림P&P·대원강업·영풍·세방·한일이화·케이씨텍·이수페타시스를 추천했다. 박선오 연구원은 "시가총액에서 순 현금성 자산이나 토지·건물 등 부동산 보유 비중이 높은 기업, 우량 자회사를 가진 기업들은 안정적인 수익을 낼 가능성이 크다"면서 "순자산가치와 비교해 주가가 저평가된 업체들을 골랐다"고 설명했다.

[IT]외국계證, 잇따라 IT株 목표가 올려

외국계 증권사들이 잇따라 국내 IT주(株)에 대한 목표가, 투자의견을 상향조정했다. 이날 UBS증권은 삼성전자의 실적이 전환기를 맞이했다면서 투자의견을 매수로 올려잡고 목표주가를 당초 92만원에서 120만원으로 높였다. UBS증권은 "태블릿PC 등 스마트기기시장 확대로 수혜를 볼 것"이라고 전망했다. 이 증권사는 또 하이닉스에 대해 "D램 가격을 끌어내렸던 공급과잉이 해소될 것"이라며 투자의견을 매도에서 중립으로 목표가를 2만9500원으로 올렸다. 이날 다이와증권은 LG디스플레이가 아몰레드(AMOLED)시장에서 점유율을 확대해 나갈 것이라며 목표주가를 4만7000원으로 높였다.

[지주회사]자회사 상승에 지주회사도 강세

지주사들이 일제히 강세를 보였다. GS는 20일 전날보다 1.49% 오른 7만5100원에 장을 마쳤다. 장중 7만6800원까지 오르며 52주 최고가도 새로 썼다. 한화도 1.12% 오른 5만4000원을 기록했다. 장중 5만5700원까지 올라 52주 최고가도 경신했다. CJ는 외국인투자자의 매수에 힘입어 1.68% 상승했고 LG는 1.49% 올랐다. 현대백화점의 지주사격인 현대그린푸드도 1.40% 오르며 장을 마쳤다. 이상헌 하이투자증권 연구원은 "지주사는 자회사의 상승에 뒤따라 오르는 것이 좋다"며 "최근 주가가 많이 오른 자회사보다, 이런 자회사를 거느린 지주사에 투자하는 것도 좋다"고 권했다.

[스몰캡]박근혜 테마주 또 '들썩'

박근혜 한나라당 의원의 이름을 딴 '박근혜 테마주'가 20일 일제히 급등했다. 이날 유아용 생활용품 전문기업 보령메디앙스는 상한가를 기록하며 전날보다 940원(14.90%) 오른 7250원에 장을 마쳤다. 아가방컴퍼니도 이틀 연속 가격제한폭까지 올라 4165원에 거래를 끝냈다. 직물제조업체 성안도 새롭게 박근혜 테마주에 합류하며 80원(14.98%) 상승한 614원을 기록했다.

강수연 대우증권 연구원은 "2012년 대선을 앞두고 단순 정책 기대감만으로 상승세를 보이는 것으로 보인다"며 "단순히 테마에 편승하기보다는 기업의 기초체력(펀더멘탈)을 살펴보고, 실적에 대한 분석이 먼저 필요하다"고 조언했다.

[신상품]미래에셋證 글로벌 컨슈머 주식 랩

미래에셋증권은 전 세계 소비재 주식에 투자하는 '글로벌 컨슈머 주식 랩 어카운트'를 오는 26일까지 모집한다. 이 상품은 미래에셋이 전 세계 소비재 주식에 직접 투자하는 해외 주식투자 랩으로 미래에셋자산운용 현지법인이 운용을 맡는다. 금융소득이 4000만원을 초과해 최대 38.5%의 종합소득세율을 적용받는 고액자산가의 경우 양도세 22%(주민세 포함)만 부담해 절세효과를 누릴 수 있다. 최소 가입금액은 1억원이며 수수료는 분기별로 0.75%를 내는 방법과 연 선취수수료 1.5%와 분기수수료 0.3%를 징수하는 두 가지 방법 중에 선택할 수 있다.[295)296)]

11. [숫자로 읽는 경영]기업가치평가 때 가장 유용한 지표

위기 때 빛나는 현금흐름[297)] 경영자들은 전통적으로 이익과 외형 확대를 중시하는 의사결정을 해왔다. 경영환경이 크게 변하지 않을 때는 이 같은 기준에 큰 문제가 없다. 하지만 급격한 변화가 상시적으로 일어날 때는 현금흐름 중심의 의사결정이 더 유효하다. 현금은 위기에 대응할 수 있는 방어수단인 동시에 기업의 생존을 보장하는 필수요소다. 현금흐름을 관리할

---

295) 조선일보 & chosun.com
296) http://news.nate.com/view/20110121n01498(2011.1.20)
297) Stock & Money 2011/01/16 17:24,
　　 http://blog.naver.com/isofdoll/140121857376

때 몇 가지 주의해야 할 포인트가 있다. 우선 영업활동에서 창출되는 현금이 이익과 비례하지 않는다는 점이다. 한 기업이 현금을 주고 원자재를 수입해 국내에서 외상으로 팔고 있다고 하자. 2개월 분의 재고를 보유하고 매출채권의 회수기간이 2개월이며 이익률이 10%라고 가정하면 A기업은 매출이 2배로 늘더라도 자금부족에 직면하게 된다. 연매출이 60억원에서 120억원으로 늘 경우 이익은 6억원에서 12억원으로 증가한다. 하지만 재고(2개월)와 매출채권 회수(2개월)에 잠기는 돈이 15억원(추가 월매출액 5억원×4개월×매출원가율 75%로 가정)에 달해 은행에서 추가로 3억원을 빌려와야 한다. 또 이익 12억원에 25%의 세금(3억원)을 내야 해 차입금은 총 6억원이 필요하다. 또 기업이 처한 상황에 따라 들고 나는 현금 규모가 달라질 수 있다는 점도 감안해야 한다. 장부상 부채보다 많은 자산을 보유한 기업도 사정상 급매로 자산을 처분할 때는 시가보다 훨씬 싸게 팔아야 한다. 보유자산으로 차입금을 다 갚지 못해 망할 수도 있는 것이다. 현금흐름은 금융회사가 기업의 차입능력을 고려할 때 가장 중요한 요소로 평가하는 항목이다.

이익이 나도 현금흐름은 마이너스가 될 수 있기 때문에 현금창출 능력을 꼼꼼하게 따져봐야 한다.[298)299)]

12. 기업가치평가지표(기본적인 것)

첫째, 자기자본이익률(ROE)[300)]

ROE = Return On Equity

= (당기순이익/평균자기자본)*100

따라서 ROE가 높을수록 유리한 주식이라 볼 수 있음

둘째, 주가수익비율(PER)

PER = Price Earning Ratio

---

298) 이길호 딜로이트안진 전무,[숫자로 읽는 경영]기업가치 평가때 가장 유용한 지표 | 작성자 알부자
299) http://blog.naver.com/isofdoll/140121857376(2011.1.20)
300) 송강섭 2010-11-16 10:35:01

= 주가/1주당 예상순이익

PER은 회사가 지금의 수준으로 돈을 벌 경우 주가까지 벌려면 몇 년이 걸리느냐를 계산한 것과 같음

따라서 PER수치가 낮으면 저평가된 주식이고, PER수치가 높으면 고평가된 주식. 특히 시장 전체 또는 동종업계 PER 평균보다 낮으면 저평가 가능성이 많은 주식

셋째, 주당순이익(EPS)

회사의 순이익/발행주식 총수

넷째, EV/EBITDA

EV = 시가총액 + 순차입금(총차입금-현금 및 투자유가증권)

EBITDA = 영업이익 + 감가상각비 등 비현금성 비용 + 제세금

기업의 가치라 할 수 있는 현금 창출 능력이 시가총액에 비해서 얼마나 평가되고 있는지를 나타냄

순수하게 영업으로 벌어들인 이익을 기준으로 하므로 특별이익 및 손실은 제외됨(특별이익이 포함된 PER의 단점을 보완해 줌)

따라서 지수가 낮을수록 저평가되어 있다고 볼 수 있음

다섯째, 주가순자산비율(PBR)

PBR = Price Book - value Ratio

   = 주가/1주당 자산

따라서 낮을수록 저평가되어 있다고 볼 수 있음

여섯째, 주가매출액비율(PSR)

PSR=주가/1주당 매출액

PSR은 현재 주가 수준으로 본 매출액 성장에 대한 기대치로 낮을수록 좋음[301]

---

301) http://www.cyworld.com/alwayswin77/5698918(2011.1.20)

13. 회사 분할은 기업가치재평가 기회

하림(024660) 회사 분할은 기업 가치 재평가 기회! 투자의견 매수, 목표주가 4,850원(신규제시) - 영업 및 자산 가치 레벨업 기대, 하림의 투자의견을 적극 매수, 목표주가를 4,850원으로 신규 제시하며 커버를 개시한다.

투자의견을 적극매수로 제시하는 근거는 ① 투자부문과 영업부문으로 기업이 분할되어 하림의 기업가치를 극명하게 평가할 수 있는 기회가 될 것으로 예상되며 ② 최근 대기업 위주로 양계 시장이 재편되고 육계 가격 안정으로 이어져 수익 안정성 확보가 전망되기 때문이다. 또한 ③ 적극적인 M&A를 통한 시장 지배력이 증가될 전망이다. 하림의 목표주가는 영업가치 3,600억원(2011년 예상 EBITDA 704억원에 EV/EBITDA 5.2 배 적용)과 투자자산 가치의 장부가 980억원의 합을 통해 산정하였다. 18.7%를 소유하고 있는 농수산홈쇼핑의 가치를 보수적으로 평가하기 위해 장부가 478억원을 적용하였으나 실제 가치는 1,325억원으로 추정된다. 지주회사 하림홀딩스와 영업회사 하림(가칭)으로 기업 분할 - 기업가치재평가, 재발견의 기회, 하림은 독립적이고 책임경영을 위해 지주회사 하림홀딩스와 영업회사이자 신설회사인 하림(가칭)으로 회사를 분할할 것을 공시하였다.(분할 비율은 하림홀딩스 0.43, 영업회사 하림 0.57) 분할 이후 지주회사 출범을 통해 경영 효율성 제고를 도모하겠지만 기업가치 제고 측면에서의 의미는

① 기업 분할 이후 지분 정리를 통한 복잡한 지배구조의 단순화

② 하림홀딩스의 투자부문 집중으로(영업과 투자의 분리) 기존 영업 불안정에 따른 투자자산 가치저평가 요인 해소

③ 안정적인 스왑을 위해 영업회사의 가치 극대화가 필요한데 현재 시점이 영업가치 극대화 상황이라는 반증 등이 하림의 기업가치가 상승하고 있다고 평가된다.

양계 산업은 대기업 위주로 재편 중 - 하림의 시장 지배력 더욱 커질 전망
① 원산지 표시제의 의무화 - 2011년 7월부터 시행되는 원산지 표시제 의무

화는 전체 육계시장의 약 20%를 차지하는 수입닭 비중을 축소시켜 국내 대형 양계업자의 M/S를 확대시킬 전망이다.
② 닭고기 포장유통의무화 (2011년 1월부터 시행) - 개별포장에 따른 영세 양계업체들의 원가상승이 예상된다. 따라서 대규모 포장시설을 갖춘 대기업의 원가경쟁력이 강화될 전망이다.
③ 먹거리 안정성에 대한 우려 - 대규모 클라이언트인 교촌치킨, BBQ 등과 같은 대형 프랜차이즈들이 원가가 다소 높더라도 대기업 생산 닭고기를 선호하여 대기업으로의 수요 집중이 지속되고 있다.[302]

14. 가치업, 가치주, 저평가가치주, 기업분석

2011년 승부는 가치주에서 갈린다.[303] 가치주에서 승부가 갈린다. 미국 주식시장이 상승하는 이유 가운데 하나는 주주가치의 제고다. 근래 미국 기업들이 배당을 늘리거나 재개한다고 밝히는 사례가 많아지고 있는데 크게 두 가지다. 올해 기업들의 이익이 정상화되면서 배당의 근거가 생겼거나 정부 지분이 빠지면서 배당 결정이 쉬워진 경우다. 내년 한국 시장에서 성장주를 찾기 쉽지 않은 상황에서 시장의 눈은 가치주로 돌아갈 것이다. 그리고 주주가치를 제고하는 기업들이 좋은 평가를 받고 높은 수익률을 기록할 것으로 예상한다. 내년 현금유보가 많아지고 레버리지가 충분히 낮아지는 기아차, KCC, 한솔제지, 이오테크닉스 등에 대한 관심을 권한다.

미국 주식시장, 주주가치 제고로 탄력받다. 최근 미국 주가는 기업이익 모멘텀이 둔화되는 가운데에도 상승 중인데 12개월 예상기준으로 9월 초 11.7배까지 떨어졌던 PER은 12.9배까지 상승했다. 미국 주식시장의 밸류에이션 멀티플이 상향되는 이유는 저금리와 약달러 현상의 장기화라는 매크

---

302) http://paxnet.moneta.co.kr/stock/researchCenter/userReportView.jsp?reportid=55634&menucode=2222(2011.1.20)
303) 초보투자자, 낙서장, 2010/12/21 11:23,
http://blog.naver.com/hwyeom/60120402633

로 변수의 안정을 우선 꼽을 수 있다. 그리고 정부가 금융위기 당시 투입한 구제금융 자금을 거둬들이기 시작하면서 주주가치가 제고될 것이라는 기대가 커진 결과라고 생각한다.304)305)

15. 삼성전자 주가 100만원 돌파, 90만원 돌파 한달만에

　삼성전자 주가가 19일 장중에 처음으로 100만원 선을 넘었다. 1975년 6월 주식시장에 이름을 올린 지 35년 7개월만이며, 지난달 7일 장중 90만원을 돌파한지 한 달여 만이다.306) 미국발 IT호황 기대감이 확산되면서 외국인과 기관투자가들이 삼성전자 주식을 사들였기 때문으로 풀이된다. 코스피 지수도 이날 사상 최고치인 2115.69를 기록했고 코스닥지수도 전날보다 3.95포인트(0.75%) 오른 532.97로 마감했다. 삼성전자 주가는 전날보다 2만8천원 오른 99만7천원으로 마감됐지만, 장중 100만원 상회는 국내 증시 활황을 단적으로 보여주고 있다. 특히 모건스탠리 등 외국계의 매수세가 유입되면서 시가총액은 최고치인 147조원에 달했다. 18일과 19일 이틀간 외국인들이 사들인 삼성전자 주식만 1천290억원어치였다. 외국인들이 국내 대표기업의 성장성을 높게 평가한 것은 물론 앞으로의 실적도 낙관적으로 보고 있다는 해석이다. 외국인은 삼성전자를 비롯한 전기전자업종에서 1천454억원을 순매수했다. 기관도 1천2억원을 순매수하며 전기전자업종 강세를 주도했다. 이같은 매수세는 애플의 당기순이익 영향이 컸다. 애플이 지난해 4분기 60억달러 당기순이익을 냈다고 18일(현지시간) 발표하면서다. 시장은 애플의 실적을 정보기술(IT) 경기의 호재로 해석했다.

　주복용 신한금융투자 시지지점장은 "세계 1천대 기업 중 삼성전자의 위치는 37위로 저평가돼온 경향이 있다"며 "19일 장을 주도한 순매수 세력이 외국인과 기관이었다는 점은 기업가치에 대한 재평가가 진행 중임을 시사

---

304) [출처] 가치업,가치주,저평가가치주,기업분석,초보투자자 | 작성자 hwyeom
305) http://blog.naver.com/hwyeom/60120402633(2011.1.20)
306) 매일신문 2011-01-20 11:56:00

한다"고 풀이했다. 세계 주요 증권사들은 삼성전자의 2011년 주가순이익비율(PER)을 10으로 예상했다. PER 수치는 낮을수록 주가가 저평가됐다는 뜻, 애플(17.1)이나 일본의 샤프(32.5)보다 훨씬 싸지만 경쟁력이 있다는 평가가 나오는 이유다.307)308)

16. [오늘의 추천종목]삼성증권

▲ 세종공업-현대차그룹 글로벌 시장점유율 확대 및 해외 FTA 확대 수혜309)
▲ 삼성전자-반도체, 디스플레이, 휴대폰 등의 차별화된 경쟁력 및 시장지배력 보유
▲ 현대차-주력 차종의 신차 모멘텀과 신흥시장 모터라이제이션 최대 수혜
▲ 호남석유-업황 중장기 싸이클 진입 및 고부가 제품으로 제품군 다양화 모색
▲ KB금융-2011년 부동산 경기 회복 시 수혜 및 큰 폭의 실적 턴어라운드 기대
▲ 현대제철-봉형강 부문의 스프레드 회복 및 2기 고로의 가동에 따른 성장 기대감
▲ LG-비상장자회사의 실적 개선과 LG전자의 턴어라운드 기대 증가
▲ 현대백화점-소비경기호황 지속과 신규출점 효과로 실적 모멘텀 강화 기대
▲ 두산- 그룹 리스크 해소와 모트롤 사업부의 실적 호조세 지속
▲ 탑엔지니어링-LG디스플레이 PB투자와 Amoled 투자확대로 내년 수주 모멘텀 강화
▲ 신규종목-없음

---

307) 김태진 기자 jiny@msnet.co.kr, 매일신문사
308) http://news.korea.com/view/normalview.asp?cid=EC&scid=EC1&sn=48638812 (2011.1.20)
309) 이투데이 2011-01-21 08:02:35, 이투데이 오희나 기자]〈 대형주 추천종목 〉

▲ 제외종목-없음

< 중소형주 추천종목 >

▲STX엔진-중국 조선산업 성장에 따른 자회사 STX대련엔진 실적수혜 기대

▲현대그린푸드-저평가 메리트 부각 및 관계사 보유주식과 부동산 가치의 재평가 기대

▲외환은행-외환 및 해외부문과 기업금융 부문의 경쟁력 보유 및 저평가 메리트 부각

▲네패스-모바일시장 성장에 따른 WLP 수요가 증가 기대로 1분기 실적 개선 기대

▲코리안리-자동차보험 비중이 작아 수익이 안정적, 해외사업 확대로 성장 기대

▲ 동양강철- 4분기 최대 실적 기대 및 LCD출하량 증가에 따른 매출 추이 개선 기대

▲ 베이직하우스-4분기 최대 실적 달성 기대 및 성수시즌에 따른 이익 개선 추이 기대

▲ GE-고도화설비 완공에 따른 정제 및 화학 이익 개선 기대

▲ OCI-전세계 태양광발전시장 성장에 따른 폴리실리콘 수요 증가 모멘텀

▲ 삼성전자-미세화 공정의 기술적 우위 확보로 Dram사업 시장지배력 강화

▲신규종목-없음

▲제외종목-없음

< 중장기 유망종목>

▲NHN-검색광고 시장성장에 따른 수혜 및 신작 게임인 테라 모멘텀 기대

▲아토- 삼성전자의 반도체 16라인, LCD 증설투자로 인한 장비 수주 모멘텀

▲ 대우증권-시장 거래대금 증가에 따른 수혜 기대 한국형 IB로의 차별

화 가능성
▲ OCI-전세계 태양광발전 시장 성장에 따른 폴리실리콘 수요 증가 모멘텀
▲삼성전자-스마트폰 부문서 애플의 유일한 경쟁자로 부각되며 기업가치 재평가
▲KB금융-건설경기 회복 따른 PF 충당금 부담 완화, 본격적인 실적 턴어라운드
▲현대모비스- 핵심전장부품 등 고수익사업 성장, 현대차 그룹 성장 따른 수혜 지속
▲LG화학 - 화학, 전자재료, 2차전지 등 기존 사업에 LCD글라스라는 성장동력 추가
▲SK이노베이션- 원자재가격 상승에 따른 E&P가치 부각, 정유부문 실적 호전 지속
▲아모레퍼시픽-중국 등 아시아 소비시장 확대에 따른 지속적인 성장동력 확보
▲신규종목 없음
▲제외종목 없음
<단기 유망종목>
▲화신- 현대·기아차 성장으로 동반 진출한 글로벌 법인의 이익성장 기대, 아반떼 신규 납품에 이어 엑센트, 그랜져 신차효과로 매출증가 예상
▲동양기전-중국고객비중 증가와 설비증설로 중국 굴삭기 시장점유율 증가추세, 현대차그룹과의 신차 부품 공급계약체결로 자동차모터 부분 고객 다변화
▲이수화학-LAB의 견조한 수요 대비 제한적인 증설물량으로 안정적인 실적개선세, 자회사 이수건설의 부실 우려 감소 및 저평가 메리트 부각
▲한국금융지주 한국투신 주력펀드의 펀드평가 상위권 위치 및 WRAP 판매 호조, 브로커리지 수익기준 M/S 증가 및 한국투신 가치저평가
▲인터플렉스- 스마트폰과 더불어 태블릿PC용 연성PCB 시장의 성장에

따른 수혜, 모토로라, 애플 등 고객 다변화에 따른 안정적인 성장 기대

▲신규종목-화신

▲제외종목-고려아연은 종목교체 차원에서 제외, 신규 설비 증설로 올해부터 본격적인 외형성장이 기대되고 있어 긍정적인 시각 유지, 향후 시장상황을 고려해 재편입.310)311)

17. KT, 'CS 혁신으로 무결점 서비스 원년' 선언

KT(회장 이석채, www.kt.com)는 20일 서울 태평로 프레스센터에서 열린 신년 기자간담회에서 2011년 목표를 고객서비스 혁신으로 정하고 무결점 서비스의 원년으로 삼겠다고 선언했다. 또한 가정을 '스마트 홈'으로 탈바꿈하고 클라우드 컴퓨팅 기반 IT서비스의 확대 등을 통해 2015년 매출 30조원, 그룹 매출 40조원을 달성하겠다는 방침이다.312) KT가 이같은 목표달성을 위해 세운 2011년 경영방향은 다음과 같다.

첫째, 전사 CS혁신을 통해 고객신뢰의 기업으로 탈바꿈

KT는 고객이 신뢰하고 사랑하는 기업으로 탈바꿈하기 위해 고객만족을 최우선 과제로 삼아 고객이 편리하게 찾고 이용하는 고객서비스를 제공하고 모든 프로세스를 고객 관점에서 혁신할 예정이다. 이를 위해 KT는 상품 출시 과정에서 고객불만의 여지를 해소하기 위해 신개념의 고객참여형 '무결점 상품 출시 프로세스'를 도입한다. '무결점 상품 출시 프로세스'는 고객, 영업사원/상담원, 대리점 직원 등의 평가그룹이 고객입장에서 문제점을 제기하면 상품개발부서가 이를 반영하여 문제 없음을 증명, 무결점 상품으로 판정되어야만 상품 출시가 가능한 시스템이다. 상품 출시 후에도 고객이 상품에 대해 문제점을 제기하면 고객센터, 개통/AS 등 고객접점 부서에서

---

310) 기사제공 : 이투데이
311) http://news.korea.com/view/normalview.asp?cid=EC&scid=EC0&sn=48640181 (2011.1.20)
312) 뉴스와이어 2011-01-20 14:05:00

적색경보를 발령하게 되며, 이 경우 즉시 신규가입을 중단하고 해당 문제를 해결한 후에만 다시 판매하는 '품질경보제'를 도입한다. 현재는 약관에 따른 판매종료에 의해서만 신규가입이 중단된다. 이와 함께 생생한 '고객의 소리'를 상품 개선에 반영하는 프로그램을 추진하고, 상품개선으로 성과가 나면 해당 고객에게 보상하는 획기적인 '보상제(VOC Reward)'를 상반기 중에 도입하는 등 고객과 함께 하는 '참여의 장'을 대폭 확대할 예정이다.

한편 KT는 이러한 전사적인 CS혁신을 효과적으로 추진하기 위해 지난해 말 CS추진본부, 통합고객전략본부 등으로 구성된 SI(Service Innovation) 부문을 신설한 바 있다. 또한 통화품질 1위 달성을 위해 모든 네트워크 역량을 집중할 계획이다. 기존 대비 50% 이상의 무선망 역량 확보가 가능한 CCC(Cloud Communication Center) 전환을 추진 중이며 데이터 트래픽의 효율적 분산을 위해 연말까지 올레 WiFi존을 10만 국소로 확대하고 2월말까지 와이브로 커버리지를 전국 82개시에 구축을 완료할 계획이다.

둘째, 가정을 '일/배움/휴식'이 가능한 '스마트 홈' 실현

KT는 3W네트워크의 강섬을 기반으로 가정을 교육과 휴식, 업무공간으로 활용하는 '스마트홈' 으로 만들 계획이다. 4월에 주부, 학생 등 고객군 유형에 맞춘 패드를 출시하고, 고객들이 다양한 패드의 가상화 서비스를 이용해, 제2의 사무환경을 댁내에 구현할 수 있도록 할 예정이다. 또한 전자교과서, 맞춤형 교육패키지, 북카페, 가족앨범 등의 기능을 패드에 적용하여 가정이 배움과 휴식, 스마트 워크의 공간이 되도록 할 계획이다. 한편 네트워크와 스마트 디바이스의 결합인 '댁내 이동형 올레TV(Portable olleh tv) 서비스를 구현하여 가정내에서 이동하면서도 IPTV를 시청할 수 있도록 하는 등 N-Screen 서비스를 지속적으로 추진한다. 예를 들어 아이폰이나 아이패드를 들고 앱을 통해 집안 어디에서나 IPTV 채널과 VoD 서비스를 즐길 수 있게 된다. 아울러 무선데이터 시장의 확고한 리더십을 지속하기 위해 스마트폰 라인업을 연간 25~30종 출시해 스마트폰 가입자를 약 2배 이상 늘린 650만명을 확보하여 KT 모바일 가입자의 40% 수준으로 끌어올린다는

방침이다. 또한 스마트 패드류는 연간 7~8여종을 출시해 연내 100만 대 이상의 판매를 달성할 계획이다.

샛째, 클라우드 컴퓨팅 기반 개방형 IT 서비스 기업으로의 변신

KT는 콘텐츠 공급자와 앱 개발자가 편리하고 저렴하게 IT서비스를 이용해 아이디어를 실현할 수 있도록 올레마켓, 오픈 IPTV 등의 개방을 확대하고, 기 출시한 IaaS(Infra as a Service)에 이어 상반기 내 PaaS(Platform as a Service), SaaS(Software as a Service) 등을 출시, 클라우드 컴퓨팅 기반의 IT 서비스 기업으로 변신한다는 계획이다. KT는 지난해부터 추진해 온 각종 서비스플랫폼 개방에 이어 플랫폼 고도화를 추진하고 개발자들이 KT의 다양한 스크린에 공급할 수 있는 콘텐츠 유통 플랫폼을 구축해 과금, 정산, 마케팅 등의 사업 절차를 대신 처리해주는 디지털 유통환경을 제공할 계획이다. 특히 클라우드 컴퓨팅을 활용해 다양한 서비스 플랫폼들을 구축하고 기업형 솔루션을 제공하여 스마트시대의 시장환경에 적절히 대응하는 한편 기업고객 시장을 선도해 나갈 방침이다. 실제로 KT는 중소기업을 위한 클라우드 컴퓨팅 기반의 소프트웨어 장터인 오아시스(OAASYS : Office as a Service System)를 오는 4월 중 개장할 예정이다. 지난해 7월 지식경제부로부터 이 프로젝트를 수주한 날리지큐브, 포비즈, 크리니티 등 중소 전문 IT 기업들과 KT로 구성된 KT컨소시엄은 전자우편, 전자결재, 회계 솔루션 등 그룹웨어, 오피스 프로그램, CRM 솔루션, 지급결제 솔루션, 정보보호 서비스 등 다양한 분야의 SaaS 상품 및 결합상품을 원스톱으로 이용할 수 있도록 할 계획이다. 오아시스가 개장되면 브랜드 인지도와 마케팅력이 열세인 중소규모의 SW개발사는 KT의 클라우드 컴퓨팅 서비스 인프라와 플랫폼을 기반으로 안정적으로 사업을 할 수 있게 되고, 자금력 및 IT 인프라가 취약한 중소기업은 적은 비용으로 효율적인 정보화 시스템을 구축 및 활용할 수 있을 것으로 기대된다.

넷째, 중남미, CIS, 아프리카 등 신흥 개도국 투자 확대 및 글로벌 기업과의 제휴를 통한 해외 진출 가속화

KT는 성장 잠재력이 큰 중남미, CIS, 아프리카 등 신흥 개도국에 대한 투자를 확대하고 글로벌 M&A 제휴를 통한 해외 진출을 가속화하는 한편 클라우드 컴퓨팅, U-City 플랫폼, 모바일 오피스, 디지털 사이니지 등 국내의 컨버전스 솔루션 성공사례를 글로벌 시장으로 확장해 나갈 계획이다. 또한 글로벌 시대에 고객의 이용가치를 높이기 위해 한중일 스마트벨트를 통한 '동북아 FRA(Free Roaming Area)'를 구축하여 통신요금 장벽을 제거하고 한중일 다국적 기업고객을 위한 특별요금과 신속한 업무처리 등 다양한 편의 서비스를 제공한다.

자료: http://news.korea.com/view/normalview.asp?cid=EC&scid=EC8&sn=48639136

이를 위해 KT는 차이나모바일, NTT도코모와 MOU체결을 맺음으로써 한중일 3국에 와이파이존 10만 곳을 고객이 편리하게 이용 가능토록 하고 올 연말까지 각국의 와이파이존을 대폭 확대하여 고객 편의를 더욱 향상시킬 계획이다. 아울러 한중일 3국의 모바일 앱을 공유할 수 있는 아시아 앱 스토어(Asia App Store)를 만들어 개발자들이 이를 통해 글로벌 WAC(Wholesale

Applications Community)으로 진출할 수 있는 기회를 마련한다.

다섯째, 내부고객 모두가 만족하고, 누구나 성장할 수 있는 기회의 일터 제공
KT는 내부고객이 만족하고 열린 참여기회 제공과 공정한 보상을 통해 누구나 성장할 수 있는 기회의 일터를 제공, 이른바 'Great Work Place'를 실현해 나간다는 방침이다. 또한 인재들이 원하는 최고의 일터, 젊은 사람들이 끊임없이 근무하고 싶어하는 일터가 될 수 있도록 하고 VOC(Voice of Customer)와 함께 VOE(Voice of Employee)에도 더욱 귀를 기울일 계획이다.

이석채 회장은 "지난 2년 간 IT산업의 패러다임이 완전히 바뀌어 아이디어와 열정을 가진 사람에게는 누구나 활동할 수 있는 무대와 기회의 장이 제공되고 있으며 이 과정에서 KT의 역할이 컸다고 생각한다"고 지난 2년간의 성과를 언급하고 "앞으로도 KT는 고객만족 프로세스 혁신과 클라우드 컴퓨팅, 글로벌영역 진출 확대 등을 통해 고객가치를 더욱 높이고 IT산업 혁신을 계속 이끌어가겠다"고 밝혔다. KT는 지난 2년간 국내 IT산업의 패러다임 변화를 주도해 왔다. 2009년에는 KT-KTF 유무선 합병 및 컨버전스 서비스 출시와 아이폰 도입을 통해 스마트 혁명을 촉발했으며 2010년에는 오픈 에코시스템과 중소기업 동반성장 정책, 클라우드 컴퓨팅 도입 등으로 IT 산업 재도약을 이끌며 본격적인 스마트 시대를 열었다. 이를 통해 KT는 사상 처음으로 매출 20조원을 돌파했고 그룹 매출은 2008년 대비 15% 증가하는 등 그룹 전체의 성장성과 수익성을 확보했다.[313][314]

---

313) 출처:KT www.kt.com, 보도자료 통신사 뉴스와이어
314) http://news.korea.com/view/normalview.asp?cid=EC&scid=EC8&sn=48639136 (2011.1.20)

■ 노 순 규(魯淳圭) 경영학박사

<약 력>
고려대(석사) 및 동국대(박사)
서울대학교 행정대학원 박사과정 수료
배성여상상서여상 등 6년간 교원역임
새마을본부 연수원 5년간 교수역임
한국기업경영연구원 원장(22년간 재임 중)
한서대학교경영대학원 강사역임
대한상공회의소, 한국경총, 한국생산성본부
한국능률협회, 한국표준협회, 현대중공업
현대자동차, 한국전력, 롯데제과, LG산전 강사
건설기술교육원, 건설산업교육원,
영남건설기술교육원, 건설경영연수원
전문건설공제조합 기술교육원
건설기술호남교육원 외래교수
경기중소기업청 공무원 경영혁신 강사
한국기술교육대학교 노동행정연수원 강사
경기도교육청(갈등관리와 교원의 역할) 강사
대구시교육연수원(리더십과 갈등관리) 강사
충남교육연수원(공무원노조의 이해) 강사
서울시교육연수원(교육관련 노동법) 강사
경남공무원교육원(단체교섭 및 단체협약 체결사례) 강사
속초시청(공무원 노사관계) 강사
부산시교육연수원(교원노조와 노사관계) 강사
울산시교육연수원(교원노조의 이해) 강사
전남교육연수원(갈등관리의 이해와 협상기법) 강사
제주도탐라교육원(갈등 및 조직활성화 전략) 강사
경북교육청(학교의 갈등사례와 해결방법) 강사
제주도공무원교육원(조직갈등의 원인과 유형) 강사
경북교육연수원(인간관계와 갈등해결) 강사
전북공무원교육원(공무원노조법) 강사
충남공무원교육원(사회양극화 해결방안) 강사
대구시공무원교육원(복지행정) 강사
부산시공무원교육원(조직갈등의 해결방안) 강사
광주시공무원교육원(투자활성화의 기업유치 전략) 강사
대전시공무원연수원(갈등의 원인과 해결) 강사
충북단재교육연수원(교원단체의 이해) 강사
성북, 인천시, 평구시, 강원도 교육연수원 강사

<주요 저서>
● 건설업의 회계실무와 세무관계
● 건설업의 타당성분석과 사업계획서
● 건설업의 원가계산과 원가절감
● 건설업의 노사관계와 노무관리
● 한마한EU FTA와 경제전략
● 경영전략과 인재관리
● 건설업의 VE(가치공학)와 품질경영
● 부동산투자와 개발실무
● CM(건설경영)과 시공참여폐지의 노무관리
● 산재.고용.연금.건강의 사회보험 통합실무
● 토지투자와 부동산경매
● 21세기 리더십과 노무관리
● 협력적 노사관계의 이론과 실천기법
● 신입사원의 건전한 직업관
● 종업원의 동기부여와 실천방법
● 공무원노조와 노사관계
● 교원노조(전교조)와 노사관계
● 교원평가제와 학교개혁
● 학교운영의 리더십과 갈등관리
● 교사의 올바른 역할과 개혁
● 프로젝트 파이낸싱(PF)과 건설금융
● 비정규직의 고용문제와 해법
● 한 · EU FTA와 경제전략
● 학교의 갈등사례와 해결방법
● 공무원의 갈등관리와 리더십 및 BSC
● 녹색성장과 친환경 경영
● 교수와 대학의 개혁
● 리더의 자기관리와 성공법칙
● 노동조합의 개혁과 역할
● 사교육 없애기 공교육 정상화
● 조직갈등의 원인과 해결방법
● 학교장 경영평가와 CEO 리더십
● 학생지도방법과 인권보호
● 선설업의 클레임과 민원해결
● 지역갈등·주민갈등·사회갈등
● 칭찬의 감동효과와 조직관리
● 건설공사관리와 건축행정
● 사회양극화 해결과 복지행정
● 미래사회의 변화와 성공방법
● 학교와 교원의 개혁방법
● 사업계획과 사업타당성 분석
● 커뮤니케이션 기법(skill)과 효과
● 리스크관리(Risk Management)
● 공정한 사회의 실천방법
● 지방자치단체의 기업유치 전략
● 학생체벌의 사례와 금지효과
● 건설업의 원가관리(Cost Management)
● M&A(인수.합병)의 사례와 방법
● 학교장의 역할과 혁신의 리더십
● 기업가치평가의 방법과 실무 외 107권 저서

강의문의 : 011-760-8160, 737-8160
www.kbmi.co.kr   E-mail : we011@hanmail.net

기업가치평가의 방법과 실무   정가 30,000원

2011년 1월 27일 초판인쇄
2011년 2월 1일 초판발행

판권본원소유

저 자   노 순 규
발행인   노 순 규
발행처   한국기업경영연구원(www.kbmi.co.kr)
         서울특별시 양천구 목동 505-11 목동빌딩 1층
등 록   제2006-47호
전 화   (02) 737-8160

<제본이 잘못된 것은 교환하여 드립니다>

ISBN 978-89-93451-35-1